Eustace Mullins

D'OR ET DE SANG
HISTOIRE DU CFR

OMNIA VERITAS.

Eustace Clarence Mullins
(1923-2010)

D'OR et de SANG
Histoire du CFR

1952

Blood and Gold, history of the Council of Foreign Relations

Traduit en français et publié par Omnia Veritas Limited

© Omnia Veritas Ltd - 2024

ⒺMNIA VERITAS.

www.omnia-veritas.com

CHAPITRE 1

Les révolutions ne sont pas le fait de la classe moyenne. Elles sont faites soit par la lie d'une nation, c'est-à-dire les Lénine et les Trotsky, soit par l'oligarchie au sommet. En Amérique, nous sommes témoins de cette dernière, des membres d'une oligarchie qui promeuvent leur idéal d'un gouvernement collectiviste. Les immigrants qui ont pris le contrôle de notre système monétaire, de notre industrie lourde et de notre main-d'œuvre constituent l'oligarchie qui élabore la nouvelle société américaine. C'est une société planifiée par Marx et Lénine, une société dans laquelle notre religion et nos institutions politiques n'ont pas leur place.

Le Conseil des Relations Extérieures est cette oligarchie. C'est le groupe d'élaboration des politiques ou le Politburo des groupes marxistes aux États-Unis. Par le biais du système des directions imbriquées, le même système qui leur a permis d'éliminer la concurrence dans la banque et l'industrie, les émissaires et les employés des banquiers de Francfort ont pris le contrôle des domaines de l'éducation et de la propagande. Les membres du Council on Foreign Relations contrôlent une multitude d'organisations politiques subsidiaires consacrées à la propagande marxiste, dont le principal rejeton est l'Institute of Pacific Relations.

L'adresse du Council on Foreign Relations pendant de nombreuses années, 45 East 65th St., New York City, est également l'adresse de la Woodrow Wilson Foundation, dont Alger Hiss était le directeur, l'adresse de l'American Association for the League of Nations, et l'adresse de l'American Association for the United Nations.

Le manuel du Conseil des relations extérieures de 1936 nous apprend que

> "Le 30 mai 1919, plusieurs membres éminents des délégations à la Conférence de paix de Paris se sont réunis à l'hôtel Majestic à Paris pour discuter de la création d'un groupe international qui

conseillerait leurs gouvernements respectifs sur les affaires internationales. Les États-Unis sont représentés (officieusement, bien sûr) par le général Tasker H. Bliss, de la famille des banquiers, et le colonel Edward Mandel House. La Grande-Bretagne était représentée officieusement par Lord Robert Cecil, Lionel Curtis, Lord Eustace Percy et Harold Temperley. Lors de cette réunion, il a été décidé d'appeler l'organisation proposée "Institute of International Affairs" (Institut des affaires internationales). Lors d'une réunion tenue le 5 juin 1919, les planificateurs ont décidé qu'il serait préférable d'avoir des organisations distinctes coopérant les unes avec les autres. Ils ont donc créé le Council on Foreign Relations, dont le siège est à New York, et une organisation sœur, le Royal Institute of International Affairs, à Londres, également connu sous le nom de Chatham House Study Group, pour conseiller le gouvernement britannique. Une organisation subsidiaire, l'Institute of Pacific Relations, a été créée pour s'occuper exclusivement des affaires de l'Extrême-Orient. D'autres organisations ont été créées à Paris et à Hambourg, la branche hambourgeoise s'appelant Institut für Auswartige Politik et la branche parisienne Centre d'Études de Politique Étrangère, 13 rue du Four, Paris VI".

L'un des fondateurs du Council on Foreign Relations, le Dr James T. Shotwell, a été précipité sur la brèche pour remplacer son confrère Alger Hiss à la présidence de la Carnegie Endowment for International Peace lorsque ce dernier a été emprisonné pour avoir menti sur sa carrière d'espion soviétique.

La principale filiale du Council on Foreign Relations, l'Institute of Pacific Relations, a récemment fait l'objet d'une enquête approfondie de la part de la sous-commission sénatoriale sur la sécurité intérieure, dirigée par le sénateur Pat McCarran. Après des mois d'enquête, et après avoir recueilli les témoignages de dizaines de personnes dignes de foi, la commission a publié un rapport de 226 pages dans lequel elle conclut que l'Institut est une organisation communiste vouée à la révolution marxiste mondiale. Il a été prouvé qu'il était le principal facteur de la capitulation de la Chine face au communisme. Le sénateur McCarran a été interrompu par une attaque personnelle déterminée et vicieuse dans les magazines libéraux jaunes, *The Nation* et The *New Republic,* et par la contribution d'Arthur Goldsmith de New York, chef de la ligue anti-diffamation de B'nai Brith, qui a versé des sommes importantes à son adversaire lors des élections dans le Nevada. Pendant de nombreuses années, *The Nation* a été soutenue par Maurice

Wertheim, associé principal de la banque internationale Hallgarten Co, New York, dont les origines remontent à Francfort, en Allemagne. Les fonds de la nouvelle république proviennent de la fortune de feu Williard Straight, associé de JP Morgan Co. Son fils Michael Straight édite le magazine. Michael Strait est membre du groupe socialiste de la Royal Economic Society de Londres. Nous montrerons plus loin le rôle joué par la JP Morgan Co dans le soutien à la Révolution mondiale du communisme.

L'Institut des relations avec le Pacifique a été créé selon les règles de l'Internationale communiste. Il dispose lui aussi d'un secrétariat international avec des antennes dans les principaux pays. En Russie, sa branche est dirigée par A. S. Swandze. Son secrétaire général. Edward C. Carter note dans son volume biographique Who's who in America de 1946 qu'il a reçu la plus haute décoration russe, l'ordre de la bannière rouge du travail. Alger Hiss est directeur de l'Institut.

La puissance actuelle du Council of on Foreign Relations est telle qu'il n'a pas été mentionné une seule fois lors des auditions de sa filiale, l'Institute of Pacific Relations. L'institut compte parmi ses membres et ses soutiens financiers. John D. Rockefeller, troisième du nom, perpétue la tradition familiale de financement des groupes communistes et le principal intellectuel de l'institut est Philip C. Jessup, aujourd'hui délégué suppléant du gouvernement américain auprès des Nations unies. Le célèbre compagnon de route Joseph Barnes est également membre de l'Institut. Barnes a été révélé récemment comme étant l'homme qui a écrit l'ouvrage littéraire du général Eisenhower, rentable, qui a coûté des millions de dollars en évasion fiscale, « Crusade in Europe », dans lequel les noms des principaux collaborateurs d'Eisenhower à Londres, Rifkin, Schiff et Warburg, brillent par leur absence.

En 1919, à Paris, le génie directeur de l'Organisation du Conseil des relations extérieures est le baron Edmond de Rothschild, membre aîné de la famille Rothschild. Alors octogénaire, cette organisation est le couronnement de la vie du Baron de Rothschild. Les directeurs. Et les membres du Conseil témoignent de son influence. Le Conseil est regroupé autour des associés de Kuhn, Loeb Co. à New York. principal agent de Rothschild aux États-Unis. Le Council on Foreign Relations Handbook de 1920 énumère ses dirigeants comme suit :

> ➢ Président d'honneur Elihu Root. Associé principal du cabinet Root, Winthrop et Stimson, avocats de Kuhn, Loeb Co. Root a

gagné sa place au Panthéon des communistes par sa mission en Russie en 1918 avec 20 millions de dollars en liquide pour le gouvernement léniniste.

> Le trésorier Frank N Doubleday, président de Doubleday, Page publishers. Cette maison, principal agent de l'internationalisme, employait les fils de l'ambassadeur en Grande-Bretagne Walter Hines Page. Arthur W. Page était rédacteur en chef du magazine « World's Work », et Frank C. Page devint plus tard vice-président de l'International Telephone and Telegraph Corporation.

> Le président du comité financier était Alexander Hemphill, de la banque Hemphill Noyes de Wall Street. Le comité exécutif était composé d'Otto Kahn, associé de Kuhn, Loeb Co. Richard Washburn Child, assistant spécial de Frank Vanderlip (président de la National City Bank) lorsque ce dernier était conseiller en financement de la guerre auprès du Trésor américain pendant la Première Guerre mondiale. Child est ensuite devenu rédacteur en chef du magazine Colliers et F. Kingsbury Curtis, avocat de Wall Street.

Il s'agit des dirigeants de la nouvelle entreprise, qui doit conseiller le gouvernement des États-Unis sur les affaires étrangères depuis New York. Le Conseil a toutefois nommé un représentant à Washington en 1920, John Hays Hammond, ancien ingénieur en chef de la Maison Rothschild et à l'époque ingénieur-conseil des Entreprises Guggenheim. Ancien ingénieur en chef de la Maison Rothschild et à l'époque ingénieur-conseil des Entreprises Guggenheim pour un salaire de 600 000 dollars par an.

Le Handbook for 1920s énonce clairement l'intention du Conseil comme suit :

> « L'objectif du Conseil est de stimuler la pensée internationale aux États-Unis, de coopérer avec les agences internationales existantes et de coordonner leur influence et leurs activités. »

Le Conseil a si bien réussi à stimuler la réflexion internationale que les États-Unis sont aujourd'hui membres des Nations unies. Quelles étaient les agences internationales que le Conseil entendait coordonner ? Il est facile de répondre à cette question. En 1920, il n'y avait que deux agences politiques internationales actives aux États-Unis. Il s'agissait des organisations sionistes mondiales et de l'Internationale communiste.

Le credo internationaliste du Council on Foreign Relations a été le mieux exprimé par son précepteur, Nikolaï Lénine, dictateur de la Russie communiste, qui a écrit dans le dixième volume de ses œuvres choisies, page 4, tel que traduit par J. Feinberg :

> « Il n'y a qu'un seul et unique type d'internationalisme, qui consiste à travailler de tout cœur au développement du mouvement révolutionnaire et de la lutte révolutionnaire dans son propre pays, et à soutenir par la propagande, la sympathie et l'aide matérielle, telle ou telle lutte et telle ou telle ligne dans tous les pays sans exception ».

Des membres aussi influents du Council on Foreign Relations que Alger Hiss, Edward C. Carter et Frederick V Field ont répondu à la définition de l'internationalisme de Lénine. La liste des membres du Conseil de 1920 montre que Kuhn Loeb était le noyau de l'organisation. Outre Otto Kahn au sein du comité exécutif, les autres partenaires du Conseil étaient Jacob Schiff, Mortimer Schiff et Paul Warburg. Parmi les partenaires connus, citons Lewis Lichtenstein Strauss de la Commission américaine de l'énergie atomique, John M Schiff, président des Boy Scouts d'Amérique, et Benjamin Buttenwieser, assistant du haut-commissaire américain en Allemagne.

La maison bancaire de Francfort Speyer and Co a été représentée par James Speyer, directeur de la succursale new-yorkaise de la société, et William F. Sands, qui est actuellement responsable de la section historique de l'école du service extérieur de l'université de Georgetown, à Washington, DC.

Les banquiers francfortois J et W Seligman Co sont représentés par Earle Bailie, qui s'est rendu célèbre en versant un pot-de-vin de 415 000 dollars à Juan Leguia, fils du président du Pérou, afin d'encourager ce pays à accepter un prêt lors de l'orgie des années 1920. Henry S. Bowers ; Henry C. Breck de la Société américaine de droit international ; Albert Strauss de la Commission de la paix ; Frederick Strauss, cerveau de la société holding Electric Bond and Share, d'une valeur d'un milliard de dollars. Norman H. Davis, président du Conseil jusqu'à sa mort soudaine en 1944 ; Broderick Haskell ; Alex I. Henderson ; et l'actuel descendant de la maison, Eustace Seligman, associé des frères Dulles dans le cabinet Sullivan and Cromwell à Wall Street.

La Maison bancaire de Lazar Frere a été représentée au Conseil par Eugene Meyer, propriétaire du *Washington Post* et de la station de radio WTOP, George Blumenthal, Frank Altschul et Thomas W. Childs, chef de la mission d'achat britannique aux États-Unis pendant la Seconde Guerre mondiale.

Le cabinet Cravath and Henderson a succédé à Root, Winthrop and Stimson en tant que conseiller juridique de Kuhn, Loeb Co lorsque Root et Henry L. Stimson se sont consacrés au service public. Les partenaires de Cravath et Henderson au sein du Conseil sont Paul Cravath, S. Parker Gilbert, Russell C. Leffingwell, Thomas K. Finletter, aujourd'hui secrétaire de l'armée de l'air, John J. Mccloy, ancien président de la Banque mondiale et aujourd'hui haut-commissaire des États-Unis en Allemagne, et Nicholas Kelley, qui a fait partie de l'équipe des prêts de guerre du Trésor américain de 1918 à 1920 et qui était chargé des prêts aux gouvernements étrangers, une affaire de quelque 20 milliards de dollars.

La banque internationale Lehman Brothers est représentée au Conseil par le sénateur Herbert Lehman, Arthur Lehman, Robert Lehman, Arthur Bunker, frère d'Ellsworth Bunker (président de la National Sugar Co. et actuel ambassadeur des États-Unis en Italie) et Philip D. Wilson. Le holding géant de Lehman, la Lehman Corporation, est représenté par Thomas A. Morgan, qui est président du conseil d'administration de Vickers, Dorsey Richardson de la Commission de la Paix, Alexander Sachs, autoproclamé initiateur du projet de la bombe atomique, et John L. Simpson.

La liste des membres du Conseil en 1920 comprenait des membres de la même clique bancaire, tels que Leopold Frederick, anciennement Neuwirth, un immigrant de Yougoslavie, qui travaillait au ministère des Finances de l'Autriche-Hongrie jusqu'à ce qu'il décide d'embarquer sur un bateau rapide pour l'Amérique. Il y devient trésorier de la société Baruch-Meyer, la Yukon Gold Co. et trésorier de la plus grande société de la famille Guggenheim, l'American Smelting and Refining Co. Membre typique de la nouvelle oligarchie américaine, il est également administrateur de la National City Bank of New York.

Henry Morgenthau, époux de Babette Guggenheim. Un transporteur a propriétaire des bidonvilles de Harlem, a donné à Morgenthau le capital pour acheter l'Equitable Life Assurance Society avec Jacob Schiff et Morgenthau est devenu directeur des membres des Bamberger Del Mar Gold Mines, et trésorier du Comité national démocrate. Il a donné suffisamment d'argent à Woodrow Wilson pour qu'il reçoive le poste d'ambassadeur des États-Unis en Turquie, alors que les sionistes socialistes étaient réunis à Istanbul pour mettre au point leurs plans visant à déclencher la révolution bolchevique en Russie.

Jacob Gould Sherman, ambassadeur en Allemagne de 1924 à 1933. Oscar Strauss, de la famille propriétaire de R. H. Macy Co. Strauss a mené une brillante carrière de fonctionnaire dans la tradition démocratique. Prédécesseur de Morgenthau en tant qu'ambassadeur en Turquie, Strauss a été nommé à la tête de la commission américaine de l'immigration en 1910. Peu après sa nomination, les fonctionnaires de l'immigration ont commencé à se plaindre du fait que lorsqu'ils rejetaient un immigrant pour cause d'analphabétisme ou d'état mental, certaines organisations, notamment le Comité juif américain, faisaient appel à Washington, où l'on ordonnait l'admission de la personne rejetée. Les protestations des fonctionnaires de l'immigration sont ignorées par Strauss. Comme ces immigrants commencent à être présentés dans les journaux comme les chefs des criminels new-yorkais, leur affaire menace de devenir un scandale national. Le président Wilson révoqua Oscar Strauss et le remplaça par Oscar Nagel, qui continua d'accorder l'entrée à un grand nombre de personnes rejetées. L'effet à long terme de la politique de Strauss est démontré par les audiences de Kefauver sur la criminalité.

Abraham I. Elkus, ambassadeur en Turquie de 1916 à 1919, administrateur du fonds Baron de Hirsch, capital de base du mouvement sioniste.

Frank A. Vanderlip, président de la National City Bank.

Maurice Oudin, vice-président de l'International General Electric et administrateur de la National City Bank.

Edwin W. Price Jr., président de General Electric.

Ainsi, l'exécutif et les membres du Conseil des relations extérieures de 1920 montrent qu'il a été fondé par les internationalistes les plus déterminés des États-Unis, Kuhn, Loeb Co. Les intérêts Baruch, les intérêts Guggenheim et leurs collègues ont composé le Conseil, qui devait assumer le rôle dominant dans la politique étrangère des États-Unis après 1920. Il est surtout connu aujourd'hui comme le promoteur de la politique étrangère bipartisane qui a mis à mal le système bipartisan de votre République et a poussé le colonel Robert McCormick à proposer le Parti américain. Comme le général

Eisenhower et Adlai Stevenson étaient tous deux membres du CFR, le colonel McCormick avait raison d'affirmer qu'ils étaient d'accord sur toutes les questions importantes.

Le CFR n'a pas tardé à obtenir un siège adapté à son importante mission. Le fabuleux hôtel particulier de Charles Pratt, trésorier de la Standard Oil of New Jersey, 45 East 65th St. New York, a été offert au Conseil par son fils, Harold Pratt.

La liste des hommes qui ont été directeurs du Conseil depuis 1920 prouve qu'il a maintenu sa mission d'organisation politique des Rothschild. La liste complète est la suivante :

1- Paul Warburg, directeur de 1921 à sa mort en 1932.
2- Otto Kahn, directeur de 1921 à 1934.
3- Frank Altschul, de Lazard Frères, administrateur depuis 1934.
4- Stephen Duggan, fondateur de l'Institut pour l'éducation internationale, un groupe mystérieux. Duggan en est le directeur depuis 1921. Son fils Laurence Duggan, très présent dans les milieux communistes, est mort mystérieusement à New York la veille de son interrogatoire à Washington.
5- Paul D. Cravath, directeur de 1920 à 1932.
6- Isaiah Bowman, directeur depuis 1921. Chef de la section territoriale de la Commission de la Paix en 1919, Bowman a été président de l'Université John Hopkins pendant de nombreuses années.
7- Philip C. Jessup, administrateur depuis 1934.
8- Hamilton Fish Armstrong, directeur depuis 1928, publiciste en chef du Conseil. En 1950, il a écrit un livre glorifiant le révolutionnaire communiste Tito, dictateur de la Yougoslavie, « Tito et Goliath ».
9- Norman H. Davis, directeur de 1921 à sa mort subite en 1944.
10- Allen W. Dulles, administrateur depuis 1927. Conseiller juridique de la Commission américaine pour la paix en 1919, il devient chef de la division des affaires du Proche-Orient du Département d'État et démissionne en 1926 pour rejoindre son frère John Foster Dulles dans le cabinet d'avocats Sullivan and Cromwell. Les journaux métropolitains ont pour ordre permanent d'éviter de mentionner le nom de Dulle, qui fait partie de l'oligarchie et a une passion pour l'anonymat. Il est directeur adjoint de la Central Intelligence Agency et son véritable chef, et président du CFR. Directeur de J. Henry

Schroder Co., la banque dont la succursale de Cologne gérait le compte personnel d'Hitler dans les années 1930, Allen W. Dulles a travaillé à l'Office of Strategic Services pendant toute la durée de la Seconde Guerre mondiale et s'est souvent entretenu avec des chefs d'entreprise allemands en Suisse. En juin 1950, la CIA aurait renvoyé deux agents parce qu'ils avaient été surpris en train de transmettre des informations sur les effectifs des troupes arabes au gouvernement israélien. L'affaire a été étouffée et seuls les journaux de John S. Knight ont publié l'histoire, probablement à cause d'un oubli de leur part.

11- Russel C. Leffingwell, de Cravath et Henderson, au Trésor américain pendant « L'Affaire Meyer », et chez JP Morgan Co. depuis les années 1920.

12- Walter Lippmann, chroniqueur et propagandiste du Conseil.

Cette liste des directeurs du Conseil montre comment Kuhn, Loeb a maintenu un contrôle étroit sur le groupe depuis sa création. Il a réussi à atteindre l'un de ses principaux objectifs, à savoir imposer un décret de silence aux membres de la Commission américaine chargée de négocier la paix en 1918. Depuis lors, ils ont tous mené des carrières satisfaisantes dans la banque, l'éducation et le journalisme, et ils sont restés particulièrement muets sur ce qu'ils ont fait à Paris. Le Conseil s'est rendu coupable d'une conspiration criminelle visant à dissimuler la vérité sur le traité de Versailles et sur la manière dont il a provoqué la Seconde Guerre mondiale. Si cette vérité avait été communiquée au peuple américain, nous n'aurions jamais été trahis par Franklin D. Roosevelt qui nous a entraînés dans la guerre pour sauver le communisme.

En 1922, le CFR a inauguré son trimestriel « Foreign Affairs », dont la lecture est obligatoire pour les étudiants universitaires en relations étrangères. Les pages de « Foreign Affairs » ont été ouvertes aux opinions des principaux membres des dirigeants communistes de Russie, mais elles ont toujours été fermées à toute critique de l'internationalisme. En prenant un volume de « Foreign Affairs » au hasard, nous trouvons dans le numéro de juillet 1932 un article intitulé « The War in the Far East ; a Soviet View » par Karl Radek, chef de la propagande pour l'Internationale communiste. Dans le numéro de juillet 1947, on trouve un article d'Eugene Varga, économiste en chef de l'Union soviétique. Pourtant, nous cherchons en vain des articles d'historiens américains qui ont critiqué les internationalistes, comme feu Charles Beard, Harry Elmer Barnes ou Charles Gallan Tansill.

Le CFR a eu peu de contacts avec les comiques hystériques qui constituent les échelons inférieurs du Parti communiste américain. Le Conseil est occupé par la propagande intellectuelle et la dictée de la politique étrangère américaine, tandis que les éléments inférieurs agissent comme des distractions par rapport au travail du Conseil. Le Conseil compte actuellement parmi ses membres des communistes ou des sympathisants communistes bien connus tels que le traître emprisonné Alger Hiss, Frederick V. Field, qui est également en prison, Owen Lattimore, actuellement menacé de poursuites pour parjure, Edward C. Carter de l'Institute of Pacific Relations, ainsi que feu Laurence Duggan, feu Harry Dexter White, lui aussi décédé subitement alors qu'il était interrogé par la House Unamerican Activities Committee (assistant de Morgenthau au Trésor américain, il a été impliqué dans la remise des plaques du Trésor à la Russie), Philip C. Jessup, le général Dwight Eisenhower, titulaire de l'ordre de Souvorov décerné par Staline et seul étranger à s'être tenu aux côtés de Staline sur la tombe de Lénine lors d'une parade sportive annuelle, Lauchlin Currie, agent communiste de premier plan et assistant personnel de Franklin D. Roosevelt, qui a aujourd'hui fui le pays, Corliss Lamont et Cord Meyer, Jr.

Après la Seconde Guerre mondiale, le Conseil a considérablement élargi son champ d'action. Laissant l'hôtel particulier du 65th St. à Alger Hiss et à la Fondation Woodrow Wilson, l'exécutif du Conseil s'est installé dans des locaux plus élaborés et plus pratiques au 1 East 68th St., en face du Consulat de Russie. Avec ses fonds illimités, le Conseil mène des projets de propagande à long terme, maintient un certain nombre d'anciens de Paris dans de confortables sinécures, publie « Foreign Affairs » et s'engage dans d'autres projets dont on ne sait pas grand-chose. L'argent est avancé par les banques internationales en fonction des besoins et le Conseil n'a jamais eu à faire appel au public pour obtenir des fonds.

Pour s'assurer qu'aucune voix hostile ne se fasse entendre dans les universités et dans les bureaux du gouvernement, le Conseil publie chaque année un énorme volume intitulé « Les États-Unis dans les affaires mondiales », qui donne la version du Conseil sur les développements politiques de l'année. Un autre volume annuel est le « Political Handbook of the year » (Manuel politique de l'année), publié par l'exécutif du Conseil, qui est fourni comme volume de référence standard à toutes les associations de presse, les collèges et les agences gouvernementales. Les publications du CFR conservent un monopole unique dans le domaine de l'information internationale.

Le critique new-yorkais Emanuel Josephson a récemment publié une attaque contre le Conseil, intitulée « Rockefeller International », qui est excellente pour les informations sur les sommes dépensées par la Fondation Rockefeller pour promouvoir le communisme en Amérique. Josephson ignore les origines Kuhn et Loeb du Conseil, et ne semble pas non plus savoir que les Rothschild et Jacob Schiff ont fourni l'argent nécessaire à l'empire Rockefeller. Peut-être Rockefeller doit-il être le nouveau bouc émissaire païen pour les maux du monde, comme JP Morgan l'a été de 1900 à 1950.

Je dois à M. Josephson l'histoire de Murray I. Garfein, membre éminent du CFR. Bien que composé des plus dignes avocats pénalistes et banquiers de Wall Street, le Conseil a également admis Murray I. Garfein, l'avocat qui a organisé la libération de prison de Lucky Luciano avec l'aide de la police. Garfein, l'avocat qui a organisé la libération de Lucky Luciano de prison avec le gouverneur Thomas Dewey, afin que Luciano puisse aller en Italie pour diriger le trafic mondial de drogue à partir de là. Dewey, lui, est resté ici. La drogue et l'homosexualité ont été les principaux instruments de l'Internationale communiste, en raison de l'emprise que l'un ou l'autre vice exerce sur l'habitué. Claude Cockburn a écrit sur l'utilisation intelligente de la drogue à Berlin par les communistes pendant la bataille nazie-communiste pour le pouvoir en 1933, tandis que la féerie du département d'État sous Welles, Biddle et Acheson explique en grande partie l'attitude molle de cette agence face à l'agression soviétique.

Le CFR a donné naissance à une multitude de groupements déterminés à détruire la République américaine. Parmi ces alliances psychopathiques figurent l'Institut d'éducation internationale, l'Union atlantique, le Comité sur le danger actuel, la Fondation Woodrow Wilson, le Fonds du vingtième siècle, la Fondation pour la paix dans le monde et l'Union anglophone. La dernière victoire du Conseil est la création de la Fondation Ford, dotée d'un fonds de 500 millions de dollars pour la promotion de l'internationalisme tel qu'il a été préconisé par Lénine. Paul Hoffman, de la Studebaker Corporation dirigée par Lehman, et Robert Hutchins, de l'Université de Chicago financée par Rockefeller, sont responsables de ce fonds. La fortune bâtie par le robuste patriote américain Henry Ford leur a été confiée pour financer tout ce qu'il méprisait le plus, les ambitions de la foule haineuse des immigrants qui ont déferlé des bidonvilles méditerranéens et des rats puants d'Europe centrale et de l'Est.

CHAPITRE 2

La branche hambourgeoise du groupe politique Rothschild, l'Institut für Auswartige Politik, a été confiée au Dr Albrecht Mendelssohn-Bartholdy, de la délégation allemande à la Conférence de la paix en 1919. En 1933, le gouvernement nazi a décidé que le Dr Mendelssohn-Bartholdy devait trouver un autre travail moins dangereux. L'ambassadeur William Dodd, dans son « Journal » publié par Harcourt Brace en 1940, déclare,

> « 18 novembre 1933 : Le Dr Mendelssohn-Bartholdy, grand juriste international et professeur à l'université de Hambourg, récemment licencié parce que son grand-père était juif, alors qu'il était lui-même chrétien, est venu me voir. Lorsqu'il est parti, j'ai dicté une lettre à la Carnegie Institution de New York, demandant que lui soit alloué le montant de son salaire pour deux ans »

Ainsi, Dodd diffuse la propagande utile selon laquelle Mendelssohn-Bartholdy a été renvoyé pour cause d'antisémitisme, au lieu de dire la vérité, à savoir qu'il était à la tête d'une dangereuse organisation internationale qui constituait une menace pour la sécurité intérieure de l'Allemagne. Hitler explique au peuple allemand que son sort est dû au crime de Versailles. En tant que participant à ce crime, Mendelssohn-Bartholdy devait être libéré. Cependant, l'institution Carnegie, qui consacre ses fonds à l'espionnage et à la révolution, est heureuse d'aider le bon docteur.

La branche française a été laissée à la direction du Baron Edmond de Rothschild. C'est le groupe britannique, le Royal Institute of International Affairs, qui nous intéresse ici. La Maison Rothschild s'est ouvertement associée au Royal Institute. Non seulement ses investissements les plus importants figuraient régulièrement sur la liste annuelle des sociétés souscriptrices qui donnaient 400 000 dollars par an pour ses travaux, mais N. M. Rothschild and Sons était en tête de la liste de ces souscripteurs, l'une des rares occasions où ce nom vénérable était autorisé à apparaître devant le public.

Avec l'inauguration de l'Institut royal des affaires internationales et de ses affiliés, la Maison Rothschild a fait un grand pas en avant pour mener à bien son plan à long terme de domination mondiale. Jusqu'à présent, la Maison avait limité son influence aux affaires monétaires, en utilisant adroitement l'argent dans les coulisses politiques. Paul Emden écrit dans son histoire élogieuse « Jews of Britain », Sampson and Low, 1944, page 357, que

> « Lors de la Conférence monétaire internationale convoquée par l'Amérique à Bruxelles en 1891, l'Angleterre était représentée par Alfred de Rothschild. Par une motion fortement dirigée contre le bimétallisme, il devint immédiatement une figure centrale parmi les délégués ».

Il était rare qu'un Rothschild apparaisse en public pour servir les intérêts de la Maison. La lutte contre le bimétallisme était une tentative désespérée et couronnée de succès pour préserver le contrôle des systèmes monétaires en maintenant les nations fidèles à l'étalon-or de l'émission monétaire, qui était un monopole des Rothschild. Cette lutte a provoqué la panique de 1893 aux États-Unis et a contraint le Sénat à abandonner le bimétallisme dans ce pays. La lutte s'est poursuivie jusqu'en 1896, où elle a dominé la campagne de cette année-là. C'était la dernière chance pour les Américains d'élire un président favorable à leurs intérêts. William Jennings Bryan fit une noble campagne contre le culte barbare du Veau d'Or, mais les agents de Rothschild le vainquirent. Depuis 1896, nous n'avons pas eu un seul candidat à la présidence des États-Unis qui n'ait pas été écarté par la Maison Rothschild.

La biographie en deux volumes de la famille Rothschild, rédigée par Corti, est un ouvrage de référence admirable, plus intéressant que bien des romans d'aventures. Corti nous raconte comment le vieux marchand de pièces de monnaie Mayer Amschel Rothschild a tremblé devant le prince électeur de Hanovre, jusqu'à ce qu'il mette la main sur l'argent laissé par le prince électeur de Hesse, l'or payé par l'Angleterre pour que les mercenaires hessois combattent les patriotes lors de la révolution américaine de 1776. C'est de ce sordide troc d'assassins rémunérés qu'est née l'impulsion de la diabolique maison Rothschild. Le vieux Mayer Amschel prêta cet argent à des taux usuraires, et sa fortune augmenta si rapidement qu'en quelques années, il devint le financier de la cour des rois d'Europe. Il eut cinq fils. Salomon Mayer reste dans la maison familiale à Francfort, en Allemagne, et ses frères émigrent pour saisir de nouvelles opportunités. Mayer créa une banque à Vienne, où il domina le Congrès de Vienne en 1815, Nathan Mayer alla à Londres, où il devint rapidement le plus célèbre des coquins de la Cour, Karl Mayer alla à Naples et James Mayer alla à Paris. De James, nous avons une note de Bray Hammond dans le *Quaterly Journal of Economics* d'août 1947, citant une lettre de James de Rothschild à Nicholas Biddle de la famille de Philadelphie, disant qu'il était prêt à avancer sept millions de francs supplémentaires pour soutenir la Seconde Banque des États-Unis, qui avait failli mener la jeune République à une guerre civile en 1830 lorsque le président Andrew Jackson avait retiré les fonds du gouvernement de cette banque, en disant : « L'endroit le plus sûr pour l'argent du gouvernement est dans les poches du peuple ».

La biographie du fils de James, le baron Edmon de Rothschild, qui a fondé les groupes politiques Rothschild dont il est question dans ces pages, est d'un grand intérêt. « Baron Edmond de Rothschild », de David Druck, a été imprimée à New York en 1928. L'introduction est rédigée par Nathan Straus, de la famille diplomatique propriétaire de Macy's à New York. Straus a été l'artisan de l'échec cuisant du sénateur Estes (Atlantic Union) Kefauver à l'investiture démocrate pour la présidence.

> « En 1850, écrit Druck, la fortune de James de Rothschild atteignait 600 millions de francs. Un seul homme en France possédait davantage. C'était le roi, dont la fortune s'élevait à 800 millions. La fortune cumulée de tous les banquiers de France était inférieure de 150 millions à celle de James de Rothschild. Cela lui confère naturellement un pouvoir inouï, allant jusqu'à renverser les gouvernements quand il le souhaite. On sait, par exemple, qu'il a renversé le gouvernement du Premier ministre Thiers ».

On sait également qu'il a tenté de renverser le gouvernement américain du président Jackson, mais il a trouvé en ce vieux pionnier robuste un adversaire à sa mesure et s'est retiré dans ses salles de comptoir à Paris pour préparer la guerre civile de 1860-1865. Pour la maison Rothschild, la guerre est une diplomatie monétaire par d'autres moyens.

Le Royal Institute of International Affairs a pour patron Sa Majesté le Roi d'Angleterre. Tous les Premiers ministres et vice-rois des colonies depuis 1923 ont été présidents honoraires de cet institut. L'histoire de l'Institut, « Chatham House », par Stephen King-Hall, 1933, dit ceci

> « Le Prince de Galles a gracieusement accepté la fonction de Visiteur. Cette nomination garantissait que l'Institut ne pourrait jamais être perverti à des fins de parti ou de propagande ».

Son groupe frère, le Council on Foreign Relations, est également au-dessus des partis et de la politique partisane. Les affaires des banquiers internationaux sont au-dessus des affaires des simples citoyens et de leurs convictions politiques. King-Hall nous dit également que

> « En 1926, l'institut a reçu une charte royale, ce qui était très important car cela signifiait qu'aucune charte ne pourrait être accordée à l'avenir à un autre institut pour un objectif similaire.

Le monopole du conseil au gouvernement en matière de politique étrangère était très important. Le chaos s'ensuivrait, le cas échéant, mais la maison Rothschild indiquait au 10 Downing St ce que devait être la politique étrangère. Ce bon vieux moulin à paroles qu'est Churchill a été une bonne couverture pour eux.

Parmi les fondateurs de l'Institut royal figure le lieutenant-colonel R. W. Leonard qui, en 1923, a donné sa maison, Chatham House, au 10 St. James Square, à Londres, qui est depuis lors le siège de l'Institut. C'est l'une des adresses les plus importantes au monde. Leonard avait développé des chemins de fer et des centrales électriques au Canada pour les Rothschild. Les autres fondateurs de l'Institut royal étaient Sir Otto Beit, de la famille bancaire Speyer, qui était directeur de la British South Africa Co. et de la Rhodesia Railways des Rothschild ; P. A. Molteno, fils du Premier ministre de la colonie du Cap ; John W. Wheeler-Bennett, qui devint conseiller politique du général Eisenhower à Londres en 1944-1945 (British Who's Who 1950) ; le vicomte Astor, président de la Times Publishing Co, directeur de la Barclay Bank et de la Hambros Bank ; Sir Julien Cahn ; et Sir Abe Bailey, principal représentant des intérêts des Rothschild dans l'or et le diamant en Afrique du Sud. Les fabuleuses richesses des mines du Witwatersrand ont provoqué la guerre des Boers, nous ont donné Winston Churchill et ont financé les groupes de politique étrangère des Rothschild dans le monde entier.

Stephen King-Hall nous apprend que Bailey a donné 5 000 livres par an. Beit et Molteno étaient des contributeurs importants, et le British Dominion and colonies found of the Carnegie Corporation of New York donnait 3 000 dollars par an. Mais la plus grande source de financement est la Fondation Rockefeller, qui a donné 40 000 dollars par an pendant plusieurs années.

Les dons des entreprises souscriptrices, que King Hall ne détaille pas, constituent le budget de l'Institut royal, qui s'élève à 400 000 dollars par an. En 1936, l'Institut a dressé la liste des entreprises souscriptrices : Nathan Mayer Rothschild sons et ses filiales, parmi lesquelles la British South African Co, la Banque d'Angleterre, l'agence de presse Reuters, la Prudential Assurance Co, la Sun Insurance Office Ltd et la Vickers-Armstrong Ltd. Les autres souscripteurs sont les banques J. Henry Schroder Co., Lazard Freres Morgan Grenfell (JP Morgan), Erlangers Ltd et E. D. Sassoon Co. avec ses filiales, la Chartered Bank of India, Australia and China, et la Banque ottomane. La liste des abonnés reste sensiblement la même d'une année à l'autre.

L'observateur attentif ne peut s'empêcher de se demander pourquoi une organisation aux origines et aux objectifs aussi nobles, et financée par des banques aussi irréprochables, juge nécessaire de garder le mystère sur ses activités dans le domaine des affaires internationales. L'Institut royal ne donne que peu ou pas de publicité à ses réunions, ce qui est également le cas de son groupe frère, le Council on Foreign Relations, et de sa principale filiale, l'Institute of Pacific Relations. Pourtant, chacun d'entre eux exerce une influence considérable sur les affaires étrangères.

King Hall écrit à la page 85 de « Chatham House » que

> « Les conférences de l'Institut des relations avec le Pacifique sont entièrement non officielles. Depuis 1927, Chatham House a envoyé un groupe britannique à chaque conférence de l'IPR. En 1931, le président était Archibald Rose, en 1933 Sir Herbert Samuel ».

La trahison de la Chine n'est pas non plus officielle. Owen Lattimore se rend fréquemment en Angleterre pour s'exprimer devant le Royal Institute. Le 5 mai 1936, il parle des « relations russo-japonaises » et le 12 mars 1936, de la « politique continentale du Japon », qui menace les investissements des Rothschild en Chine. Le 9 octobre 1936, le Dr Chaim Weizmann donne une conférence devant l'Institut Royal sur la Palestine d'aujourd'hui et le 30 mars 1936, Maître Rubinstein donne une conférence sur « Le problème des réfugiés », qui provoque une crise économique en Grande-Bretagne. Une minorité émigre d'Allemagne et débarque en grand nombre sur les côtes de l'Angleterre, qui ne peut, en toute bonne volonté, en absorber qu'un certain pourcentage.

En 1946, alors que toute l'Asie est directement soumise à la pression de l'empire soviétique et de son programme de solidarité hémisphérique, l'Institut royal fait l'impasse sur le danger en Extrême-Orient. Dans sa publication « The Pattern of Pacific Security, 1946 », les experts de l'Institut royal déclarent que

> "Le groupe considère comme lointain le danger d'un mouvement panasiatique spécifiquement dirigé contre l'Occident.

Cette propagande, distribuée comme une politique de travail aux fonctionnaires britanniques des affaires étrangères, a effectivement apaisé leurs craintes du communisme en Asie. En 1952, la Grande-Bretagne abandonne tous ses investissements en Chine.

« Chatham House » définit le Royal Institute comme « un organisme non officiel et non politique fondé en 1920 pour encourager et faciliter l'étude scientifique des questions internationales ».

Il s'agit d'une déclaration plus délicate que celle de son groupe jumeau, le Council on Foreign Relations, qui souhaitait franchement stimuler la pensée internationale et coordonner les agences internationales existantes. King-Hall ne prend pas la peine de nous informer que le Royal Institute a un groupe jumeau en Amérique.

Les sympathies de l'Institut Royal penchent vers la Russie, et la raison en est donnée dans sa publication « International Trade » par A. J. Barnouw en 1943. À la page 21, M. Barnouw nous informe que

> 'L'Union des républiques socialistes soviétiques est la seule nation susceptible d'être potentiellement riche.'

Il n'est pas étonnant que les Rothschild abandonnent les démocraties occidentales.

CHAPITRE 3

Francfort, en Allemagne, est la Rome de la civilisation moderne. C'est de Francfort que sont nées les grandes banques internationales qui ont étendu leur influence dans le monde entier. La maison Rothschild et ses filiales Kuhn, Loeb Co. de New York, Lazard Frères de New York, Londres et Paris, et JP Morgan Co. de New York, Londres et Paris. D'autres banques internationales sont nées à Francfort : Hallgart Co, Ladenburg Thalmann, J. et W. Seligman et Speyer Brothers. Ces banques et leur contrôle de l'approvisionnement mondial en or ont progressivement remplacé la religion du Christ par l'adoration du veau d'or. La bénignité du visage du Christ a disparu et, à sa place, s'est substitué l'éclat de la bête à cornes de la barbarie qui a ouvert l'ère des guerres mondiales et des massacres de femmes et d'enfants. L'Antéchrist est revenu sur Terre.

Les maisons bancaires de Francfort ont traversé les deux mouvements politiques dominants du 20th siècle, le communisme mondial et le sionisme mondial. Chacun de ces mouvements revendique la démocratie comme son attribut particulier, chacun d'entre eux fonctionne sur l'étalon-or de l'émission monétaire, et chacun d'entre eux défend le principe de l'internationalisme. Ceux qui considèrent le communisme comme l'ennemi des banquiers seront peut-être surpris d'apprendre que l'économie marxiste est le plus orthodoxe des systèmes contemporains. Comme l'a écrit Trotsky dans « L'histoire de la révolution russe »,

'L'or est la seule base monétaire.'

Dans l'*Economic Journal* de mars 1914, Israël Cohen a écrit un article, « Economic activity of modern jewry », qui se lit comme suit,

'Grâce à leur dispersion dans les différents pays du pourtour méditerranéen et au sentiment de solidarité raciale qui les unissait, ils disposaient de facilités exceptionnelles pour s'engager dans le commerce international. La finance juive a investi des sommes considérables dans la construction des chemins de fer dans la seconde moitié du XIXe siècle, les Pereire dans le nord de la France, les Bischoffenheim en Belgique, les Bleichroder en Allemagne, le baron de Hirsch en Turquie et Kuhn Loeb Co. aux États-Unis, les Sassoon, les « Rothschild de l'Est », ont créé un réseau de banques de Bagdad à Shanghaï. Aujourd'hui, la circulation des métaux précieux dans le monde est principalement dirigée par des banquiers juifs, qui déterminent en grande partie le taux de change entre un pays et un autre. Une autre sphère d'activité importante dans laquelle les Juifs sont représentés en nombre croissant est celle des professions libérales et de la fonction publique'.

On entend souvent dire sur les places boursières du monde que les Rothschild contrôlent l'or, les Sassoon l'argent et les Guggenheim le cuivre. Cette affirmation est confirmée par les volumes qui répertorient les directeurs des sociétés qui exploitent ces métaux.

Les banquiers internationaux de Francfort sont arrivés au pouvoir en même temps que naissait la République des États-Unis. Les emprunts émis en Hollande, qui ont financé la révolution américaine, sont à l'origine de la disposition de notre Constitution selon laquelle tous les hommes naissent libres et égaux. Il s'agissait là d'un changement notable par rapport aux restrictions imposées aux Juifs en Europe. Le bâtiment du Trésor ayant été incendié par les Britanniques en 1812, il est impossible de retracer l'origine des prêts à Washington, mais on peut supposer qu'ils provenaient des mêmes agences qui ont financé Robespierre et Mirabeau lors de la Révolution française. Ces deux révolutionnaires étaient d'ardents défenseurs des droits des Juifs. À l'époque, les Juifs n'étaient pas autorisés à participer au gouvernement ou à s'engager dans des entreprises où ils pouvaient profiter des chrétiens. Ils n'ont jamais été soumis à aucune restriction en Amérique. Néanmoins, nos citoyens juifs se sont toujours considérés comme une minorité opprimée, et ils ont environ 350 organisations aux États-Unis consacrées aux juifs, et comme un groupe de pression n'ayant rien en commun avec les autres citoyens. La plupart de ces organisations sont gérées comme des rackets rentables par leurs entrepreneurs.

En 1837, August Belmont arrive à New York en tant que représentant officiel de la Maison Rothschild. En 1861, il révèle le plan Rothschild visant à diviser l'Amérique en deux démocraties hebdomadaires en refusant de prêter à Lincoln de l'argent pour la mobilisation, sauf au taux d'intérêt à long terme inouï de 25 %. Le secrétaire au Trésor de Lincoln, Salomon P. Chase, a financé l'armée de l'Union en émettant des billets verts, mais les banques de New York ont refusé de les honorer avec de l'or, ce qui a provoqué une crise en 1863. Les Rothschild avaient un autre allié précieux en la personne de Nicholas Biddle. Leur agent le plus précieux, cependant, commença en 1869 sa carrière pour les Rothschild sans révéler ses bailleurs de fonds. Il s'agit de JP Morgan. Gustavus Myers, dans son « History of the Great American Fortunes » Modern House, raconte comment Junius P. Morgan, de George Peabody and Co, a traîtreusement coopéré avec la maison Rothschild à Londres pendant toute la durée de la guerre. Son fils, John Pierpont Morgan, a réalisé un bénéfice de 30 000 dollars en vendant des carabines défectueuses au gouvernement américain pendant la guerre de Sécession, ce qui a incité la maison Rothschild à le nommer son agent pour l'acquisition de propriétés ferroviaires américaines. Il devient par la suite le principal agent international de la Maison, dont il est rarement question après 1890. Les succursales de JP Morgan Co en Europe, Drexel Morgan Co à Londres, Morgan Harjes Co à Paris, ainsi que Drexel Co à Philadelphie et JP Morgan à New York, s'occupaient des grandes transactions internationales qui étaient auparavant le monopole de la Maison Rothschild. La raison en est évidente. Morgan était une maison païenne. Elle n'a jamais eu de partenaire juif. Toutes les autres banques internationales étaient juives. C'est pourquoi JP Morgan Co a été autorisée à faire les gros titres de la finance internationale.

En 1828, la maison Rothschild désigne Samuel Bleichröder comme son agent en Allemagne. Bleichröder devient le conseiller financier de Bismarck pendant la consolidation de l'Allemagne en tant que nation. Son titre est celui de banquier d'État de la Prusse. Pendant la guerre franco-prussienne de 1870, le baron Edmond de Rothschild était le banquier personnel de Napoléon III de France, et son employé Samuel Bleichröder était le banquier personnel de Bismarck d'Allemagne.

À la mort de Bleichröder, sa place est occupée par Max Moritz Warburg, qui a trois fils, Max, Paul Moritz et Felix Warburg. Felix et Paul émigrèrent à New York, tandis que Max resta en Allemagne en tant que banquier du Kaiser. F. W. Wile, correspondant à Berlin du *Daily Mail de* Londres, a publié en 1914 un livre intitulé « When around the Kaiser », dans lequel il déclare,

> « Ballin de Hambourg entretient avec le Kaiser la même relation que les conseillers d'une autre génération avec leurs souverains et leurs gouvernements : Rothschild de Paris avec Napoléon III, et Bleichröder de Berlin avec l'empereur Guillaume Ier et Bismarck ».

En fait, Ballin n'était que l'homme de paille de Max Warburg. Ballin était à la tête de la Hamburg-American Line et de la German Lloyd's, deux compagnies maritimes dont Max Warburg détenait le contrôle. Max Warburg a été le guide du Kaiser pendant la Première Guerre mondiale, mais cela ne pouvait pas être dit publiquement, car son frère Paul Warburg était à Washington en tant que gouverneur de la Réserve fédérale. C'est pourquoi Albert Ballin a été présenté comme le Premier ministre officieux du Kaiser. Lorsque Max Warburg s'est rendu à la conférence de Versailles en 1919 en tant que chef de la délégation financière allemande, les journaux ont été très prévenants et aucun d'entre eux n'a publié le fait que le frère de Max, Paul, avait dû rester à la maison, car il n'était pas souhaitable qu'un frère représente les Alliés et un autre l'Allemagne.

Lorsque la société M. M. Warburg Co. de Hambourg et d'Amsterdam a repris la gestion des propriétés Rothschild en Allemagne, elle a commencé à acheter des propriétés ferroviaires aux États-Unis. *Newsweek* du 1er février 1936 note

> « Abraham Kuhn et Solomon Loeb étaient des commerçants généralistes à Lafayette Indiana en 1850. Comme toujours dans les régions nouvellement colonisées, la plupart des transactions se faisaient à crédit. Ils découvrirent rapidement qu'ils étaient des banquiers, oublièrent peu à peu les marchandises et s'installèrent dans l'ouest. À Cincinnati, la guerre civile leur apporte une aide considérable ; en 1867, ils fondent Kuhn, Loeb Co. à New York et prennent un jeune Allemand, Jacob Schiff, comme associé. Dix ans plus tard, Jacob Schiff était à la tête de Kuhn Loeb, Kuhn étant décédé et Loeb ayant pris sa retraite. Schiff avait d'importantes relations financières en Europe. Sous sa direction, la maison a mis les capitaux européens en contact avec l'industrie américaine, qui en avait alors grandement besoin. L'Union Pacific a utilisé beaucoup de fonds. Le chemin de fer n'est pas rentable. La panique de 1893 ajoute la touche finale. Cet échec fut une aubaine pour Kuhn, Loeb. En finançant les plans d'E. H. Harriman pour une nouvelle Union Pacific, la société s'est imposée comme le principal bailleur de fonds des chemins de fer américains ».

Jacob Schiff, de Francfort, avait d'importantes relations financières avec la maison Rothschild et M. M. Warburg Co. Il a pris Paul et Felix Warburg comme partenaires, et Kuhn, Loeb est devenu le plus grand propriétaire de chemins de fer aux États-Unis, contrôlant encore 53 % du kilométrage total en 1939, selon un rapport de la TNEC. Newsweek note que Kuhn, Loeb a bénéficié d'une aide considérable pendant la guerre civile et que la panique de 1893 a été une aubaine pour eux. L'histoire des Rothschild et de Kuhn, Loeb est l'histoire des guerres et des paniques. Sans la perspective d'une guerre mondiale ou d'une grande dépression, Kuhn, Loeb fermerait ses portes. La panique de 1893 a imposé aux États-Unis un étalon-or inflexible et a livré l'Union Pacific aux mains d'E. H. Harriman et de son maître, Jacob Schiff. Comment cela a-t-il été réalisé ? Simplement en déplaçant cent millions de dollars d'or de New York à Montréal à un moment critique de la Bourse de New York, puis Kuhn et Loeb ont demandé le remboursement de leurs prêts en cours. Les taux d'appel sur l'argent ont grimpé jusqu'à 25 %, une terrible panique monétaire a été précipitée et Jacob Schiff a obtenu ce qu'il voulait. Puis les cent millions de dollars en or ont été ramenés de Montréal et le marché est redevenu normal.

Beaucoup de nos nouveaux arrivants ont bénéficié d'une aide considérable pendant la guerre civile, notamment la famille Lehman. Les trois frères Lehman vivaient à Atlanta, en Géorgie, lorsque la guerre civile a éclaté. Ils ont pris des dispositions stratégiques : l'un est resté à Atlanta, l'autre a déménagé à Montgomery, en Alabama, et le troisième s'est rendu à New York. Tout au long de la guerre, les deux Lehman du Sud ont expédié du coton en Angleterre, tandis que le Lehman du Nord l'a récupéré dans des cargaisons d'or arrivant à New York. Après la guerre, le Sud n'étant pas rentable, tous les Lehman sont partis à New York. Avec l'or qu'ils avaient gagné pendant la guerre, ils ont ouvert la banque Lehman Brothers. Le rejeton de la maison, Herbert Lehman, a appris que la guerre pouvait être une mission très confortable. Pendant la Première Guerre mondiale, il a servi avec audace à Washington en tant que responsable du ravitaillement et a reçu la Distinguished Service Medal pour sa bravoure dans la signature des ordres de transport. Depuis, il est un membre éminent de la Légion américaine.

La panique de 1893 a été le signal pour les autres banquiers de Francfort qu'ils avaient pris le contrôle du système monétaire américain, et ils se sont précipités pour en tirer profit. Lazard Frères, la maison familiale d'Eugene Meyer, établit son bureau de New York en 1893, au plus fort de la panique, et se spécialise dans les mouvements internationaux de l'or. J. and W. Seligman ouvre son bureau de New York en 1894. La firme Seligman saisit sa grande opportunité en 1898, lorsque l'USS Maine explose dans le port de La Havane, à la grande surprise des Espagnols. Theodore Roosevelt se précipita à Cuba pour mener une charge qui se termina à la porte de la Maison-Blanche, et lorsque la fumée se dissipa, la maison de J. et W. Seligman possédait les chemins de fer et les plantations de sucre de Cuba.

C'est à cette époque qu'un jeune homme nommé Winston Churchill mène une guerre sans merci contre les Boers en Afrique du Sud, qui défendent leur patrie contre les Uitlanders, la horde de Juifs allemands qui convoitent les riches mines de diamants et d'or du Witwatersrand. Les services de presse internationaux se sont attachés à chanter les louanges de Roosevelt et de Churchill, qui, dans n'importe quel système de justice moral ou légal, auraient été exécutés comme des bandits. Grâce à cette publicité, ces deux agresseurs ont entamé une carrière au service des banquiers juifs. Telle est la base sordide de la célébrité.

Les services d'information ont été créés et contrôlés par les banquiers de Francfort comme une nécessité commerciale. Kent Cooper, dans le magazine *Life* du 13 novembre 1944, a écrit un article intitulé « La liberté d'information » dans lequel il dit,

> « Avant et pendant la Première Guerre mondiale, la grande agence de presse allemande Wolff appartenait à la maison bancaire européenne Rothschild, dont le siège central se trouvait à Berlin. L'un des principaux membres de cette société était également le banquier personnel de l'empereur Guillaume. Ce qui s'est réellement passé dans l'Allemagne impériale, c'est que le Kaiser a utilisé Wolff pour lier et exciter son peuple à un point tel qu'il était impatient de participer à la Première Guerre mondiale. Vingt ans plus tard, sous Hitler, ce schéma a été répété et énormément amplifié par la DNB, les successeurs de Wolff ».

En tant qu'estimé président de l'Associated Press, il semble impossible que Kent Cooper imprime publiquement une telle masse d'erreurs. Selon toutes les autorités, la Maison Rothschild n'a jamais eu son siège à Berlin. Le banquier personnel du Kaiser, que Cooper refuse de nommer, était Max Warburg, qui n'a jamais été ouvertement connu comme membre de la firme Rothschild. Plus important encore, Cooper accuse l'agence Wolff d'avoir commis exactement le même crime que l'Associated Press, de 1933 à 1941, lorsque l'Associated Press a créé une fièvre de guerre aux États-Unis par ses reportages très colorés et souvent faux sur les intentions politiques de l'Allemagne. Tous les plans publiés par le gouvernement nazi, qui ont été scrupuleusement suivis par Hitler, prévoyaient une poussée vers l'Est, le Drang Nach Osten, contre la Russie, comme le prévoyait leur science de la géopolitique. À ce moment-là, Cooper diffusait sa propagande dans

Life, une publication de *Time*, Inc. financée par JP Morgan Co en 1923 et exploitée à perte pendant cinq ans, pour sa valeur de propagande.

Paul Emden, historien anglais et biographe officiel des Juifs anglais, a publié son ouvrage définitif, « Jews of Britain », Sampson Low, Londres, 1944. À la page 357, il écrit à propos de Reuter,

> « Julius Reuter, naturalisé anglais, a dirigé son agence comme une affaire de famille jusqu'en 1865, date à laquelle il a créé l'Agence télégraphique Reuter. En 1871, le duc de Saxe-Cobourg-Gotha lui avait donné le titre héréditaire de baron ; en 1891, la reine Victoria lui accorda, ainsi qu'à ses descendants, l'autorisation de l'utiliser au Royaume-Uni, et c'est ainsi que l'homme qui était de naissance Israël Beer devint le baron Julius de Reuter. Il est tout à fait naturel que les Juifs jouent un rôle essentiel dans le développement des services d'information dans le monde entier : en tant que financiers et commerçants, ils ont depuis longtemps reconnu l'immense valeur d'une information rapide et fiable. Son service d'information étonnamment bien développé, l'un des secrets de son succès continu à la Bourse, a permis à Nathan de Rothschild d'apporter au gouvernement britannique les premières nouvelles de Waterloo. Les Rothschild aimaient recevoir les nouvelles avant tout le monde. L'une des grandes caractéristiques des rapports de Reuter est qu'en 1865, ils avaient deux jours d'avance sur la nouvelle capitale de l'assassinat d'Abraham Lincoln. Il existe trois grandes agences télégraphiques en Europe : Reuters à Londres, Havas à Paris et Wolff à Berlin. Havas était un juif français, et Wolff est généralement supposé avoir été juif ».

Sir Roderick Jones, chef de Reuters pendant de nombreuses années, a publié son autobiographie, « A life in Reuters », Hodder and Stoughton, 1951. Il nous apprend que Reuter est né Israel Ben Josphat Beer, fils du rabbin Samuel Beer de Cassel, en Allemagne, et qu'en 1859, Reuter a signé un accord avec ses rivaux, Wolff et Havas. Havas devait s'occuper de l'Amérique du Sud, les trois se partageraient l'Europe et Reuters le reste du monde. Cet accord, providentiellement conclu juste avant le début de la guerre civile américaine, a perduré jusqu'en 1914. Pendant cette période, Associated Press en Amérique était sous le contrôle de Jacob Schiff, dont la société Kuhn, Loeb s'occupait de toutes les émissions d'actions pour Western Union Telegraph et avait toujours trois associés au sein de son conseil d'administration. Western Union contrôlait à son tour Associated Press.

Sir Roderick a été formé par Louis Weinthal, qui explique en détail comment la maison Rothschild a financé Cecil Rhodes et son empire dans « The Story of the Cape to Cairo Railway » (L'histoire du chemin de fer du Cap au Caire). Dans « A Life in Reuters », Jones raconte que

> « Vers la fin de l'année 1895, l'Union nationale du Transvaal et les propriétaires de mines d'or ont attisé le mécontentement politique qui couvait à Johannesburg et l'ont transformé en une flamme révolutionnaire qui se présentait sous un jour favorable. Un comité de réforme des Uitlanders a été créé, avec un bureau interne composé de John Hays Hammond, Lionel Philipps (l'un des dirigeants de la société d'extraction d'or et de diamants Eckstein — la Corner House), George Farrar, directeur de East Rand Property Mines, et le colonel Frank Rhodes, frère de Cecil Rhodes, Premier ministre du Cap. Percy Fitzpatrick était le secrétaire. Le comité général était composé de soixante autres citoyens éminents, dont Abe Bailey et Solly Joel ».

John Hays Hammond était l'ingénieur minier en chef de la maison Rothschild. Paul Kruger, chef de la République des Boers, l'a condamné à mort pour avoir comploté le renversement violent du gouvernement, et l'a laissé partir moyennant le paiement d'une amende de 120 000 dollars. Il devient alors ingénieur en chef des Guggenheim Properties pour 600 000 dollars par an, puis représentant à Washington du Council on Foreign Relations. Son fils. C'est un compagnon de route notoire des communistes à New York.

Les fonds destinés au Conseil et à ses affiliés provenaient principalement des gisements d'or et de diamants d'Afrique du Sud. Sir Abe Bailey, au nom duquel la plupart des intérêts Rothschild dans le Witwatersrand ont finalement été enregistrés, était le principal Baker du Royal Institute of International Affairs.

La façon dont Sir Roderick est devenu chef de Reuters est en soi un joyau. Après avoir servi fidèlement sous les ordres de Weinthal, il nous raconte que

> « Le 28 avril 1915, le baron Herbert de Reuter, chef de l'agence, se tire une balle dans la tête. La cause en est l'effondrement de la banque Reuters, qui avait été créée par le baron Julius de Reuter pour traiter secrètement les envois de fonds à l'étranger. »

L'Angleterre étant alors en guerre avec l'Allemagne, il ne fut pas jugé opportun de nommer un autre juif allemand à la tête de l'agence, et les directeurs nommèrent donc Sir Roderick Jones à la tête de l'agence. Ce dernier a finalement démissionné dans des circonstances qui, selon lui, ne peuvent être rendues publiques. C'est très probable.

CHAPITRE 4

Le président des États-Unis Woodrow Wilson, élu à deux reprises, était l'un des hommes les plus mal-aimés ayant jamais occupé ce poste. Un dictateur de campus arrogant qui n'a jamais été capable de traiter avec des hommes mûrs. Il n'a acquis de l'estime dans le monde de l'éducation, puis dans celui de la politique, qu'en se prostituant avec empressement pour les représentants new-yorkais des banquiers de Francfort. En tant que président de l'université de Princeton, Wilson a d'abord attiré leur attention par sa guerre hystérique contre les fraternités. Les étudiants estimaient qu'ils avaient le droit de choisir leurs propres compagnons, même si cela impliquait d'exclure certains des descendants des banquiers immigrés. Wilson entra dans une fureur aveugle lorsque les étudiants s'opposèrent à ses principes d'« égalité » et bannit les fraternités de Princeton, une interdiction qui dure encore aujourd'hui.

Frank Vanderlip, successeur de James Stillman à la présidence de la National City Bank, raconte dans son autobiographie « From Farmboy to Financier », que Stillman et lui ont fait venir Wilson en 1910 pour l'examiner. Stillman, qui s'était vanté auprès de Carter Barron de savoir qui avait fait sauter l'USS Maine, répondit que Wilson ferait l'affaire, mais qu'il n'était pas un grand homme. Wilson poursuivit sa campagne en s'effaçant devant les riches jusqu'à ce qu'il les convainque qu'il était digne de confiance et qu'il ferait passer leurs intérêts avant les droits du peuple. Lors de la panique de 1907, il leur avait prêté allégeance en proclamant que nous devions confier la nation à un conseil de sept hommes dirigé par JP Morgan afin d'éviter d'autres paniques. C'était vrai. Si Morgan pouvait diriger le pays comme il le souhaitait pour la Maison Rothschild, nous n'aurions plus jamais de panique. Le fait que Morgan et Schiff aient provoqué la panique de 1907 au cours d'une année de bonnes récoltes et de prospérité générale, dans le seul but de créer dans le monde économique un climat qui leur permettrait de promulguer un projet de loi de « réforme monétaire » leur conférant une autorité perpétuelle sur la monnaie et le crédit des États-Unis, a été ignoré par Woodrow Wilson.

En 1911, Woodrow Wilson a été le premier éducateur de premier plan à acclamer le plan Aldrich, rédigé par Paul Warburg de Kuhn, Loeb Co et mis en avant dans le programme du parti républicain. En 1912, Woodrow Wilson a été élu président et a signé le Federal Reserve Act, la version du parti démocrate du plan Aldrich. L'opinion publique s'étant opposée au plan Aldrich en tant que loi sur les banques de Wall Street, Paul Warburg s'est empressé de le remanier et de le présenter comme la loi sur la Réserve fédérale du parti démocrate, et Wilson, ardent partisan du plan Aldrich républicain, est devenu le candidat démocrate à la présidence et a promulgué la loi sur la Réserve fédérale.

Lors des auditions sénatoriales de la sous-commission judiciaire de 1914, le sénateur Bristow a posé la question suivante à Paul Warburg.

> « J'ai cru comprendre que vous aviez dit samedi que vous étiez républicain, mais que lorsque M. Roosevelt est devenu candidat, vous êtes devenu un sympathisant de M. Wilson et l'avez soutenu ?

> **Paul Warburg**, Oui.

> **Sénateur Bristow**, alors que votre frère Felix Warburg soutenait Taft ?

> **Paul Warburg** : Oui. »

L'élection présidentielle de 1912 offre un beau cas de laboratoire de l'exploitation de la démocratie américaine par les banquiers immigrés. Bien que le président Taft soit beaucoup plus populaire que le froid et cynique Wilson, Taft s'est attiré l'inimitié de Kuhn, Loeb Co, Archie Butt, assistant à la Maison-Blanche des présidents Theodore Roosevelt et Taft. aide à la Maison-Blanche des présidents Theodore Roosevelt et Taft, décrit l'incident à la page 625 de ses « Letters », publiées par Doubleday Doran, 1930, comme suit

> « À l'heure actuelle, Schiff exige que le président Taft abroge le traité de 1832 avec la Russie et le menace de l'hostilité des Juifs s'il continue à refuser d'accéder à leurs demandes. Lui et un certain nombre de Juifs sont venus à la Maison-Blanche il y a quelques soirs et ont pratiquement dit au Président qu'à moins qu'il n'abroge ce traité, tout le peuple juif de ce pays non seulement s'opposerait à sa renomination, mais soutiendrait le candidat démocrate, quel qu'il soit ».

Cet incident est décrit plus longuement par Simon Wolf, dirigeant du B'nai Brith, dans son autobiographie intitulée « Presidents I have known » (Présidents que j'ai connus). Wolf, qui a été arrêté en 1865 dans le cadre de la mort d'Abraham Lincoln, connaissait personnellement tous les présidents, de Lincoln à Wilson.

Pour assurer l'élection de Wilson, la technique du « diviser pour régner » a été utilisée. Theodore Roosevelt, le favori de J&W Seligman Co, a été tiré de sa retraite pour se présenter comme candidat progressiste et diviser le parti républicain. Au final, Taft obtient six voix de grands électeurs. L'ombre de la désapprobation du B'nai Brith plane sur son fils Robert Taft lors de la convention républicaine de 1952, lorsque Rifkin et Warburg réussissent à obtenir l'investiture du général Eisenhower.

Bien que Wilson ait été présenté comme le candidat du commun des mortels et que des billets de banque aient été sollicités pour ses dépenses, « The road to the White House », Princeton University Press 1951, indique que les principaux donateurs de Wilson étaient Jacob Schiff, Henry Morgenthau senior, Samuel Untermeyer et Cleveland H. Dodge de la National City Bank. Bernard Baruch s'occupait des fonds pour Wilson et signait un certain nombre de chèques d'un montant de 25 000 à 50 000 dollars au fur et à mesure des besoins de la campagne de 1912. Il ne s'agit cependant pas de son propre argent. Il était simplement à la tête du Wilson Trust Fund.

L'éclaircissement de la situation mexicaine par Wilson est d'une importance secondaire par rapport à la loi sur la Réserve fédérale. La société Bleichröder de Berlin avait été l'un des premiers et des plus gros investisseurs dans les obligations mexicaines, et Kuhn Loeb Co. avait hérité de sa gestion. Le Mexique de Porfirio Diaz avait fait faillite et une révolution était nécessaire pour financer la dette et restaurer les dividendes des obligations Bleichröder. C'est ainsi que la première révolution communiste réussie de l'histoire a eu lieu en 1911 au Mexique. Les propriétaires ont été massacrés et leurs terres ont été données aux paysans. Cependant, les paysans avaient besoin de mules et de semences. Comme ils n'avaient pas d'argent, ils ont hypothéqué leurs terres auprès des banques. Très souvent, ils ont pris de la tequila au lieu de mules, de sorte que la terre a été rapidement concentrée entre les mains d'un nombre d'hommes encore plus réduit qu'avant la révolution. C'était le communisme. Les paysans avaient moins que jamais et travaillaient plus dur qu'avant le triomphe du marxisme. Kuhn et Loeb ont reçu leurs dividendes du nouveau gouvernement et Porfirio Diaz s'est retiré à Paris pour vivre dans le luxe. Paul Warburg, Jacob Schiff et Jerome Hanauer deviennent directeurs des chemins de fer nationaux du Mexique. Eugene Meyer junior développe de grandes mines de cuivre à Chihuahua et J&W Selligman Co développe des services publics dans cette région. (Annuaire des directeurs de la ville de New York, 1912.)

Cependant, Jacob Schiff, le cerveau de l'expansion de la Standard Oil des Rockefeller, s'inquiète de l'avenir des propriétés des Rockefeller au Mexique. Une intervention musclée de Washington s'impose. Percy N. Furber, président de Oil Fields of Mexico Ltd, a déclaré à Carter Barron, le principal journaliste financier de New York, que

> « La révolution mexicaine a été provoquée par H. Clay Peirce, qui possédait 35 % de la Pierce-Waters Oil Co, dont la Standard Oil détenait les 65 % restants. Pierce était un homme de main confidentiel de Rockefeller. Il voulait s'emparer de ma propriété ».

Peirce exige de Diaz qu'il supprime la taxe sur les importations de pétrole pour permettre à la Standard Oil d'importer des produits des États-Unis pour les vendre au Mexique. Diaz refusa et la révolution s'ensuivit. Peirce a financé la révolution réussie de Francisco Madero. Ni Peirce ni personne d'autre ne s'attendait à ce qui s'est produit par la suite. Madero a été exécuté par Victoriano Huerta le 18 février 1913. Huerta était le pion des intérêts pétroliers britanniques. Entre-temps, la fièvre révolutionnaire s'est emparée de tout le pays. D'autres révolutionnaires, soutenus ou non par les pétroliers, entrent en action. Dans le nord du Mexique, Carranza et Pancho Villa dirigent des armées contre Huerta. C'est l'occasion rêvée pour les vendeurs de Cleveland H. Dodge's, Remington Arms Co et Winchester Arms Co.

Le président Wilson avait obligeamment mis un embargo sur les livraisons d'armes au Mexique, ce qui permettait de les faire passer en contrebande à des prix doublement élevés. Le 12 février 1914, il obtient de Wilson qu'il lève l'embargo et expédie immédiatement pour 1 000 000 de dollars d'armes à Carranza, le successeur de Huerta qu'il avait choisi. Dès le départ, Wilson avait fermement refusé de reconnaître l'administration Huerta. Mais Dodge et d'autres personnes ayant des intérêts importants au Mexique commençaient à s'alarmer de l'ampleur de la vague révolutionnaire et proposèrent que Huerta soit reconnu par les États-Unis s'il promettait d'organiser des élections. Les pétroliers auraient ainsi la possibilité d'acheter des fonctionnaires locaux sympathiques, ce qui était tout ce qu'ils voulaient. Julius Krutschitt, président de la Southern Pacific Railroad, transmet au colonel House un mémo en ce sens et House le transmet à Wilson. Cette note fut rédigée par D. J. Haff, un avocat de Kansas City, et approuvée par le cabinet Phelps Dodge avant d'être envoyée à Washington, ainsi que par Greene Cananea Cooper (Guggenheim) et E. L. Doheny de la Mexican Oil Co. Haff fut alors appelé à s'entretenir avec Wilson et lui fut présenté par Dodge, dont l'approbation allait toujours très loin auprès du président. Il y avait une raison impérieuse pour laquelle Huerta ne devait pas être reconnu s'il refusait d'obéir aux ordres de Washington, ce qu'il fit d'ailleurs. La raison était simplement qu'il avait été violemment installé à la place de Madero de la Standard Oil par Lord Cowdray, chef des intérêts pétroliers britanniques au Mexique, contrôlés par la famille Samuel. Dans sa communication à Sir Edward Grey, alors ministre britannique des Affaires étrangères, Wilson s'engage à évincer Huerta, que le gouvernement britannique et plusieurs de ses satellites se sont empressés de reconnaître. Ce n'est qu'au début de l'année 1914 que Wilson abandonne l'espoir de mettre Huerta sous la coupe de Dodge et de la National City Bank. C'est alors qu'un certain nombre d'actes provocateurs révélèrent le nouvel état d'esprit qui régnait à Washington. Outre les énormes livraisons d'armes à l'adversaire de Huertas, Carranza, il y eut l'incident de Tampico. Un certain nombre de marins américains sont débarqués à Tampico, apparemment pour se réapprovisionner en eau et en gaz. Ils sont arrêtés par les troupes Huertas, mais suite à une violente protestation de Washington, ils sont relâchés. L'étonnement fut grand à Washington. Wilson insiste alors pour que Huerta salue le drapeau américain et présente ses excuses. Huerta refusa. En vertu du droit international, il n'y avait aucune raison d'exiger un salut officiel. Le 21 avril 1914, les navires de guerre américains ont bombardé Vera Cruz pour empêcher un navire allemand de débarquer des vivres pour Huerta. Il y eut des pertes civiles et d'importants dégâts matériels. Le 25 juillet 1914, Huerta admet que les chances sont trop grandes contre lui et s'enfuit vers ses comptes bancaires à New York. Venustiano Carranza a pris ses fonctions au nom de la National City Bank. À la frontière américaine. Le général Pershing, apparenté à Jules S. Bache de la Bourse de New York, tient Pancho Villa en échec pendant que Carranza consolide son pouvoir.

Pour le récit ci-dessus, je dois beaucoup à l'ouvrage de Ferdinand Lundberg « America's Sixty Families », Vanguard Press, 1938, et aux réminiscences de Carter Baron sur Wall Street. On pourrait répéter cet épisode des dizaines de fois en racontant les nombreuses révolutions du 20e siècle, qui sont autant de preuves historiques de la protection par J&W Seligman de ses milliards de dollars d'investissements dans les services publics et le sucre en Amérique du Sud, butin de la guerre hispano-américaine, et de la protection par Samuel Zemurray, de la Coopération économique palestinienne, de ses intérêts dans l'United Fruit Co. en Amérique centrale. Ces épisodes ont créé la légende de l'« impérialisme du dollar » des États-Unis en Amérique du Sud. Nos voisins latins devraient être informés que la plupart des Américains déplorent l'exploitation arrogante de l'Amérique du Sud par les Zemurray, les Seligman et les Warburg.

Aucun président avant Woodrow Wilson n'a fait preuve d'une telle partialité à l'égard de la minorité qui a financé sa campagne. Les nominations officielles de Woodrow Wilson au cours de ses deux administrations se lisent comme le Who's Who de la juiverie américaine, avec les noms de Morgenthau, Warburg, Meyer, Baruch, Brandeis, Frankfurter, Strauss, Nagel, Goldenweiser et des centaines d'autres. L'histoire du règne de Wilson a été occultée, et la lumière sur ses activités secrètes, les conspirations du colonel Edward Mandell House et de Sir William Wiseman de Kuhn, Loeb Co, et les opérations louches des immigrants sans racines auxquels il a volontiers confié les plus hautes fonctions du gouvernement américain, n'est apportée qu'occasionnellement par un peu de biographie ici et une page d'information égarée là. L'une des violations les plus scandaleuses du serment de Wilson a été maintenue dans le plus grand mystère pendant 26 ans grâce à la coopération volontaire des services d'information. Paul Emden, dans son ouvrage qui fait autorité, « Jews of Britain », déclare à la page 310,

> « En avril 1918, à la suite d'une importante spéculation sur le coton, une ruée s'est produite à Bombay et des espèces d'une valeur de 1 372 000 livres ont été retirées. Seule l'Amérique pouvait aider, mais ses vastes réserves d'argent devaient être préservées pour servir de couverture à sa propre monnaie papier, le dollar. Lord Reading (Rufus Isaacs) est venu à la rescousse de ce terrible embarras. Sa puissante influence sur le président Wilson a fait que le gouvernement à Washington et les membres du Congrès de tous les partis ont uni leurs efforts pour faire face à cette situation en adoptant une loi sans discussion ou pratiquement sans discussion, car tout débat sur le sujet aurait été grave. La mesure a été adoptée en un temps presque record. Elle est devenue loi en quelques jours et des millions d'onces d'argent ont été envoyées en Inde de l'autre

côté de l'océan, simplement parce que l'Amérique a vu qu'il était nécessaire à ce moment précis d'aider l'Empire britannique. Rien n'a été dit à ce sujet. En effet, rien n'a été publié dans les journaux. Un certain nombre de journaux étaient au courant, mais ils ne l'ont pas mentionné. Pour autant que je sache, j'ai fait la première déclaration publique à ce sujet ».

Cette histoire presque incroyable suscite de nombreuses questions. Les États-Unis, en pleine Grande Guerre, arrêtent toute législation pour adopter un projet de loi secret visant à envoyer de l'argent en Inde parce que certains spéculateurs y ont provoqué une crise monétaire. Aucun membre du Congrès n'ose en débattre ou s'y opposer, aucun journal ne se sent obligé de rapporter une histoire aussi passionnante, et le personnage clé est un extraterrestre de l'ombre dont l'histoire sera décrite plus loin. On aimerait prendre quelques instants avec M. Emden pour clarifier cette page. Pourquoi était-il impératif que la loi soit adoptée sans débat ? Même notre entrée en guerre a fait l'objet d'un débat au Congrès. Qui sont les spéculateurs qui ont provoqué la crise de Bombay ? Et pourquoi les problèmes monétaires de l'Inde auraient-ils une priorité absolue et secrète sur toutes les questions pendantes devant le Congrès des États-Unis ? Mais peut-être M. Emden nous en a-t-il déjà trop dit.

CHAPITRE 5

Les guerres sont faites par les hommes. Le 20th siècle a été une tentative honteuse et presque unanime des historiens et des économistes, menés par les coquins de Harvard et de l'Université de Chicago, d'éviter toutes les personnalités et tous les faits dans le compte-rendu de l'histoire contemporaine. Ces scélérats ont suivi la ligne tracée par Karl Marx, selon laquelle tous les événements doivent être rapportés dans l'abstrait comme les convulsions économiques des masses. Si l'histoire des masses peut être abordée sous l'angle économique, l'histoire individuelle doit faire appel au temps, au lieu et à l'association, et ce sont ces facteurs que les historiens de la ligne du parti marxiste apprennent à éviter. Ainsi, les nombreux ouvrages consacrés à la Première Guerre mondiale, à la Conférence de paix de Versailles ou à la Grande Dépression de 1929-1933 contiennent en moyenne un fait pour 10 000 mots. Le reste n'est qu'un discours sans queue ni tête sur les pressions sociales, les « méfaits des capitalistes », dans lequel toute mention des banquiers de Francfort brille par son absence, et les « tensions économiques de notre époque ».

L'incompétence de nos étudiants universitaires leur fait ingurgiter ce genre d'inepties pendant quatre ans. Il n'est pas étonnant qu'ils ne lisent jamais un autre livre. Ce qui est vraiment regrettable, c'est la défection quasi générale des professeurs qui se pervertissent et se parjurent délibérément dans la presse avec cette pente, alors qu'ils sont au courant des faits. Ils sont si peu payés qu'on ne peut pas dire qu'ils sont soudoyés. Leur autodénigrement ne dure que jusqu'à ce que quelqu'un ait le courage de révéler la vérité, et il semble que ce soit là son seul objectif : dissimuler les faits jusqu'à ce que les criminels soient hors d'atteinte des représailles. Harvard, Columbia et Chicago ont mené un combat d'arrière-garde pour protéger les banquiers internationaux qui ont financé le nazisme et le communisme afin de tirer profit des guerres mondiales.

Une nation allemande jeune et confiante, rendue sûre d'elle par une victoire facile sur une France désunie en 1870, rêve de conquérir l'Europe. Aux côtés du Kaiser Williams, son banquier personnel Max Warburg encourage ce rêve. Sous le prédécesseur de Warburg, Samuel Bleichröder, l'Allemagne avait mis en place le système bancaire le plus centralisé au monde, la Reichsbank, qui était en 1910 la seule banque centrale capable de financer une guerre de grande ampleur. En 1914, Paul Warburg, le frère de Max Warburg, avait centralisé les finances américaines dans le système de la Réserve fédérale, de sorte que les États-Unis étaient en mesure de financer toutes les nations composant les Alliés lors de la Première Guerre mondiale. La principale mission d'une banque centrale est le financement de la guerre.

Comme en 1939, l'Allemagne de 1914 rêvait d'une guerre éclair, d'une blitzkrieg. Le Kaiser savait qu'il disposait de la meilleure machine de guerre au monde. Max Warburg lui assure qu'il possède le meilleur système bancaire du monde. Pensant à un empire paneuropéen dont l'Angleterre serait le seul adversaire sérieux, l'Allemagne de 1914, comme celle de 1939, ne pouvait envisager la possibilité d'une entrée en guerre des États-Unis contre elle. Ni sur le plan économique, ni sur le plan politique, l'Amérique n'était concernée par une Fédération paneuropéenne dominée par l'Allemagne. La preuve en est apportée par Henry Morgenthau dans « Le secret du Bosphore », récit de ses expériences en Turquie en tant qu'ambassadeur des États-Unis. Il relate sa conversation avec l'ambassadeur allemand, le baron Wangenheim, qui, en 1915, lui a volontiers expliqué, en tant que neutre, comment l'Allemagne avait tout misé sur une guerre rapide. Si les perspectives d'une victoire rapide disparaissaient, l'Allemagne demanderait un armistice et s'armerait en attendant une meilleure occasion. Morgenthau évoque la possibilité d'une participation américaine contre l'Allemagne. Wangenheim est stupéfait. « Pourquoi l'Amérique attaquerait-elle l'Allemagne ?

« Pour un principe moral », a répondu Morgenthau, le roi des bidonvilles de Harlem qui s'engraisse des tributs des pauvres nègres. Cependant, comme toujours avec les Morgenthau du monde, des considérations plus pratiques étaient en jeu. En 1915, il s'agissait avant tout de rendre le monde sûr pour la démocratie communiste et sa jumelle, la démocratie sioniste.

Le chancelier allemand pendant la Première Guerre mondiale était von Bethmann-Hollweg. Moritz Bethmann, son ancêtre, avait été le principal financier de Francfort à l'époque de Mayer Amschel Rothschild. Les Bethmann et les Rothschild s'étaient mariés pour donner naissance au chancelier allemand. L'Allemagne possède l'or, les armées et une machine de guerre industrielle hautement productive. Elle manque cependant de certains produits chimiques, de denrées alimentaires et de matières premières indispensables. Au début de la guerre, elle ne disposait que de six mois d'approvisionnement en sucre, charbon, tungstène et nitrates. Voyant que ses plans ne pouvaient être réalisés avant décembre 1916, l'état-major allemand a conseillé au Kaiser de demander la paix. En août 1916, Max Warburg, alors chef des services secrets allemands, et le chancelier von Bethmann-Hollweg ne veulent pas entendre parler d'une demande de paix. L'Amérique se rangeait du côté de l'Allemagne, disaient-ils, en s'appuyant sur les travaux de Jacob Schiff et James Speyer à New York. Avec son aide, l'Allemagne pourrait facilement battre les Alliés. En ce qui concerne le ravitaillement, des centaines de tonnes de denrées alimentaires arrivent de Belgique. Les résultats de l'opération de la Commission d'Herbert Hoover pour le secours de la Belgique, qui aurait dû s'appeler Commission Hoover pour le secours de l'Allemagne. Sans les denrées alimentaires fournies par la Commission Hoover, l'Allemagne aurait dû demander l'armistice en 1916 et la guerre se serait terminée en deux ans au lieu de quatre.

Une infirmière anglaise patriote en Belgique, Edith Cavell, a été horrifiée par la trahison flagrante de l'opération Hoover et a tenté d'en informer le gouvernement britannique, ce qui a provoqué l'une des plus tristes tragédies de la guerre. Des milliards de dollars avaient été misés sur la poursuite de la guerre pendant encore deux ans. Si l'Allemagne tombait à l'hiver 1916, les Baruch, Warburg et Guggenheim, qui avaient tout misé sur l'expansion de la production de guerre à l'été 1916, perdraient la majeure partie de leur fortune. Franklin D. Roosevelt aurait été mis en accusation pour avoir doublé le montant des commandes de la marine, ce qui n'était pas autorisé par les crédits du Congrès pour ce département, et une carrière politique naissante aurait été interrompue. Des centaines d'hommes font fortune dans la contrebande de charbon et de sucre vers l'Allemagne. Le sucre, payé par les contribuables américains, était chargé secrètement la nuit et expédié en Espagne sur les navires de la Royal Spanish Line. De l'Espagne, il était acheminé par train jusqu'en Suisse, soi-disant pour la fabrication de chocolat, et de la Suisse, il était acheminé en Allemagne à 0,60 dollar la livre.

Cette femme, l'infirmière Edith Cavell, a été exécutée à la hâte sur ordre du haut commandement allemand, par communication directe de Max Warburg, chef des services secrets allemands. Non seulement les informations sur la Commission pour le secours de la Belgique ont été coupées, mais les journaux américains ont titré sur cette atrocité pendant des semaines. Il s'agissait d'une méthode miracle pour éveiller la fièvre de la guerre au sein du peuple américain.

Max Warburg prépare Lénine et Trotski à leur voyage à Moscou et à la révolution bolchevique, qui mettra la Russie hors de combat et laissera l'Allemagne se battre sur un seul front contre la France et l'Angleterre. Même après l'entrée en guerre de l'Amérique par Wilson, il faudra des mois avant qu'elle ne puisse mobiliser ses armes, et au moins un an avant qu'elle ne puisse envoyer une armée à l'étranger. Tout cela était connu dans les bureaux de M. M. Warburg Co. à Hambourg, dans les bureaux du baron Alfred de Rothschild à Londres et dans les bureaux de Kuhn, Loeb Co. à New York. L'industrie lourde pouvait être assurée de deux années de guerre supplémentaires, et c'est pour cette assurance qu'Edith Cavell est morte.

Alors que le peuple allemand s'apprête à endurer deux années de lente famine et que les armées de toutes les puissances sont bloquées dans les tranchées françaises, un certain nombre d'hommes intelligents et impitoyables organisent l'entrée en guerre de l'Amérique. Une organisation de banquiers de Wall Street dirigée par Isaac Seligman de. J. And W Seligman Co avait créé en 1906 une organisation appelée American Association for International Conciliation (Association américaine pour la conciliation internationale). En 1915, cette organisation était connue sous le nom de Ligue Carnegie pour l'imposition de la paix. Dirigée par Elihu Root, avocat de Kuhn et Loeb, la Ligue était composée d'Edward Filene, le millionnaire des grands magasins de Boston qui a légué sa fortune au 20th Century Fund pour la promotion du communisme, du rabbin Stephen Wise, l'influence sioniste sur le président Wilson, de John Hays Hammond, ingénieur pour les Rothschild et les Guggenheim, d'Isaac Seligman Perry Belmont, fils du représentant américain officiel de la Maison Rothschild et de Jacob Schiff de Kuhn Loeb Co. Ce groupe est à l'origine du Council on Foreign Relations. En 1916, ses membres ont usé de leur influence pour consacrer les premières pages des journaux métropolitains et des agences de presse américaines à l'usage exclusif des fauteurs de guerre professionnels. L'essentiel de la propagande est assuré par Cleveland H. Dodge, organisateur des survivants du

Lusitania Fund (le Lusitania était chargé de munitions provenant de l'entreprise douteuse Remington Arms Co) et par Herbert Hoover, chef de la Commission for the Relief of Belgium (Commission d'aide à la Belgique). Leur propagande était d'une puérilité éhontée. Entre les histoires de sous-marins allemands mitraillant des nageurs sans défense dans l'eau et les récits des Huns faisant sauter des bébés sur leurs baïonnettes en Belgique, il n'y a pas grand-chose à choisir. Il suffit de dire que Dodge et Hoover ont gagné la Première Guerre mondiale pour le sionisme. L'Amérique s'enflamma et lorsque Wilson demanda une déclaration de guerre à l'Allemagne, celle-ci lui fut accordée par un Congrès où seule une poignée de Lafollette, de Norris et de Rankin refusèrent de salir leur nom à jamais.

Sir Roderick Jones, dans « A Life in Reuters », nous donne à la page 200 un aperçu intime de l'histoire,

> « Nous avons dîné dans le salon privé du club Windham (Jones General Smuts, Sir Starr Jameson et Walter Hines Page, alors ambassadeur américain en Grande-Bretagne), celui où, vingt ans plus tard, les conditions de l'abdication du roi Édouard VIII ont été réglées. Nous avons dérivé sur la question de l'entrée en guerre des États-Unis, que la Grande-Bretagne et la France attendaient si patiemment. Le docteur Page nous a alors révélé, sous le sceau du secret, qu'il avait reçu du Président, l'après-midi même, une communication personnelle, sur la foi de laquelle il pouvait affirmer qu'enfin, les dés étaient jetés. Ce n'est donc pas sans émotion qu'il s'est trouvé en mesure de nous assurer que les États-Unis seraient en guerre avec les Puissances Centrales dans une semaine à compter de cette date. L'assurance de l'ambassadeur s'est avérée exacte jusqu'à ce jour. Nous avons dîné le vendredi 30 mars. Le 2 avril, le président Wilson a demandé au Congrès de déclarer l'état de guerre avec l'Allemagne. Le 6 avril, les États-Unis étaient en guerre.

Le général Smuts, propriétaire des champs de diamants d'Afrique du Sud, a toujours été un partisan convaincu de l'État mondial, si ardemment souhaité par la maison Rothschild. Au cours de la dernière année de sa vie, il a déclaré au membre du Congrès George Holden Tinkham, lui-même gros investisseur dans les mines d'or sud-africaines, que sa vie avait été gâchée. Comme d'autres serviteurs des banquiers internationaux, notamment feu Henry L. Stimson, Smuts est allé à la mort, malade de sa culpabilité et du spectre d'une troisième guerre mondiale.

Sir Starr Jameson de ce groupe de déjeuner représentait les intérêts financiers de la maison Rothschild dans le gouvernement britannique, et Sir Roderick Jones lui-même était le chef du service d'information de Rothschild. C'est à ces hommes que Walter Hines Page a fait part pour la première fois de son succès dans la trahison de son peuple en vue de la guerre.

CHAPITRE 6

Tout au long de la Première Guerre mondiale, un gouvernement international secret composé du colonel Edward Mandel House, émissaire personnel de Woodrow Wilson, de Sir William Wiseman, associé de Kuhn, Loeb et représentant du gouvernement britannique en tant qu'officier de liaison entre l'Amérique et l'Angleterre, et de Rufus Isaacs, Lord Reading, Lord Chief Justice d'Angleterre et par la suite ambassadeur d'Angleterre aux États-Unis, a agi au-delà de toutes les procédures parlementaires reconnues. Le colonel House remarque dans ses mémoires que Wisemen, Isaacs et lui-même se considéraient libres de contourner les voies gouvernementales habituelles, tout cela, bien sûr, dans le but de "gagner la guerre".

Le lieutenant-colonel Norman Thwaites, ancien secrétaire privé de l'éditeur new-yorkais Joseph Pulitzer, était le chef du service de renseignement britannique aux États-Unis pendant la Première Guerre mondiale. Il écrit dans ses mémoires, "Velvet and Vinegar", Grayson and Grayson, Londres, 1932, que,

> "Souvent, au cours des années 1917-1920, lorsque des décisions délicates devaient être prises, j'ai consulté M. Otto Khan, dont le jugement calme et la clairvoyance presque étrange en ce qui concerne les tendances politiques et économiques se sont révélés très utiles. Un autre homme remarquable avec lequel j'ai été étroitement associé est Sir William Wiseman, qui était conseiller pour les affaires américaines auprès de la délégation britannique à la Conférence de la Paix et officier de liaison entre les gouvernements américain et britannique pendant la guerre. Wiseman et moi formions, je crois, une équipe utile lorsque, en 1916 et au-delà, nous cherchions à freiner les machinations de l'ennemi en Amérique... En tant qu'associé de la banque Kuhn Loeb Co. Permettez-moi de mentionner ici que, quels qu'aient pu être les intérêts du chef juif de la firme Kuhn Loeb Co. de M. Kahn, les banquiers internationaux, qui était supposé être définitivement pro-

allemand, et de feu M. Mortimer Schiff, qui était supposé être sur la clôture en attendant que le chat saute, M. Otto Kahn n'a pas commis d'erreur. Il était définitivement et de tout cœur pro-alliés et surtout pro-britanniques. Il savait que le camp dans lequel l'Angleterre se rangeait l'emporterait".

Les bureaux de Kuhn, Loeb Co, à New York, ont dû être le théâtre de terribles querelles, ou du moins c'est ce que l'on pourrait croire, en raison des opinions politiques très divergentes et inaltérablement opposées de ses partenaires. En 1912, comme nous l'ont appris les auditions du Sénat en 1914, Paul Warburg et Jacob Schiff soutenaient la campagne de Wilson, Felix Warburg soutenait Taft et Otto Kahn était un fervent partisan de Theodore Roosevelt. La situation de Kuhn Loeb pendant la Première Guerre mondiale est encore plus étonnante. Jacob Schiff et Paul Warburg font tout ce qu'ils peuvent pour promouvoir les intérêts de l'Allemagne. En 1915 et 1916, en tant que gouverneur du Federal Reserve Board, Paul Warburg a refusé que le Federal Reserve System accepte des rabais sur les munitions à envoyer en Grande-Bretagne, décision du Federal Reserve Board du 2 avril 1915. Otto Kahn et Sir William Wiseman étaient les plus fervents partisans de la Couronne britannique, tandis que Felix Warburg était trop préoccupé par la consolidation de l'Organisation sioniste d'Amérique pour se soucier de savoir qui avait gagné la guerre.

Pourtant, au milieu de ce formidable esprit de parti, Kuhn Loeb Co. a poursuivi ses activités comme à l'accoutumée. Aucun des associés n'a démissionné. En fait, il n'est pas dit qu'il y ait jamais eu de réelles divergences entre eux. Les différentes nations et causes politiques défendues par les associés étaient plutôt de l'ordre de l'investissement. Il aurait pu y avoir une rivalité amicale entre Otto Kahn et Jacob Schiff pour savoir quelle puce dressée, la Grande-Bretagne ou l'Allemagne, gagnerait la guerre, mais les bénéfices de Kuhn, Loeb Co, seraient à peu près les mêmes dans les deux cas.

Dans ses mémoires, Lloyd George, Premier ministre de l'Angleterre en temps de guerre, écrit ce qui suit,

> "Sir William Wiseman était un jeune officier attaché à notre ambassade à Washington, où il développa de remarquables capacités diplomatiques. Mais à cette époque, il commençait à jouer un rôle considérable dans l'apaisement des relations avec le gouvernement américain."

Sir Cecil Spring-Rice, ambassadeur britannique aux États-Unis pendant les premières années de la guerre, était un critique constant et précis de Kuhn Loeb Co. Dans "The letters. Of friendships of Sir Cecil Spring-Rice", Constable, 1929, cité par Charles Callan Tansill dans "America Goes to War", Little, Brown, 1938, nous apprenons que l'ambassadeur Spring-Rice a exprimé son profond regret que Lord Reading, Rufus Isaacs, ait été choisi pour diriger la mission financière britannique aux États-Unis en 1915. Parce qu' » il se méfiait nettement des Juifs » et qu'« il serait nécessaire de sauver la Grande-Bretagne malgré elle ». À la page 122 du livre de Tansill, on peut lire ce qui suit,

> « Le 23 novembre 1916, le colonel House lui avait écrit que Kuhn Loeb envisageait d'accorder à certaines villes allemandes des prêts similaires à ceux qui avaient été accordés aux villes françaises. Le lendemain, le président envoya une lettre précipitée au colonel dans laquelle il lui demandait de "transmettre à Kuhn, Loeb Co par l'intermédiaire de M. Schiff, qui serait sûr de mon amitié personnelle, l'indication que nos relations avec l'Allemagne sont maintenant dans un état très insatisfaisant et douteux, et qu'il serait très imprudent en ce moment de risquer un prêt".

Dans ce cas, le président Wilson joue le rôle de conseiller auprès du banquier international Schiff. Il estime que le prêt ne présente pas un grand risque. C'est le seul facteur que Wilson ou Schiff prendraient en considération.

Parmi les lettres de Spring-Rice, également citées par Tansill, figure une lettre adressée à Sir Valentine Chirol le 3 novembre 1914,

> "Paul Warburg, proche parent de Kuhn, Loeb Co et Schiff, frère du célèbre Max Warburg de Hambourg, est membre du Federal Reserve Board ou plutôt LE membre. Il contrôle en particulier la politique financière de la nation yéménite, et Page et Blacket devaient principalement négocier avec lui. Bien sûr, c'était exactement comme négocier avec l'Allemagne. Tout ce qui était dit appartenait à l'Allemagne. En conséquence, les arrangements conclus ont été considérés comme étant à l'avantage des banques allemandes, et les banques chrétiennes ont été jalouses et irritées".

Tansill cite également une lettre écrite par Spring-Rice au ministre britannique des Affaires étrangères, Sir Edward Grey, le 25 août 1914. Il s'agit d'une tentative audacieuse de faire passer la Hamburg American Line sous pavillon américain, une proposition qui semble logique à son principal actionnaire, Max Warburg. Ses frères Paul et

Felix, à New York, pouvaient s'occuper de l'affaire pendant que l'Allemagne était en guerre contre l'Angleterre. Spring Rice raconte,

> "Ce n'est pas une affaire très agréable. La société est en particulier une affaire du gouvernement allemand... L'empereur lui-même est un actionnaire important, de même que la grande maison de banque Kuhn Loeb, à New York. Un membre de cette maison vient d'être nommé à un poste à haute responsabilité, bien qu'il vienne tout juste d'être naturalisé. Il est en relation d'affaires avec le secrétaire au Trésor, qui est le gendre du président".

Il s'agit de Paul Warburg, du Federal Reserve Board, naturalisé en 1912 pour pouvoir diriger la politique monétaire depuis Washington. Le gendre du président, William G. McAdoo, était un vieil homme de Kuhn Loeb, qui l'avait choisi comme premier président de la Hudson Manhattan Railroad en 1904, pour laquelle ils avaient émis la totalité des obligations.

Les commentaires de l'ambassadeur Spring-Rice sur Kuhn Loeb Co ont provoqué la consternation et l'amertume au sein du ministère britannique des Affaires étrangères. En 1917, Rufus Isaacs, Lord Reading, a dirigé une autre mission d'achat britannique aux États-Unis. Spring-Rice est froidement mis à l'écart. Isaacs et Wiseman traitent directement avec le colonel House, et bientôt la hache tombe ; Isaacs, qui est arrivé à Washington en septembre 1917, remplace officiellement Spring-Rice en janvier 1918 en tant qu'ambassadeur britannique aux États-Unis. Un mois plus tard, Sir Cecil Spring-Rice meurt subitement et de manière inattendue à Ottawa, au Canada, alors qu'il rentrait en Grande-Bretagne. S'il avait survécu, il aurait pu raconter des histoires intéressantes sur Isaacs et Wiseman.

Dans la biographie de Harold Nicolson sur l'associé de JP Morgan "Dwight Morrow", Harcourt, Brace, 1935, on apprend que Lord Reading a été envoyé à New York en 1915 pour une mission financière "et que de nombreuses discussions ont eu lieu entre lui et les associés de Morgan dans son appartement de l'hôtel Biltmore". Malheureusement, nous ne disposons d'aucune citation de ces discussions. Isaacs, Lord Reading, était l'un de ces personnages obscurs et influents qui ont dominé la politique anglaise au 20e siècle. Quelques tentatives de biographie ont été faites dans ces pages à partir de "All These Things" par A. N. Field de Nouvelle-Zélande, d'après l'exemplaire du livre de Field offert à la Bibliothèque du Congrès par H. L. Mencken.

"Le frère de Rufus Isaacs était directeur général de Marconi Wireless Ltd. Isaacs était alors procureur général sous Asquith. Immédiatement après l'enquête sur Marconi, Isaacs a été nommé Lord Chief Justice et élevé à la pairie sous le nom de Lord Reading. Le 25 janvier 1910, Godfrey Isaacs a été nommé directeur général de la Marconi Co. Le docteur Ellies Powell, rédacteur en chef du *London Financial News*, en vint à conjecturer qu'"" Isaacs n'avait aucune expérience dans le domaine du sans-fil ». L. J. Maxse, rédacteur en chef de la *National Review,* écrit quant à lui que « rien dans sa carrière quelque peu mouvementée ne suggère qu'il soit apte à occuper un poste aussi élevé et responsable ; il n'est pas facile de découvrir les entreprises prospères auxquelles il a été associé par le passé ».

Godfrey Isaacs a promu la British Broadcasting Company en 1922, fruit de ses manipulations de Marconi. Les autres protagonistes de l'affaire Marconi étaient Lloyd George, Sir Herbert Samuel, de la famille qui dirige Samuel Montague Co, financée par Lord Swaythling, dont le cousin Sir Edwin Montague, alors secrétaire d'État aux Indes, est à l'origine du projet de doter l'Inde d'un gouvernement démocratique. Et Sir Matthew Nathan. L'accord portant sur la vente des entreprises coopérantes, American Marconi Ltd et Canadian Marconi Ltd aux États-Unis, a été conclu entre Paul Warburg et Godfrey Isaacs en mars 1912. Warburg, dont le cabinet Kuhn, Loeb s'occupait de toutes les émissions d'actions pour Western Union Telegraph, devint l'agent américain d'Isaacs. Harry Isaacs et Lloyd George sont très impliqués. En octobre 1912, le scandale éclate. Le docteur Ellies Powell, rédacteur en chef du *London Financial News*, prononce un discours au Queen's Hall, à Londres, le 4 mars 1917, sur certains aspects de l'affaire Marconi.

« Au début de la guerre, des milliers de réservistes allemands ont été autorisés à retourner en Allemagne bien que notre flotte ait pu les en empêcher. Des particuliers, des entreprises et des sociétés allemandes ont continué à faire du commerce sous de simples noms britanniques, à recouvrer leurs dettes et, sans aucun doute, à financer le militarisme allemand. Au moment même où les Allemands détruisaient nos biens par les bombes des zeppelins, nous leur versions de l'argent au lieu de prendre leur participation en compensation partielle des dommages causés. En janvier 1915, Lord Reading et la cour d'appel ont rendu une décision vicieuse, selon laquelle la Kaiser and Little Wilhelm Ltd. était une bonne entreprise britannique, capable de poursuivre les propres sujets du roi devant les tribunaux du roi. Dix-huit mois se sont écoulés avant que ce jugement monstrueux puisse être annulé par la Chambre des Lords. Une influence latente a empêché l'adoption instantanée d'une loi pour remédier à la bévue de Lord Reading et de ses collègues. La soi-disant "British Company", composée d'éléments allemands, fut laissée dans un triomphe obscène pendant dix-huit mois. Ce n'est qu'en 1916, deux ans après le début de la guerre, que le pouvoir de liquider les entreprises ennemies a été accordé. L'activité ininterrompue de la pieuvre métallique de Francfort dans ce pays n'est pas un hasard. Le gouvernement défunt nous a trompés en parlant vainement d' » éliminer » l'élément allemand de Merton's, l'une des entreprises associées à la pieuvre du métal de Francfort. Oscar Legendbach n'a été remplacé que par Oscar Lang, et Heinrich Schwartz n'a disparu que pour laisser la place à Harry Ferdinand Stanton — le même homme sous un autre nom ! Permettez-moi d'analyser une affaire scabreuse qui a poussé l'indignation et la colère du public à son paroxysme. Je veux parler de l'impudente survie des banques allemandes. Cela fait maintenant près de trois ans que nous sommes en guerre, et pourtant leurs portes sont toujours ouvertes. Elles ont envoyé de grandes quantités de lingots en Allemagne après le début de la guerre... (Powell critique ensuite l'épisode Marconi). L'entreprise Marconi est le cerveau de la guerre. C'est par elle que transitent tous les innombrables mandats du centre de Whitehall vers chaque partie de notre interminable ligne de bataille. Si Bernstorff avait une radio secrète à Washington, pensez-vous qu'il n'y a pas de radio secrète en Angleterre ? Si, dans le contexte de Marconi, nous pouvons discerner une influence allemande ou des secrets susceptibles d'être utilisés comme moyens de pression allemands sur un personnage de la vie publique anglaise, nous sommes en présence de quelque chose qui peut être une source du plus grand péril. Je vous dis également que lors du grand pari de 1912, pas moins de 50 000 actions américaines de Marconi sont allées à Jacob Schiff, l'intrigant pro-allemand aux États-Unis, qui a fait tout ce qui était en son pouvoir pour amener la paix aux conditions allemandes. Dans cette affaire, Schiff était associé à un certain Simon Siegman. J'ai dit, délibérément et en pleine connaissance de ma responsabilité, qu'un dixième des transactions Marconi a été divulgué à la fausse commission qui a siégé en 1913 pour enquêter. Quoi qu'il en soit, examinons un élément du tableau : l'existence d'un fonds commun de 250 000 actions américaines de Marconi, dans lequel les participants à cet énorme pari ont puisé les chiffres nécessaires à l'achèvement de la transaction. Schiff et Siegman, de l'autre côté de l'Atlantique, ont effectué leurs livraisons à partir de ce fonds. De ce côté-ci de l'Atlantique, il a fourni les actions négociées par le procureur général de Sa Majesté à l'époque, M. Isaacs, l'actuel Lord Chief Justice. Pendant toute la période des négociations entre le gouvernement et Marconi, d'immenses transactions sur les actions Marconi ont été menées par un certain M. Ernest Cameron du 4 Panton St. Haymarket. Remarquez que je vous donne un nom et une adresse. Cameron tient une modeste Académie de production vocale. À la fin du mois d'avril 1912, il avait plus de 800 actions Marconi anglaises ouvertes auprès de divers courtiers. Dès le premier soupçon de politique en arrière-plan, l'énorme compte de Cameron a été repris pour 60 000 livres par Godfrey Isaacs, le frère de l'Attorney General de l'époque. Aucune des transactions de Cameron n'a été divulguée à la commission Marconi… Le travail des transactions a été effectué par l'intermédiaire de Solomon and Co. L'associé principal de Solomon and Co était un Autrichien naturalisé nommé Breisach. Ceux qui étaient prêts à favoriser les projets de paix de Spire et de Schiff en décembre 1917 n'ont rien perdu de leur malice ».

Tel était le profil de l'homme qui a remplacé Sir Cecil Spring-Rice en tant qu'ambassadeur aux États-Unis. Un dernier honneur restait à Isaacs, le poste de vice-roi des Indes. Pas une seule fois un journal n'a mentionné le nom de famille de Lord Reading pendant sa présence en Amérique. Il s'agissait d'un reportage impartial et de la liberté d'information que les Nations Unies de Rothschild souhaitent donner au monde entier.

Comme premier signe qu'il pourrait livrer l'Amérique à N. M. Rothschild, fils de Londres, Woodrow Wilson a mis en place un Conseil de défense nationale composé de sept hommes. Seuls trois d'entre eux, étonnamment, étaient juifs. Il s'agit de Bernard Baruch, de Julius Rosenwald, le dirigeant multimillionnaire de Sears Roebuck, qui a créé la Fondation Rosenwald pour promouvoir l'agitation raciale aux États-Unis, et du radical Samuel Gompers, qui a tant fait pour livrer le travailleur américain aux mains des dirigeants syndicaux communistes juifs dictatoriaux.

Comme nous n'avons été attaqués par personne, le Conseil de la défense nationale n'a pas duré très longtemps. La plupart de ses fonctions ont été incorporées dans le War Industries Board, qui avait un pouvoir absolu sur l'industrie lourde américaine. Bernard Baruch a été nommé à la tête du War Industries Board par Woodrow Wilson. William L. White nous apprend dans sa récente biographie de Bernard

Baruch que ce dernier avait fait un don de 50 000 dollars à la campagne de Wilson en 1916. Il était donc logique que Wilson lui confie l'industrie lourde américaine. C'était une bonne affaire et Baruch avait la réputation de faire des affaires.

Carter Field, dans sa biographie « Bernard Baruch, Park Bench Statesman », McGraw Hill 1944, raconte que Samuel Untermeyer, avocat des Guggenheim, est venu demander à Baruch ses honoraires pour obtenir Tacoma Smelting et Selby Smelting et Lad pour American Smelting and Refining de Darius Ogden Mills. Un million, dit Baruch, et il l'obtint. Avec Jacob Schiff, le sénateur Nelson Aldrich et John D. Rockefeller Jr, il s'associe pour former la Continental Rubber Corp. qui deviendra plus tard l'Intercontinental Rubber Corp. Selon Field, Baruch et Eugene Meyer Jr. ont fait de la publicité en 1915 pour une offre de 400 000 actions de l'Alaska Juneau Gold Mining Co. dans laquelle il était indiqué que « toutes les actions non souscrites par le public seront souscrites par E. Meyer Jr. et B. Baruch ». Ce partenariat fructueux est officialisé lors de la Première Guerre mondiale, lorsque Wilson confie à Baruch le War Industries Board et à Eugene Meyer Jr la War Finance Corporation, qui prête 700 millions de dollars. Avec Paul Warburg, déjà gouverneur de la Réserve fédérale, Wilson complète le trio qui dirige l'Amérique pendant la Première Guerre mondiale. Comme ces trois hommes étaient juifs, il est difficile de comprendre comment quelqu'un pourrait prétendre que les juifs étaient victimes de discrimination en Amérique. En revanche, la liste des nominations de Wilson permet d'affirmer que les Américains de souche ont été victimes de discrimination. Ils pouvaient servir de chair à canon en France, mais il n'y avait pas de place pour eux à Washington. Wilson remplit les bureaux du gouvernement avec sa propre tribu, les Lehman, les Frankfurter, les Strauss et les Baruch.

Carter Field nous dit que le personnel du War Industries Board sous Baruch est devenu une famille heureuse, qui s'est réunie chaque année au fil des ans. Il constituait le noyau de l'entourage personnel de Baruch, dans lequel il puisait chaque fois qu'il devait envoyer quelqu'un à Washington. Le gouvernement a payé pour que Baruch se constitue une équipe personnelle extrêmement loyale. Eugene Meyer a fait la même chose avec son personnel de la War Finance Corporation, qui l'a accompagné à la Federal Farm Loan Board, puis à la Reconstruction Finance Corporation.

Son opinion personnelle, dit Field, est que « Baruch aurait joué un rôle extrêmement important dans l'administration Hughes si ce dernier avait été élu lors de l'élection serrée de 1916, à la fois dans la conduite de la guerre et dans l'établissement de la paix ». Field ne nous dit pas combien Baruch a contribué à la campagne de Hughes. Baruch a prouvé que les partenaires de Kuhn Loeb n'étaient pas les seuls à savoir soutenir les deux camps.

Au sujet de l'estime que Wilson portait à Baruch, Carter Field déclare : « Tout d'abord, Wilson ne se contentait pas d'admirer Baruch, il l'aimait. Mme Wilson le dit expressément dans ses mémoires. Il s'agit là d'une considération généreuse de Mme Wilson à l'égard d'un rival. En ce qui concerne le pouvoir officieux de Baruch dans la première administration Wilson, Field déclare : « Sous cette curieuse couverture d'anonymat, Baruch a exercé un type de pouvoir politique très inhabituel au début de l'ère Wilson. Il était cultivé par la plupart des lieutenants de Wilson, qui ont rapidement découvert qu'il pouvait faire plus pour eux qu'ils ne pouvaient le faire en s'adressant directement à Wilson. Naturellement, il n'y a pas eu de publicité pour tout cela ».

Certainement pas. Les services d'information n'ont jamais fait preuve d'une quelconque volonté de dire aux gens qui dirigeaient le pays. Cependant, Carter Field doit être un homme très naïf pour penser qu'il s'agit là d'un type inhabituel de pouvoir politique. Son admiration pour Baruch l'amène à croire que le spéculateur de Wall Street est à l'origine de l'idée de mettre en place un larbin stupide pour exécuter ses ordres de manière démocratique. Field devrait lire la Bible et constater que les Juifs agissent de la sorte depuis qu'ils ont pendu Haman pour s'être opposé à eux.

Carter Field nous apprend également que « Baruch a finalement approuvé l'idée d'une commission des réparations pour le comité américain chargé de négocier la paix après l'armistice ». Il est certainement utile de savoir qui était responsable de cela, car un certain nombre d'historiens, et non des moindres, Herbert Hoover, ont fermement désigné la Commission des réparations comme la principale responsable de la Seconde Guerre mondiale.

Baruch a commencé comme humble « laveur » à Wall Street, faisant fluctuer les prix des actions à la hausse et à la baisse pour les grands opérateurs en achetant et en vendant à la bourse de Londres, qui ouvrait quatre heures plus tôt que la bourse de New York. Pour faire cela depuis New York, Baruch a dû se lever à 1 heure du matin pendant des années.

Certains New-Yorkais se souviennent encore de l'avoir vu se rendre au travail en rampant, alors qu'ils rentraient d'une soirée gaie. Comme la Bourse de New York s'ouvrait au cours de clôture de la Bourse de Londres, il suffisait à Barack de vendre ou d'acheter quelques actions à Londres pour que le cours à New York corresponde à ce que souhaitaient ses employeurs. Après quelques années, il a travaillé avec Jacob Schiff, les Warburg et les Guggenheim jusqu'à ce qu'il atteigne leur taille.

Lors des auditions de la commission Knee en 1934, Baruch a indiqué que ses revenus de 1916 s'élevaient à 2 301 028,03 dollars, sur lesquels il a payé un impôt de 261 169,91 dollars. C'est le dernier impôt qu'il ait payé. Depuis lors, une banque hollandaise et une banque française gèrent ses immenses transactions en devises étrangères, et leurs gains ne sont pas soumis à l'impôt sur le revenu aux États-Unis. D'autres banquiers internationaux opèrent de la même manière. Baruch a connu de bonnes années depuis 1916, en particulier 1923, année de l'inflation du mark en Allemagne. Baruch exprime aujourd'hui son horreur de l'inflation, mais il n'a aucune raison de la regretter.

Baruch a également déclaré en 1934 : « J'ai réalisé pendant la guerre trois investissements majeurs : Alaska-Juneau Gold Mining Co, Atolia Mining Co et Texas Gulf Sulphur ». Atolia Mining était alors le plus grand producteur mondial de tungstène, et Baruch a vertueusement déclaré à la commission que le gouvernement n'avait jamais acheté une once de tungstène. Aucun des correspondants qui ont rendu compte de ces auditions n'a pris la peine de dire à leurs lecteurs que le tungstène est le métal clé utilisé dans la fabrication de l'acier. Sur chaque tonne d'acier ou de produits sidérurgiques achetée par le gouvernement pendant la Première Guerre mondiale, Baruch a obtenu sa part par l'intermédiaire d'Atolia. Le soufre est également un produit chimique essentiel pour l'industrie lourde. En tant que chef du War Industries Board, Baruch peut veiller à ce que ses entreprises soient privilégiées. Quant à la société d'extraction d'or, on sait depuis longtemps que l'or est un métal clé dans les guerres. Son associé, Eugene Meyer, était à la tête de la War Finance Corporation, Baruch était donc bien couvert pour cet investissement.

« Joe Tumulty and the Wilson Era » de M. Blum, publié par Houghton Mifflin en 1951, est une tentative de biographie du secrétaire de Wilson, Tumulty. Blum rappelle que les républicains du Congrès accusaient McAdoo, R. W. Bolling, beau-frère de Wilson, et Bernard Baruch de profiter des transactions boursières grâce à leur connaissance des plans du gouvernement. Personne n'a osé témoigner et les accusations n'ont pas été retenues. Carter Field mentionne l'épisode cocasse de 1916, qui est également relaté dans un profil de Baruch publié par *le New Yorker*. Le 12 décembre 1916, le chancelier von Bethman-Hollweg a transmis une proposition de paix à l'Angleterre, et le 19 Lloyd George a déclaré qu'il n'y aurait pas de négociations de paix en ce qui concerne l'Angleterre. Grâce à ces informations rassurantes, les prix augmentent à la Bourse de New York. Néanmoins, Baruch vendait l'acier américain à découvert, jouant des millions de dollars sur l'intuition que l'acier allait chuter. Bien entendu, il ne disposait d'aucune information privilégiée. Le 21 décembre, Woodrow Wilson adresse une note à tous les belligérants, leur proposant d'agir en tant que médiateur pour des pourparlers de paix. La presse mondiale a interprété cette chute de l'acier comme un signe que la paix était à portée de main.

L'acier a connu une chute vertigineuse et Baruch a réalisé un bénéfice de 750 000 dollars en une journée. Selon ses biographes, son profit total pour les trois jours de l'opération s'élevait à 1 000 000 de dollars. Carter Field attribue le sale boulot de cet épisode à Jacob Schiff et Otto Khan. Après tout, ils sont morts et Baruch est toujours en vie.

Bernard Baruch Les méthodes autoritaires de gestion des industries du pays ont suscité de nombreuses plaintes. À l'époque, le Congrès ne lui appartenait pas et la commission spéciale de la Chambre des représentants a été créée pour enquêter sur lui. Baruch s'est décrit comme un spéculateur et a déclaré,

> "J'ai probablement eu plus de pouvoir que n'importe quel autre homme pendant la guerre, c'est sans doute vrai.

Au sujet de son ascension au pouvoir avec Woodrow Wilson, il a déclaré,

> J'ai demandé un entretien avec le président. Je lui ai expliqué aussi sérieusement que possible que j'étais profondément préoccupé par la nécessité de mobiliser les industries du pays. Le président m'a écouté très attentivement et gracieusement, comme il le fait toujours, et la chose suivante que j'ai entendue, quelques mois plus tard, mon attention a été attirée sur ce Conseil de la défense nationale.

> **M. Graham** : Le Président a-t-il exprimé une opinion sur l'opportunité d'adopter le schéma que vous avez proposé ?

Baruch : Je pense que c'est moi qui ai le plus parlé.

M. Graham : L'avez-vous impressionné en lui disant que vous pensiez que nous allions entrer en guerre ?

Baruch : Je l'ai probablement fait.

M. Graham : C'était votre opinion à l'époque ?

Baruch : Je pensais que nous allions entrer en guerre. Je pensais que la guerre allait arriver bien avant qu'elle ne se produise.

M. Jeffries : Le système que vous avez adopté n'a donc pas permis à la Lukens Steel and Iron Co. de réaliser les mêmes bénéfices que les entreprises à faible production ?

Baruch : Non, mais nous avons pris 80 % aux autres.

M. Jeffries : C'est la loi qui l'a fait, n'est-ce pas ?

Baruch : C'est le gouvernement qui l'a fait.

M. Graham : que vouliez-vous dire en utilisant le mot « nous » ?

Baruch : C'est le gouvernement qui l'a fait. Excusez-moi, mais je voulais dire nous, le Congrès.

M. Graham : Vous voulez dire que le Congrès a adopté une loi à ce sujet ?

Baruch : Oui, Monsieur.

M. Graham : Avez-vous quelque chose à voir avec cela ?

Baruch : Rien du tout.

M. Graham : Je n'utiliserais donc pas le mot « nous » si j'étais vous.

Bien que le comité Graham ait infligé une sévère réprimande à Baruch, il n'y avait pas grand-chose à faire avec lui ou avec son partenaire Eugene Mayer, Jr.

La coterie de Baruch au sein du War Industries Board s'est construite autour de cette clique de Juifs de Wall Street qui le poussaient à devenir leur chef, son assistant personnel, et à partir de ce moment-là, son agent de publicité personnel était Herbert Bayard Swope, rédacteur en chef du *New York World*, qui avait été l'un des meilleurs journaux du pays. Il s'agit aujourd'hui du *World-Telegram*. Parmi les hommes que Swope a conduits à la gloire et à la fortune depuis le *New York World*, on trouve Charles Michelson, rédacteur des discours de feu Franklin Roosevelt, et Elliott Thurnston, chef des relations publiques de la Réserve fédérale. Parallèlement, il est correspondant du Monde à Washington. Le deuxième assistant de Baruch était Clarence Dillon, qui, selon le Who's Who in American Jewry, était le fils de Samuel Lapowitz, né à Victoria, au Texas. Dillon's International Banking House of Dillon, Reed devient l'agent principal des opérations mystérieuses de Baruch. Baruch était également représenté au Conseil des industries de guerre par Isador Lubin, chef des statistiques de production, qui est aujourd'hui un personnage important du forum de diplomates communistes connu sous le nom de Nations unies ; Leo Wolman, chef adjoint des statistiques de production ; Edwin F. Gay, président de la planification et des statistiques, plus tard président du Schiff's *New York Post*, un personnage important du Conseil des relations extérieures ; et Harrison Williams, le millionnaire qui représentait les avoirs de Baruch dans le domaine des services publics. Au sein du War Industries Board, il convient également de mentionner James Inglis, qui dirigera plus tard la Security Exchange Commission, et le général Hugh Johnson, qui dirigera plus tard la National Recovery Administration sous Roosevelt. Baruch a également travaillé en étroite collaboration avec Felix Frankfurter, le juif viennois qui a été président du War Labor Policies Board et qui a représenté l'Organisation sioniste mondiale à la Conférence de la paix de 1918-1919. Frankfurter était un autre de ces étrangers qui ne sont arrivés en France qu'après le massacre, mais ils devaient aimer la guerre, car ils ont fait en sorte qu'il y en ait une autre. Frankfurter ne pouvait pas participer à la Seconde Guerre mondiale parce qu'il siégeait à la Cour suprême. Je n'ai pas réussi à trouver le nom d'un seul sioniste important qui ait été tué ou même effrayé pendant l'une ou l'autre guerre mondiale.

Jacob Schiff avait été décoré par le Mikado du Japon pour les services qu'il avait rendus en 1905 en finançant la guerre du Japon contre la Russie, lorsque l'or prélevé sur le Trésor américain par Theodore Roosevelt pour payer JP Morgan pour le canal de Panama a été expédié à travers le pays et envoyé de San Francisco au Japon. L'article du *Quarterly Journal of Economic* décrivant cette transaction ne nous dit pas comment M. Schiff est entré dans la danse, mais il aurait été difficile pour quiconque de mener une guerre en 1905 sans faire appel à Kuhn Loeb Co.

La principale fonction de JP Morgan Co. ayant été d'écarter le nom de Rothschild de l'actualité financière, la firme Morgan est devenue le bouc émissaire des intrigues de la Première Guerre mondiale. Depuis lors, les communistes ont utilisé la figure boursouflée de Morgan comme symbole du capitaliste belliciste. Bien entendu, tous les capitalistes et la propagande communiste sont des Gentils. Kuhn, Loeb Co. n'a jamais été attaquée dans les publications communistes, bien qu'elle ait été beaucoup plus importante dans la finance internationale depuis 1920 que JP Morgan Co. Le livre « Dwight Morrow » d'Harold Nicholson cite Thomas Lamont, associé principal de Morgan, qui a déclaré : "La société Morgan est une société de capitaux,

> « Notre entreprise n'a jamais été neutre. Dès le début, nous avons fait tout ce que nous pouvions pour contribuer à la cause des Alliés. Au moins, la maison Morgan était à l'abri de ces variations déroutantes de loyautés politiques qui caractérisaient sa maison sœur, Kuhn, Loeb Co, qui, en plus de jouer sur les deux tableaux pendant la Première Guerre mondiale, finançait en même temps la révolution en Russie et la contre-révolution en Pologne. Nicolson nous apprend que Morrow était le principal agent d'approvisionnement de Pershing et qu'il l'accompagnait constamment en France, tout comme un autre associé de Morgan, Martin Egan, qui avait eu une carrière mystérieuse aux Philippines avec l'agent des services secrets britanniques Sir Willmot Lewis avant la Première Guerre mondiale et qui s'était soudainement hissé au premier plan dans le monde de la finance. Egan est devenu l'un des premiers directeurs de Time, Inc.

Lors des auditions sénatoriales de 1914, le sénateur Bristow avait posé la question à Paul Warburg,

> Combien de ces partenaires (de Kuhn, Loeb Co.) sont des citoyens américains ? Ou sont-ils tous citoyens américains ?
>
> **Warburg** : Ils sont tous citoyens américains, sauf M. Kahn. Il est sujet britannique.
>
> **Le sénateur Bristow** : Il a été à un moment donné candidat au Parlement, n'est-ce pas ?
>
> **Warburg** : On en parlait. Cela avait été suggéré et il l'avait en tête".

Il serait intéressant de savoir pourquoi les Britanniques ont été privés du brio parlementaire d'Otto Kahn. Pour une raison ou une autre, il a décidé de ne pas entrer dans le débat public. Paul Warburg a mentionné lors de ces auditions que la société M. M. Warburg Co. de Hambourg avait été créée en 1796, et il a dit à propos de lui-même,

> « Je suis allé en Angleterre, où je suis resté deux ans, d'abord dans la société de banque et d'escompte Samuel Montague Co. Je suis ensuite allé en France, où j'ai travaillé dans une banque française.
>
> **Le sénateur Bristow** : De quelle banque française s'agissait-il ?
>
> **Warburg** : C'est la Banque russe pour le commerce extérieur qui a une agence à Paris ».

C'est peut-être là qu'il a noué les contacts qui lui ont permis de faire partir Trotsky de New York en 1916 avec une bourse conséquente et sa bénédiction.

Alors que Paul Warburg était gouverneur de la Réserve fédérale, son frère Max Warburg était chef des services secrets allemands et banquier personnel du Kaiser. Sir William Wiseman était l'officier de liaison entre les gouvernements britannique et américain. Otto Kahn jouait un rôle officieux de conseiller politique et économique auprès des responsables britanniques à Washington, tandis que d'autres associés de Kuhn, Loeb Co. et leurs employés s'occupaient d'autres affaires dans la capitale nationale. En examinant cette liste, on est amené à se demander comment nous aurions pu mener la Première Guerre mondiale sans Kuhn, Loeb Co. La réponse à cette question est que non seulement il aurait été impossible de faire la guerre, mais que sans les intelligences internationales compétentes, une telle guerre n'aurait pas pu commencer.

Outre les associés susmentionnés, Kuhn, Loeb Co. était également représentée à Washington pendant la Première Guerre mondiale par l'associé Jerome Hanauer, qui avait été désigné secrétaire adjoint au Trésor en charge des Liberty Loans. Administrateur du Hudson Manhattan Railroad, Hanauer était également administrateur des Chemins de fer nationaux du Mexique, de Westinghouse International Corp et de dizaines d'autres grandes entreprises. Son gendre, Lewis Liechtenstein Strauss, associé de Kuhn, Loeb, a été le secrétaire privé de Herbert Hoover, alors que ce dernier dirigeait l'administration alimentaire américaine pendant la guerre. Il a été le cerveau du retour à la respectabilité de Hoover après une carrière étrangère épouvantable, admirablement documentée par un certain nombre de biographes.

Le cabinet Cravath et Henderson était depuis quelques années le conseiller juridique de Kuhn, Loeb Co. Paul Cravath et Paul Warburg sont partis en mission spéciale en Angleterre en 1917, tandis que les deux hommes les plus compétents de Cravath, S. Parker Gilbert et Russell C. Leffingwell, se sont précipités à Washington pour devenir sous-secrétaires du Trésor chargés des obligations de guerre. Leur travail sera décrit dans le rapport d'Eugene Meyer. Gilbert et Leffingwell sont retournés chez Cravath and Henderson après la guerre et ont été promus associés de la JPMorgan Company. Tous deux jouaient un rôle important au sein du Conseil des relations extérieures. Nicholas Kelley, associé de Cravath and Henderson, a également travaillé pour le Trésor pendant la guerre, en charge des prêts aux gouvernements étrangers.

Felix Warburg étant en pleine consultation avec le juge Brandeis sur l'avenir de la Palestine, les bureaux de Kuhn Loeb ont dû être vides pendant la majeure partie de la guerre, à l'exception de Jacob Schiff et de son fils Mortimer, occupés à organiser des prêts à l'Allemagne et à veiller à ce que Lénine et Trotsky disposent de suffisamment de fonds pour mener à bien une révolution digne de ce nom. Il ne fait aucun doute que les revenus des partenaires de Kuhn, Loeb ont souffert d'une telle dévotion à la victoire de la guerre. Certes, leur contribution à l'effort de guerre n'a jamais été suffisamment reconnue, mais cela est dû plus à la modestie qu'à toute autre raison. Il n'existe pas une seule biographie de ces hommes effacés. Les informations sur leurs activités proviennent presque exclusivement de volumes arides tels que Who's Who in American Jewry et le New York City Directory of Directors.

Herbert Lehman s'est précipité à Washington pour offrir ses services lorsque les États-Unis sont entrés en guerre. Il fut rapidement affecté en tant que colonel à l'état-major général de l'armée. Il ne pouvait cependant pas être envoyé au front. Ses capacités administratives exigent qu'on lui confie un poste de bureau, et il devient chef de la division des achats, du stockage et du trafic des forces expéditionnaires américaines, où son courage sévère lui vaut la médaille du service distingué de la part d'une République reconnaissante. Il était à Washington lorsque les forces armées américaines se sont embarquées pour la France, et il était là lorsqu'elles sont revenues. C'était de l'héroïsme de haut niveau. Son assistant était Sylvan. Stroock, le plus grand fabricant de feutre au monde et un philanthrope notoire pour les organisations juives. Ce n'est pas la faute de Stroock si certaines de ces organisations caritatives se révèlent être des façades communistes. Stroock se décrit lui-même dans le Who's Who in American Jewry comme ayant reçu le grade civil de colonel, quel qu'il soit.

Warburg a été traité plus longuement dans « The Federal Reserve »[1], mais aucune étude de la Première Guerre mondiale ne serait complète sans le dossier gouvernemental des activités d'Eugene Meyer à la tête de la War

---

[1] Voir *The Secrets of the Federal Reserve*, Omnia Veritas Ltd, www.omnia-veritas.com.

Finance Corporation. Aujourd'hui propriétaire du quotidien libéral *Washington Post*, qui verse encore des larmes sur la persécution d'Alger Hiss, Meyer est également le principal actionnaire d'Allied Chemical and Dye Corp, l'une des quatre grandes entreprises chimiques qui contrôlent le commerce par le biais de directions imbriquées, en particulier avec la société I. G. Farben, contrôlée par Warburg. Dans un article sur Allied Chemical and Dye, le *magazine Fortune* indique que l'entreprise n'a jamais eu à mettre ses actions en vente auprès du public, tant la demande est forte de la part des opérateurs de Wall Street. *Fortune nous* apprend également que 93 millions de dollars de son capital de 143 millions de dollars sont des obligations d'État. Il s'agit là d'une information des plus intéressantes au vu des citations suivantes tirées du rapport de la Chambre des représentants n° 1635, 68th Congrès, deuxième session, 2 mars 1925, « Préparation et destruction des obligations d'État », présenté par Louis McFadden, président du House Banking and Currency Committee et président du Select Committee to investigate the destruction of government bonds, la page deux de ce rapport indique,

« Des obligations en double représentant 2314 paires et des coupons en double représentant 4698 paires, avec des valeurs allant de 50 à 10 000 dollars, ont été remboursés jusqu'au 1er juillet 1924. Certains de ces duplicatas résultent d'une erreur et d'autres d'une fraude. Il s'agit en effet d'une accusation grave selon laquelle Eugene Meyer était à la tête d'une agence qui a commis des fraudes à hauteur de 10 000 dollars par morceau de papier imprimé. M. Meyer, propriétaire de la chaîne de télévision WTOP à Washington, pourrait présenter une histoire policière intéressante sur les obligations en double. En page 6, il est plus directement accusé.

« Ces transactions du Trésor avant le 30 juin 1920, y compris les règlements d'achats et de ventes effectués par la Société de financement de la guerre, ont été largement dirigées par le directeur général de la Société de financement de la guerre, et les règlements avec le Trésor ont été effectués principalement par lui avec les secrétaires adjoints du Trésor. Les livres montrent que la base du prix payé par le gouvernement pour plus de 1 894 millions de dollars d'obligations, que le Trésor a achetées par l'intermédiaire de la War Finance Corporation, n'était pas le prix du marché, ni le coût de l'obligation plus les intérêts, et les éléments entrant dans le règlement n'ont pas été divulgués par la correspondance. Le directeur général de la War Finance Corporation, M. Eugene Meyer Jr, a déclaré que le secrétaire adjoint au Trésor et lui-même s'étaient mis d'accord sur le prix et qu'il s'agissait simplement d'un chiffre arbitraire fixé par un secrétaire adjoint au Trésor en ce qui concerne l'obligation ainsi achetée à la War Finance Corporation. Pendant la période de ces transactions et jusqu'à une date assez récente, le directeur général de la War Finance Corporation, Eugene Meyer, Jr, a tenu, à titre privé, un bureau au numéro 14 de Wall Street, à New York, et, par l'intermédiaire de la War Finance Corporation, a vendu au gouvernement des obligations d'une valeur d'environ 70 millions de dollars et a également acheté, par l'intermédiaire de la War Finance Corporation, des obligations d'une valeur d'environ 10 millions de dollars et a approuvé les factures pour la plupart, sinon la totalité, de ces obligations en sa qualité officielle de directeur général de la War Finance Corporation. Lorsque ces transactions ont été révélées à la commission en audience publique, le directeur général s'est présenté devant la commission et a déclaré que si les livres de la War Finance Corporation indiquaient que des commissions avaient été payées sur ces transactions, celles-ci étaient à leur tour versées aux courtiers, choisis par le directeur général, qui exécutaient les ordres émis par sa maison de courtage, et a admis, après cette révélation à la commission, que le directeur général avait employé le cabinet Ernst et Ernst, experts-comptables, pour vérifier les livres de la War Finance Corporations, qui, à l'issue de l'examen de ces livres, ont rapporté à la commission que toutes les sommes reçues par la maison de courtage du directeur général avaient été comptabilisées. Alors que les experts-comptables mentionnés ci-dessus procédaient à leur examen nocturne en même temps que la commission, celle-ci a découvert que des modifications avaient été apportées au livre d'enregistrement couvrant ces transactions, et lorsque le trésorier de la société de financement de la guerre en a été informé, il a admis devant la commission que des modifications avaient été apportées. La commission n'a pas été en mesure de déterminer dans quelle mesure ces livres ont été modifiés au cours de ce processus. Après juin 1921, des titres d'une valeur d'environ 10 milliards de dollars ont été détruits.

Ainsi, Eugène Meyer a employé un cabinet de comptables, Ernst et Ernst, qui s'affairaient à modifier les registres la nuit pour couvrir les méfaits de Meyer, tandis que la commission de la Chambre enquêtait pendant la journée. Les membres du Congrès auraient dû savoir que le contrôle des Meyer et Ernst était un travail de tous les instants.

Pour de petites fractions des sommes détournées par Eugene Meyer pendant son mandat de directeur général de la War Finance Corporation, des hommes ont été publiquement disgraciés, démis de leurs fonctions, spoliés de leurs biens et condamnés à de longues peines de prison. La flagrance d'un homme occupant une fonction publique et achetant et vendant à lui-même, dans son entreprise privée, 80 millions de dollars de titres d'État n'a jamais été égalée dans les chroniques de la corruption dans le monde. Il faudrait faire preuve d'imagination pour tenter de calomnier un tel homme. Si l'on découvrait que le secrétaire à l'agriculture joue 80 millions de dollars, 8 millions de dollars ou 800 000 dollars à la bourse des matières premières sur l'avenir du blé ou du coton, quel serait le résultat ? Ce serait un scandale qui ferait tomber même l'administration d'un Harry Truman qui semble n'être fidèle qu'aux voleurs et aux traîtres. Pourtant, Eugene Meyer l'a fait et, grâce à cette même moralité, il est devenu l'un des éditeurs de journaux les plus influents du pays. Le *Washington Post, journal* jaune et libéral, n'a pas encore découvert de communiste à Washington. Eugene Meyer n'a été réprimandé pour sa mauvaise gestion des fonds publics que sept ans plus tard, et seulement parce que sa soif de pouvoir l'a poussé à perturber le gouvernement en complotant pour prendre le contrôle de l'Office fédéral des prêts agricoles. Un certain nombre de membres du Congrès issus de districts agricoles, connaissant ses antécédents, craignaient à juste titre qu'il ne mette en péril l'économie agricole du pays s'il obtenait ce poste. Néanmoins, il obtint ce qu'il voulait et Coolidge plaça les agriculteurs américains entre les mains de cet homme. Depuis lors, des millions d'agriculteurs ont été ruinés et chassés de leurs terres pour travailler dans les usines. Est-ce parce que Meyer et les Warburgs voulaient cette main-d'œuvre agricole bon marché pour leurs usines chimiques ?

Face à ces preuves publiées d'une corruption inégalée, dont la presse publique n'a jamais fait état, le président Coolidge a nommé Eugene Meyer président du Federal Farm Loan Board, le président Hoover l'a nommé président du Conseil des gouverneurs de la Réserve fédérale, Franklin Roosevelt l'a maintenu à la Reconstruction Finance Corporation et, en 1946, il a été nommé premier président de la Banque mondiale. Voilà une recette de succès qui mérite l'attention de tous les jeunes Américains, une carrière de service public de 30 ans au cours de laquelle Eugene Meyer est devenu l'un des 10 hommes les plus puissants du monde.

Le résumé du rapport de la Chambre des représentants n° 1635, page 14, est le suivant :

> "Au lieu d'acheter les obligations directement, le Trésor a employé la War Finance Corporation à cette fin, et au lieu de remettre rapidement au Trésor les obligations achetées, la War Finance

Corporation a accumulé de grandes quantités d'obligations, les a détenues et a perçu près de 28 millions d'intérêts du Trésor. Et bien que la commission des voies et moyens, en élaborant la loi sur les prêts à la liberté, ait modifié la facturation du Trésor pour lui interdire de vendre des obligations à un prix inférieur à leur valeur nominale, la War Finance Corporation a continué à faire un commerce intensif de ces obligations sur le marché à un prix inférieur à leur coût et à vendre la même émission d'obligations le même jour à plusieurs dollars de moins par 100 à d'autres qu'elle ne les a vendues au Trésor, et en outre, elle les a souvent vendues au Trésor à un prix plus élevé que ce que les obligations avaient coûté. M. Eugene Meyer Jr., directeur général de la War Finance Corporation, et MM. Russell C. Leffingwell et S. Parker Gilbert, secrétaires adjoints au Trésor, se sont mis d'accord sur le prix que le gouvernement a payé pour plus de 1 milliard 894 millions de dollars d'obligations achetées à la War Finance Corporation, prix qui n'était pas le prix du marché, ni le coût de l'obligation, et qui n'a pas été divulgué dans la correspondance. M. Meyer a déclaré que lui et M. Leffingwell s'étaient mis d'accord sur le prix et qu'il s'agissait simplement d'un chiffre arbitraire fixé par M. Leffingwell (en ce qui concerne les obligations achetées à la War Finance Corporation avant le 30 juin[th] 1920, 99 %). Le directeur général de la Société de financement de la guerre a tenu, à titre privé, un bureau au numéro 14 de Wall Street, à New York, a vendu environ 70 millions de dollars d'obligations au gouvernement et a également acheté, par l'intermédiaire de la Société de financement de la guerre, environ 10 millions de dollars d'obligations et a approuvé les factures correspondantes en sa qualité officielle".

Le rapport de la commission du président MacFadden est manifestement antisémite, puisqu'il expose Eugene Meyer, le descendant de la maison bancaire internationale Lazard Frères, principal agent français de la maison Rothschild. La biographie actuelle nous apprend qu'Eugene Meyer Senior est venu de France aux États-Unis à la fin du XIXe siècle et a ouvert un bureau new-yorkais pour Lazard Frères, dans lequel Eugene Meyer Jr. a été employé jusqu'en 1901, date à laquelle il a ouvert le bureau désormais célèbre, Eugene Meyer Jr. Company, au numéro 14 de Wall St. Le représentant MacFadden et d'autres membres du Congrès ont participé aux auditions du Sénat sur l'aptitude d'Eugene Meyer à devenir gouverneur de la Réserve fédérale en 1931, et ont donné un témoignage beaucoup plus préjudiciable, qui figure dans « The Federal Reserve », mais la corruption n'est pas un motif de disqualification pour une fonction publique dans une démocratie. Le président Hoover l'a tout de même nommé. Hoover et Meyer avaient essentiellement les mêmes antécédents en ce qui concerne la gestion de l'argent d'autrui. La presse nationale, soucieuse des recettes publicitaires de l'Allied Chemical and Dye Corporation et de ses filiales, a gardé un silence discret sur les problèmes personnels d'Eugene Meyer en 1931, et celui-ci a pris la tête du Conseil de la Réserve fédérale, dûment confirmé par le Sénat. La décence dans les fonctions publiques n'existait plus dans notre capitale nationale. Les scandales révélés en 1950 n'ont pas commencé en 1950, mais dans le mépris de tous les efforts déployés pour placer des hommes honnêtes au gouvernement depuis 1900 jusqu'à aujourd'hui.

CHAPITRE 7

En raison de la centralisation de la monnaie et des banques américaines dans le système de la Réserve fédérale, de la centralisation des informations dans les agences de presse et de la centralisation de l'industrie lourde dans d'énormes sociétés imbriquées les unes dans les autres, qui pouvaient être manœuvrées à des fins internationales par les banquiers de Francfort qui s'occupaient de leurs émissions d'actions, le peuple américain s'est laissé embobiner et a participé à la Première Guerre mondiale. Il s'agissait d'une guerre qui ne les touchait pas directement, d'une guerre qui ne représentait aucune menace concevable pour leur système politique ou économique, et d'une guerre qui n'a jamais causé la mort d'un Américain lors d'une bataille sur le sol américain. L'agitation hystérique dont Herbert Hoover et Cleveland H. Dodge étaient responsables a rendu le peuple américain fou de rage contre une nation qui n'avait jamais levé la main sur nous, une nation qui avait fourni un grand pourcentage de l'élément le plus stable et le plus productif de notre population, les fermiers du centre agricole de notre Middle West. Les Allemands qui avaient été les premiers à coloniser les territoires indiens se retrouvaient maintenant l'objet de haine et de suspicion dans les régions où ils avaient été les premiers colons blancs.

Rétrospectivement, la Première Guerre mondiale semble avoir été l'un des chapitres les plus ridicules de notre histoire. Elle a certainement valu à l'Amérique le mépris de toutes les nations d'Europe. Cette guerre a été menée comme un match de football universitaire, et ce n'est pas un hasard si c'est un professeur d'université myope qui a été nommé à la présidence pour arbitrer le match. Alors que Kuhn, Loeb. Co. et Eugene Meyer and Co. s'emparaient de l'épargne du peuple américain pour financer des obligations de guerre et des prêts à la liberté, que l'on pourrait qualifier d'obligations Warburg et de prêts Meyer, d'autres immigrants amassaient des fortunes dans la ruée vers l'or afin d'approvisionner les forces armées. À la tête du War Price-Fixing

Committee, Bernard Baruch décide du prix à fixer pour le tungstène de l'Atolia Mining Co. dont Bernard Baruch est le principal actionnaire.

En plus d'être une entreprise rentable, l'industrie lourde a trouvé dans la Première Guerre mondiale une occasion inégalée de perfectionner et de consolider les accords internationaux. Tout au long de la guerre, les industriels allemands ont rencontré des industriels français, anglais et américains, en Suède, en Suisse et en Amérique. Les hommes d'affaires français ont voyagé dans la Ruhr, les banquiers allemands ont voyagé en France et plus de la moitié des spéculateurs de Francfort ont émigré en Angleterre pendant la guerre. Comme l'a fait remarquer ironiquement un historien, « seuls les soldats étaient en guerre ».

Pendant quatre ans, l'Allemagne a reçu du charbon par l'intermédiaire de la Belgique, du sucre par la Suisse et des produits chimiques par la Suède, tandis que la France recevait de l'acier de l'Allemagne et que l'Angleterre refinançait l'industrie allemande. Ce n'est qu'en 1932 qu'une grande partie de ces documents a été révélée, alors que la plupart des pays du monde avaient été ruinés par les intrigues autour de l'étalon-or qui avaient provoqué l'effondrement de 1929-1933, et que la Russie était témoin de l'échec lamentable du premier plan quinquennal. Aucune des nations occidentales n'avait d'argent à consacrer à l'armement, et la Russie était à peine capable de fournir les nécessités de la vie à ses commissaires. Une fièvre de désarmement s'empare du monde. Les mouvements de paix occupent l'énergie des fous nerveux qui, plus tard, se révéleront être des communistes. La littérature pacifiste est publiée dans de nombreuses langues. Les scandales de la Première Guerre mondiale sont mis en lumière par des dizaines de journalistes enthousiastes et ambitieux, dont la plupart gagnent mieux leur vie en écrivant de la propagande de guerre après 1936. Le désarmement est la ligne du parti communiste, du Council On Foreign Relations et d'autres groupes financés par les banquiers internationaux.

L'influence de ces livres et de l'opinion publique peut être jugée par le fait qu'en 1935, lorsque les derniers d'entre eux choquaient les simples contribuables, le monde était déjà bien engagé dans un programme de réarmement. Néanmoins, ces livres contiennent des faits utiles. En raison de l'origine communiste de la plupart de leurs auteurs, l'identité raciale des criminels de guerre est soigneusement ignorée. Cependant, Paul Emden, dans son livre « Jews of Britain », nous dit à la page 232 que

> « Le premier capital important de la Royal Dutch Shell Corporation a été fourni par Samuel Bleichroder. L'Asiatic Petroleum Co. a été souscrite à parts égales par la Royal Dutch Shell et les Rothschild. Le vicomte Bearsted (Walter H. Samuel) succède à son père à la présidence de la Shell Trading and Transport Co. dans laquelle il représente quarante filiales. Il est également administrateur de l'Alliance Assurance Co. avec le baron Antony de Rothschild ».

La famille Samuel, nous dit Emden, a conservé le contrôle total de Shell, le deuxième plus grand trust pétrolier du monde, que la presse mondiale n'a cessé de désigner comme étant contrôlé par feu Sir Henri Deterding, qui le gérait pour le compte de la famille Samuel. Les Samuel sont passés inaperçus aux yeux du public, bien qu'ils aient été la deuxième famille la plus puissante d'Angleterre au vingtième siècle, dépassée seulement par les Rothschild. Churchill a longtemps été un favori des Samuels. Lorsqu'il était premier amiral de la flotte en 1915, il a fait passer la marine britannique du charbon au pétrole.

Emden mentionne également Lord Melchett, Sir Alfred Mond et Lord Reading dans la formation de l'Imperial Chemical Industries of Great Britain, l'un des quatre grands qui contrôlent l'industrie chimique mondiale. Les autres sont Allied Chemical and Dye de Meyer, I. G. Farben de Warburg et Dupont. Les deux guerres mondiales n'ont eu que peu d'effet sur les relations étroites, l'imbrication des directions et les accords commerciaux de ces quatre sociétés et de leurs myriades de filiales. Il ne fait aucun doute qu'elles survivront à la troisième guerre mondiale dans l'estime et le respect mutuels de leurs intérêts. En 1915, Imperial Chemical a fusionné la Brunner Mond Chemical Co. avec les industries Nobel, le trust international des explosifs. Comme cette opération s'est déroulée en pleine guerre, elle a nécessité l'une des preuves les plus étonnantes et les plus documentées de la coopération internationale entre belligérants dans le domaine des affaires. Le 15 mai 1915, le Hamburger Fremdenblatt annonce un échange d'actions de la société anglaise Nobel Ltd contre des actions de la société hambourgeoise Nobel Co. 1 500 000 livres ont été payées par les actionnaires anglais pour l'échange d'actions, portant sur 1 800 000 actions. L'annonce, citée dans l'ouvrage de George Seldes « Iron, Blood, and Profits » Harpers, 1934, indique que

> « Annonce d'un échange d'actions ordinaires de Nobel Dynamite Trust Ltd de Londres contre des actions de Dynamit Aktiengesellschaft, anciennement Alfred Nobel Co. de Hambourg. Cet accord sera rétroactif au 1er janvier 1914 ».

Le livre de Seldes décrit également la formation en 1916 du Harvey Armorplate Cartel, dont Leon Levy est le principal actionnaire et directeur, les autres étant la Deutsche Bank de Berlin, Edouard Saladin de France et le baron Oppenheim de Cologne, un autre exemple d'amitié internationale au milieu d'un bain de sang. Seldes critique également d'autres aspects de la conduite du massacre pour le profit. À la page 88, il note

> « La rumeur inquiétante selon laquelle les Foch, Haig, Pershing, le prince héritier Wilhelm et d'autres quartiers généraux figuraient sur des cartes et des notes échangées par les ennemis pendant la guerre. Les généraux meurent au lit ».

Skoda (Tchécoslovaquie), Schneider Creusot (France), Vickers (Angleterre) et Loewe (Allemagne) sont les entreprises européennes de munitions qui ont coopéré de manière satisfaisante pendant la Première Guerre mondiale. Schneider Creusot était contrôlé par la Banque de France, elle-même contrôlée par la famille de Wendel et la maison Rothschild. En 1914, Schneider Creusot a provoqué l'inquiétude générale dans toute l'Europe en achetant l'entreprise russe de munitions Putiloff de Saint-Pétersbourg. L'administrateur des obligations en question était la Royal Exchange Assurance Ltd de Londres, l'une des plus anciennes compagnies d'assurance des Rothschild, dont Thatcher Brown, de Brown Brothers Harriman, partenaire du secrétaire à la défense Robert A. Lovett et de l'administrateur de la sécurité mutuelle W. Averell Harriman, est membre du conseil d'administration depuis de nombreuses années.

Richard Lewinsohn, dans son excellente biographie « Zaharoff, the Mystery Man of Europe », Lippincott, 1929, dit que :

> « Au conseil d'administration de la Nickel Co. Zaharoff était assis à côté des représentants de la maison Rothschild. »

Zaharoff était le meilleur vendeur des quatre grands du monde des munitions. Il n'avait rien à voir avec leurs finances, ni avec leur organisation. C'était le plus grand belliciste du monde, et il était payé des millions par les Rothschild en tant que vendeur pour Vickers et ses filiales. Il est devenu le bouc émissaire de la furie du désarmement et a bénéficié d'une grande publicité gratuite, ce qui a sans aucun doute augmenté sa valeur pour ses employeurs. Il est difficile de trouver une personne employée par les Rothschild qui ait été blessée par la publication de scandales à leur sujet.

Richard Lewinsohn, dans son livre rétrospectif « The Profits of War », E. P. Dutton, 1937, affirme que les Rothschild ont acquis une influence internationale principalement grâce aux profits qu'ils ont tirés des guerres napoléoniennes, un point mis en évidence par les travaux de Corti, mais qui n'a pas été exprimé de manière aussi nette. Lewinsohn dit aussi,

> « Sous Metternich, l'Autriche, après de longues hésitations, a finalement accepté la direction financière de la maison Rothschild.

Comme d'autres empires qui ont accepté la direction financière des Rothschild, l'empire austro-hongrois a cessé d'exister. Metternich a été le premier homme d'État européen de premier plan à succomber à l'attrait de l'argent des Rothschild. Il fait partie d'une longue liste qui comprend aujourd'hui Wilson, Churchill et Roosevelt.

La brochure « The Secret International », publiée par l'Union for Democratic Control, Londres, 1934, indique que Vickers a acheté en 1807 la Naval Construction and Armament Co. et la Maxim Nordenfeldt Guns and Ammunitions Co. Cette association, alors connue sous le nom de Vickers Sons and Maxim, a approvisionné les deux camps pendant la guerre russo-japonaise de 1905. Ils s'associent ensuite à S. Loewe Co., le plus grand fabricant de munitions d'Allemagne, et Loewe devient administrateur de Vickers. Le contrôle de Vickers par les Rothschild est révélé par l'imbrication des administrateurs de Vickers avec les administrateurs d'autres entreprises Rothschild. Sir Herbert Lawrence, administrateur de Vickers en 1934, était également administrateur de la Bank of Rumania Ltd, de la Sun Assurance Office Ltd, de la Sun Life Assurance Co. et de l'Ottoman Bank (contrôlée par Sassoon), dont Sir Herbert était président du comité de Londres. Sun Life a été l'une des premières entreprises Rothschild dans le domaine de l'assurance et compte toujours deux Rothschild au conseil d'administration de sa société à Baltimore. La Banque de Roumanie est également une filiale de longue date de N. M. Rothschild Sons de Londres. Un autre directeur de Vickers était Sir Otto Niemeyer, directeur de la Banque d'Angleterre et de la Banque Anglo-Iranienne (Sassoon). La Banque d'Angleterre, dont Alfred de Rothschild fut directeur pendant trente-deux ans, est synonyme de la Maison Rothschild. Un troisième administrateur est Sir Vincent Caillard, président du Conseil de la dette ottomane et expert financier de l'Extrême-Orient. Il fut l'un des principaux acteurs des négociations entre Theodor Herzl, leader sioniste, et le sultan de Turquie pour le financement de la dette publique turque en échange de la création d'un

État sioniste en Palestine. (*Theodor Herzl*, par Jacob DeHaas). Cependant, la guerre mondiale survint avant la conclusion des négociations, et les sionistes attendirent la déclaration Balfour.

Parmi les banquiers internationaux qui ont décidé de quitter l'Allemagne féodale à l'aube de la guerre, il y a le baron Edgar Speyer, de la maison bancaire de Francfort, Speyer Brothers. Edgar Speyer se rendit à New York en 1915, traversa à nouveau l'Atlantique pour se rendre en Grande-Bretagne, où il apprit que son fort accent ne lui ferait pas de mal dans les cercles les plus aisés de Grande-Bretagne, et s'installa à Londres à partir de 1916. À cette époque, son frère James Speyer travaille à New York avec le fils du comte Bernstorff, ambassadeur d'Allemagne aux États-Unis. Speyer et Schiff étaient les deux pro-allemands les plus infatigables de New York.

Le baron Bruno von Schroder s'est également installé en Angleterre, pays plus sûr que l'Allemagne, pendant la guerre. Sa maison familiale, J. Henry Schroder Co., a ouvert des bureaux à Londres et à New York. Elle a conservé sa succursale allemande, la J. Stein Bankhaus de Cologne, qui est devenue le banquier personnel d'Adolf Hitler après qu'il soit devenu dictateur de l'Allemagne. La maison Schroder, l'une des quatre plus importantes sociétés bancaires internationales, a totalement échappé à l'attention jusqu'à ces dernières années. James Stewart Martin a beaucoup écrit sur son influence et sur l'un de ses directeurs, Allen W. Dulles, aujourd'hui à la tête de la Central Intelligence Agency et du Council On Foreign Relations.

Le magazine Fortune de mars 1945 nous donne un aperçu de la façon dont les éléments internationaux se déplaçaient, saisissant toutes les occasions que leur offrait la guerre. « L'affaire Dreyfus », reproduit dans son intégralité, comme suit :

> « En 1938, la Bourse de Londres a établi la règle selon laquelle les dividendes et les déclarations de bénéfices devaient être présentés simultanément. Cette règle a été violée de manière flagrante par la société britannique Celanese, filiale à 60 millions de dollars de la société américaine Celanese, qui fabrique des fils synthétiques et des produits chimiques d'une importance capitale. Le 1er décembre dernier, ses administrateurs ont annoncé un dividende de 15 % sur les actions ordinaires, son premier paiement sur les actions ordinaires. L'action, qui n'avait cessé de grimper, a grimpé encore plus haut. Puis, le 11 décembre, la société a publié un état des résultats montrant que les bénéfices de 1944 ne représentaient

qu'une fraction du montant du dividende, qui provenait en grande partie des réserves fiscales disponibles à la suite d'un ajustement fiscal avec le gouvernement britannique. Les actions chutent brutalement. Le tollé des investisseurs angoissés est tel que le vénérable Comité de la Bourse se voit contraint d'émettre un blâme public sans précédent. Au plus fort de *l'affaire Dreyfus*, le vieux Henry Dreyfus, cofondateur de la société, meurt à son domicile londonien. Originaire de Suisse, il était venu en Angleterre en 1916 à l'invitation du gouvernement britannique pour superviser la fabrication d'acétate de cellulose ininflammable pour les ailes d'avion. Il est resté et a organisé la British Celanese, qui a produit en 1924 le premier fil synthétique réussi. À peu près à la même époque, son frère Camille Dreyfus a pris la tête de l'organisation de l'American Celanese Corporation ».

La famille Dreyfus, avec l'aide du gouvernement britannique, est devenue l'un des trois grands de l'industrie internationale de la rayonne, les deux autres étant Dupont et Bemberg. Dans le *Who's Who in American Jewry*, Camille Dreyfus se présente comme président de l'American Celanese, aujourd'hui appelée Celanese Corporation of America, et administrateur de la Canadian Celanese Corporation.

La famille Bemberg s'installe en Argentine, où Otto Bemberg meurt en laissant une immense fortune. Peron finit par s'en emparer en imposant des droits de succession, et une vaste campagne contre lui, notamment dans les publications de Luce, *Time* et *Life*, l'amena à les interdire en Argentine. L'affaire Bemberg n'a pas été reprise par Luce. C'est simplement que, d'un seul coup, il s'est pris d'une violente aversion pour le gouvernement de Peron. L'influence de Luce se poursuivit par l'intermédiaire du Dr Gainza Paz, rédacteur en chef du journal *La Prensa* de Buenos Aires. Finalement, Peron a été contraint de fermer le journal, pour mettre fin aux diatribes contre lui, et la presse américaine, si on peut encore la qualifier d'américaine, a fait une journée de deuil. Le Dr Paz fait actuellement une tournée de conférences lucratives aux États-Unis.

CHAPITRE 8

Alors que les banquiers internationaux renforçaient leurs participations dans les industries lourdes de nombreux pays pendant la guerre de 1914-1918, ils consolidaient également l'influence des deux nouvelles philosophies de gouvernement, le communisme international et le sionisme international, qu'ils avaient promues comme la réponse au vingtième siècle. L'une ou l'autre servira bien leurs intérêts, puisque toutes deux sont vouées à la subversion de tous les gouvernements nationaux existants dans le monde.

Par conséquent, les agents du communisme et les agents du sionisme, qui étaient souvent les mêmes personnes, n'ont pris aucune part à la Première Guerre mondiale en ce qui concerne les intérêts nationaux des belligérants. Ils se déplaçaient librement d'un pays à l'autre, entre les nations belligérantes et à travers elles, déterminés à mettre en œuvre leurs plans à long terme pour le pouvoir mondial. L'Organisation sioniste mondiale, en particulier, présumait depuis un certain temps de l'imminence d'une guerre mondiale, comme en témoigne l'article « When Prophets Speak » (Quand les prophètes parlent) de Litman Rosenthal, paru dans l'American Jewish News, le 19 septembre 1919. Rosenthal décrit un épisode survenu lors du sixième congrès sioniste en août 1903, au cours duquel Max Nordau, commandant en second du mouvement sioniste, a déclaré à Rosenthal,

> « Herzl sait que nous sommes à la veille d'un formidable bouleversement du monde entier. Bientôt, un congrès mondial sera convoqué et l'Angleterre poursuivra alors l'œuvre qu'elle a commencée par son offre généreuse au Sixième Congrès ; laissez-moi vous dire les mots suivants comme si je vous montrais les barreaux d'une échelle menant vers le haut et vers le bas ; Herzl, le Sixième Congrès sioniste, la future guerre mondiale, la conférence de paix où, avec l'aide de l'Angleterre, une future Palestine sera créée. »

La prophétie de Nordau s'est réalisée exactement comme il l'avait prédit, mais elle n'est pas si remarquable, car elle était tout à fait prévisible pour le stratège politique. Pour de nombreux observateurs qui ont voyagé en Europe entre 1885 et 1914, il était évident que les pressions énormes créées par la révolution industrielle ne pouvaient être apaisées que par un conflit mondial, tout comme les pressions de 1952 ne peuvent être apaisées que par l'inévitable troisième guerre mondiale. Au début du siècle, les peuples d'Europe ne profitaient guère des grands progrès de la technologie, parce que leurs systèmes monétaires, toujours étranglés par l'étalon-or, monopole de la maison Rothschild, ne pouvaient concevoir aucun moyen de distribuer à la population les marchandises produites en masse. En conséquence, l'industrie lourde a dû se tourner vers la production de biens de guerre, parce qu'ils pouvaient être distribués par une économie de guerre. Dans « The Federal Reserve », j'ai reproduit un article du Quarterly Journal of Economics qui prouvait que l'Europe était prête pour un conflit continental dès 1887. Le fait qu'il ait dû être reporté jusqu'en 1914, lorsque le système de la Réserve fédérale a été en mesure de financer les Alliés, n'a fait qu'empirer les choses lorsqu'il est arrivé.

D'ailleurs, à la Conférence de la Paix de 1919, les peuples des nations belligérantes, épuisés par la guerre et démoralisés, ne voulaient rien d'autre que la paix. Ils souhaitaient une paix impossible, alors que les sionistes étaient présents en masse avec un certain nombre de demandes spécifiques concernant les droits des Juifs dans les pays européens et l'établissement d'un foyer national juif en Palestine. Ils voulaient quelque chose qu'il était impossible d'obtenir, et ils l'ont obtenu.

Israël Cohen, dans son livre définitif, « The Progress of Zionism », publié en l'année fatidique de 1929, nous donne les deux objectifs du mouvement sioniste, qui, selon lui, est aussi ancien que le peuple juif. Tout d'abord, le sionisme doit empêcher l'assimilation des Juifs à tout autre peuple, en maintenant l'identité nationale positive de la nation juive jusqu'à ce qu'elle obtienne son propre pays, et le second objectif est l'établissement d'un État national juif. La position anti-assimilation fait également partie du programme communiste officiel et repose sur l'idée que la première allégeance du juif est envers le judaïsme mondial et que sa deuxième allégeance est envers la nation dans laquelle il réside à ce moment-là. Il s'agit d'une définition importante, car Cohen qualifie ainsi de parjures feu le juge Brandeis et l'actuel juge Felix Frankfurter de la Cour suprême des États-Unis. Tous deux étaient d'éminents dirigeants sionistes lorsqu'ils ont prêté serment ; en fait, tous deux n'étaient que des sionistes professionnels. Pourtant, ils ont tous deux juré de respecter et de faire respecter les lois des États-Unis sans aucune réserve mentale. Brandeis déclare à plusieurs reprises dans ses documents et ses discours que rien n'est plus important pour le Juif que le sionisme. Cela signifie que les lois et les coutumes des États-Unis passent après l'avenir d'Israël.

De nombreux éléments prouvent que le sionisme a été la force qui a fait pression pour que les États-Unis s'engagent dans la Première Guerre mondiale. Les dirigeants sionistes américains ont conclu un marché avec l'Angleterre : en échange de la déclaration Balfour établissant un foyer national juif en Palestine, l'Amérique serait amenée à participer à la guerre. L'Angleterre était heureuse de faire ce marché, car elle avait du mal à gagner la guerre, notamment en raison du nombre de Speyers, de Schroders et de petits Allemands en Angleterre qui maintenaient un contact quotidien avec leur pays d'origine.

En 1919, l'Organisation sioniste d'Amérique a publié un livre intitulé « The American War Congress and Zionism » (Le Congrès de guerre américain et le sionisme), contenant les prises de position franches et positives en faveur du mouvement sioniste de nombre de nos hauts fonctionnaires, y compris les déclarations de soixante et un sénateurs et de deux cent trente-neuf représentants, soit un total de trois cents hommes qui ont voté en faveur de la guerre avec l'Allemagne en 1917. Chacun de ces trois cents membres de votre Congrès de guerre a exprimé son extrême intérêt personnel et son admiration pour le mouvement sioniste mondial. Ce livre à lui seul accuse les sionistes d'être à l'origine de notre implication dans le conflit sanglant de 1914-1918, mais il existe bien d'autres preuves émanant des dirigeants sionistes eux-mêmes. Pendant de nombreuses années, le principal porte-parole de l'Organisation sioniste américaine a été le rabbin Stephen Wise, l'ami personnel des présidents Woodrow Wilson et Franklin Roosevelt. Dans son autobiographie, « Challenging Years », Putnams 1949, page 186, il écrit ce qui suit,

> « Renforcées par la générosité sans bornes du baron Edmond de Rothschild, les colonies de Palestine se sont développées. Notre gouvernement, grâce au président Wilson et au secrétaire à la Marine Josephus Daniels, a permis d'assurer argent et nourriture aux Juifs de Palestine, autorisant même l'utilisation de navires de guerre à cette fin.

C'est assez logique. Pourquoi n'utiliserions-nous pas nos cuirassés pour envoyer du matériel en Palestine, alors que nous en avons besoin pour la guerre ? On ne peut s'empêcher de se demander pourquoi Josephus Daniels n'a pas été nommé président. Son secrétaire adjoint à la marine dans cette opération était Franklin Roosevelt, qui a récolté les fruits de cette aide à la Palestine lors de quatre élections présidentielles.

Le rabbin Wise raconte que Wilson lui a adressé une lettre le 31 août 1918, dans laquelle il disait,

> "Je suis heureux d'avoir l'occasion d'exprimer la satisfaction que j'ai ressentie devant les progrès du mouvement sioniste aux États-Unis et dans les pays alliés.

La formulation est importante. Wilson mentionne les pays alliés parce que, comme le révèle Frank E. Manuel dans son ouvrage « Realities of American-Palestine Relations », l'Allemagne faisait plusieurs offres pour obtenir le soutien des sionistes. En perdant les sionistes, elle a perdu la guerre.

Dans la « Huitième croisade », on apprend qu'en 1916, les sionistes ont secrètement transféré leur siège de Berlin à Londres et abandonné les Allemands. Rudolf Steiner, un important émissaire du mouvement, a fait des allers-retours entre Londres et Berlin pendant toute la durée de la guerre, en dépit des règlements de police. Le professeur Otto Warburg, cousin de la famille de banquiers, était devenu président de l'Organisation sioniste mondiale en 1911, à l'époque où l'on pensait encore que l'Allemagne pourrait réaliser son empire paneuropéen. Dès qu'il est apparu aux yeux de la communauté internationale que l'Allemagne n'était pas en mesure de s'approvisionner en cas de guerre prolongée, les sionistes ont commencé à s'installer à Londres. Sous la direction de Warburg, Cologne avait été pendant un certain temps le siège du mouvement. Jessie Sampter, dans le « Guide to Zionism », page 80, dit de Jacobson, l'un des directeurs,

> 'Lorsqu'il vit que Cologne ne pouvait plus être le centre de la politique sioniste, Jacobson partit pour Copenhague, où, dans un pays neutre, il pouvait être d'une utilité pratique pour les sionistes en transmettant des informations et des fonds.

Oubliant les millions d'hommes enfermés dans un étau mortel sur les fronts de bataille de l'Europe, les sionistes allaient et venaient dans les capitales assiégées, s'occupant de leur soif de pouvoir. Bien qu'ils n'aient pas participé aux combats, les sionistes ont gagné la paix, ce qui devrait servir de leçon à tous les guerriers.

En 1914, les comités d'action intérieure sionistes s'étaient répandus dans le monde entier. L'un des fondateurs du mouvement, le Dr Schmarya Levin de Berlin, est venu résider aux États-Unis pendant la guerre, où il a enseigné la foi à Louis Brandeis. Brandeis a ensuite éduqué Woodrow Wilson, qui lui a rendu la pareille en nommant son professeur juge à la Cour suprême.

Le rabbin Wise, à la page 186 de « Challenging Years », dit,

> « J'avais eu l'occasion de donner au président Wilson, avant même son entrée en fonction, un aperçu assez complet du sionisme. Dès le début de son administration, Brandeis et moi-même savions qu'en Woodrow Wilson, nous avions et aurions toujours un sympathisant compréhensif du programme et des objectifs sionistes. Brandeis, en particulier après avoir pris la direction du Comité provisoire sioniste, ainsi que moi-même et d'autres, nous sommes arrangés pour discuter des problèmes sionistes avec le président. Tout au long du processus, nous avons reçu l'aide chaleureuse et réconfortante du colonel House, ami proche du président et son secrétaire d'État officieux. House a non seulement fait de notre cause l'objet d'une attention toute particulière, mais il a également servi d'agent de liaison entre l'administration Wilson et le mouvement sioniste ».

Wise nous offre un véritable paragraphe d'histoire. Enfin, nous trouvons quelque chose en quoi Woodrow Wilson croyait vraiment, le sionisme, et nous découvrons le véritable rôle de l'omniprésent colonel House, l'officier de liaison entre Wilson et l'Organisation sioniste mondiale.

La plupart des fonctionnaires britanniques ont pris le train du sionisme pendant la guerre, et ceux qui ne l'ont pas fait ont été rapidement oubliés par le public, car leurs noms et leurs photos n'apparaissaient plus dans les journaux, ou, s'ils étaient trop influents pour être éliminés par le traitement silencieux, ils sont soudainement décédés, comme l'ambassadeur aux États-Unis, Sir Cecil Spring-Rice, aujourd'hui décédé.

Le ministre des affaires étrangères Arthur Balfour était l'un des plus ardents sionistes d'Angleterre. On aurait pu croire qu'il s'agissait du nouveau christianisme, à en juger par le nombre de ses apparitions sur les tribunes sionistes et par la ferveur de son zèle. Il publia enfin un recueil de ses discours sionistes, intitulé « Great Britain and Palestine » (Grande-Bretagne et Palestine), bien que la Palestine aurait dû figurer en premier dans le titre, comme c'était le cas pour lui. Le 12 juillet 1920, lors d'un discours prononcé à l'occasion d'une manifestation publique organisée par la Fédération sioniste anglaise dont le président était Lord Alfred de Rothschild, Balfour déclara : « La Grande-Bretagne et la Palestine »,

'Depuis longtemps, je suis un sioniste convaincu.

C'est exactement comme si notre actuel secrétaire d'État, Dean Acheson, devait se lever et déclarer publiquement : « Depuis longtemps, je suis un sioniste convaincu », ce qu'il pourrait d'ailleurs faire, puisqu'il a été le secrétaire privé du juge Louis Brandeis en 1921-1922, lorsque Brandeis était à la tête de l'Organisation sioniste d'Amérique. Les sionistes ont l'habitude de s'occuper des affaires étrangères. Balfour a également prononcé un discours « Dix ans après », devant les responsables de l'Anglo-Palestine Bank à l'hôtel Cecil de Londres le 10 novembre 1927, dans lequel il a déclaré,

« Il est tout à fait vrai que je suis l'un des plus anciens sionistes britanniques ».

Il s'agit d'une déclaration des plus accablantes, car le sionisme, comme le communisme, exige une allégeance absolue. Les membres de l'un ou l'autre mouvement ne peuvent être loyaux envers la nation de leur lieu de naissance ou de résidence. Et pourtant, un tel homme est chargé des affaires étrangères d'un grand empire. Entre les mains des sionistes, il est facile de comprendre pourquoi la Grande-Bretagne, en l'espace de quelques années, a perdu la plus grande partie d'un empire qu'elle avait construit sur une période de plusieurs siècles.

Les preuves pernicieuses de l'influence sioniste aux États-Unis sont évidentes, et de nombreuses preuves de la culpabilité des sionistes dans notre implication dans la Première Guerre mondiale sont disponibles dans la biographie « Brandeis, A Free Man's Life », par Alpheus T. Mason, Viking Press, 1946. Mason, professeur à l'université de Princeton, nous apprend que le père de Brandeis était un immigrant porteur d'une lettre d'introduction des Rothschild, qui examinaient les investissements possibles en Amérique, en 1848 ; qu'il s'est enrichi en vendant des céréales aux deux camps pendant la guerre de Sécession, alors qu'il avait établi son entreprise dans la zone frontalière de

Louisville, dans le Kentucky ; et que son fils a pu s'offrir une éducation coûteuse à Harvard.

Mason cite le *magazine Truth*, édité par George R. Conroy à Boston, dans le numéro du 165 décembre 1912, comme suit,

> 'M. Schiff est à la tête de la grande banque privée Kuhn, Loeb, qui représente les intérêts des Rothschild de ce côté-ci de l'Atlantique. Il a été décrit comme un stratège financier et a été pendant des années le ministre des finances de la grande puissance impersonnelle connue sous le nom de Standard Oil. Il a travaillé main dans la main avec les Harriman, les Gould et les Rockefeller dans toutes leurs entreprises ferroviaires et est devenu la puissance dominante dans le monde ferroviaire et financier de l'Amérique. Brandeis, en raison de ses grandes capacités d'avocat et pour d'autres raisons qui apparaîtront plus tard, a été choisi par Schiff comme l'instrument par lequel ce dernier espérait réaliser son ambition en Nouvelle-Angleterre. Son travail consistait à mener une agitation qui saperait la confiance du public dans le système de New Haven et provoquerait une dépression du prix de ses titres, les forçant ainsi à les acheter sur le marché pour les démolisseurs. La lutte de la Nouvelle-Angleterre fait simplement partie d'un mouvement mondial. Il s'agit de la lutte séculaire pour la supériorité entre juifs et gentils. Schiff est connu de son peuple comme un « prince en Israël ». Il a donné des millions aux organisations caritatives juives et, gardant toujours à l'esprit le proverbe yiddish "Celui qui a l'argent a l'autorité", il est toujours soucieux de faire progresser sa race sur le plan financier, persuadé qu'à la fin, elle contrôlera le monde'.

Au sujet de l'adoption opportuniste du sionisme par Brandeis, après qu'il eut réduit son désir de reconnaissance publique dans la conspiration de New Haven, Mason déclare,

> 'Ce n'est que lors de la visite de DeHass à South Yarbrough en août 1912 que l'intérêt de Brandeis pour le sionisme s'est pleinement éveillé. Ils se consultaient à la demande de William G. McAdoo au sujet du financement de la campagne démocrate. DeHass mentionne Louis Dembitz en tant que « noble juif », sioniste éminent, oncle et homonyme de Brandeis, puis se lance dans le sujet qui lui tient le plus à cœur, le sionisme. Il a raconté l'histoire de sa naissance britannique et de l'influence qu'il avait pu exercer sur le sénateur Henry Cabot Lodge. Le fait qu'un obscur juif né à Londres ait pu gagner la sympathie du sénateur à la nuque raide pique la curiosité

de Brandeis. En 1912, Brandeis effectue des tournées à travers le pays pour parler en faveur du sionisme'.

Il est intéressant de noter que le sujet du sionisme a été abordé dans le cadre de la collecte de fonds pour la campagne de Wilson en 1912 et que Samuel Untermeyer, l'éminent dirigeant sioniste, a été l'un des plus gros contributeurs au fonds de Wilson. Quoi qu'il en soit, les dés étaient jetés. Les sionistes avaient besoin de Brandeis pour donner au mouvement une certaine respectabilité en Amérique. Bien qu'il soit considéré comme une personne dangereuse par les politiciens démocrates en raison de sa volonté d'épouser des causes antisociales, il avait gagné le respect de la population juive américaine grâce aux revenus considérables qu'il tirait de la pratique du droit des sociétés. Son adhésion au sionisme a marqué un tournant dans la fortune de ce mouvement en Amérique. La plupart des Juifs l'avaient considéré comme un mouvement qui, en raison de ses projets radicaux et de la recherche de publicité de ses adhérents itinérants, était plus susceptible de provoquer l'antisémitisme que d'aider les Juifs, qui étaient prospères et heureux en Amérique. Cependant, Brandeis a saisi l'occasion du sionisme pour obtenir le pouvoir politique que lui avait refusé la société stable de la Nouvelle-Angleterre. Son autorité dominatrice a progressivement forcé la majorité des Juifs américains à adhérer au mouvement sioniste, contre leur gré.

Bien que Brandeis n'ait pas pu assister au onzième congrès sioniste mondial qui s'est tenu à Vienne, il a envoyé un message appelant à l'immigration juive en Palestine dans l'attente du soutien du gouvernement américain. Ce message, ainsi que les tournées qu'il a effectuées, lui ont valu d'être élu président de l'Organisation sioniste provisoire d'Amérique, qui deviendra plus tard l'Organisation sioniste d'Amérique. Mason cite une lettre écrite par Brandeis à son frère Alfred le 15 avril 1915.

'Les affaires sionistes sont maintenant les choses les plus importantes de la vie.

À cette époque, il est pressenti pour siéger à la Cour suprême, grâce à Samuel Untermyer. Le fils de la maîtresse de Wilson avait été impliqué dans une affaire de détournement de fonds et, après quelques négociations, Untermeyer a débloqué les 150 000 dollars nécessaires, étant entendu que Brandeis obtiendrait le prochain poste vacant à la Cour. Comme Rufus Isaacs était Lord Chief Justice en Angleterre, Wilson leur montrerait que nous sommes aussi démocratiques que les

Anglais. Cette nomination signifiait que l'Organisation sioniste d'Amérique deviendrait respectable.

À la page 448, Mason écrit que,

> « En mai 1915, Brandeis apprend que Rufus Isaacs et Sir Herbert Samuel envisagent le sionisme et que Lloyd George et Balfour y sont nettement favorables.

Étant donné que Lloy George était prêt à favoriser tout ce que Isaacs favorisait, sous peine de perdre ses actions Marconi, il n'est pas surprenant qu'il ait favorisé le sionisme. Balfour, bien sûr, comme Franklin Roosevelt, a fondé toute sa carrière politique sur une adhésion fanatique au sionisme.

Mason cite une lettre de Brandeis à Abram I. Elkus, ambassadeur des États-Unis en Turquie, en décembre 1916 (page 452).

> 'Le sionisme prend de plus en plus de place dans l'opinion publique et c'est l'un des problèmes que la guerre est susceptible de régler pour nous.

Le plan sioniste repose sur l'entrée en guerre de l'Amérique.

Sur la même page, Mason cite une lettre du colonel House au rabbin Wise, datée du 7 février 1917.

> "J'espère que le rêve que nous avons deviendra bientôt une réalité.

C'était quelques semaines avant que Wilson ne déclare la guerre à l'Allemagne.

Mason nous apprend que le 28 janvier 1916, Wilson a nommé Brandeis juge à la Cour suprême. Cette nomination, accordée à un avocat d'affaires opportuniste qui n'avait jamais regardé d'un mauvais œil une méthode permettant d'accroître sa fortune politique et financière, n'avait qu'un seul but : l'établissement d'un mouvement sioniste solide en Amérique. Cette décision a suscité la consternation des juristes païens dans tout le pays, car elle a été perçue à juste titre comme le début de la fin de l'un des freins et contrepoids de notre gouvernement, comme l'a dit Thomas Jefferson. Ce fut un coup fatal porté à notre constitution et à notre système juridique. Ce que Wilson avait commencé, Franklin Roosevelt l'a achevé, de sorte que lorsque Truman a nommé ses médiocres valets de parti, Tom Clark et Fred Vinson, à la Cour suprême, l'opinion publique ne s'en est plus souciée.

Brandeis, écrit Mason, n'était pas considéré comme un bon citoyen par les milieux d'affaires. Il était connu comme un agitateur professionnel et un sioniste professionnel, et sa fortune considérable n'avait pas servi à le rendre digne de respect en Nouvelle-Angleterre, où l'argent n'était pas encore tout. En conséquence, de nombreuses critiques sont adressées à Wilson pour le choix d'un homme indigne pour une fonction très digne. La presse libérale jaune, qui commençait à peine à se faire entendre, se lança comme un chat affamé à la défense de Brandeis. Frances Perkins et Walter Lippmann firent leurs débuts dans cette incursion. Ils ont rempli les colonnes de la New Republic du 18 mars 1916 avec leur adoration sirupeuse du millionnaire Brandeis. C'était une occasion en or pour de nombreux batteurs de poitrine du sionisme de se déclarer et de commencer une carrière longue et prospère grâce à une publicité favorable.

L'acte de trahison de Wilson a placé le Sénat dans une position très délicate. Cet organe était encore capable de manifester un sens de la responsabilité publique, et la nomination fut donc débattue pendant plusieurs mois. En approuvant cette nomination, les sénateurs s'attireraient l'opprobre de toutes les personnes honnêtes du pays, mais les personnes honnêtes ne font pas basculer les élections. La peur l'a emporté. S'ils refusaient, chaque sénateur refusant la nomination serait confronté à la virulence concentrée de la population juive lors de sa prochaine élection, et il est bien connu dans la politique américaine que « l'enfer n'a pas de fureur comme un hébreu méprisé ». En outre, cela signifiait l'aliénation automatique de ce que l'on appelle plaisamment la presse publique, et c'est ainsi que, le 5 juin 1916, le Sénat approuva la nomination de Brandeis.

Le même jour, Wilson écrit à Henry Morgenthau Sr. cité par Mason,

> « Je suis soulagé et ravi de la confirmation du Sénat. Je n'ai jamais signé une commission avec autant de satisfaction que je l'ai fait pour la sienne ».

Tout au long du débat au Sénat sur sa nomination, Brandeis parcourt le pays pour parler du sionisme, renforçant ainsi le soutien à sa nomination à la Cour suprême.

Selon Mason, le seul juif à qui l'on avait proposé un siège à la Cour suprême était Judah P. Benjamin. Le président Fillmore proposa cette nomination à Benjamin, qui la refusa parce qu'il était déjà engagé par les Rothschild comme trésorier de la Confédération pendant la guerre civile qui approchait.

« À la nouvelle de sa confirmation », dit Mason à la page 452, « Brandeis a démissionné de son poste de président de l'Organisation sioniste provisoire, mais ce retrait était beaucoup plus apparent que réel... Il a démissionné de son poste de membre de la Ligue économique nationale et de toutes ses relations avec l'école de droit de Harvard. Son intérêt le plus récent, le sionisme, se poursuit... Des sionistes du monde entier viennent le voir, seuls ou en groupe. Son courrier quotidien lui apporte des nouvelles de Palestine, des rapports et encore des rapports. Il gardait la main sur la barre du sionisme américain et soutenait chaleureusement le groupe Mack-Brandeis, dirigé par le juge Julian Mack et Robert Szold, lorsqu'il arracha le leadership à la clique de Lipsky ».

Le secrétaire juridique de Mack à l'époque est un jeune homme nommé Max Lowenthal, qui dirige la mission intérieure sioniste à la Maison-Blanche pendant l'occupation de Truman.

À la page 595, Mason identifie à nouveau positivement Brandeis comme le leader du mouvement sioniste pendant les années où il siégeait en tant que juge à la Cour suprême des États-Unis. Mason déclare : 'Brandeis est le chef de file du mouvement sioniste,

> « Brandeis était désormais le doyen du sionisme en Amérique.

Mason remarque à la page 452 que,

> 'L'entrée en guerre de l'Amérique a semblé donner raison au sionisme dans l'esprit de ses dirigeants.

L'Amérique ayant répondu à l'appel, la Grande-Bretagne a poursuivi ses projets de création d'un foyer national juif en Palestine, ignorant que cela ne manquerait pas d'anéantir l'influence britannique au Proche-Orient, comme cela s'est déjà produit. Mason déclare,

> "Le 25 avril 1917, James de Rothschild télégraphie de Londres que les plans prévoient une Palestine juive sous protection britannique.

Brandeis avait invité Arthur Balfour à un déjeuner à la Maison-Blanche en mai 1915. « Vous êtes l'un des Américains que je voulais rencontrer », dit Balfour à Brandeis. La Maison-Blanche était alors le siège officiel du mouvement sioniste en Amérique. House, Wilson, Wise et Brandeis y entraient et en sortaient à toute allure pendant les jours mouvementés de la déclaration Balfour. Brandeis envoya un câble à Louis de Rothschild,

> « J'ai eu un entretien satisfaisant avec M. Balfour, ainsi qu'avec notre président. Ceci n'est pas destiné à être publié ».

Mason nous apprend ensuite que Brandeis a déjeuné à Washington à la mi-septembre avec Lord Northcliffe et Rufus Isaacs Lord Reading, « avec lesquels il a sans aucun doute parlé de sionisme ».

Mason remarque que Norman Hapgood a écrit à Brandeis depuis Londres le 10 janvier 1917,

> « Hoover est l'homme le plus intéressant que je connaisse. Vous apprécierez son expérience de la diplomatie et de la finance. »

Plus tard, Mason nous dit que,

> 'Fin janvier, Hoover se rend aux États-Unis pour demander des fonds afin d'aider la Belgique affamée et, début février, il s'entretient avec le juge Brandeis. Brandeis organise une conférence avec le sénateur Bristow et le secrétaire McAdoo, qui aboutit à la nomination de Hoover au poste d'administrateur des denrées alimentaires des États-Unis.

En ce qui concerne la position de Brandeis sur le sionisme et le problème de sa loyauté mythique envers les États-Unis, nous disposons d'un matériel abondant, un livre de ses discours, publié par la Zionist Organization of America, intitulé « Brandeis on Zionism » (Brandeis sur le sionisme).

S'exprimant sur « Le problème juif », en juin 1915, comme cité dans son livre, Brandeis a déclaré devant le Conseil oriental des rabbins réformateurs,

> 'Organisez, organisez, organisez, jusqu'à ce que chaque juif d'Amérique se lève et soit compté avec nous.

À la page 74 de ce livre, Brandeis écrit que « la démocratie est un concept sioniste ». Curieusement, Lénine et Marx considéraient la démocratie comme l'attribut particulier du communisme. Cependant, Brandeis clarifie son idée par les phrases suivantes : "Le socialisme est aussi un objectif sioniste".

À la page 75, Brandeis déclare : "Le mouvement sioniste est essentiellement démocratique" : Seuls les Juifs doivent s'inscrire.

Brandeis nous rappelle à la page 80 que "le sionisme n'est pas né de la guerre. Il était vital et actif avant".

À la veille de sa nomination à la Cour suprême, le 2 janvier 1916, Brandeis a déclaré aux Chevaliers du Zion Club de Chicago,

"Il n'y a rien de plus intéressant pour un juif aujourd'hui que les événements du sionisme. Votre propre respect, votre propre devoir exigent que vous rejoigniez une organisation sioniste".

Le 7 juillet 1916, après sa confirmation par le Sénat, le juge Brandeis a déclaré à la Fédération des sionistes américains à Philadelphie,

"Notre travail ne peut être accompli que si nous reconnaissons et respectons la base fondamentale du sionisme, la démocratie du peuple juif. C'est à eux qu'incombe le devoir d'étendre le mouvement sioniste".

L'activité de Brandeis à tout moment pendant les nombreuses années de son mandat à la Cour suprême était un motif suffisant pour le démettre de ses fonctions, s'il y avait eu en Amérique une force suffisamment puissante pour s'opposer au sionisme. On peut en dire autant de son successeur dans le sionisme et à la Cour suprême, le juge Felix Frankfurter. Les Frankfurter soulignent l'importance d'être dans les deux camps, car pendant que le bon juge siégeait augustement sur le banc, son frère Otto était un criminel habituel, qui a résidé pendant quelques années en tant qu'invité de l'État de l'Iowa dans la prison d'État d'Anamosa. Après avoir obtenu son diplôme, Otto a été jugé suffisamment formé pour travailler au service du gouvernement, et il a été rapidement nommé à un poste important à Paris, au sein de l'Administration de coopération économique, sous la direction de Paul Hoffman, l'homme de main du sénateur Lehman.

La déclaration Balfour, fruit de nombreuses années d'intrigues internationales, prévoyait la création d'un foyer national juif en Palestine, sous la protection officielle de la Grande-Bretagne. Bien d'autres promesses ont été faites aux sionistes en coulisses, mais la Grande-Bretagne n'a pas été en mesure de tenir ces promesses non écrites, ce qui a poussé les sionistes à lui reprocher son échec tout au long des années 1930. Dans le "Guide du sionisme" de Sampter, pages 85-86, on peut lire que

"La formulation de la déclaration Balfour provenait du ministère britannique des Affaires étrangères, mais le texte avait été révisé dans les bureaux des sionistes en Amérique et en Angleterre. La déclaration Balfour a été rédigée sous la forme souhaitée par les sionistes".

Pour le récit le plus précis de cette histoire de corruption internationale sur fond de guerre mondiale, je dois me tourner vers "The Realities of American-Palestine Relations" (Les réalités des relations américano-palestiniennes). Par Frank E. Manuel, Public Affairs Press, 1949. À la page 116, Manuel déclare

> "L'intérêt de Wilson pour le sionisme a été lentement nourri par Louis Brandeis, l'un des hommes les plus proches de lui dans les premières années de l'administration et qui est devenu la figure clé de la future intervention américaine en Palestine".

Page 117,

> "Brandeis n'était pas un homme de demi-mesures. Les affaires sionistes sont maintenant les choses les plus importantes de la vie", écrit-il à son frère Alfred le 25 avril 1915. Il mettait de côté les arguments relatifs à la double allégeance et proclamait catégoriquement que la loyauté envers l'Amérique exigeait que chaque Juif américain devienne un sioniste'.

Voilà un raisonnement qui mériterait d'être inscrit à la Cour suprême. La loyauté envers l'Amérique exigeait que ses citoyens embrassent une philosophie étrangère, qui prenait le pas sur les idéaux américains. Il est regrettable que la plupart des lettres les plus violentes de Brandeis prêchant le sionisme aient été appelées et détruites.

À la page 136, Manuel nous dit que

> 'Les Juifs de Salonique ont joué un rôle dans le soulèvement des Jeunes Turcs, et le ministre des finances Djavid était juif de race mais mahométan de religion.

Ainsi, un juif considère qu'un autre juif est toujours juif, même s'il a embrassé une religion différente. Si un chrétien se réfère à un juif comme étant un juif après être devenu mahométan ou toute autre religion qu'il est nécessaire d'adopter pour progresser dans le monde, il s'agirait d'un véritable antisémitisme.

À la page 154, Manuel parle de la Première Guerre mondiale,

> « Le Département d'État américain a commencé à utiliser les outrages contre les Juifs dans une offensive de guerre

psychologique. L'objectif est d'abord limité, se concentrant sur le moral des Juifs d'Autriche et d'Allemagne. Dans ce but, ils suggérèrent discrètement à la Grande-Bretagne que les faits concernant les atrocités commises en Palestine soient communiqués aux juifs des puissances centrales par l'intermédiaire des juifs des pays neutres comme la Suisse ».

Manuel a noté que notre Département d'État avait suivi pendant de nombreuses années une politique clairement anti-palestinienne, mais que sous Wilson, tout cela avait changé. Il n'est pas nécessaire d'ajouter à l'observation de Manuel le fait que le Département d'État, qui était jusqu'à l'avènement malheureux de Wilson la plus respectée des agences gouvernementales, a rapidement été noyauté et s'est rempli de diverses espèces de radicaux nés à l'étranger, un processus qui a culminé avec sa réorganisation systématique en cellule communiste sous Roosevelt, de 1933 à 1945.

À la page 160, Manuel nous dit que

'Au cours des années 1916 et 1917, les membres du cabinet de guerre britannique, représentés par leur directeur des affaires du Proche-Orient, Sir Mark Sykes, et les sionistes anglais, regroupés autour du Dr Chaim Weizmann, un émigré de Russie alors professeur de chimie à l'université de Manchester. Pendant la guerre, les sionistes américains regroupés autour de Brandeis ont été tenus informés de l'évolution des pourparlers de Londres entre les sionistes et le cabinet de guerre britannique. Ils acceptent que Weizmann dirige de facto les négociations, même s'il n'a pas de statut officiel au sein de l'exécutif de l'Organisation sioniste mondiale. Avant 1917, ce soutien américain conférait à Weizmann une grande valeur aux yeux des Britanniques qui espéraient que les États-Unis participeraient à la guerre ; même après l'entrée en guerre des États-Unis, le développement de l'enthousiasme aux États-Unis pour la guerre européenne restait une préoccupation majeure des dirigeants britanniques. Lloyd George, Premier ministre à l'époque, a déclaré devant la Commission royale en 1937 que la stimulation de l'effort de guerre des Juifs américains était l'un des principaux motifs qui, au cours d'une période pénible de la guerre européenne, avait incité les membres du cabinet à voter en faveur de la déclaration Balfour. T. E. Lawrence parle de la déclaration Balfour comme d'un paiement pour le soutien des Juifs américains et des révolutionnaires russes.

Paul Emden a souligné que le pouvoir de Weizmann dans le sionisme provenait de son soutien par Mond et Melchett de Imperial Chemical, pour qui il avait développé un gaz toxique très rentable.

Manuel cite également le rabbin Wise selon lequel, en juin 1917, le président Wilson lui a dit que les Juifs et les Arméniens étaient deux nations qui allaient certainement renaître après la guerre. Cette déclaration est également publiée, sous une forme légèrement différente, dans le numéro du 5 mai 1920 du Zionist Bulletin :

> « Lors d'une réunion tenue le dimanche 2 mai à New York, le rabbin Stephen Wise a déclaré que peu avant l'entrée en guerre des États-Unis, le président Wilson lui avait dit que deux terres ne devraient jamais revenir aux Apaches mahométans, l'Arménie chrétienne et la Palestine juive ».

L'Arménie chrétienne est à l'heure actuelle un État hautement industrialisé de la Russie athée, mais la Palestine juive, nous sommes heureux de l'annoncer, est plus juive que jamais.

À la page 166, Manuel nous dit que

> 'Lors de son voyage aux États-Unis en mai 1917, Balfour avait discuté du sionisme et de ses perspectives avec Brandeis. Lors d'un de ses entretiens privés avec Wilson, Balfour a informé le Président, à titre « personnel » et non officiel, de traités secrets entre les Alliés concernant la Palestine. Le 15 mai, Brandeis télégraphie à Louis de Rothschild à Londres qu'il a eu un entretien satisfaisant avec Balfour et avec le Président, mais que cette nouvelle n'est pas destinée à être publiée. Quelles que soient les discussions sur une Palestine juive, elles sont organisées directement entre les membres du groupe Brandeis et le président, ou par l'intermédiaire du colonel House, à l'insu du secrétaire d'État Lansing. Il n'était pas inhabituel pour Wilson de formuler une politique internationale sans consulter son secrétaire d'État'.

C'est un précédent que le successeur de Wilson, Franklin Roosevelt, a scrupuleusement suivi. Il a été souligné que le secrétaire d'État de Roosevelt, Hull, ignorait souvent quelle était notre politique sur une question donnée avant de lire le Washington Post d'Eugene Meyer, qui recevait toujours de Roosevelt des informations anticipées sur la politique étrangère. Traités avec une telle ignominie, les membres honnêtes du département d'État se sont retirés et ont laissé Roosevelt et ses protégés communistes, Currie, Lattimore et Hiss, s'en occuper.

L'ouvrage « The Realities of American-Palestine Relations » aborde l'un des aspects extrêmement passionnants de l'histoire que les historiens marxistes de la ligne du parti préfèrent ignorer. À la page 170, nous constatons que,

> « Edelman a appris que les sionistes avaient même essayé de négocier avec le Vatican, en proposant d'utiliser l'influence financière et politique juive pour assurer la représentation du Vatican à la Conférence de paix en échange du soutien catholique au programme sioniste. Le 13 février 1918, les services secrets britanniques préparent un mémorandum sur l'attitude des gouvernements ennemis à l'égard du sionisme, qui décrit le plan Karasso, une offre concurrentielle des Turcs à l'instigation des Allemands pour accorder certains droits autonomes aux Juifs de Palestine. Le mémorandum concluait que la politique sioniste britannique avait encore un net avantage sur les tentatives turques et allemandes de courtiser les Juifs du monde ».

Comme les Juifs ont dû rire en voyant les grandes nations de l'Est et de l'Ouest se précipiter avec des propositions pour gagner leur faveur. Après des siècles de vie dans des ghettos, cela a dû être un baume de Gilead pour l'esprit blessé des Hébreux.

Manuel nous dit à la page 168 que

> Plus tôt dans l'année, House avait écrit avec enthousiasme au rabbin Wise : « J'espère que le rêve que nous avons deviendra bientôt une réalité ». Pour les amis sionistes du président, le colonel House a toujours eu une attitude agréable.

Le mouvement syndical est arrivé au pouvoir dans les démocraties en même temps que la montée du communisme et du sionisme. Dubinsky a pris des centaines de milliers de dollars aux travailleurs sans défense des syndicats de l'habillement et les a envoyés en Palestine. Arthur Creech Jones, sous-secrétaire d'État britannique, a écrit dans « British Labor and Zionism »,

> 'Pendant de nombreuses années, j'ai été très étroitement associé au mouvement sioniste en Grande-Bretagne.

CHAPITRE 9

Tout comme les prophètes du sionisme, les partisans du communisme attendaient depuis de nombreuses années une guerre mondiale qui leur permettrait de prendre le pouvoir dans de nombreux pays. La dialectique marxiste a été prêchée pendant des décennies, selon laquelle un conflit universel serait le signal pour que les travailleurs du monde refusent de se battre les uns contre les autres, déposent les armes et se retournent contre leurs oppresseurs capitalistes. En 1914, cependant, au moment crucial, les travailleurs du monde étaient encore influencés par des concepts démodés tels que la race et la nationalité, et les communistes ont décidé de s'introduire dans les systèmes éducatifs de tous les pays pour éradiquer ces croyances hérétiques. Entre-temps, la Première Guerre mondiale a été une excellente occasion de mettre en œuvre certaines de leurs idées de contrôle totalitaire de la population par l'État. Les techniques de rationnement et autres méthodes policières dirigées par Bernard Baruch en Amérique et par Max Warburg en Allemagne ont constitué un bon entraînement pour la bureaucratie du futur État socialiste mondial.

Les changements politiques coûtent cher. Parfois, ils coûtent des vies, parfois ils ne coûtent que des biens, mais toujours ils coûtent de l'argent. C'est pourquoi les seigneurs de l'argent ont toujours eu pour mission d'anticiper et de contrôler les mouvements politiques susceptibles d'être couronnés de succès. Un investissement dans un nouveau mouvement politique est à la fois une assurance sur les biens actuels et une spéculation sur l'acquisition de nouveaux biens. Dans « La Réserve fédérale », j'ai décrit la manière dont le mouvement réformateur aux États-Unis a été acheté et corrompu dans les premières années du vingtième siècle.

Le communisme étant l'allié de façade des princes de la finance et de la propriété, les plus progressistes de ces princes devinrent les principaux collecteurs de fonds pour le nouveau mouvement, et parmi ces princes, les seigneurs de la maison Rothschild menèrent tous les autres. La tâche de fournir des capitaux aux agitateurs communistes incomba à la firme Kuhn, Loeb Co. New York, et M. M. Warburg Co. de Hambourg, en Allemagne.

Un parti qui attaque les banquiers peut être utilisé par un banquier pour subordonner et contrôler ses rivaux, et c'est en fait ce que les Rothschild ont fait avec le communisme. Malgré toutes ses vociférations, Hitler n'a apporté aucun changement au système bancaire allemand entre 1933 et 1945.

À ses débuts, le parti communiste était un groupe de discussion nocturne de travailleurs français à Paris, un club similaire aux Juntos lancés dans ce pays par Benjamin Franklin, et en tout point typique des suites éclairées et remises en question des rationalistes du dix-huitième siècle. C'est dans ce groupe qu'est arrivé Karl Marx, le fils aigri et renié d'un banquier de Francfort. Marx était dégoûté du capitalisme, du judaïsme, de sa femme et de la société en général. En effet, personne n'a encore découvert quoi que ce soit qui lui plaise. Ce psychopathe mécontent a trouvé dans le groupe des ouvriers français une occasion d'étaler son mécontentement et, en les mettant à la gorge les uns des autres, il est rapidement devenu le chef des discussions des ouvriers. La technique du « diviser pour régner » a connu son premier succès communiste.

Une deuxième technique marxiste est bientôt invoquée à Paris : le déversement d'invectives amères et hystériques à l'encontre de quiconque critique le dirigeant. Il s'agit d'un développement de la conviction paranoïaque de Marx qu'il faut assurer l'arrière, que Lénine a invoquée en concluant la guerre avec l'Allemagne en 1917 dès la prise du pouvoir par les bolcheviks.

Marx est bientôt rejoint à Paris par une vieille connaissance, le fils sans histoire d'un industriel allemand, Friedrich Engels. Anthropologue indolent et révolutionnaire idéologique, Engels a longuement étudié l'histoire de la famille en tant que groupe social. Il avait déterminé que la famille devait être abolie, ce qui intriguait Marx, car cela signifiait que l'État pouvait exercer un contrôle total sur l'enfant. En 1848, Marx et Engels publient le Manifeste communiste, un programme en dix points. Le deuxième point de ce programme, un lourd impôt progressif sur le revenu, a été promulgué aux États-Unis par le président Woodrow Wilson, qui a également signé, le 23 décembre 1913, le Federal Reserve Act, qui répondait au cinquième point du Manifeste communiste, appelant à la création d'une banque d'État centralisée. Les autres points ont été mis en œuvre par Franklin Roosevelt dans les années 1930, camouflés sous ses mesures de « sécurité sociale ».

Le mouvement communiste a été largement ignoré en Europe pendant de nombreuses années, sauf par les inadaptés sociaux de la frange lunatique, jusqu'au premier congrès sioniste à Bâle, en Suisse, le 29 août 1897. Deux cent six délégués sont venus du monde entier pour écouter Theodor Herzl exposer son programme. Quelques mois après cette réunion, les communistes entament un programme d'expansion trépidant, avec des fonds abondants. Bien que le marxisme s'intéresse principalement aux problèmes de l'État industriel moderne, c'est la Russie, le membre le moins industrialisé de la communauté européenne, qui devient sa cible principale. En effet, la Russie comptait la plus grande population juive du monde et l'agitation historique de cette minorité a toujours été un terreau fertile pour tout mouvement révolutionnaire. En outre, les Warburg et les Rothschild avaient déversé des capitaux en Russie au cours de la dernière moitié du XIXe siècle, finançant la construction de chemins de fer et d'usines, et au tournant du siècle, la Russie était une colonie économique contrôlée par les banquiers de Francfort. Ses champs pétrolifères sont partagés entre les Nobels et les Rothschild, Kalonymous Wolf Wissotsky est connu comme le roi du thé russe, et le baron Guinzburg, patron de Litvinoff, a obtenu le monopole du sucre. L'aristocratie russe est bien consciente que son pouvoir est menacé par la montée d'une nouvelle aristocratie fiduciaire, mais elle n'a pas de réponse à la question « Où va la Russie ? ».

Le communisme est un gouvernement de confiance. Cet aspect du système politique actuel de la Russie a été passé sous silence par nos économistes, parce qu'une évolution parallèle s'est produite aux États-Unis. En Russie, il existe un trust de l'or, un trust de l'acier, etc. et les dirigeants de ces trusts sont les véritables détenteurs du pouvoir au sein du gouvernement soviétique. Les problèmes d'administration publique sont traités par des fonctionnaires désignés, qui ont une autorité directe sur les citoyens russes, mais seulement une autorité constitutionnelle sur les trusts. Cette autorité constitutionnelle, comme les Américains l'ont appris à leurs dépens, est un luxe qui ne peut être invoqué que selon le bon vouloir de ceux qui détiennent le pouvoir.

Le rôle joué par Kuhn, Loeb Co. dans la révolution communiste en Russie est largement documenté. Un rapport des services secrets de la marine américaine datant du 12 décembre 1918 identifie Paul Warburg comme l'un de ceux qui ont manipulé d'importantes sommes d'argent pour Lénine et Trotsky.

Cholly Knickerbocker, chroniqueur mondain syndiqué dans de nombreux journaux, a écrit dans sa chronique du 3 février 1949, parue dans la chaîne Hearst,

> "Aujourd'hui, le petit-fils de Jacob Schiff, John Schiff, membre éminent de la société new-yorkaise, estime que le vieil homme a investi environ 20 millions de dollars dans le triomphe final du bolchevisme en Russie.

Ce petit-fils du financier de la révolution russe est aujourd'hui président des Boy Scouts of America, qui ont récemment été critiqués pour leur infiltration communiste.

Un autre membre de Kuhn, Loeb, Otto Kahn, né à Mannheim, en Allemagne, a travaillé à la Deutsch Bank à Berlin et chez Speyer Brothers à Londres avant de venir aux États-Unis, et est devenu associé de Kuhn, Loeb, en 1897. Il est aujourd'hui considéré avec une vénération particulière en Russie. Personne n'a jamais pu savoir quel(s) pays pourrait(ent), s'il(s) le souhaitait(ent), le revendiquer en tant que citoyen. Le journaliste Hannen Swaffer a écrit dans le *London Daily Herald* du 2 avril 1934,

> 'Je connaissais Otto Kahn, le multimillionnaire, depuis de nombreuses années. Je l'ai connu lorsqu'il était un Allemand patriote. Je l'ai connu quand il était un Britannique patriote. Je l'ai connu lorsqu'il était un Américain patriote. Naturellement, lorsqu'il a voulu entrer à la Chambre des communes, il a rejoint le parti "patriotique"'.

Le diplomate anglais Lord D'Abernon a écrit dans ses "Mémoires" que le beau-frère de Kahn, Herr Felix Deutsch, était à la tête du German Electric Trust, A.E.G., qui avait financé le révolutionnaire bolchevique Krassin, et auquel Walter Rathenau avait été associé avant son assassinat. Après l'inflation du mark de 1923, l'A.E.G. est tombée entre les mains de Bernard Baruch, dont l'International General Electric Corporation, sous la direction de Gerard Swope, a continué à contrôler l'A.E.G. pendant toute la durée du régime hitlérien. Lord D'Abernon a également affirmé que la maison d'Otto Kahn était un lieu de rencontre pour les agents bolcheviques.

Le journal français *Figaro, dans* son numéro de juin 1931, décrit le magnifique traitement réservé à Mme Otto Kahn lors de sa visite en Russie ce mois-là. Elle fut acclamée comme un membre de la famille royale en visite, des troupes de l'Armée rouge bordèrent la route à son entrée à Moscou, et les plus hauts fonctionnaires du gouvernement soviétique rivalisèrent d'ardeur pour lui faire honneur. Un grand dîner diplomatique lui a été offert et plusieurs réceptions diplomatiques brillantes ont animé la saison sociale habituellement terne à Moscou. L'Europe a ainsi pu constater que le communisme avait lui aussi son aristocratie internationale, dont les membres revendiquaient pour eux-mêmes les grâces et les airs des seigneurs et des dames qu'ils avaient assassinés.

À l'occasion de la visite ultérieure de Mme Otto Kahn en Russie, le *London Star* notait le 23 juillet 1935,

> "Après sa visite en Russie il y a quelques années, un journal français a prétendu qu'elle avait une sinistre signification politique. La vérité est que Mme Kahn s'intéresse à la Russie et que, lorsqu'elle se rend à Leningrad, elle est officiellement accueillie par le grand Staline lui-même."

Le colonel Ely Garrison, dans son livre "Roosevelt, Wilson, and the Federal Reserve Act", affirme que Max Warburg a rencontré le ministre russe Protopopoff à Stockholm en février 1917 afin d'achever les plans de la révolution. Pour une raison qu'il ne dévoile pas, Léon Trotsky s'évertue à nier que Kuhn, Loeb, Co. ait eu quoi que ce soit à voir avec la révolution russe. Cette affirmation, qui figure dans l'" Histoire de la révolution russe » de Trotsky, est en contradiction directe avec de nombreux journaux et périodiques qui ont rapporté les faits, notamment le *New York Times* qui, dans son édition du 24 mars 1917, a présenté en première page un article sur la réunion de masse des Amis de la liberté russe qui s'était tenue la veille au soir au Carnegie Hall de New York. Cette réunion, organisée pour célébrer la révolution en Russie, était présidée par le rabbin Wise, qui partageait son temps entre le sionisme et le communisme. Ce fut un événement tumultueux et joyeux, au cours duquel il fut difficile de maintenir l'ordre. Le principal orateur était George Kennan, qui a raconté à son auditoire enthousiaste comment il avait distribué des tonnes de littérature communiste aux officiers russes prisonniers des Japonais en 1905. « Cette littérature a été payée grâce à la générosité d'un homme que vous connaissez et aimez tous, Jacob Schiff. Kennan a ensuite lu un télégramme de Jacob Schiff, envoyé de White Sulphur Springs, en Virginie-Occidentale, où Schiff prenait l'eau dans un centre de villégiature coûteux. Le télégramme exprimait la joie de M. Schiff à l'occasion de l'événement pour lequel ils avaient lutté si longtemps, et regrettait sincèrement qu'il n'ait pas pu être là avec eux.

L'homme qui faisait la une du *New York Times*, George Kennan, devait mourir avant que son homonyme, protégé et neveu ne soit nommé ambassadeur des États-Unis en Russie. Le *Who's Who in America* de 1922-23 mentionne George Kennan comme directeur du bureau de la Western Union à Cincinnati pendant la guerre de Sécession, explorateur et ingénieur télégraphiste en Sibérie en 1965, surintendant de la construction de la ligne télégraphique russo-américaine de 1866 à 1868, directeur du bureau de Washington de l'Associated Press de 1877 à 1986, enquêteur sur le système d'exil russe en Sibérie de 1885 à 1986, journaliste de la guerre russo-japonaise pour Outlook Magazine en 1905, auteur de "E. H. Harriman's Far Eastern Relations" (Les relations russo-japonaises de E. H. Harriman). H. Harriman's Far Eastern Relations » et d'une biographie en deux volumes de E. H. Harriman.

Harriman était l'homme de paille de Jacob Schiff pour l'acquisition par Kuhn, Loeb du chemin de fer Union Pacific et d'autres propriétés. Comme indiqué précédemment, Kuhn, Loeb contrôlait Western Union, qui à son tour contrôlait l'Associated Press. Ce que George Kennan n'a pas mentionné dans le *Who's Who*, c'est qu'il avait été l'agent personnel de Jacob Schiff en Russie de 1885 à 1916, après avoir prouvé sa loyauté envers Kuhn, Loeb au bureau de Washington de l'Associated Press. Il a effectué de nombreux voyages en Russie pour le compte de Schiff, a géré d'importantes sommes d'argent qu'il a remises à des groupes révolutionnaires en Russie en fonction des besoins, et s'est même présenté dans le *New York Times* comme l'émissaire de Schiff pour une mission communiste.

Son neveu, George Kennan, jouissait d'une bonne réputation en Russie et il n'est pas étonnant que la nouvelle de sa nomination ait fait l'objet d'un titre dans l'Evening Star de Washington, D.C., le 26 décembre 1951 : « La Russie approuve la nomination de Kennan en tant qu'ambassadeur ».

L'histoire intérieure du parti communiste international, depuis l'année du congrès sioniste, en 1897, jusqu'à l'année de son succès en Russie, en 1917, est l'histoire du pouvoir de l'argent pour corrompre et renverser les gouvernements populaires. Bien que féodal, le tsar de Russie était profondément aimé de ses sujets. Les communistes l'ont brutalement assassiné peu après leur prise de pouvoir, car ils savaient que tant qu'il vivrait, leur conspiration révolutionnaire aurait peu de chances de conserver sa victoire.

En 1905, les communistes ont failli réussir leur révolution en Russie. Ils ont échoué parce qu'ils ne s'étaient pas préparés au pouvoir, plutôt qu'en raison de l'opposition concertée du gouvernement du tsar. L'influence de l'argent allemand en Russie avait divisé le pays de sorte que le tsar n'a plus jamais gouverné après 1900. Il exerçait le pouvoir dans un demi-monde d'intrigues de cour à Saint-Pétersbourg qui n'avait que peu de rapport avec ce qui se passait dans le reste du pays. Les saboteurs, livrés à eux-mêmes, ont pu créer les conditions de la révolution d'octobre, et l'un d'entre eux était Maxim Litvinoff. Ce dernier est apparu à l'époque glorieuse de la coalition russo-américaine, lorsque les sionistes et les communistes du monde entier avaient tout ce qu'ils voulaient du peuple américain, et qu'ils n'étaient toujours pas satisfaits. Des jeunes Américains étaient massacrés sur des champs de bataille éloignés pour faire avancer les rêves impérialistes de Joseph Staline et la vision d'un empire mondial qui hantait Chaim Weizmann, mais, tant que la République américaine resterait une entité politique, Staline et Weizmann seraient mécontents.

Litvinoff, dit Pope, est né Meer Wallach, fils de Moses Wallach et d'Anna Perlo. En 1881, son père fut jeté en prison pour avoir conspiré avec des éléments étrangers hostiles à la Russie. Bien que Pope ne les identifie pas, nous pouvons imaginer ce qu'étaient ces éléments étrangers. Les tendances révolutionnaires naissantes du jeune Wallach sont encouragées par le roi du sucre russe, le baron Guinzburg, qui le nomme directeur de l'une de ses usines, puis l'envoie en Grande-Bretagne. C'est là que Wallach fut présenté à Lénine au British Museum par un certain Blumenfeld.

Pope nous apprend que les armes de la révolution de 1905 ont été fournies par la société allemande Schroeder Co. Wallach, devenu Litvinoff, avait épousé Ivy Low, nièce des journalistes anglais Sir Sidney et Sir Morris Low.

Un autre personnage mystérieux des premiers jours du communisme mondial était Ashberg. Le *London Evening Star* du 6 septembre 1948 décrit cet homme comme suit,

> « M. Ashberg a récemment participé à une réunion secrète en Suisse avec des représentants du gouvernement suisse. Les cercles diplomatiques décrivent M. Ashberg comme le banquier soviétique

qui a avancé des sommes importantes à Lénine et Trotsky en 1917. Au moment de la révolution, M. Ashberg a donné à Trotsky de l'argent de la Nya Banken de Stockholm pour équiper la première unité de l'Armée rouge ».

M. Ashberg a été l'une des quatre ou cinq personnes les plus importantes du gouvernement soviétique, bien que son nom ne soit pas apparu dans la presse mondiale une douzaine de fois au cours des trente dernières années. La dernière occasion où son nom a été tenu à l'écart de la presse concerne sa tentative d'obtenir un permis de voyager dans la zone américaine de l'Allemagne en 1950. Même le Haut Commissaire adjoint Benjamin Buttenweiser de Kuhn, Loeb Co. n'a pas osé délivrer un tel permis, et Ashberg a dû se contenter d'envoyer ses émissaires dans notre zone.

Le contexte de la révolution russe de 1917 se lit comme un roman bon marché. Les banquiers Ashberg, Warburg et Schiff, d'ordinaire les plus prudents dans leurs investissements, distribuaient depuis des années des fonds à une populace peu distinguée qui parcourait l'Europe en rêvant vaguement d'établir un État communiste en Russie. Souvent, par le plus grand des hasards, Lénine et Trotsky manquaient d'être emprisonnés pendant des années dans un pays ou un autre, mais si cela s'était produit, les banquiers les auraient radiés et auraient pris quelqu'un d'autre, car il y avait beaucoup de gens comme eux en Europe. On pouvait les trouver sur le front de mer de n'importe quel grand port ou dans les bidonvilles de n'importe quelle ville industrielle.

Au moins une fois, un haut fonctionnaire du gouvernement a sauvé Trotsky de la prison. En 1916, Trotski, né Lev Bronstein, est jeté en prison à Halifax, en Nouvelle-Écosse, pour incitation à l'émeute. Il se rendait à New York pour une dernière conférence avec Warburg et Schiff avant de repartir pour l'Europe avec le contingent de cheveux huilés de l'East Side, qui devait constituer le Parlement de la nouvelle Russie. Des télégrammes frénétiques furent échangés entre New York et Londres, et la pitoyable création de Rufus Isaacs, le Premier ministre Lloyd George, envoya un ordre exécutif direct aux autorités d'Halifax, leur ordonnant de libérer Trotsky et de le renvoyer chez lui. Il n'est pas exagéré de dire que cet ordre a changé le visage politique du monde tel que nous le connaissons. Trotski a entraîné et dirigé les troupes de l'Armée rouge dont les canons ont permis, à un moment critique, la prise des ministères lors de la révolution d'octobre.

Cette coopération étonnante de fonctionnaires importants a marqué la lente progression des révolutionnaires sans-abri à travers l'Europe en guerre vers leur objectif. Vernadsky, dans « Life of Lenin, the Red Dictator », Yale University Press, 1931, page 140,

> À l'automne 1915, le social-démocrate russe allemand Parvus (Israël Lazarevitch), qui avait été actif dans la révolution de 1905, annonça dans le journal qu'il publiait à Berlin, « La Cloche », sa mission de « servir de lien intellectuel entre les Allemands armés et le prolétariat russe révolutionnaire ».

À la page 151, Vernadsky dit,

> « Pendant la guerre, Helphand Parvus s'est occupé d'approvisionner les armées allemandes en grandes quantités, et des sommes considérables ont donc transité entre ses mains.

À la page 155, Vernardsky nous dit que,

> « Un wagon dans lequel se trouvaient Lénine, Mertov et d'autres exilés a été attaché au train qui partait de Suisse pour l'Allemagne le 8 avril 1917. Le 13 avril, Lénine s'est embarqué sur le bateau à vapeur qui partait de Sassnotz pour la Suède. Le voyage à travers l'Allemagne a donc duré au moins quatre jours ».

En raison de ses contacts étroits avec les autorités militaires, Parvus se voit confier la tâche délicate de s'occuper des autorisations militaires pour la voiture de Lénine à travers l'Allemagne en temps de guerre. Lorsque Lénine atteint la Russie, le gouvernement de Kerensky le proclame immédiatement hors-la-loi et il entre dans la clandestinité. Alors que le gouvernement provisoire patauge, Lénine reste un fugitif et perfectionne ses plans pour la révolution d'octobre. En septembre 1917, il publie un article intitulé « La catastrophe qui menace », dans lequel il expose ses projets de mise en place d'un État totalitaire. Cet article rallie les radicaux autour de lui. Trotski arrive avec l'argent d'Ashberg pour équiper l'Armée rouge, Staline s'assure le soutien de la juiverie russe, qu'il a organisée pendant des années. Lénine et Trotski parcourent l'Europe, et le décor est planté pour la bande d'hommes la plus dénuée de scrupules de l'histoire moderne.

La révolution d'octobre en Russie a été une prise de pouvoir caractérisée par peu de combats et d'effusions de sang. Trotsky nous dit que peu de tramways ont cessé de circuler ce jour-là. Un groupe d'hommes qui savaient ce qu'il fallait faire a occupé la Banque d'État, le ministère de la Propagande, l'Agence des téléphones et l'Agence des télégraphes ; c'est tout ce qu'il y avait à faire.

C'est après l'achèvement de la révolution d'octobre que l'effusion de sang a commencé. Lénine, Trotski et Staline étaient déterminés à conserver leur pouvoir, et ils y sont parvenus en exterminant tous ceux qui pouvaient leur faire concurrence. Après avoir éliminé tous leurs adversaires potentiels, ils se sont attaqués les uns aux autres, un processus sanglant qui a fait de Staline le seul survivant de la révolution d'octobre.

L'événement le plus sordide de ce programme de massacres planifiés fut la coopération des pairs juifs d'Angleterre au massacre brutal du tsar, de sa femme et de ses petites filles à Ekaterinbourg. Aucun des révolutionnaires ne se sentait en sécurité tant que le tsar était en vie. Lénine était parfaitement conscient de la vénération que le paysan russe éprouvait pour le « petit père de toutes les Russies ». De nombreux diplomates américains et anglais connaissaient les intentions de Lénine et ont tenté de sauver le tsar et sa famille, mais ils se sont heurtés à un mur de pierre au sein de leur propre gouvernement. Le député Louis T. MacFadden des États-Unis, Wickham Steed, rédacteur en chef du *London Times*, et Sir George Buchanan, ambassadeur britannique en Russie, sont parmi ceux qui nous ont laissé des traces de leurs tentatives pour sauver le tsar et de la manière dont elles ont été contrecarrées.

Dès l'apparition des révolutionnaires, le Premier ministre Lloyd George a invité, le 23 mars 1917, le tsar et sa famille à demander l'asile en Grande-Bretagne. Le tsar était un cousin de la famille royale britannique. L'histoire de la façon dont Lloyd George a été contraint d'annuler cette invitation sous la pression de Sir Herbert Samuel et de Rufus Isaacs Lord Reading est racontée dans le livre de la fille de Buchanan, « Dislocation of an Empire », et corroborée par l'ouvrage de Kerensky « Murder of the Romanov », en 1935. La famille royale britannique n'a pas pu protester et a attendu en silence que ses cousins soient massacrés par les révolutionnaires. En cent ans de dynastie Rothschild, la Grande-Bretagne avait fait du chemin.

Dans une interview spéciale accordée à un journaliste du *New York Times* le 19 mars 1917, l'éminent avocat sioniste Louis Marshall a salué la révolution russe comme le plus grand événement mondial depuis la Révolution française. Le rabbin Wise, George Kennan et les autres amis de la liberté russe ont ensuite célébré l'événement au Carnegie Hall.

Le 2 avril 1917, le président Woodrow Wilson a salué les révolutionnaires devant le Congrès par cette déclaration,

> « Voici un partenaire idéal pour une ligue d'honneur. »

Cependant, son admiration pour les dirigeants terroristes de la Russie n'est pas partagée par l'ensemble du pays, et Kuhn et Loeb doivent attendre seize ans, jusqu'à l'élection de Franklin Roosevelt, avant d'obtenir la reconnaissance officielle des États-Unis pour leur enfant aux cheveux blonds, la Russie communiste.

Wilson a également salué la révolution russe comme un triomphe de la liberté. Il est difficile de comprendre comment il a pu faire cette déclaration à propos d'un événement au cours duquel une nation a perdu son gouvernement national et a été livrée à la tyrannie impitoyable d'une minorité étrangère, étant donné qu'il connaissait parfaitement les faits.

L'un des épisodes les plus étranges de l'histoire américaine est apparu par inadvertance, et a été rapidement refermé, dans les audiences du Congrès sur les obligations russes, 1919, liste HJ 8714.U5 de la Bibliothèque du Congrès. Ces auditions contiennent l'état financier des dépenses de Woodrow Wilson pour les 100 millions de dollars votés par le Congrès pour la guerre en tant que fonds spécial pour la guerre. La déclaration, faite par son secrétaire, Joseph Tumulty, a également été consignée dans le Congressional Record du 2 septembre 1919. Les montants sont indiqués en chiffres ronds et contiennent des éléments totalisant vingt millions de dollars qui ont été dépensés en Russie par la mission spéciale d'Elihu Root en 1918.

Cette mission est l'une des pages sombres de notre histoire. Les léninistes avaient dilapidé leurs fonds et avaient besoin de dollars pour stabiliser leur régime. À qui s'adresser, si ce n'est à leur puissant ami de la Maison-Blanche, Woodrow Wilson ? Il dépêcha immédiatement Elihu Root, conseiller juridique de Kuhn Loeb et ancien secrétaire d'État, avec 20 millions de dollars de son Fonds de guerre spécial pour les léninistes. Bien qu'il y ait eu quelques grincements de dents à Washington pour que l'argent des contribuables soit donné au révolutionnaire le plus célèbre du monde, il s'agissait d'une procédure démocratique. Le Congrès avait accordé à Wilson l'argent qu'il pouvait dépenser comme il l'entendait, et qu'est-ce qui pouvait être plus important que la révolution russe ?

Un autre homme à qui l'on n'a jamais accordé suffisamment de crédit pour le soutien qu'il a apporté au gouvernement léniniste à un moment crucial est feu le colonel Raymond Robins, chef de la mission de la Croix-Rouge en Russie en 1917 et 1918. Sous la direction de Henry P. Davison, associé de JP. Morgan Co, la Croix-Rouge a collecté 370 millions de dollars en espèces pendant la Première Guerre mondiale. Robins était en Russie avec des millions de cet argent lorsque Lénine en avait besoin, comme l'ont admirablement documenté Ferdinand Lundberg dans « America's Sixty Families », ainsi que Kahn et Seghers dans « The Great Conspiracy Against Russia », 1946.

Lénine, Trotski et Staline savaient comment accéder au pouvoir par les bombes et par les idées. Ils ont utilisé les deux avec succès au cours des longues années de leur marche vers la victoire, mais la révolution devait avoir une fin et Staline était le seul à être suffisamment stable pour le travail administratif. L'intellectuel hystérique Trotski et l'enragé névrosé Lénine n'ont pas été d'une grande utilité une fois la poussière retombée en Russie. Staline a utilisé les ambitions militaires de Trotski pour constituer l'Armée rouge, et les talents d'orateur de Lénine ont servi à faire passer certains des points les plus importants lors des premiers congrès soviétiques, mais lorsque ces choses ont été faites, on a vu que c'était Staline qui donnait les ordres aux Soviétiques. Staline ne tarde pas à décider que Lénine serait plus utile à la Russie s'il était mort. Trotski accuse directement Staline d'avoir lentement empoisonné Lénine jusqu'à la mort, et il n'y a aucune raison d'en douter. Les communistes sont connus depuis des années pour utiliser des drogues et des poisons pour parvenir à leurs fins, notamment dans l'affaire du cardinal Mindszenty. Quoi qu'il en soit, Lénine s'est mystérieusement desséché et est mort, et Trotsky a vu l'écriture sur le mur et s'est échappé vers la mer Noire. Sa terreur est si grande qu'il n'ose pas revenir pour les funérailles de Lénine, ce qui, aux yeux des dirigeants soviétiques, signifie la fin de son pouvoir.

Néanmoins, Trotsky ne se laisse pas éliminer aussi facilement. Il avait été l'un des trois grands et contrôlait l'Armée rouge. Staline tenait fermement les Soviets en son pouvoir et déjouait les petites intrigues de Trotski l'une après l'autre, jusqu'à ce que Trotski abandonne et s'enfuie sur l'île de Prinkipo, où il reçut l'avis de son bannissement de la Russie. C'est ainsi qu'il entame cet étrange périple d'un continent à l'autre, qui s'achève en 1940 au Mexique, une hache dans le crâne. Toujours bien financé, Trotsky voyage avec un entourage important, suscitant de vives controverses partout où il arrive. Son bref séjour en Norvège, qui lui a offert un refuge en 1937, a marqué l'histoire, car le ministre norvégien de la justice, s'il méritait ce terme, était Trygve Lie. Staline exprima son mécontentement de voir Trotski hébergé si près de la Russie, et Lie, identifié par Trotski comme un ancien membre de l'Internationale communiste, s'empressa d'expulser le révolutionnaire sans-abri. Lie a finalement été récompensé pour cette bonne action en recevant le poste de secrétaire général des Nations unies.

Les dirigeants diplomatiques et politiques européens qui connaissaient les antécédents des communistes poussèrent un grand cri d'indignation. Nombre d'entre eux n'ont pas hésité à prendre la parole et à exprimer leurs sentiments, et parmi eux, le sénateur M. Gaudin de Villaine, qui s'est exprimé comme suit au Sénat français le 13 mai 1919, a été le plus franc,

> « La Révolution russe et la Grande Guerre de 1914-1918 ne sont que des phases de la mobilisation suprême des puissances cosmopolites de l'argent, et cette suprême croisade de l'or contre les chrétiens n'est ni plus ni moins que l'aspiration furieuse du Juif à la domination du monde. C'est la Haute Banque juive qui a fomenté en Russie la Révolution préparée par les Kerensky et finalement perpétuée par les Lénine, les Trotsky et les Sobelsohn, comme hier le coup d'État communiste en Hongrie, car le bolchevisme n'est rien d'autre qu'un bouleversement talmudique. La révolution russe était une révolution juive, soutenue par l'Allemagne, berceau de la juiverie universelle moderne, et les bolcheviks, bourreaux de la sanglante agonie russe, sont tous, plus ou moins, de la race de Judas. Les journaux les moins suspects d'antisémitisme ont reconnu ce fait. Par la combinaison du grand capital et du bolchevisme, le judaïsme s'apprête à conquérir le monde — c'est ce que prévoit un journal allemand, le *Deutsche Tagezeitung,* qui écrit : "À l'exception peut-être de Lénine, le bolchevisme est dirigé par des juifs". Dans tous les pays, la révolution a renforcé l'influence juive. Les Juifs exploitent avec une vigueur adroite l'anarchie bolchevique. Lorsque la Russie révolutionnaire a capitulé devant l'Allemagne, celle-ci l'a obligée à renoncer à l'or russe. Pourquoi, depuis l'armistice, n'avons-nous pas pris les mêmes précautions ? Devant les menaces spartakistes, l'or des banques allemandes a été rassemblé à Francfort. Toujours les mêmes influences mystérieuses ! Francfort ! C'est le Ghetto Sacré, où existe encore la vieille masure lépreuse à l'enseigne du Bouclier Rouge ! (Rothschild) »

Les journaux français rapportent qu'à l'issue de ce discours, le Sénat français s'est dissous dans un formidable tumulte, une mêlée telle que toute l'agitation de la guerre n'avait pu en provoquer au sein de cet organe législatif. Le discours a été ignoré par les services de presse internationaux et n'a été connu ni en Angleterre ni en Amérique. Ce fut la dernière déclaration publique notable du sénateur Villaine.

Des documents officiels du Sénat des États-Unis confirment les déclarations du sénateur Villaine. U.S. Senate Document 62, 66th Congress, 1st session, présente des centaines de pages de témoignages de témoins américains de la révolution russe qui vont plus loin que le discours du sénateur. Des Américains indignés et courageux n'ont pas hésité à mettre leur vie en jeu en témoignant des véritables forces à l'œuvre en Russie. Le révérend Charles A. Simons, ministre de l'Église épiscopale méthodiste de Petrograd de février 1907 au 6 octobre 1918, a témoigné le 12 février 1919 devant la commission judiciaire du Sénat,

> « Il y avait des centaines d'agitateurs qui suivaient les traces de Trotsky-Bronstein, venus du Lower East Side de New York. Un certain nombre d'entre nous ont été impressionnés par la forte composante yiddish de ce mouvement dès le début, et il est vite devenu évident que plus de la moitié des agitateurs de ce mouvement bolchevique socialiste étaient yiddish. »

> SÉNATEUR NELSON : Hébreux ?

> SIMONS : C'étaient des Hébreux, des Juifs apostats. Je ne veux rien dire contre les juifs en tant que tels. Je ne suis pas favorable au mouvement antisémite, je ne l'ai jamais été et je ne compte pas l'être un jour. Mais j'ai la ferme conviction que cette chose est yiddish, et que l'une de ses bases se trouve dans l'East Side de New York.

> SÉNATEUR NELSON : Trotsky est venu de New York pendant cet été, n'est-ce pas ?

> SIMONS : Il l'a fait. En décembre 1918, sous la présidence d'un homme nommé Apfelbaum (Zinoviev), sur 388 membres, seuls dix étaient de vrais Russes, à l'exception peut-être d'un homme qui est un Noir d'Amérique, qui se fait appeler professeur Gordon, et 265 membres du gouvernement de la Commune du Nord qui siège à l'ancien Institut Smolny venaient du Lower East Side de New York, 265 d'entre eux. Je dois mentionner que lorsque les bolcheviks sont arrivés au pouvoir, nous avons immédiatement constaté dans tout Petrograd une prédominance de proclamations en yiddish, de grandes affiches et de tout ce qui était en yiddish. Il est devenu évident que le yiddish allait devenir l'une des grandes

langues de la Russie, et les vrais Russes, bien sûr, ne l'ont pas très bien accepté.

William Chapin Huntingdon, attaché commercial de l'ambassade américaine à Petrograd, a témoigné que,

> « Je dirais que les dirigeants du mouvement sont pour les deux tiers des Juifs russes. Les bolcheviks sont des internationalistes et ils ne s'intéressaient pas aux idéaux nationaux particuliers de la Russie. »

Tous les fonctionnaires américains présents en Russie pendant la révolution n'ont pas témoigné volontairement lors des auditions du Sénat. Ceux qui ont gardé un silence discret sont restés au département d'État et sont devenus des administrateurs importants et très appréciés, tout en étant admis au Conseil des relations extérieures. C'est le cas de Norman Armour, secrétaire de l'ambassade américaine à Petrograd de 1917 à 1918, qui est nommé ambassadeur en Espagne, et de Dewit C. Poole, chargé d'affaires en Russie de 1917 à 1919, qui a été nommé chef du service des nationalités étrangères de l'Office of Strategic Services de 1941 à 1945 et chef de la division des affaires russes du département d'État. Il a été président du conseil consultatif de l'École des affaires publiques de Princeton et a été nommé membre de la mission ultrasecrète en Allemagne au printemps 1945. Membre de l'Institute of Pacific Relations et du Council On Foreign Relations, il est rédacteur en chef de Bobbs-Merrill Publishing Co.

L'audition sénatoriale de 1919 contenait des centaines de pages de documents sensationnels qui auraient dû bénéficier de la plus grande publicité en raison du danger qu'ils représentaient pour notre religion et notre République. Pourtant, la presse les a passés sous silence. Y a-t-il une raison de douter de l'identité de ceux qui contrôlent cette presse ?

Au début de ces auditions sénatoriales, le président Woodrow Wilson, craignant que la lumière soit faite sur le rôle crucial qu'il avait joué dans le succès des bolcheviks, eut une crise d'hystérie et téléphona à Baruch pour lui dire qu'il avait l'intention de faire arrêter les auditions. Baruch, qui a toujours été un faible nerveux et qui est aujourd'hui considéré comme un grand homme, avertit Wilson qu'il ne devait pas agir de la sorte. Il a convaincu Wilson qu'une telle action ne ferait qu'attirer l'attention sur les auditions, qui allaient être passées sous silence, et c'est ce qu'elles ont fait, avec un tel succès qu'il n'y a plus que deux endroits dans ce pays où elles peuvent être trouvées.

Le magazine *Asia*, dans son numéro de mars 1920, a fait le commentaire suivant,

> « Dans toutes les institutions bolcheviques, les chefs sont des Juifs. Le commissaire soviétique à l'enseignement élémentaire, Grunberg, parle à peine le russe. Les Juifs réussissent en tout et parviennent à leurs fins. Ils savent commander et obtenir une soumission totale. Mais ils sont fiers et méprisants envers tout le monde, ce qui excite le peuple contre eux. À l'heure actuelle, les Juifs font preuve d'une grande ferveur religieuse nationale. Ils croient que le temps promis de la domination des élus de Dieu sur la terre arrive. Ils ont associé le judaïsme à une révolution universelle. Ils voient dans l'extension de la révolution l'accomplissement de l'Écriture : Quand je mettrais fin à toutes les nations où je t'ai dispersé, je ne mettrais pas fin à ta vie ».

L'*American Hebrew*, dans son numéro du 10 septembre 1920, a publié un éditorial qui constituait un avertissement et une menace pour l'Amérique,

> « Le Juif a créé le capitalisme et son instrument de travail, le système bancaire. L'un des phénomènes impressionnants de cette époque impressionnante est la révolte du Juif contre le Frankenstein que son propre esprit a conçu et façonné. Cet exploit, le renversement de la Russie, destiné à figurer dans l'histoire comme le résultat de la Première Guerre mondiale, a été en grande partie le résultat de la pensée juive, du mécontentement juif, de l'effort juif de reconstruction. La sortie rapide de la révolution russe de la phase destructrice et son entrée dans la phase constructive est une expression manifeste du génie constructif du mécontentement juif. Ce que l'idéalisme et le mécontentement juifs ont si puissamment contribué à accomplir en Russie, les mêmes qualités historiques de l'esprit et du cœur juifs tendent à le promouvoir dans d'autres pays. L'Amérique, comme la Russie des tsars, accablera-t-elle le Juif du reproche amer et sans fondement d'être un destructeur, et le placera-t-elle ainsi dans la position d'un ennemi irréconciliable ? Ou bien l'Amérique se servira-t-elle du génie juif comme elle se sert du génie particulier de toutes les autres races ? Telle est la question à laquelle le peuple américain doit répondre ».

Oui, *hébreu américain*, c'est à cette question que le peuple américain doit répondre. Allons-nous accepter le terrorisme de votre État policier ou allons-nous défendre l'héritage de la liberté et notre fierté farouche de la liberté de l'individu qui est la caractéristique de notre race ?

Le journal russe « *On To Moscow* » a publié dans son numéro de septembre 1919 un article indiquant que

> « Il ne faut pas oublier que le peuple juif, qui a été opprimé pendant des siècles par les rois et les tsars, est le véritable prolétariat, la véritable internationale qui n'a pas de pays.

Pour en savoir plus sur la révolution russe, nous nous tournons vers le *Bulletin sioniste*, publication officielle de l'Organisation sioniste mondiale. Le 1er octobre 1919, le *Bulletin sioniste* rapportait que,

> « Meir Grossman, membre du Comité central sioniste et de l'Assemblée nationale juive en Ukraine, a déclaré que la majorité du peuple juif était derrière les sionistes. Les masses juives soutiennent fermement l'Organisation sioniste. À la fin de l'année 1918, les élections en Ukraine se soldent par de tels succès juifs que l'administration des organes centraux autonomes doit passer aux mains des sionistes. Les Comités juifs ont donc remporté une grande victoire. Il n'y a pas lieu de s'inquiéter de l'avenir de l'Organisation sioniste en Russie et en Ukraine. Elle a survécu à la dictature et à la violence des tsars ; elle trouvera de nouveaux moyens pour continuer à travailler pour la Palestine. Les actes héroïques des communistes juifs seront enregistrés dans l'histoire du peuple juif ».

Les communistes juifs déclaraient franchement qu'ils travaillaient pour la Palestine. Pendant la glorification de Marx, le leader idéologique du sionisme politique, le Dr Nathaniel Syrkin, est resté inconnu des étudiants païens. Syrkin, dont les écrits sur le sionisme socialiste et le socialisme nationaliste au tournant du siècle ont fourni une grande partie de la structure gouvernementale adoptée par la Russie en 1918, l'Allemagne en 1933 et Israël en 1950, a publié son ouvrage définitif, « Essais sur le sionisme socialiste », en 1898. L'introduction de cet ouvrage indique que,

> "Pour Syrkin, le socialisme et le sionisme sont deux aspects d'une même chose : le nationalisme juif.

L'histoire du vingtième siècle confirme cette affirmation. À la page 15, Syrkin met en garde ceux qui s'opposent à l'avènement de l'État mondial,

> "Au moins une partie de la célèbre phrase de Ludwig Berne, selon laquelle les antisémites seront à l'avenir des candidats à l'asile d'aliénés ou à l'hospice, s'est concrétisée.

C'est ainsi qu'est née la science psychiatrique juive, qui a analysé les opposants au sionisme comme des névrosés irrécupérables qu'il fallait enfermer pour leur propre sécurité. Dans le même temps, leurs critiques à l'égard de la nouvelle force mondiale pouvaient être ignorées, car l'auteur avait perdu la tête. Les opposants au sionisme qui n'obtiennent pas de place dans l'asile peuvent être empêchés de gagner leur vie et envoyés à l'hospice. Tel sera le sort des patriotes du monde entier, jusqu'à ce que la nouvelle puissance mondiale soit assez forte pour les exécuter ouvertement.

Les « Essais sur le sionisme socialiste » sont très explicites quant au rôle que le Juif doit jouer au XXe siècle. Syrkin dit,

> « Le Juif doit devenir l'avant-garde du socialisme. Le socialisme du Juif doit vraiment devenir un socialisme juif… Le sionisme est une créature du Juif et n'est pas en contradiction avec la lutte des classes. Le sionisme doit nécessairement fusionner avec le socialisme. En fusionnant avec le socialisme, le sionisme peut être élevé au rang de grande passion nationale ».

Ces instructions, qui ont été exécutées, expliquent que Brandeis et Frankfurter sont allés en Amérique, Trotsky et Apfelbaum en Russie, et Samuel et Isaacs en Angleterre.

Un dernier passage poignant de Syrkin, le père du sionisme socialiste. À la page 15 des *Essais*, il dit,

> 'L'antisémitisme aide les Juifs à maintenir leur solidarité nationale.

Depuis de nombreuses années, la solidarité est un mot clé du mouvement communiste mondial.

CHAPITRE 10

L a révolution communiste en Russie a profité matériellement à un groupe plus qu'à tout autre, les membres de la minorité juive. La révolution d'avril était une tentative convulsive et éphémère de consolider le gouvernement chancelant du tsar, et Trotsky a raison lorsqu'il la décrit dans son « Histoire de la révolution russe » comme n'étant pas une révolution du tout. La révolution d'octobre, en revanche, qui a suivi la révolution d'avril, a été un véritable renversement consacré à la prise violente du pouvoir par un groupe déterminé et cohérent. On ne peut nier que ce groupe était juif.

Le *Chicago Jewish Forum de* l'automne 1946 contient un article d'Edward W. Jelenks,

'Reconnaissant l'antisémitisme comme la plus vicieuse et la plus dangereuse des poussées chauvines, les dirigeants soviétiques n'ont pas attendu longtemps après leur accession au pouvoir pour mettre en œuvre leurs idées concernant le libre développement des minorités. Le 15 novembre 1917, une semaine après la révolution d'octobre, la Déclaration des droits des peuples de Russie est publiée au nom de la République russe par le Conseil des commissaires du peuple, sous les signatures de V. Oulianov (Lénine) et de J. Djougachvili (Staline), qui l'a signée en tant que commissaire du peuple aux nationalités. Les hommes de l'Armée rouge apprennent rapidement à considérer l'antisémitisme comme un symbole de la contre-révolution et à extirper de leurs rangs ceux qui se rendent coupables de cette forme de réaction. Le commissariat à la guerre disposait d'une section spéciale pour la propagande anti-pogrom. Lénine et Staline ne sont pas satisfaits de leur déclaration officielle de politique et amplifient leur action par une loi spéciale : le décret du Conseil des commissaires du peuple sur l'extirpation du mouvement antisémite : "Le Conseil des commissaires du peuple déclare que le mouvement antisémite et les pogroms contre les Juifs sont fatals aux intérêts des révolutions ouvrières et paysannes et appelle le peuple laborieux de la Russie socialiste à combattre ce fléau par tous les moyens à sa disposition. Le Conseil des commissaires du peuple demande à tous les députés soviétiques de prendre des mesures intransigeantes pour arracher le mouvement antisémite à la racine. Les pogromistes et les instigateurs de pogroms doivent être placés hors la loi". Président des commissaires du peuple V. Oulianov (Lénine), 9 août 1918'.

Cet ordre est également reproduit dans son intégralité dans le numéro de septembre 1941 de *Jewish Voice*, un périodique publié par l'Association nationale des communistes juifs à New York. Les dirigeants soviétiques, qui n'hésitent pas à assassiner des millions de personnes lorsque cela les arrange, veillent tout particulièrement à ce qu'aucun Juif ne soit blessé dans la Russie démocratique. Le numéro de juillet-août 1941 de *Jewish Voice* contient un éditorial intitulé « L'anticommunisme est de l'antisémitisme », ce qui semble être le cas.

La Voix juive de juin 1941 contient un article intitulé « La renaissance des Juifs en Union soviétique », rédigé par l'économiste soviétique L. Singer, tiré du trimestriel soviétique yiddish Forepost, publié au Birobidjan, l'État juif autonome de Russie. Le texte est le suivant,

> « Dans les branches avancées de l'industrie, comme la métallurgie, les Juifs étaient rares. La grande révolution socialiste a apporté un changement complet à cet égard. Les statistiques du premier recensement soviétique, en 1926, ont montré que de vastes transformations avaient déjà eu lieu au sein du peuple juif. La réalisation du premier plan quinquennal stalinien transforme fondamentalement la composition sociale de la population juive. Le nombre d'ouvriers métallurgistes double et le nombre d'ouvriers chimistes triple. Plus de la moitié des travailleurs juifs de l'Union soviétique sont classés parmi les spécialistes hautement qualifiés ou qualifiés ».

La deuxième partie de l'article de Singer a été publiée dans le numéro de juillet-août 1941 de *Jewish Voice*,

> « La culture juive soviétique prend de plus en plus une forme nationale et un contenu socialiste. L'intelligentsia juive de l'Union soviétique est très étroitement associée au développement de la vie culturelle. Rien qu'au cours du dernier plan quinquennal, le nombre d'écoles primaires et secondaires juives a augmenté de 30 %. Grâce à l'application de la politique nationale léniniste et stalinienne, la reconstruction sociale de la population juive s'est achevée avec le deuxième plan quinquennal ».

Ainsi, dans une publication officielle communiste, on apprend que la politique léniniste-stalinienne avait pour objectif la reconstruction sociale de la population juive. C'est magnifique pour les Juifs, mais qu'en est-il du reste des peuples de Russie ? Il y a peu d'informations concernant leur reconstruction.

L'érudit Avrahm Yarmolinsky, la plus grande autorité américaine sur la Russie, a publié en 1928 « The Jews and Other Minor Nationalities », Vanguard Press, dans une série intitulée Studies of Soviet Russia, éditée par Jerome Davis de l'université de Yale, issue du désir de Kuhn et Loeb d'expliquer la nouvelle démocratie russe au peuple américain. La première phrase de Yarmolinsky est frappante :

> « La Révolution française a proclamé la liberté, l'égalité et la fraternité de tous les hommes ; la Révolution russe a proclamé la liberté, l'égalité et la fraternité de tous les peuples, c'est-à-dire des peuples dirigés par les ouvriers et les paysans. Tant que les nations de l'Union soviétique sont loyales envers le nouvel ordre social, elles sont libres de réaliser leurs propres potentialités… Au cours du dernier demi-siècle de son existence, l'administration de Saint-Pétersbourg a poursuivi une politique étroite, coercitive et illibérale qui ne pouvait que provoquer un profond mécontentement parmi les éléments non-russes de la population, en particulier ceux qui tenaient à maintenir une vie de groupe distincte. »

Ainsi, Yarmolinsky nous dit que les éléments non-russes de la population étaient ceux qui étaient mécontents et fomentaient la révolution. À la page 3, il déclare : 'Les éléments non russes de la population étaient mécontents et ont fomenté la révolution,

> « L'idée d'un État supranational n'a pas réussi à s'implanter en Russie (sous les tsars). Le nationalisme agressif et intolérant de l'administration s'est développé et, sous les deux derniers Romanov, il a été érigé en système ».

Le nationalisme était le crime du gouvernement tsariste. La dialectique communiste a toujours condamné le nationalisme et promu l'État supranational. À la page 17, Yarmolinsky déclare,

> 'C'est surtout la participation des Juifs au trafic d'alcool, dans les villes comme dans les villages, qui leur a valu d'être accusés de ruiner la paysannerie.

À la page 32, il nous dit que,

« En 1906, les sionistes russes décident de compléter l'action en faveur de la restauration des Juifs en Palestine par une lutte pour les droits nationaux dans la Dispersion. En 1897, l'année du 1ˢᵗ Congrès sioniste, une douzaine de personnes, représentant les groupes épars de propagande et les syndicats, se réunirent secrètement dans une pièce à Wilno et fondèrent l'Union générale des travailleurs juifs, le Bund de Russie, de Pologne et de Lituanie, communément appelé le Bund ».

La biographie de Litvinoff par Pope nous apprend que ce Bund était la principale agence révolutionnaire de la Russie tsariste.

Yarmolinsky observe à la page 39 que,

Le 23 août 1915, le gouvernement tsariste a publié une ordonnance dans laquelle figurait la phrase suivante : « Compte tenu du fait que la majorité des Juifs sont soupçonnés de participer à des activités d'espionnage ». Nous avons souligné que les services d'information internationaux avaient été fondés par des Juifs et que les relations entre les professions de journaliste, d'espion et de propagandiste étaient si étroites qu'elles étaient synonymes.

À la page 48, Yarmolinsky parle de la révolution,

« Lorsque le régime autocratique est tombé, le fracas a résonné dans les oreilles des Juifs comme si toutes les cloches de la liberté sonnaient. D'un trait de plume, le gouvernement provisoire abolit tout le réseau complexe des lois dirigées contre les juifs ».

Toutefois, comme le déplore Trotsky, le gouvernement provisoire n'était pas assez fort pour mettre en œuvre ces changements et, dans le vide créé par l'hésitation de Kerensky, Lénine et lui ont pris le pouvoir. Leurs années d'intrigues moroses dans les capitales européennes et leurs expériences en tant que révolutionnaires sans domicile fixe avaient mis en évidence leurs tendances à la destruction, et ces tendances étaient nécessaires pour provoquer le bouleversement de la structure sociale russe. Ce que Lénine et Trotsky ont accompli, ce n'est pas seulement la défaite, mais l'anéantissement de toute une classe dirigeante dans le cadre d'un plan à long terme d'assassinat collectif. Un événement comparable aux États-Unis serait l'exécution de tous les chefs d'entreprise, fonctionnaires et instituteurs des villes et comtés de notre pays. C'est le même programme qui a été mis en œuvre par les communistes en Espagne pendant la guerre civile des années 1930.

Yarmolinsky note à la page 67 que,

« Ce qui est mortel pour le commerçant juif, c'est le développement des coopératives de consommateurs et de producteurs. Même avant la guerre, elles prenaient des affaires au commerçant privé ».

Cette question intéresse particulièrement les Américains, car certains intérêts mènent une guerre non déclarée contre les coopératives de consommateurs et de producteurs dans ce pays. Des pages entières de publicité ont été publiées dans les journaux, appelant à la suppression ou à l'augmentation des taxes sur les coopératives. Comme les Juifs augmentent rapidement leur nombre dans notre commerce de détail, il est évident que les coopératives sont leur seule véritable concurrence.

À la page 79, Yarmolinsky écrit que,

« La loi de 1847 permet à tous les Juifs d'entrer dans la classe agricole. Plus de 10 000 familles se sont inscrites comme souhaitant s'installer sur les terres, mais en raison de leur résistance aux kahals, seules deux cents familles ont franchi le pas. »

Le gouvernement tsariste a tenté de résoudre le problème juif de manière pacifique, mais les kahals, les anciens juifs, ne l'ont pas laissé faire.

La scène russe contemporaine est décrite par Yarmolinsky à la page 105,

"Les soviets juifs existent partout où il y a un groupe juif important. Dans les soviets juifs, pratiquement toutes les transactions, tant orales qu'écrites, se font en yiddish. C'est la langue des sessions, de tous les instruments et de la correspondance. Dans certains cas, les soviets utilisent le yiddish dans leurs communications, de sorte que les comités exécutifs de certains soviets régionaux non juifs doivent maintenir un département spécial pour traiter les affaires juives. Au printemps dernier, des projets étaient en cours pour la mise en place à Kiev de cours destinés à former des employés de bureau pour les soviets juifs. Il existe également un certain nombre de tribunaux (36 en Ukraine et 5 en Russie blanche) où les affaires sont traitées entièrement en yiddish. Les mariages, les naissances et les décès peuvent être enregistrés en yiddish au bureau des registres du gouvernement. Une inscription en yiddish figure pour la première fois dans l'histoire sur les armoiries d'un État, à savoir celles de la République de Russie blanche. Le yiddish est aussi, bien sûr, la langue dans laquelle les enfants juifs sont scolarisés, et elle est également employée dans un certain nombre de foyers où l'on s'occupe d'enfants juifs".

À la page 110, Yarmolinsky parle de la prédominance juive au sein du parti,

> « Le régime communiste parmi les Juifs, comme ailleurs, est le régime d'une minorité bien organisée et déterminée. Les membres de la race qui appartiennent au parti sont de plus en plus nombreux. Le 1er octobre 1926, le Parti communiste de l'Union soviétique comptait plus de 47 000 membres et candidats juifs. Les membres juifs de l'Union communiste de la jeunesse, une sorte d'organisation bolchevique de scouts, étaient au nombre de 100 000 en décembre 1926 et de 125 000 au 1er juillet 1927. »

À la page 111, revenant sur les événements de la révolution, nous apprenons que,

> « Au début de la révolution bolchevique, il y avait des groupes de communistes juifs actifs en Grande Russie, principalement à Moscou et à Leningrad. Le 7 mars 1918, le premier numéro du premier journal communiste yiddish est paru à Leningrad. Quelques mois plus tard, il changea de lieu de publication pour Moscou, et son titre, *Der Wahrheit,* devint *Der Emes,* moins littéraire, sous lequel il paraît depuis lors ».

Page 112,

> « À la fin de la guerre civile, les sections juives du parti communiste, où les anciens bundistes avaient trouvé leur place, étaient en pleine possession de leurs moyens. Les communistes juifs étaient peut-être plus intolérants que leurs camarades païens. L'aile gauche du Poale-Zion, connue sous le nom de Parti communiste juif et adhérant aux principes de la Troisième Internationale, est autorisée à travailler au grand jour ».

À la page 124, Yarmolinsky dit,

> "Il faut garder à l'esprit que les écoles yiddish font partie intégrante du système éducatif soviétique et qu'elles sont entièrement financées par l'État. Il existe un bureau central juif au sein du commissariat à l'éducation et des instructeurs juifs dans les bureaux locaux. La plus grande collection de livres juifs se trouve à la bibliothèque centrale juive d'État de Kiev, qui porte le nom de Morris Winchewsky, poète et publiciste russo-américain, père de la littérature socialiste en yiddish. Le dixième anniversaire de la révolution a été marqué par l'ouverture à Odessa d'un musée d'État de la culture juive, qui porte le nom du « grand-père » Mendele

Mocher Sforim. La section juive de l'Institut de la culture russe blanche a été créée en 1925 et a déjà mis en place plusieurs commissions d'enquête sur des questions littéraires, historiques et linguistiques. L'élaboration d'un dictionnaire académique du yiddish a été entamée. Un travail similaire est effectué sous les auspices de la chaire de culture juive de l'Académie ukrainienne des sciences à Kiev. En 1925, presque autant de titres en yiddish ont été publiés en Union soviétique que dans tous les autres pays réunis. En 1927, ce nombre a atteint 294. En 1927, l'Union soviétique compte six quotidiens yiddish et les périodiques ne manquent pas. L'un des nombreux hebdomadaires yiddish est publié par le commissariat central du parti communiste ukrainien. Les mensuels yiddish comprennent un journal éducatif et une revue générale, le *Monde rouge*, qui est publié par l'Office des publications de l'État ukrainien. Au fur et à mesure que la culture juive se renforce, les arts s'affirment".

Hollywood l'a prouvé aux Américains, Yarmolinsky fait une déclaration intéressante à la page 130.

"Le glissement de terrain social a été beaucoup moins destructeur pour la littérature juive que pour la littérature russe, car les auteurs yiddish avaient toujours écrit, non pas pour la classe moyenne condamnée, mais pour les gens du peuple.

La phrase « la classe moyenne condamnée » est particulièrement éclairante. C'est l'un des rares cas où les désirs des communistes sont exposés au grand jour. Leur objectif est d'éliminer totalement la classe moyenne intelligente et de créer une société à deux classes, une classe composée des masses d'ouvriers et de paysans menant une existence d'esclaves, et une petite classe de dirigeants, une élite qui se perpétue elle-même. À la page 130, Yarmolinsky dit,

« L'assimilation est désapprouvée de toutes parts. Les communistes travaillent, comme indiqué ailleurs, à la consolidation de la nationalité juive. Le programme d'assimilation est définitivement rejeté par la politique officielle du Parti communiste ».

Ceci est en parfait accord avec l'un des deux principes du mouvement sioniste qui, selon Israël Cohen, est consacré à la prévention de l'assimilation et à la création d'un État juif. À la page 136, Yarmolinsky dit,

« Lors d'une conférence des sections communistes juives, une résolution a été proposée qui indiquait la possibilité d'une assimilation pour les communistes en dehors des principaux centres juifs. On s'y opposa au motif qu'il s'agissait d'un geste dénué de tact et susceptible d'offenser le peuple. La République soviétique juive envisagée par les communistes orthodoxes diffère fondamentalement de la politique de Herzl à Sion. Dans son cadre local, elle offrirait au judaïsme russe une base pour une vie nationale à part entière. La République juive est une question d'avenir. À moins que tout ne s'écroule, l'avenir verra l'émergence d'une culture juive distincte sur le sol russe ».

La page 136 se poursuit,

« Le mois de février 1928 a vu l'apparition d'un périodique rabbinique en hébreu sous l'empreinte d'une société communiste de Moscou. Il est peut-être trop tôt pour juger des résultats de la révolution russe, mais il semblerait que son principal effet sur le peuple juif soit de l'avoir libéré non seulement en tant qu'individu, mais aussi en tant que groupe ayant les potentialités d'une nation ».

Une autre sélection de l'immense quantité de preuves concernant les énormes avantages directs et à long terme que la juiverie a tirés de la révolution russe nous amène au Bulletin sioniste. Dans le numéro du 17 mars 1920, on trouve l'article suivant,

"Le Weiner Morgenzeitung a reçu le premier numéro du journal juif Naschy Slowo, publié à Harbin, en Sibérie, par la démocratie juive. Le gouvernement communiste est démocratisé depuis avril 1919 et compte un grand nombre de sionistes dans son conseil. Les rapports sur les souffrances des fugitifs juifs en Sibérie semblent avoir été exagérés, car la plupart d'entre eux ont trouvé des moyens de subsistance. Il existe une ligue culturelle yiddish de Sibérie, avec des branches dans toutes les villes principales, qui est très active. Il y a eu de fréquentes communications entre les Juifs de Sibérie et l'Amérique, où beaucoup d'entre eux ont l'intention de s'installer.

Le numéro du 24 mars 1920 indique que,

« Un document sur la littérature juive en Russie sous le régime bolchevique a été lu par M. Efroikin lors d'une conférence des alphabétiseurs juifs qui s'est tenue récemment à Vilna, en Pologne. Une liste de publications juives a été lue, concluant par l'annonce que la société Mefizeh Haskalah de Petrograd prépare pour la presse une série d'ouvrages économiques en yiddish, et la société Oze une série d'ouvrages médicaux. Plus important que tout cela, cependant, est le projet d'une encyclopédie yiddish, pour laquelle le commissariat à l'éducation populaire fournit deux millions de roubles ».

L'objectif de ces écoles yiddish, de ces ouvrages médicaux et de ces encyclopédies yiddish était d'éliminer progressivement les Russes des professions libérales et de fermer toutes les universités, à l'exception des universités yiddish, pour aboutir à la classe dirigeante entièrement juive de fonctionnaires et de professionnels, inhérente à l'idée de l'État sioniste socialiste mondial de Syrkin.

Hamilton Fish Armstrong, directeur du Council On Foreign Relations, écrit à la page 240 de son éloge du révolutionnaire communiste Tito, « Tito and Goliath », Macmillan, 1951, que :

> 'Le premier cabinet hongrois dominé par les communistes comptait tellement de juifs que l'on disait que les un ou deux membres soi-disant chrétiens avaient été inclus pour s'assurer qu'il y aurait quelqu'un pour contresigner les décrets d'exécution le samedi.

Armstrong a raison de parler de « soi-disant chrétiens », car aucun vrai chrétien ne serait impliqué dans les massacres sanglants du communisme juif.

CHAPITRE 11

En raison des nombreux parallèles frappants entre les techniques gouvernementales développées par l'administration de Franklin Roosevelt et le programme décrit dans le Manifeste communiste de 1848, le Manifeste sera abordé dans le chapitre consacré à Roosevelt. L'examen des travaux de Lénine est plus pertinent pour l'étude de la révolution russe, car la révolution d'octobre était la révolution léniniste. Dans l'édition de 1935 de « L'État et la révolution », publiée en anglais à Moscou et écrite par Lénine en 1918, ce dernier cite longuement « L'origine de la famille » de Friedrich Engels. À la page 16, il cite Engels comme suit,

> 'Par rapport à l'ancienne organisation des Gentils, le principal trait distinctif de l'État est la division des sujets de l'État en fonction du territoire. Une telle division nous semble naturelle, mais elle a coûté une lutte prolongée contre l'ancienne forme de société des Gentils.

Lénine et Marx n'ont cessé de souligner l'importance de la destruction de la société gentille, fondée sur la famille. En supprimant les liens familiaux, les communistes espéraient mettre en place un État de sujets totalement obéissants dont la seule loyauté serait envers leurs dirigeants. Ils considéraient les parents comme des nécessités physiques pour faire naître l'enfant, mais exigeaient que l'État ait l'enfant dès qu'il serait sevré.

Cette évolution en Russie a été accélérée par l'attaque communiste contre la religion. Il est regrettable que les opposants au communisme dans les pays anglophones n'aient pas jugé bon d'utiliser la position franche de Lénine sur la religion dans leur combat. Un volume de ses déclarations sur la religion a été publié par International Publishers, New York, l'éditeur officiel du parti communiste américain, en 1933, l'année où le parti est apparu au grand jour après l'élection de Roosevelt. La première phrase de l'introduction à la « Religion » de Lénine est la suivante,

'L'athéisme est une partie naturelle et inséparable du marxisme, de la théorie et de la pratique du socialisme scientifique. Engels et Marx étaient d'accord sur le fait que « tous les organismes religieux sans exception doivent être traités par l'État comme des associations privées ».

Cela signifie que les églises ne sont plus exonérées d'impôts et qu'elles doivent faire des bénéfices pour survivre dans un État communiste. C'était le coup de grâce à la concession que l'État avait accordée aux organismes religieux. L'introduction se poursuit :

'Les quatre principes suivants ressortent des écrits de Lénine comme étant les plus importants : 1. l'athéisme fait partie intégrante du marxisme. Par conséquent, un parti marxiste ayant une conscience de classe doit poursuivre ses activités en faveur de l'athéisme. 2. Il faut exiger la séparation complète de l'Église et de l'État, de l'Église et de l'école. Note : C'est l'un des points d'agitation constants d'Eleanor Roosevelt dans sa chronique quotidienne « My Day ». Elle est satisfaite des Nations Unies athées, auxquelles elle est déléguée, parce qu'elles fonctionnent sans aucune influence ou orientation religieuse. 3. La conquête du prolétariat s'accomplit principalement en s'occupant de ses intérêts économiques et politiques quotidiens ; par conséquent, la propagande en faveur de l'athéisme doit naître de la défense de ces intérêts et y être soigneusement liée. (Note. Dans la récente controverse sur la question de savoir si le gouvernement devrait assurer le transport des enfants vers les écoles paroissiales, Eleanor Roosevelt, dans sa chronique, a attaqué la proposition au motif qu'elle imposait un fardeau fiscal injustifié aux citoyens dont les enfants n'allaient pas dans les écoles paroissiales. Ses arguments suivent de près la ligne officielle marxiste-léniniste. Toutefois, elle n'attaque pas l'impôt sur le revenu marxiste en tant que charge injustifiée pour le citoyen). 4. L'émancipation finale des masses laborieuses de la religion ne se produira qu'après la révolution prolétarienne, seulement dans une société communiste. Ce n'est cependant pas une raison pour remettre à plus tard la propagande en faveur de l'athéisme. Il s'agit plutôt d'en souligner l'urgence en la subordonnant aux besoins généraux de la lutte de classe des travailleurs'.

Ce livre cite également le programme du parti communiste de mars 1919, qui commente que dans la bataille entre l'Église et l'État pour l'esprit des hommes, les travailleurs ont obtenu et progressé sans révolution.

« En ce qui concerne la religion, le Parti communiste de l'Union soviétique ne se limite pas à la séparation déjà décrétée de l'Église et de l'État, de l'école et de l'Église, c'est-à-dire aux mesures préconisées dans les programmes de la démocratie bourgeoise, où la matière n'a nulle part été réalisée de façon cohérente en raison des liens divers et réels qui lient le capitalisme à la propriété religieuse. Le Parti communiste de l'Union soviétique est guidé par la conviction que seule la planification consciente et délibérée de toutes les activités sociales et économiques des masses fera disparaître les préjugés religieux ».

Le seul préjugé religieux en Russie était contre les Juifs, et il s'agissait surtout d'un ressentiment économique à l'égard de la domination juive dans l'industrie de l'alcool, le commerce de gros et d'autres grandes industries. Les paysans se méfiaient des rites mystérieux du judaïsme et des vêtements et comportements étranges des juifs orthodoxes, ce qui a fait circuler des histoires de rites sanguinaires et de meurtres rituels d'enfants chrétiens au cours de leurs orgies religieuses.

Le livre de Lénine, « La religion », à la page 28, cite le programme communiste du sixième congrès mondial,

« L'une des tâches les plus importantes de la révolution culturelle touchant les larges masses est la lutte systématique et inébranlable contre la religion, l'opium du peuple. Le gouvernement prolétarien doit retirer tout soutien de l'État à l'Église, qui est l'organe de l'ancienne classe dominante ; il doit empêcher toute ingérence de l'Église dans les affaires éducatives organisées par l'État et réprimer impitoyablement l'activité contre-révolutionnaire des organisations ecclésiastiques. En même temps, l'État prolétarien, tout en accordant la liberté de culte et en abolissant la position privée de l'ancienne religion dominante, mène une propagande antireligieuse avec tous les moyens à sa disposition et reconstruit l'ensemble de son travail éducatif sur la base du matérialisme scientifique ».

La religion autrefois dominante, le christianisme, était la véritable cible du parti communiste juif. À la page 7 de ce volume, nous trouvons une note éditoriale sur la déclaration de Marx selon laquelle « la religion est l'opium du peuple », comme suit,

« Cet aphorisme a été utilisé par Marx dans sa critique de la philosophie du droit de Hegel. Après la révolution d'octobre, il a été gravé sur les murs de l'ancien hôtel de ville de Moscou, en face de la célèbre châsse de la Vierge ibérique. Cette châsse a été enlevée ».

Pourtant, l'agent de la famille Straus, Bardsley Ruml, trésorier de Macy's, déclare, dans le *magazine Fortune de* mars 1945, page 180, à propos de sa visite en Russie en 1936, que

> 'A Kazan, en dehors de la route touristique, M. Ruml a conclu que, vu l'état splendide d'une église byzantine et de son prêtre, le Kremlin n'avait pas l'intention d'ignorer les possibilités politiques de l'orthodoxie orientale.

Étant donné que peu d'Américains sont autorisés à voyager en Russie comme ils le souhaitent, nous devons accepter la conclusion de M. Ruml selon laquelle tout va bien en matière de religion en Russie, tout en émettant quelques réserves quant à la source.

À la page 14 de la « Religion » de Lénine, nous trouvons que

> « Le marxisme est un matérialisme. En tant que tel, il est implacablement opposé à la religion, comme l'était le matérialisme des encyclopédistes du 18e siècle... La lutte contre la religion ne doit pas se limiter ou se réduire à une prédication abstraite et idéologique ».

Page 18,

> 'Le marxiste doit être matérialiste, c'est-à-dire ennemi de la religion.

Page 17,

> « Si un prêtre vient à coopérer avec nous dans notre travail — s'il accomplit consciencieusement le travail du parti et ne s'oppose pas au programme du parti — nous pouvons l'accepter dans les rangs de la social-démocratie ».

Page 20,

> « Notre fraction a agi de manière tout à fait correcte lorsqu'elle a déclaré depuis le tribunal de la Douma que la religion est l'opium du peuple, et elle a ainsi créé un précédent qui devrait servir de base à tous les discours prononcés par la fraction social-démocrate russe à la Douma des Cent-Noirs, ce qui devait être fait l'a été avec honneur ».

Aux pages 32 et 33, Lénine fait une déclaration qui a été suivie par les intellectuels de gauche à New York pendant de nombreuses années,

'Nous espérons que le magazine qui se veut l'organe du matérialisme militant donnera à notre public des critiques de la littérature athée et indiquera dans quelle mesure tel ou tel livre est généralement approprié.

Nous montrerons plus loin comment les critiques de livres du *New York Times* et du *New York Herald Tribune l'ont fait au* cours des trente dernières années. Le communiste américain n'a pas besoin d'aller au *Daily Worker* pour savoir quels sont les livres recommandés par le parti. Il n'a qu'à consulter la Saturday Review of Literature ou les revues de presse susmentionnées.

Les opinions morales et religieuses de Lénine trouvent leur plus grande expression à la page 48, dans un discours prononcé lors du troisième congrès panrusse de la Ligue des jeunes communistes, le 2 octobre 1920.

> « Nous refusons toute morale tirée de conceptions surhumaines ou non liées à la classe. Pour nous, la morale est subordonnée aux intérêts de la lutte de classe du prolétariat. »

Cette déclaration apparaît à maintes reprises dans la littérature communiste. Elle est enseignée aux jeunes communistes et explique les activités sexuelles d'espions juifs communistes tels que Judith Coplon.

Lénine est un défenseur énergique et constant de la démocratie. Dans « L'État et la révolution », page 86, il affirme que,

> « La démocratie pour la grande majorité du peuple signifie la suppression par la force, c'est-à-dire l'exclusion de la démocratie des exploiteurs et des oppresseurs du peuple — c'est le changement que subit la démocratie lors de la transition du capitalisme au communisme ».

Lénine et les Warburg veulent la démocratie pour tous, sauf pour ceux qui s'opposent au gouvernement par et pour Kuhn, Loeb Co. Ces opposants sont coupables d'opprimer le peuple et, bien sûr, ils sont coupables d'antisémitisme.

À la page 96, Lénine écrit,

> 'La démocratie est d'une grande importance pour la classe ouvrière dans sa lutte pour la liberté contre les capitalistes. La démocratie est synonyme d'égalité.

Nous retrouvons la même chose dans les écrits de James Paul Warburg.

En septembre 1917, Lénine a publié un article intitulé « La catastrophe qui menace », réimprimé dans *Selected Works*, volume X, traduit par J. Fineberg, à la page 185, Lénine expose ses plans pour la prise du pouvoir financier. Ces plans ont été suivis par le gouvernement travailliste d'Angleterre et par le socialisme Truman du gouvernement américain d'après-guerre, dans la lignée du socialisme Roosevelt des années 1930. Lénine appelle à

'1) Nationalisation des banques. La propriété du capital manipulé par les banques n'est ni perdue ni modifiée lorsque les banques sont nationalisées et fusionnées en une banque d'État, de sorte qu'il est possible d'atteindre un stade où l'État sait où et comment, d'où et à quel moment des millions et des milliards sont en train de couler. Seul le contrôle du fonctionnement des banques, à condition qu'elles soient fusionnées en une seule banque d'État, permettra, en même temps que d'autres mesures faciles à mettre en œuvre, le prélèvement effectif de l'impôt sur le revenu sans dissimulation de la propriété et des revenus. L'État serait pour la première fois en mesure de surveiller toutes les opérations monétaires, puis de les contrôler, puis de réguler la vie économique. ENFIN, obtenir des millions et des milliards pour les grandes opérations de l'État, sans payer aux messieurs les capitalistes des commissions mirobolantes pour leurs services. Elle faciliterait la nationalisation des syndicats, l'abolition des secrets commerciaux, la nationalisation des assurances, le contrôle et l'organisation obligatoire du travail en syndicats, la réglementation de la consommation. La nationalisation des banques rendrait la circulation des chèques obligatoire par la loi pour tous les riches, et introduirait la confiscation des biens pour dissimulation de revenus. Les cinq points du programme souhaité sont donc la nationalisation des banques, la nationalisation des syndicats, l'abolition des secrets commerciaux, l'obligation pour les travailleurs d'adhérer à des syndicats et l'organisation obligatoire de la population en associations de consommateurs.

Le programme de Lénine est la page la plus vitale de toute la littérature communiste pour ceux qui s'intéressent à la préservation de la République américaine. Voici le dicton intérieur, le programme que la NRA de Roosevelt et la planification politique et économique de Moses Sieff en Angleterre ont tenté d'imposer aux citoyens anglo-saxons. Ces cinq points englobent tous les segments de la population et donnent un contrôle absolu sur tous les éléments de la société. Le gouvernement travailliste anglais a prouvé que la propriété du capital n'était pas affectée par la nationalisation des banques, lorsqu'il a nationalisé la

Banque d'Angleterre. Les actionnaires ont continué à recevoir leurs dividendes et, surtout, la liste des actionnaires est restée secrète.

L'importance historique de cet article est la suivante : Avec la publication de cette seule déclaration, « La catastrophe qui menace », Lénine prend la tête des Bolcheviks. L'annonce d'une détermination désespérée à prendre et à conserver le pouvoir absolu a rallié autour de Lénine les mécontents de la révolution d'avril. Pour la révolution d'octobre, Trotski fournit les armes, grâce à Ashberg, et Staline assure Lénine du soutien de la juiverie russe. Vernadsky, dans sa *Vie de Lénine*, souligne qu'avant la révolution russe et l'avènement du gouvernement provisoire, Lénine n'avait jamais atteint la conscience publique. Parmi les révolutionnaires eux-mêmes, il n'était que l'un des nombreux opportunistes nerveux et enthousiastes dont le souffle était entièrement alimenté par la soif de pouvoir sur ses semblables. C'est l'hésitation du gouvernement Kerensky qui a créé le climat nécessaire aux assassins fanatiques du Parti et leur a permis de s'emparer de l'appareil gouvernemental. Et à ce moment-là, quelle était l'attitude du président Woodrow Wilson ? Vernadsky le cite à la page 211. Le président a fait une déclaration publique dans laquelle il a dit,

> 'Le peuple des États-Unis est de tout cœur avec le peuple russe dans sa tentative de se libérer à jamais d'un gouvernement autocratique et de devenir le maître de sa propre vie.

C'est la déclaration la plus cynique de notre littérature politique. Woodrow Wilson savait que le gouvernement autochtone de Russie était renversé par une minorité étrangère, et il savait que les fonds pour cette révolution provenaient de la même banque d'or qui lui avait fourni l'argent de sa campagne. L'année suivante, Wilson a envoyé à Lénine 20 millions de dollars provenant du Fonds spécial de guerre que le Congrès lui avait accordé pour poursuivre la guerre contre l'Allemagne. À l'instar de sa doublure, Franklin Roosevelt, Wilson ne perdait jamais une occasion d'affirmer publiquement sa foi et son admiration pour le régime le plus vicieux de l'histoire moderne, la dictature totalitaire de la Russie bolchevique.

Lénine lui-même donne l'explication de sa victoire. Dans le volume X de ses *Œuvres choisies*, traduites par J. Fineberg, page 284, il écrit,

> "Nous avons remporté la victoire en Russie, et nous l'avons remportée si facilement, parce que nous avons préparé notre victoire pendant la guerre impérialiste.

Alors que Paul Warburg et le Federal Reserve Board faisaient tout leur possible pour empêcher la stabilité monétaire aux États-Unis, Lénine écrivait, à la page 324 du volume X,

"Si nous parvenons à stabiliser le rouble pendant une longue période, puis de façon permanente, nous aurons gagné.

La stabilité monétaire est le test de tous les gouvernements. La chute de la plupart des gouvernements révolutionnaires, y compris l'exemple classique de la Révolution française, a été l'inflation redoutée de la monnaie jusqu'à ce qu'elle ne devienne plus un moyen d'échange utile. Les cerveaux bancaires de Lénine ont toutefois réussi à guider le gouvernement communiste au-delà des pièges de l'argent.

Moscou elle-même est restée un camp armé pendant de nombreux mois après la révolution d'octobre. Dans la *Vie communiste* officielle *de Lénine,* par Kerzhentsev, page 244, on raconte comment le grand dictateur et sa sœur ont été arrêtés par des bandits et leur limousine leur a été enlevée sur une avenue principale de Moscou en janvier 1919. Pour symboliser leur libération du tsarisme, les bolcheviks avaient décrété que les policiers ne devaient pas porter d'uniforme. Par conséquent, n'importe qui pouvait braquer une arme sur un passant et la foule le considérait comme un policier. Aujourd'hui, bien sûr, les policiers communistes portent des uniformes comme les autres nations.

En avril 1918, Lénine publie un volume montrant la nouvelle démocratie en action. « Les Soviets au travail » est traduit par Anna Louis Strong, célèbre pour avoir été l'un des inoffensifs communistes agraires chinois. Aux pages 24 et 25, Lénine écrit que,

'Nous devons renforcer la Banque du Peuple comme étape vers la nationalisation de toutes les banques en tant que centres de comptabilité sociale. Nous sommes en retard dans la perception de l'impôt sur la fortune et le revenu, qui doit être mieux organisé. Pour devenir plus forts, nous devons substituer aux contributions exigées de la bourgeoisie (biens réquisitionnés) des impôts sur la fortune et le revenu régulièrement perçus. Le retard dans l'introduction du service du travail obligatoire est une autre preuve que le problème le plus urgent est précisément le travail d'organisation préparatoire qui, d'une part, est nécessaire pour préparer la campagne visant à "encercler le capital" et à "l'obliger à se rendre".'

En l'espace de quelques mois, le gouvernement léniniste s'est brutalement rendu compte qu'un gouvernement ne peut subsister longtemps grâce aux richesses qu'il s'approprie auprès d'une classe de citoyens. Entourer le capital et l'obliger à se rendre est une terminologie appropriée pour le plus grand cambriolage de masse de l'histoire moderne, les premiers jours du régime bolchevique, lorsque les dirigeants communistes ont chassé ou tué les propriétaires et se sont emparés des palais et des domaines pour eux-mêmes, toujours au nom de l'État, bien sûr. C'est ainsi que le petit groupe de fanatiques se réclamant de la « dictature du prolétariat » s'est vautré dans le luxe qu'il enviait depuis si longtemps sans pouvoir l'atteindre dans une société stable.

Dans son message annuel au Congrès du 8 janvier 1918, Woodrow Wilson a inclus plusieurs paragraphes assurant les bolcheviks de la « grande sympathie des États-Unis pour la Russie » et promettant audacieusement au peuple russe une aide active dans sa lutte pour la « liberté ». Il ne s'agissait pas non plus d'une promesse en l'air, car dans les six mois qui suivirent, il dépêcha Elihu Root à Moscou avec 20 millions de dollars de capitaux dont le gouvernement révolutionnaire avait désespérément besoin. Qui, en Amérique, en a pris note ? Notre peuple était profondément impliqué dans la Première Guerre mondiale qui, comme l'ont souligné Lénine et Trotsky, a été une période faste pour les mouvements révolutionnaires dans le monde entier.

CHAPITRE 12

La conférence de paix de Paris de 1918-1919 a abouti à la formation du Council On Foreign Relations, à l'organisation de la Société des Nations et à la Seconde Guerre mondiale. Les participants à la conférence, ou plutôt les conspirateurs, ont rendu la Seconde Guerre mondiale inévitable en imposant des réparations punitives à l'Allemagne, ce qui a eu pour effet d'éloigner le peuple allemand du Concert de l'Europe, et en procédant à une redistribution arbitraire des minorités dans les pays explosifs d'Europe centrale. Versailles a été une conspiration réussie contre la paix. La création de la Tchécoslovaquie, le corridor polonais et les privilèges spéciaux accordés à certaines minorités, notamment les Juifs, sont autant de facteurs qui rendent impossible une paix durable. Certains correspondants et délégués quittent la Conférence de la Paix avec dégoût, déclarant que « la Conférence de Paris ne signifie pas la paix, elle signifie la guerre ».

Les faits concernant la conférence de paix de Paris sont difficiles à cerner. De nombreux délégués ont écrit leurs mémoires sur cet événement, et il serait difficile de trouver des livres plus ennuyeux ou plus décevants. De l'un des rassemblements les plus importants de l'histoire du monde, nous ne trouvons aucun compte-rendu des discussions, si ce n'est dans les termes les plus vagues, par les participants. Les quelques pages qui suivent sont le condensé d'une soixantaine d'ouvrages consacrés à cette conférence.

Les représentants de nombreux peuples, des vainqueurs et des vaincus, sont venus à la Conférence de Versailles pleins d'espoir pour l'avenir. Ils en sont repartis le cœur rempli d'inquiétude. Tous les petits peuples voulaient la paix, mais ils ont découvert que tous les grands intérêts attendaient une nouvelle guerre. Tel était le climat des débats, et au milieu de cet examen de conscience et de ce sombre avenir, un seul groupe avait tout à gagner et rien à perdre : le peuple juif. Il s'agit du peuple juif.

E. J. Dillon, l'un de nos historiens les plus intransigeants, a publié son dernier ouvrage, « The Inside Story of the Peace Conference », en 1920. Son éditeur était Harpers. Aujourd'hui, Harpers est contrôlé par le Council On Foreign Relations. Le président de Harpers est Cass Canfield, son rédacteur en chef est John Fischer, Henry J. Fisher fait partie du comité exécutif, Frederick Lewis Allen est rédacteur en chef de *Harper's Monthly* et George L. Harrison, de la New York Federal Reserve Bank, est directeur de Harpers. Tous ces hommes sont des membres éminents du Council On Foreign Relations. Il va sans dire que Harpers ne publie plus le Dr Dillon ni personne d'aussi courageux aujourd'hui.

À la page 12 de « The Inside Story of the Peace Conference », le Dr Dillon écrit que,

> « De toutes les collectivités dont les intérêts ont été défendus à la Conférence, les Juifs ont eu les représentants les plus ingénieux et certainement les plus influents. Il y avait des Juifs de Pologne, de Palestine, de Russie, d'Ukraine, de Roumanie, de France, de Grande-Bretagne, de Hollande et de Belgique, mais le contingent le plus important et le plus brillant était envoyé par les États-Unis ».

À la page 496-497, le Dr. Dillon nous dit que

> 'Un nombre considérable de délégués ont estimé que les véritables influences à l'origine des peuples anglo-saxons étaient sémitiques. Ils ont confronté la proposition du Président au sujet de l'inégalité religieuse, et en particulier le motif étrange qu'on lui prête, avec les mesures de protection des minorités qu'il a ensuite imposées aux petits États, et qui avaient pour but essentiel de satisfaire les éléments juifs de l'Europe de l'Est, et ils ont conclu que la série d'expédients élaborés et appliqués dans ce sens étaient inspirés par les Juifs, réunis à Paris dans le but de réaliser leur programme soigneusement pensé, qu'ils ont réussi à faire exécuter de façon substantielle. La formule dans laquelle cette politique a été jetée par les membres de la Conférence, dont les pays étaient concernés et qui la considéraient comme fatale à la paix de l'Europe, était la suivante : « Désormais, le monde sera gouverné par les Anglo-Saxons, qui à leur tour sont influencés par leurs éléments juifs ».

> 'Les promoteurs des clauses minoritaires ont fait preuve d'un manque de réserve et de modération. Ce que les délégués de l'Est ont dit se résume à ceci :

'Dans nos pays, le courant passait rapidement en faveur des Juifs. Tous les gouvernements d'Europe de l'Est qui leur avaient fait du tort faisaient leur mea culpa et promettaient solennellement de tourner la page. Non, ils l'avaient déjà tournée. Nous, par exemple, avons modifié notre législation afin de répondre aux besoins pressants des Juifs et de les anticiper. La Pologne et la Roumanie ont promulgué des lois établissant une égalité absolue entre les Juifs et leurs propres ressortissants. Les Hébreux immigrés de Russie ont reçu les pleins droits de citoyenneté et ont été autorisés à occuper n'importe quelle fonction dans l'État. La fervente prière de l'Europe de l'Est est que les membres juifs de leurs communautés respectives soient progressivement assimilés aux autochtones et deviennent des citoyens patriotes comme eux. Mais dans l'élan du triomphe, les Juifs ne se contentent pas de l'égalité, ils réclament l'inégalité au détriment des races dont ils bénéficient de l'hospitalité. Ils devaient avoir les mêmes droits que les Russes, les Polonais et les autres peuples parmi lesquels ils vivaient, mais ils devaient aussi avoir beaucoup plus. Leur autonomie religieuse est placée sous la protection de la Société des Nations, qui n'est qu'un autre nom pour les puissances qui se sont réservé la gouvernance du monde.

La méthode consiste à obliger chacun des petits États à accorder à chaque minorité les mêmes droits que ceux dont jouit la majorité, ainsi que certains privilèges supplémentaires. L'instrument imposant ces obligations est un traité formel avec les grandes puissances, que la Pologne, la Roumanie et d'autres petits États ont été invités à signer. La deuxième clause du traité polonais stipule que toute personne résidant habituellement en Pologne le 1er août 1914 devient immédiatement citoyen. Le 1er août 1914, de nombreux agents et espions allemands et autrichiens, dont beaucoup d'Hébreux, résidaient habituellement en Pologne. En outre, les éléments juifs étrangers qui avaient immigré de Russie avaient définitivement jeté leur dévolu sur les ennemis de la Pologne. Or, mettre entre les mains de ces ennemis des armes constitutionnelles est déjà un sacrifice et un risque. Les Juifs de Vilna ont récemment voté fermement contre l'incorporation de cette ville à la Pologne. Doivent-ils être traités comme de loyaux citoyens polonais ?'.

C'est ainsi que le président Wilson, qui a parlé avec tant d'éloquence et de sincérité des droits des petites nations, a forcé ces dernières à accepter en leur sein des révolutionnaires étrangers, des agitateurs et des agents d'espionnage qui ne pouvaient devenir des citoyens décents d'aucun pays. Les Juifs en particulier, même lorsque leurs hôtes souhaitaient très honnêtement les accepter comme des citoyens à part entière et assimilés, n'avaient pas l'intention de le devenir. Leur philosophie religieuse et politique, le sionisme socialiste, leur interdisait expressément de s'assimiler dans quelque pays que ce soit. Pourtant, cet aspect du problème juif a été ignoré à Versailles. Le Dr Dillon cite un discours de M. Bratianu, Premier ministre de Roumanie, lors de la conférence,

> « La Roumanie a conféré à 800 000 Juifs les pleins droits de la citoyenneté roumaine. Si, cependant, les Juifs doivent maintenant être placés dans une catégorie spéciale, maintenus à l'écart de leurs concitoyens par des institutions autonomes, par le maintien du dialecte germano-yiddish, qui entretient l'esprit teutonique antiroumain, et autorisés à considérer l'État roumain comme un tribunal inférieur, d'où l'on peut toujours faire appel à une instance étrangère, les gouvernements des grandes puissances, tout cela est de nature à rendre impossible l'assimilation des juifs de langue germano-yiddish à leurs concitoyens roumains. La majorité et la minorité sont systématiquement et définitivement éloignées ».

Dillon dit que

> « Le président Wilson répondit longuement à Bratianu en disant que les grandes puissances se rendaient responsables de la tranquillité permanente des petits États. Le traitement des minorités, s'il n'est pas juste et attentionné, peut engendrer les troubles les plus graves et même précipiter les guerres ».

Le discours de Wilson contenait la menace que si les petits États permettaient qu'un cheveu soit touché sur la tête d'un juif, les grandes puissances déclareraient la guerre à cet État. Voici au moins une explication de la raison pour laquelle les États-Unis sont entrés en guerre contre l'Allemagne en 1941.

Mais l'avenir du sionisme n'est pas la seule préoccupation de Woodrow Wilson à Paris. Il avait également un désir intense et brûlant de se précipiter à Moscou et d'adresser ses félicitations au dictateur rouge Nikolaï Lénine. Dans son discours d'ouverture de la conférence de paix, il déclare

> « Il y a en outre une voix qui réclame ces définitions de principes et d'objectifs et qui est, me semble-t-il, plus palpitante et plus convaincante que toutes les voix émouvantes dont l'air troublé du monde est empli. C'est la voix du peuple russe. Il y a aux États-Unis des hommes au tempérament très fin qui sympathisent avec le

bolchevisme parce qu'il leur semble offrir à l'individu le régime d'opportunités qu'ils désirent instaurer ».

Ce discours, cité dans l'apologie communiste, « The Great Conspiracy Against Russia », par Michael Seghers et Albert Kahn, Steinberg Press, 1946, est l'explication de la consécration actuelle de Woodrow Wilson comme l'Abraham Lincoln du communisme. Ce discours était un avertissement officiel à toutes les nations d'Europe que le gouvernement des États-Unis était favorable au communisme, et un feu vert à tous les agitateurs communistes dans les pays des Balkans.

La mémoire de Woodrow Wilson est entretenue par les éléments les plus subversifs de l'Amérique. Isaiah Bowman, chef de la section territoriale de la Conférence de la paix et fondateur du Conseil des relations extérieures, a été nommé président de l'université Johns Hopkins et y a créé l'école des affaires étrangères Woodrow Wilson. Il a placé à la tête de cette école l'agent communiste le plus infatigable d'Amérique, Owen Lattimore. Johns Hopkins a également diplômé et envoyé dans le monde l'un des Américains les plus méprisés depuis Benedict Arnold, le parjure et traître Alger Hiss.

À la bibliothèque du Congrès, les admirateurs communistes de Woodrow Wilson ont réservé l'une des salles les plus grandes et les plus richement meublées de ce bâtiment à ses documents, un sanctum sanctorum dans lequel les citoyens crédules peuvent jeter un coup d'œil mais ne peuvent pas entrer. Quant à voir les papiers de Wilson, c'est interdit. Si sa correspondance avec Jacob Schiff ou Rufus Isaacs venait à être révélée, un dieu tomberait.

Nombre de nos universités, comme l'université de Virginie, lorsqu'elles ont créé des écoles de relations étrangères, les ont baptisées du nom du financier bolchevique Woodrow Wilson. La mémoire des présidents qui ont contribué à construire l'Amérique, Washington, Jefferson, Adams, Jackson et Lincoln, a été mise de côté pour honorer un demi-homme servile qui a tant fait pour promouvoir la cause du communisme mondial.

Dans les archives des discours de Woodrow Wilson à Versailles, on cherche en vain une référence à la nation qui lui a rendu les plus grands honneurs. Pas une seule fois il ne mentionne ou ne se préoccupe de l'avenir du peuple américain pendant son séjour à Paris. Entouré des Baruch, des Warburg et des Frankfurter, il a exprimé son profond intérêt pour le sionisme mondial et le communisme mondial, mais il n'a jamais manifesté le moindre intérêt pour la République américaine.

À peine arrivé à Paris, le président Wilson envoya comme envoyé personnel à Lénine l'attaché du Département d'État William C. Bullitt, avec l'expression la plus chaleureuse de ses sentiments personnels à l'égard du dictateur rouge. Ce voyage d'affaires s'avéra être l'un des épisodes les plus étranges de notre histoire diplomatique. Bullitt se rendit à Moscou, eut son entretien avec Lénine, qui était, comme toujours, heureux d'entendre son admirateur Woodrow Wilson, et rentra à Paris. Wilson refusa alors de le recevoir. Cela a suscité les spéculations les plus folles parmi les journalistes parisiens, mais aucun d'entre eux n'a trouvé d'explication à l'action de Wilson. Des années plus tard, le colonel House nous apprend ce qui s'est passé.

Le colonel House, qui avait souvent pris le pied de Wilson pour lui, fut horrifié lorsqu'il découvrit que Wilson avait envoyé un émissaire personnel à Lénine. House était à ce moment-là plongé dans les plans de la Société des Nations, dont Wilson devait devenir le symbole et la principale publicité. Cela signifiait que Wilson devait renoncer à son intérêt le plus passionné, le communisme, de peur que lui-même, et indirectement la Société des Nations, ne soient identifiés comme marxistes dans l'esprit de nombreux peuples. Avec un tel rêve en jeu, Wilson mit fin à contrecœur à l'admiration qu'il avait souvent exprimée à l'égard des dirigeants soviétiques et, alors que le monde attendait de voir comment il accueillerait Bullitt à son retour de Moscou, Wilson résolut de ne pas l'admettre. Comme toujours, Wilson a fait le mauvais choix. Il aurait été bien moins dommageable pour lui s'il avait pris une décision plus raisonnable, mais cette action inexplicable, survenant juste après le discours pro-communiste de Wilson à la Conférence, constituait un revirement de politique si complet qu'elle provoqua les rumeurs les plus folles. On a dit que Wilson avait conclu un pacte secret avec Lénine et qu'il l'avait secrètement abrogé, que Lénine avait refusé de voir Bullitt parce qu'il ne recevait plus de fonds de Wilson, et que Bullitt et Lénine avaient conclu un accord auquel Wilson refusait de participer. Aucune de ces spéculations n'était vraie, et aucune n'était nécessaire. Si Wilson avait eu le moindre sens des relations publiques, ce faux pas n'aurait jamais eu lieu. Depuis que le premier propriétaire avait été assassiné en Russie au printemps 1917, le président Woodrow Wilson avait prononcé discours sur discours pour proclamer sa sympathie et son admiration pour les meurtriers qui, dans les recoins obscurs de son esprit, étaient liés d'une manière ou d'une autre à sa conception de la « liberté ». Il ne pouvait guère s'attendre à renverser un sentiment aussi ancien et connu de tous sans susciter une grande curiosité.

Ses collègues du Conseil suprême, Orlando d'Italie, Clemenceau de France et Lloyd George d'Angleterre, n'ont cependant pas gaspillé leur admiration pour Woodrow Wilson. Ils le connaissaient pour ce qu'il était et se réjouissaient de l'humilier. Clemenceau, le Tigre de la France, voyait en Wilson un objet de dégoût. Dans « La huitième croisade », à la page 183, on peut lire que

> « Clemenceau ne cachait pas son mépris pour le président Wilson. À la Conférence de la Paix, il le traite avec une insolence étudiée, s'endormant pendant que le Président parle et, se réveillant à la fin du discours, il ignore complètement la déclaration de Wilson et se contente de réaffirmer ce qu'il a lui-même dit avant la déclaration du Président, puis il reprend son sommeil ».

Wilson méritait le mépris de ses confrères car il était le plus servile envers les sionistes. Bien que tous aient eu leurs secrétaires juifs nuit et jour, Clemenceau avec son Georges Mandel, Orlando avec son Baron Sonnino, et Lloyd George avec son Sir Philip Sassoon, Wilson était toujours entouré d'une ribambelle de sionistes bavards, tels que Louis Marshall, le juge Brandeis ou Felix Frankfurter, et aucune queue de cochon huilée des ghettos du Proche-Orient n'était trop grasse pour qu'on lui refuse une audience avec le Président lorsqu'il était à Paris.

Dans son autobiographie « Les années de défi », à la page 196, le rabbin Wise nous dit que

> « Au cours de la Conférence de paix de Paris en 1919, l'influence de Wilson pour le bien de Sion s'est fait sentir dans le comportement du secrétaire d'État Lansing. Lorsque le Dr Weizmann, président de l'Organisation sioniste mondiale, s'est présenté devant les délégués de la Conférence de paix pour faire sa présentation classique de la cause sioniste, Lansing, ami éprouvé de la cause sioniste, présidait la séance ».

John Foster Dulles, dont le premier contact avec les intrigues internationales remonte à la conférence de paix de La Haye en 1907, était présent à la conférence de paix de Paris en tant que secrétaire de son oncle, Robert Lansing, l'ami éprouvé de la cause sioniste. Thomas Lamont, associé principal de J. P. Morgan Co. a écrit dans son autobiographie privée « across World Frontiers » que

« Nous avons tous placé une grande confiance en John Foster Dulles.

Son frère Allen Dulles était présent en tant que conseiller juridique de la délégation américaine. Les frères Dulles ont alors appris que le sionisme était la Chose à venir.

Le personnel du Comité américain pour les négociations de paix était une mauvaise blague pour le peuple américain. Frank E. Manuel, dans son ouvrage « Realities of American-Palestine Relations », écrit à la page 206,

> À l'automne 1918, alors que la délégation américaine à la Conférence de paix rassemblait son personnel, les sionistes américains ont mené une campagne préliminaire approfondie pour « prédisposer » les membres de la délégation au programme sioniste. En plus de prédisposer les membres du Comité américain à négocier la paix, les sionistes se sont associés aux aspirations de toutes les nationalités sujettes qui réclamaient l'indépendance.

Woodrow Wilson avait pour conseiller financier personnel Norman H. Davis, de J. and W. Seligman Co. Les représentants financiers spéciaux du Trésor américain étaient Albert Strauss, de J. and W. Seligman, et Thomas Lamont, de JP. Morgan Co. Le colonel Edward Mandel House était présent avec son équipe personnelle, composée d'Arthur Frazier, de Gordon Auchincloss et de Whitney H. Shepardson. Auchincloss était un avocat de Wall Street. Shepardson a consacré le reste de sa vie au Conseil des relations extérieures. Lorsque Lansing rentre aux États-Unis le 5 mai 1919, la présidence de la délégation américaine est assurée par Frank Polk, dont l'associé, John W. Davis, alors ambassadeur en Angleterre, est venu aider à la conférence. Davis, Polk, Gardiner et Reed étaient les avocats de JP. Morgan Co. L'éminent diplomate américain Henry White était présent. Son biographe, Allan Nevins, décrit White comme un ami de longue date de la famille Rothschild. Les autres représentants américains étaient le général Tasker H. Bliss, Joseph Grew, un neveu de J. P. Morgan, le prof. Archibald Coolidge, Philip Patchin, alors secrétaire d'État adjoint, aujourd'hui directeur de la Standard Oil of California, le fils de Carter Glass, le major Powell Glass, Sidney E. Mezes, beau-frère du colonel House et président de l'alma mater de Baruch, le city college de New York, William C. Bullitt, Dr. Isaiah Bowman, capitaine Simon Reisler, capitaine James Steinberg, capitaine William Bachman, lieutenant W. G. Weichman, lieutenant J. R. Rosengarten, lieutenant E. E. Wolff, lieutenant J.J. Kaths, Hyman Goldstein, A. Schach, Edith C. Strauss et le greffier Louis Rosenthal. Nous le répétons, il s'agit de la délégation américaine à Paris, d'après la liste officielle du département d'État remise au Sénat pour justifier les dépenses.

Le corps de presse des journaux américains est lui aussi soigneusement choisi pour son attachement à certains idéaux. Leur président, élu à l'unanimité, était Herbert Bayard Swope du New York World, le journal préféré de Baruch, qui avait par trois fois la plus grande délégation, les autres étant Charles M. Lincoln, Samuel S. McClure, Ralph Pulitzer et Louis Seibold. David Lawrence représentait le journal de Schiff, le New York Post. Lawrence est aujourd'hui l'éditeur de US. News and World Report. L'agitateur noir William E. B. Dubois représentait la Crise. Abraham Cahan représentait le Jewish Daily Forward, et Lewis Gannett représentait le Survey.

La délégation allemande, bien que venant d'un pays ennemi, contenait des éléments amicaux. Son chef était Mathias Erzberger, le député allemand qui avait aidé Lénine à traverser l'Allemagne en 1917, et l'Américain s'est trouvé de vieux amis avec Erzberger. Thomas Lamont écrit dans « Across World Frontiers », à la page 138, que

> "La délégation allemande comprenait deux banquiers allemands de la firme Warburg que je connaissais un peu et avec lesquels j'étais heureux de m'entretenir de manière informelle, car ils semblaient s'efforcer sincèrement de proposer un compromis sur les réparations qui pourrait être acceptable pour les Alliés.

Les banquiers internationaux parlent toujours de manière « informelle ». Les guerres et les paniques sont toujours planifiées lors de petits rassemblements d'hommes influents où ils s'expriment de manière décontractée, officieuse, sans prendre de notes. Les deux banquiers anonymes de la firme Warburg sont son directeur, Max Warburg, et son assistant, Carl J. Melchor. Lamont a transmis à Max les salutations de ses frères Paul et Felix Warburg de Kuhn, Loeb, New York, qui n'ont pas pu être présents parce que certains critiques auraient pu dénoncer le fait qu'une famille représentait à la fois les Alliés et les Puissances centrales à la table de la paix.

Le principal auteur des clauses de réparation du traité de paix, qui sont aujourd'hui considérées comme l'une des deux causes de la Seconde Guerre mondiale, était un homme qui avait beaucoup à gagner du réarmement mondial, Bernard Baruch. Le projet de clauses économiques du traité de paix avec l'Allemagne a été présenté à la commission sénatoriale des relations extérieures au cours de l'été 1919 par son auteur, l'honorable (avec rang de ministre) Bernard Baruch. Baruch a témoigné devant la commission Graham que

« J'étais conseiller économique au sein de la mission de paix.

GRAHAM : Avez-vous souvent conseillé le Président pendant votre séjour ?

BARUCH : Chaque fois qu'il m'a demandé conseil, je l'ai fait. J'avais quelque chose à voir avec les clauses de réparation. J'étais le commissaire américain chargé de ce qu'ils appelaient la section économique. J'étais membre du Conseil économique suprême, chargé des matières premières.

GRAHAM : Avez-vous siégé au conseil avec les hommes qui négociaient le traité ?

BARUCH : Oui, monsieur, parfois.

GRAHAM : Toutes sauf les réunions auxquelles ont participé les Cinq ?

BARUCH : Et fréquemment aussi ».

Il s'agit d'une déclaration intéressante, car le Dr Dillon nous dit dans « The inside Story of the Peace Conference » (L'histoire intérieure de la conférence de paix) que

« Le Conseil des cinq était un organe extrêmement secret. Aucun secrétaire n'était admis à ses réunions et aucun procès-verbal de fonctionnaire n'était enregistré. Les communications n'étaient jamais transmises à la presse. En cas de malentendu sur ce qui avait été dit ou fait, c'est le traducteur officiel, M. Paul Mantoux — l'un des plus brillants représentants de la juiverie à la Conférence — qui avait l'habitude de trancher, sa mémoire étant réputée superlativement tenace. C'est ainsi qu'il a obtenu la distinction d'être le seul document disponible sur ce qui s'est passé lors de ce Conseil historique. Il a été le destinataire et est aujourd'hui le seul dépositaire de tous les secrets dont les plénipotentiaires étaient si jaloux, de peur qu'ils ne soient utilisés un jour à des fins douteuses. Il a été affirmé que M. Mantoux, homme de méthode et de prévoyance, a tout mis par écrit pour son propre compte. Des doutes ont été exprimés sur le fait que des affaires d'une telle ampleur, engageant les destinées du monde, auraient dû être traitées d'une manière aussi secrète et aussi peu commerciale. »

L'avenir de deux milliards de personnes a été décidé lors de la réunion la plus importante de l'histoire, et cette réunion a été menée comme une bande de voleurs préparant un braquage de banque. Au sens large, il ne s'agissait que de cela. Des hommes désespérés et déterminés conspiraient sur la manière dont ils pourraient tirer le plus de profit du massacre de la population excédentaire du vingtième siècle. Dillon souligne également que

> « Jamais la véracité politique n'a été aussi faible que pendant la Conférence de la Paix. Il était caractéristique du système que deux citoyens américains, tous deux juifs, soient employés pour lire les télégrammes arrivant des États-Unis aux journaux français. L'objectif était de supprimer les messages qui tendaient à jeter le doute sur la croyance utile que le peuple de la grande République américaine soutenait fermement le président. Ce n'est qu'après plusieurs mois que le public français a pris conscience de l'existence d'un fort courant d'opinion américain très critique à l'égard de la politique de M. Wilson ».

Le président Wilson a saboté ses chances de faire adopter par le Congrès la proposition avortée de la Société des Nations en raison de la manière autoritaire dont il a abandonné les affaires du peuple américain et s'est embarqué pour l'Europe afin de servir les intérêts des sionistes et des communistes à Paris. L'équipe hétéroclite de la délégation américaine, choisie pour son adhésion à un État mondial, n'a guère contribué à apaiser l'opposition américaine à Wilson. En effet, à cette époque, les membres du Congrès, pleinement conscients du danger pour leur propre réputation si la vérité sur la guerre venait à être révélée, sont en rébellion contre Wilson. Ses membres ne manquent pas une occasion de critiquer l'absence de nouvelles de Paris et les énormes dépenses quotidiennes des joyeux Andrews de la délégation américaine, alors que mois après mois s'écoulent sans résultats concrets. Le New York Times du 4 juillet 1919 décrit une joyeuse fête au champagne à l'hôtel Crillon, alors que les Américains attendent des nouvelles de la paix. Le New York Times du 29 août 1919 indique que le président Wilson a supplié pour obtenir de l'argent pour la délégation américaine, déclarant que le montant de 1 500 000 dollars pour leurs dépenses était vraiment très modéré. Il avait initialement demandé 5 millions de dollars pour payer les plaisirs de ses partisans sionistes à Paris, mais le Sénat l'a ignoré. 105 000 dollars ont été dépensés pour envoyer une mystérieuse commission dans les Balkans, et il a été largement rapporté que cette commission, dont les conclusions étaient entourées de secret, estimait la possibilité d'encourager les mouvements communistes en Europe centrale.

Le sénateur Norris fut l'un des critiques les plus virulents des exigences extravagantes de Wilson à l'égard des délégués américains. Norris souligna qu'ils avaient loué tout l'hôtel Crillon, avec 280 chambres, 201 domestiques et 156 « doughboys » chargés d'aller chercher et de transporter les royalistes agitateurs sionistes. Une flotte de soixante-dix limousines était à la disposition de House et de son équipe.

Carter Field, dans sa biographie de Baruch, note à la page 186,

> « Presque tous les après-midi, Baruch avait une séance agréable au Crillon avec trois ou quatre de ses vieux copains du War Industries Board ».

La vie à Paris devait être délicieuse. Le sang, la sueur et les larmes de la guerre sont oubliés dès que les Baruch et les Frankfurter arrivent.

Les peuples d'Europe centrale étaient alarmés par les comités américains qui circulaient parmi eux, et ils l'étaient encore plus par l'attitude ouvertement pro-communiste du Conseil suprême de la Conférence. Le Dr Dillon écrit dans « The Inside Story of the Peace Conference » que

> « L'israélite Bela Kuhn, qui mène la Hongrie à la destruction, a été réconforté par le message indulgent du Conseil Suprême. Les gens ont du mal à comprendre pourquoi, si la Conférence croit, comme on l'a affirmé, que Bela Kuhn est le plus grand fléau de l'humanité contemporaine, elle a ordonné aux troupes roumaines, lorsqu'elles approchaient de Budapest dans le but de le renverser dans cette forteresse, de s'arrêter d'abord et de se retirer ensuite. L'indice du mystère a finalement été trouvé dans un accord secret entre Kuhn et un certain groupe financier ».

> « Un influent organe de presse français écrit : Les noms des nouveaux commissaires du peuple ne nous disent rien, car leurs porteurs sont inconnus. Mais la terminaison de leurs noms nous indique que la plupart d'entre eux, comme ceux du gouvernement précédent, sont d'origine juive. Jamais, depuis l'inauguration du communisme officiel, Budapest n'a mieux mérité l'appellation de Budapest. C'est un trait supplémentaire en commun avec les soviets russes ».

Lorsque l'éphémère gouvernement communiste de Bela Kuhn a été renversé par l'amiral Horthy, des hordes de Juifs ont fui la Hongrie pour échapper à la justice et ont été accueillis par leurs coreligionnaires en Amérique. La juive hongroise Anna Rosenberg est aujourd'hui secrétaire adjointe à la défense.

Les trois architectes des clauses de réparation qui ont provoqué la Seconde Guerre mondiale sont M. Klotz, ministre français des finances, Bernard Baruch, des États-Unis, et Max Warburg, de l'Allemagne. M. Klotz a remporté une victoire facile dans la politique française en criant à toute la France, pendant toute la durée de la guerre, que l'Allemagne devrait payer chaque franc du coût de la défense de la France. On ne peut que conclure que les discours d'Hitler, traduits en anglais par le Royal Institute of International Affairs, étaient incroyablement modérés. Il convient de noter qu'Hitler, tout en informant le peuple allemand que les Juifs étaient responsables des clauses de réparation, n'a jamais nommé ces Juifs, et Max Warburg est resté en Allemagne jusqu'en 1941, date à laquelle il s'est calmement embarqué pour New York.

La Commission des réparations, qui, dans les années 1920, offrait un poste confortable aux incompétents de la famille J. P. Morgan, a également entouré ses activités de mystère. L'écrivain français André Tardieu se plaint que dans son livre « La vérité sur le traité », personne n'a pu savoir quel montant avait été payé par l'Allemagne, et aujourd'hui aucun chiffre n'est disponible dans les milliers de pages d'études économiques sur les réparations et le système d'endettement qui a résulté de la guerre. Le traité de Versailles prévoyait que l'Allemagne devrait payer avant le 1er mai 1921 vingt milliards de marks-or, mais cette somme était impossible pour l'économie détruite de l'Allemagne et n'a jamais été prise au sérieux par quiconque à la conférence, à l'exception de M. Klotz, qui l'a proposée. La Commission des réparations prévoyait trente versements annuels, et c'est la pression exercée par ces versements qui a contraint l'Allemagne à s'adresser à Kuhn. Loeb Co. Otto Kahn a témoigné devant la commission sénatoriale des obligations étrangères en 1933 qu'à l'époque, Kuhn, Loeb détenait 600 millions de dollars de crédits allemands à court terme.

Lénine, dans le volume X de ses œuvres choisies, traduit par J. Finberg, dit à la page 325,

« Par le traité de paix de Versailles, les pays capitalistes ont créé un système financier qu'ils ne comprennent pas eux-mêmes.

Par pays capitalistes, Lénine n'entendait certainement pas Baruch, Klotz et Warburg, qui comprenaient ce qu'ils avaient créé. Lénine voulait parler des simples contribuables des pays capitalistes, qui paieraient les dettes et iraient ensuite se faire massacrer pour créer encore plus de dettes.

Herbert Hoover, dans « The Problems of Lasting Peace », dit que l'on a demandé à l'Allemagne de payer des réparations pour un montant de quarante milliards de dollars. Ce qu'elle a réellement payé n'est qu'une fraction de cette somme, dont le montant exact n'est connu que dans les bureaux de Kuhn, Loeb Co. Lorsque Hitler s'est emparé du gouvernement allemand, tous les dossiers allemands relatifs aux réparations ont mystérieusement disparu. Les bouleversements gouvernementaux ont leur raison d'être.

Hoover a également critiqué l'aliénation délibérée du peuple allemand en faisant signer au gouvernement démocratique qui a remplacé le Kaiser une clause de culpabilité de guerre proclamant que l'ensemble du peuple allemand était responsable de la guerre. Personne n'a encore été en mesure de proposer une méthode satisfaisante pour qu'un peuple ne fasse pas la guerre. Les jeunes hommes ont le choix entre la dénonciation publique et l'emprisonnement, ou un long voyage dans un bateau à bestiaux vers les abattoirs. Peu d'adolescents candidats au massacre ont l'impudeur des jeunes Juifs de Grande-Bretagne qui, par milliers pendant la Première Guerre mondiale, ont refusé de s'engager dans l'armée, une attitude dans laquelle ils étaient encouragés par leurs rabbins et par les publications juives.

Dans son livre, Hoover déplore le blocus de l'Allemagne, qui s'est poursuivi pendant cinq mois après la signature de l'armistice, le 11 novembre 1918, jusqu'à la fin du mois de mars 1919. L'un des pires crimes de guerre de l'histoire, cet acte insensé a directement causé la mort de deux cent mille enfants allemands, morts de faim pendant cette période, et la malnutrition a handicapé à vie des millions d'autres. Cette brutalité excessive, qui n'aurait été tolérée par aucun élément décent des pays alliés, est le résultat d'ordres secrets donnés à l'Amirauté britannique par le Conseil privé du roi d'Angleterre, composé de Sir Herbert Samuel, Rufus Isaacs Lord Reading et Lord Alfred de Rothschild. Les ordres de poursuite du blocus ont été contresignés par Winston Churchill, alors secrétaire d'État à la guerre pour la Grande-Bretagne et ancien Premier Lord de l'Amirauté.

CHAPITRE 13

Pendant des siècles, la juiverie mondiale a planifié une Société des Nations qui l'unirait dans sa dispersion à travers les nations du monde. La conférence de paix de Versailles a marqué l'apogée de cent ans de négociations de ce type en Europe. Ce siècle d'intrigues fut inauguré par le Congrès de Vienne, décrit par Max J. Kohler dans « Jewish Rights at the Congress of Vienna 1814–1815, and at Aix-La-Chapelle 1818 », American Jewish Committee, 1918. À la page 2, Kohler écrit,

> "Les conditions auxquelles l'Europe a été confrontée lors du Congrès de Vienne étaient, à bien des égards, similaires à celles auxquelles sera probablement confrontée la Conférence de Paix qui se réunira à la fin de la guerre actuelle. Les guerres napoléoniennes, comme celle dans laquelle la civilisation est maintenant impliquée, ont vu une amélioration matérielle de la condition civile et politique des Juifs. Il est à l'honneur des plus grands hommes d'État réunis à Vienne d'avoir adopté une résolution interdisant aux États allemands de restreindre les droits des Juifs.

> « La Révolution française, suivant consciemment dans une large mesure notre précédent américain, avait émancipé les Juifs en France et en Hollande, et son influence en Italie, en Allemagne et en Autriche avait également été fortement en faveur de l'abolition des handicaps juifs. Karl von Dalberg, prince primat de la Confédération du Rhin, avait considérablement allégé les handicaps juifs à Francfort et accordé des droits élargis, le 28 décembre 1811, en contrepartie d'importants versements d'argent et d'obligations, bien que son édit ait été répudié par la municipalité en 1814. Les Juifs de Francfort étaient officiellement représentés au Congrès par Jacob Baruch et GGG. Uffenheim. Le prince Hardenberg et Wilhelm von Humboldt sont les principaux défenseurs des droits des Juifs au Congrès et Metternich soutient leurs efforts. Bien sûr, officieusement, beaucoup d'autres communautés et dirigeants juifs étaient actifs au Congrès pour la cause de l'émancipation juive, en

particulier des individus comme les Rothschild et les Arnstein, ainsi que les familles Herz et Eskeles de Vienne. Je ne dois pas non plus oublier le brillant groupe de dirigeants du Salon de l'époque, Fanny von Arnstein, Cecilie von Eskeles, Madame Pereyra et Madame Herz de Vienne, et Dorothea Mendelssohn von Schlegel, avec qui tant de personnes réunies étaient en relations intimes. La quasi-totalité du travail a été effectuée lors de conférences réunissant quatre ou cinq des grandes puissances, la grande majorité des envoyés n'ayant jamais été admis à une session officielle." Nous sommes en 1814 et non en 1919, mais il s'agit du même mécanisme.

À la page 19, Kohler nous dit que

« La baronne Fanny von Arnstein, épouse du riche banquier Nathan von Arnstein, de la société Arnstein et Eskeles, et sa sœur Madame Eskeles, qui la suivait de près, ont été les principales protagonistes des festivités sociales organisées pendant le Congrès. Elles étaient les filles de Daniel Itzig, et tous les hommes d'État éminents du Congrès étaient parfois leurs invités. D'autres salons juifs brillants de l'époque étaient ceux de Madame Pereyra, d'Ephraïm et de Levy. Bien entendu, toute cette influence sociale pesait sur les délibérations du Congrès ».

Kohler écrit à la page 48 que

"Les Rothschild devinrent des facteurs puissants pour obtenir l'aide de Metternich en faveur des Juifs.

Il cite le journal de Friedrich von Gentz, Tagebucher, vol. 2, comme suit :

« 6 novembre 1817. Travaille à un important mémorial en faveur des Juifs d'Autriche. 9 novembre 1817. Visite de Moritz Bethmann, de Francfort, qui détient certaines des obligations remises par les Juifs de Francfort à l'archiduc Karl von Dalberg, en paiement de l'octroi de leurs droits civils. Sa société est l'une des plus importantes maisons de banque de l'époque. 10 décembre 1819. Salmon et Karl von Rothschild de Francfort ont appelé, et le soir suivant, Baruch ».

Le 14 mars 1821, von Gentz signale que Rothschild est avec lui, et il dit avoir dîné le 16 mars 1821 chez Eskeles, où Rothschild était présent. Le 1er mai 1822,

« Baruch et Rothschild me font part de la déplorable affaire juive de Francfort. Le 23 novembre 1825, entretien avec le baron Rothschild au sujet des affaires juives romaines ».

Le livre de Kohler aurait pu être écrit sur la Conférence de paix de Versailles. Seules les dates auraient dû être modifiées.

Sachant que les Juifs constituaient un point sensible dans toutes les communautés d'Europe, Woodrow Wilson a envisagé la vengeance potentielle des grandes puissances. Dans « The Stakes of the War », par Lothrop Stoddard et Glenn Frank, Century, 1918, nous constatons que

> 'Il n'y a pas de classe moyenne en Pologne parce que le commerce de détail est contrôlé par les Juifs. En Roumanie, les paysans et les nobles sont si peu économes que, sans les restrictions, on craint que les Juifs ne possèdent bientôt tout le pays. Les Juifs ne représentent que 5 % de la population, mais ils contrôlent le commerce de détail et le trafic d'alcool en Roumanie, et ils sont généralement les surveillants des domaines des nobles, qui sont des propriétaires absentéistes.

Le fait terrible est que les partisans des droits des Juifs sont généralement les terroristes et les révolutionnaires les plus impitoyables. Dans la Southwest Review, de la Southern Methodist University, juillet 1950, Shelby T. Mosloy écrit que

> "Robespierre et Mirabeau étaient d'ardents défenseurs des droits des Juifs.

Il s'agit de deux des plus grands massacreurs de l'histoire. Les massacres de la Révolution française se sont répétés en Russie en 1917, en Hongrie en 1919 et en Espagne en 1936. Woodrow Wilson était en bonne compagnie lorsqu'il a défendu les terroristes et les voleurs de banques du régime bolchevique.

Lloyd George écrit dans ses « Memoirs of the Peace Conference », Yale, 1939, vol. 2, page 725, que

> « Les Allemands étaient conscients du fait que les Juifs de Russie exerçaient une influence considérable dans les cercles bolcheviques. Le mouvement sioniste était exceptionnellement fort en Russie et en Amérique ».

Frank E. Manuel, dans « The Realities of American-Palestine Relations » nous dit à la page 206 que

> 'Les porte-parole pro-sionistes à Paris étaient nombreux et influents : le rabbin Stephen Wise, Mme Joseph Fels, épouse du fabricant de savon et socialiste, Bernard Flexner, Jacob DeHaas,

Felix Frankfurter, Howard Gans, Benjamin Cohen, le juge Julian Mack, le juge Brandeis et Horace Kallen. À Paris, en 1919, l'équilibre du pouvoir mondial s'est déplacé de l'autre côté de l'Atlantique. Avec Wilson à la présidence de la Conférence de paix, les Juifs américains ont pris la première place. Lorsque le président Wilson, au cours de sa tournée pré-conférence en Angleterre, reçut la liberté de la ville de Londres, le rabbin Wise faisait partie de son entourage. Le président le présenta à Balfour et, le lendemain, il fut invité à un déjeuner à Downing Street avec Lord Walter Rothschild de Grande-Bretagne.

À la page 252, Manuel nous dit que

« Le professeur Frankfurter avait assumé la direction active de la délégation sioniste américaine à la Conférence de la Paix, sous le contrôle distant du juge Brandeis. Il connaissait de nombreux professeurs américains de la Commission de la Paix et il a participé à la rédaction d'un certain nombre de projets non sionistes à la Conférence, tels que le Bureau International du Travail. Il a accepté la solution sioniste avec une foi implicite dans son résultat. »

Bien que tout aille pour le mieux pour le sionisme, tous les participants à la conférence n'étaient pas aussi satisfaits de la tournure des événements. Le New York Times du 22 mai 1919 annonçait la démission de certains membres de la Commission américaine et citait le correspondant parisien de la Westminster Gazette comme suit :

'Chaque jour qui passe, l'aversion que certains membres de la Commission américaine éprouvent pour le traité de paix se transforme en une opposition ouverte. L'un d'entre eux a déclaré : « Le traité ne signifie pas la paix, il signifie la guerre. Il signifie la guerre. Le correspondant ajoute qu'il est très préoccupé par l'évidence d'un changement de sentiment dans les quartiers américains à l'égard du président Wilson ».

Les seules personnes présentes à la conférence qui étaient sûres de leur victoire étaient les sionistes. Mason écrit dans sa vie de Brandeis que

« À Paris, en juin 1919, Brandeis s'entretint avec le président Wilson, le colonel House, Lord Balfour, le cabinet français, l'ambassadeur d'Italie, Louis Marshall et le baron Edmond de Rothschild. Le 25 juin, Brandeis part pour la Palestine ».

À la page 529, Mason nous dit que

'Brandeis lui-même a pris connaissance de certaines complexités internationales au cours des étés 1919 et 1920, lorsqu'il s'est rendu à l'étranger pour des missions sionistes, faisant de brefs séjours à Londres et à Paris.

Le Bulletin sioniste du 26 août 1919 rapporte que

« Sous les auspices de la Fédération sioniste anglaise, une grande réunion s'est tenue le 21 août au Finsbury Town Hall pour accueillir l'honorable Louis D. Brandeis de la Cour suprême des États-Unis. Le Dr Weizmann présidait la réunion, à laquelle assistaient Felix Frankfurter et MM. Ussishkin, Rosoff et Isaac Goldenberg de Russie. Le Dr Weizmann a déclaré qu'ils s'étaient réunis pour rencontrer un homme qui, depuis quatre ou cinq ans, se consacre à la construction du mouvement sioniste. Il n'avait pas l'intention de parler de Brandeis le Grand Magistrat. Ils étaient là pour accueillir Brandeis le Juif et le sioniste. À partir d'une petite organisation sioniste en Amérique, il avait mis en place la structure actuelle. Avec l'entrée de Brandeis dans le sionisme, une nouvelle ère a commencé pour le judaïsme américain. Dans aucun pays, la conquête de la communauté par le sionisme n'a été aussi complète qu'en Amérique. Le Dr Schmarya Levin souhaite la bienvenue à M. Brandeis au nom de l'Exécutif intérieur. M. Boris Goldberg a souhaité la bienvenue au juge Brandeis au nom de la communauté juive russe ».

L'utilisation de l'expression « la conquête de la communauté par le sionisme » n'est pas fortuite. Le 2 septembre 1919, le Zionist Bulletin rapportait que

'Un dîner en l'honneur de l'honorable juge Louis D. Brandeis, avant son retour en Amérique, a été donné par l'exécutif de l'Organisation sioniste mondiale le 26 août à l'hôtel Ritz. Le Dr Weizmann a déclaré qu'il était encore impossible d'apprécier l'importance du travail accompli par M. Brandeis ; c'est aux futurs historiens qu'il appartiendra de l'estimer. Le professeur Frankfurter, en portant un toast au gouvernement de Sa Majesté, a évoqué les mois de dur labeur que lui et les autres délégués juifs ont dû accomplir à Paris. Ils parlaient souvent des langues différentes, mais ils étaient tous animés par un seul sentiment : le bien-être d'Israël et le bien de Sion. Les Britanniques et les Juifs dépendaient d'une compréhension et d'une croyance communes dans la réalisation de leurs anciens espoirs et l'atteinte de gloires encore plus élevées. (Applaudissements de l'auditoire).'

Il est intéressant d'apprendre que le juge Frankfurter est animé par un seul sentiment, le bien-être d'Israël et le bien de Sion. C'est pourquoi Roosevelt l'a nommé à la Cour suprême.

Le 4 mai, une réunion de la Société sioniste de Shanghaï s'est tenue au cours de laquelle une résolution a été adoptée, exprimant une profonde joie devant le triomphe de l'idéal sioniste à la Conférence de paix de Paris. Les orateurs étaient MM. N.E.B. Ezra et Goerge Sokolsky. Il s'agit de Sokolsky, le chroniqueur politique, puis l'associé de Borodine et d'autres dirigeants communistes en Chine. Il est ensuite devenu membre de l'Institut des relations avec le Pacifique.

À la page 31 de l'annuaire juif sur le droit international de 1948, nous trouvons un autre exemple de diplomatie sioniste, comme suit,

> « Les traités secrets, qui ne pouvaient être inconnus des principaux Juifs américains, avaient permis de se débarrasser de la quasi-totalité de l'empire turc. Rien de moins que la promesse de transformer la Palestine en État juif ne pouvait gagner l'influence décisive des Juifs américains. On a fait valoir que les juifs assimilés ne pouvaient guère être intéressés par les déclarations pro-sionistes. Mais le leader juif le plus influent, le juge Brandeis, conseiller de confiance du président Wilson, était un ardent sioniste et le président de l'Organisation sioniste d'Amérique. En outre, les Juifs non sionistes ont été fortement impressionnés par le fait que, pour la première fois dans l'histoire, l'une des grandes puissances avait ouvertement proclamé une politique pro-juive ».

La création de la Société des Nations est l'un de ces événements mystérieux provoqués par des personnes mystérieuses. Dans sa biographie « Mr. House of Texas », A.W. Smith raconte que le colonel House a rédigé la première version du pacte de la Société le 16 juillet 1918 et l'a immédiatement transmise à Herbert Bayard Swope pour qu'il l'approuve.

Walter Lippmann, dans Who's Who in American Jewry, dit qu'il était capitaine dans le service de renseignement américain attaché à la Conférence. Et qu'il était secrétaire d'une organisation chargée par House de préparer des données pour la Commission américaine, y compris le Pacte de la Ligue.

Les sionistes organisent des conférences mondiales depuis vingt-deux ans et la Société des Nations a été créée pour répondre à leurs caractéristiques internationales particulières. Jessie Sampter, à la page 21 du « Guide du sionisme », déclare

'La Société des Nations est une vieille idée juive.

Avrahm Yaxmolinsky, à la page 48 de « Les Juifs sous les Soviets ». nous apprend la nouvelle surprenante que

'Les Juifs considéraient la révolution russe comme un tremplin vers un congrès mondial qui créerait un organe permanent capable de demander à l'Entente un mandat sur la Palestine.

C'est une preuve supplémentaire de l'investissement juif dans l'avenir que constitue la révolution russe de 1917.

Jewish Comment, publié par le Congrès juif mondial de New York, dit dans le numéro du 27 août 1943,

« Le Congrès juif américain s'est réuni après l'armistice du 15 au 18 décembre 1918. En arrivant à Paris pour la dernière Conférence de la Paix, la délégation juive américaine a coopéré avec le judaïsme européen, le judaïsme palestinien et le judaïsme canadien pour former le Comité de la Délégation juive. Les efforts de la délégation juive à la Conférence de la Paix ont été couronnés de succès. Après l'achèvement des conférences de paix, le Comité ne s'est pas dissous, mais il a continué pendant seize ans à veiller à la mise en œuvre des droits des Juifs en Europe. Le Comité a été actif dans de nombreuses conférences internationales d'organisations regroupées autour de la Société des Nations ».

Le président du Comité de la délégation juive à Paris était l'avocat sioniste millionnaire Louis Marshall, qui avait salué la révolution russe comme le plus grand événement mondial depuis la Révolution française. Le Comité fut finalement incorporé à la Ligue contre la guerre et le fascisme sous la direction de l'associé de Marshall, Samuel Untermeyer, et devint le centre des groupes pro-communistes radicaux aux États-Unis. Le conseiller juridique du Comité à Paris était Benjamin Cohen, l'un des fondateurs des Nations unies actuelles. Il ne faut pas le confondre avec le célèbre Benjamin Cohen, avocat des gangsters de Floride.

Le rabbin Wise, à la page 196 de "Challenging Years", fait le commentaire suivant

"Notre bataille ne s'est pas arrêtée au cérémonial de Versailles. Chaque gain moral obtenu à Paris a été scrupuleusement sauvegardé lors de toutes les réunions ultérieures des puissances. Nous, sionistes, avons trouvé dans le successeur de Landing, Bainbridge Colby, un défenseur tout aussi sympathique de la cause soutenue par son chef".

La Société des Nations en activité s'est avérée être un autre de ces rassemblements sacro-saints dont l'Europe a été périodiquement affectée depuis le Congrès de Vienne. Elle était composée d'hommes bien habillés qui n'avaient pas de moyens de subsistance visibles, qui aimaient la vie et qui n'avaient pas d'ambitions reconnaissables. Ils s'asseyaient et parlaient entre eux pendant des heures, ils avaient l'œil pour une cheville bien tournée sur les boulevards de Genève, et ils étaient des "remittance men" typiques, des fils préférés que les familles envoyaient au loin avec une allocation parce qu'ils n'étaient d'aucune utilité prévisible sur le domaine ou dans l'entreprise. On les appelle parfois des diplomates. Quant aux affaires de la ligue, "il n'y a pas d'affaires". Un correspondant a télégraphié à son journal, dégoûté, après des semaines passées à Genève à boire du café.

Le Bulletin sioniste du 17 mars 1920 rapporte que

> [th]'Au cours d'une conférence sur la Ligue des Nations devant la Société sioniste de l'Université de Cambridge, le 11 janvier, M. S. Landman a déclaré qu'il était dans l'intérêt des sionistes que la Ligue soit un organe fort. M. S. Landman a déclaré qu'il était dans l'intérêt des sionistes que la Ligue soit un organe fort. Il a également déclaré : « Le peuple juif a une occasion toute particulière de féliciter aujourd'hui le philosophe du Palais de Prague. Masaryk est l'un des rares hommes politiques en Europe à avoir saisi l'importance de l'idée sioniste ».

Très tôt, le « philosophe du Palais de Prague » a décidé de se ranger du côté des Juifs. Le biographe de Masaryk raconte qu'en 1899, alors qu'il n'était qu'un obscur jeune avocat, il a défendu un certain Hillel dans une affaire de meurtre rituel d'une jeune fille chrétienne, une affaire qui a secoué l'Europe centrale. Masaryk obtint l'acquittement de Hillel et fut étonné de se retrouver mondialement célèbre. Il ne tarde pas non plus à donner suite à son avantage et devient bientôt le plus grand défenseur des droits des Juifs en Europe. Sa récompense est extraordinaire.

Les Juifs avaient depuis longtemps l'habitude de faire de leurs alliés parmi les Gentils les chefs de l'État, mais dans le cas de Masaryk, une dérogation spéciale a été accordée. Il n'existait pas d'État pour lui, et c'est pourquoi un État a été créé en Europe centrale pour le diriger.

La Tchécoslovaquie devait être l'antidote au nationalisme excessif qui, selon les sionistes, était la malédiction de l'Europe. Tchèques, Slaves, Juifs, Allemands, toutes les composantes raciales les plus explosives de l'Europe centrale, sont entassées dans un petit État entouré de grandes puissances. Tout est fait pour faciliter la tâche de la nouvelle nation. La Société des Nations la considère comme un animal de compagnie et les banquiers internationaux se surmènent pour assurer sa sécurité financière. Paul Einzig déclare dans « Finance and Politics » que

> « Si la Tchécoslovaquie a pu stabiliser sa monnaie dès 1922, c'est en grande partie grâce aux emprunts contractés à Londres et à New York. »

J'ai souligné dans « The Federal Reserve » que la ligue était surtout intéressée par le rétablissement de l'étalon-or et la mise en place de banques centrales dans tous les pays. Ses négociations politiques n'ont jamais eu d'importance. Sa principale valeur résidait dans son précédent de gouvernement mondial et dans la formation de la bureaucratie du futur État socialiste mondial.

L'admirateur de Lénine, Woodrow Wilson, en était arrivé à la conclusion que les États-Unis deviendraient le partenaire de la Russie au sein de la Société des Nations. Issu d'une immigration récente, d'origine incertaine, Wilson n'avait pas connaissance d'un chapitre de l'histoire connu sous le nom de Révolution américaine, combattue par de robustes individualistes pour s'affranchir de la fiscalité étrangère. La Société des Nations, bien sûr, prélève des taxes sur ses membres pour ses projets lointains et vagues, comme le développement de la Palestine. Malheureusement, le seul pays qui avait de l'argent, les États-Unis, n'y a pas adhéré, et la Société n'a jamais pu faire grand-chose.

La proposition de Wilson d'adhérer à la Société des Nations s'est heurtée à une opposition quasi unanime à Washington, puis dans l'ensemble des États-Unis. La rapide désillusion qui suivit l'armistice, le sentiment largement répandu que nous avions été piégés dans la guerre et l'aversion croissante pour le cynique Wilson, ainsi que notre refus de renoncer à notre statut de nation, érigèrent un mur de pierre devant Wilson et ses amis internationaux. Le parrainage juif de la ligue a suscité des conjectures quant à son objectif réel, et notre Congrès a fait savoir qu'il n'était pas convaincu de la nécessité de notre participation à un tel projet.

Woodrow Wilson, encore sous le coup des ricanements du leader européen et des railleries des peuples de France et d'Angleterre, fit un dernier effort pour exercer sa volonté sur le peuple américain. Il effectua une tournée à travers le pays, parlant partout de son projet, la Société des Nations. C'était le point crucial de sa carrière politique, et comme il voyait les gens se détourner silencieusement de lui, ville après ville, sa raison chancelait. Le coup de grâce lui est porté à San Francisco. Les Irlandais avaient toujours détesté Wilson et ils étaient prêts à l'accueillir à San Francisco. Il n'était pas capable de terminer une phrase. Il quitta l'estrade et prit son train pour Salt Lake City, où il devait prendre la parole. Il n'a jamais prononcé ce discours et n'a plus jamais pris la parole en public. Un journaliste a déclaré qu'après San Francisco, Wilson sortait pour rencontrer les gens rassemblés le long des voies ferrées dans une petite ville, dansait une petite gigue, souriait bêtement, et était ramené par ses assistants. Les journalistes chevronnés, qui l'ont observé pendant des années, ont noté qu'il n'était pas lui-même. D'autres ont cruellement commenté qu'il avait perdu un rouage. Quoi qu'il en soit, le bruit courut qu'il avait fait une dépression et il rentra à Washington pour se coucher, en homme brisé.

Dans la capitale du pays, entouré des Baruch, des Warburg et des Strauss au cours de ses deux mandats à la Maison-Blanche, Wilson en était venu à se considérer comme un prince omnipotent. Aujourd'hui, pour la première fois, il se rend compte que ce qui a été fait tout au long de sa présidence ne l'a été que grâce au pouvoir souverain de l'or international. Il n'avait aucune influence politique et son peuple n'avait aucune affection pour lui. L'illusion de lui-même qu'il avait soigneusement entretenue s'est brisée, et il est resté derrière des rideaux tirés dans sa chambre de malade, tandis que le colonel House continuait à exercer ses fonctions de président des États-Unis. Il y eut peu de changements dans l'administration des affaires nationales.

Le rejet de la proposition de la Société des Nations par le Sénat a ouvert les vannes de l'invective de la presse libérale jaune, qui se poursuit encore aujourd'hui. Même après avoir enfermé les États-Unis dans les Nations unies, les sionistes socialistes n'ont pas perdu l'occasion d'insulter la mémoire des sénateurs qui les avaient battus vingt-cinq ans plus tôt. La News Republic et la Nation grognent et crachent comme des chats des bidonvilles sur une poubelle chaque fois qu'ils ont l'occasion d'évoquer les noms de Norris, Lafollette et Lodge.

Un professeur d'université soucieux de progresser dans le monde pourrait toujours pondre un autre livre sur les effets terribles de la défaite de la proposition de la Société des Nations. D'une manière quelque peu pervertie, il a été décidé qu'elle était la cause, et la seule cause, de la Seconde Guerre mondiale. La Société des Nations, affirment les crétins à cheveux longs du City College, aurait pu être assez forte pour arrêter Hitler et Mussolini sans guerre si les États-Unis en avaient été membres. Nous aurions pu entrer en guerre avec eux pour éviter la guerre, comme nous le faisons pour les Nations Unies en Corée. Puisque nous avons déjà prouvé que la Seconde Guerre mondiale a été rendue inévitable par la politique des réparations et par la redistribution des minorités en Europe, nous laissons les cerveaux flous de l'Université à leurs propres illusions.

La dernière de ces diffamations est un livre intitulé « Woodrow Wilson and the Great Betrayal » (Woodrow Wilson et la grande trahison), rédigé par Thomas A. Bailey et publié par Macmillan en 1945. Je l'ai lu avec intérêt, pensant qu'il s'agissait d'un récit sur la manière dont Woodrow Wilson avait financé le gouvernement communiste au cours de ses années de formation. Cependant, il s'est avéré être une répétition de la vieille histoire populaire selon laquelle les États-Unis étaient responsables de tout ce qui allait mal dans le monde, parce que notre peuple avait légalement et constitutionnellement démontré que nous ne voulions pas payer les factures de la Société des Nations. Les sénateurs qui ont voté contre sont, par un raisonnement tordu, devenus des traîtres. Je me demande comment M. Bailey classerait Alger Hiss. Il ne fait aucun doute qu'il parlerait de Hiss comme d'un patriote mondial.

La discussion de Bailey sur cet événement est significative. Il qualifie le résultat de la proposition de la ligue de « trahison des masses », une expression qu'il a sans doute tirée d'un vieux volume de Lénine. Il s'étend sur les idéaux de Woodrow Wilson, sans être très précis sur ce qu'ils étaient. Le présent auteur s'est efforcé pendant plusieurs années de découvrir les idéaux de M. Wilson. Il a exemplifié et fidèlement exécuté les désirs de Kuhn, Loeb Co. mais les désirs ne sont pas des idéaux.

CHAPITRE 14

L e contexte de l'évolution politique en Europe au cours des années 1920 est expliqué par une citation du livre de Paul Einzig, « France's Crisis », Macmillan, 1934,

> « Les erreurs fatales des hommes d'État alliés à Versailles sont à l'origine de la plupart des troubles économiques dont le monde souffre depuis quinze ans. Les dispositions politiques du traité de paix étaient douces, mais les clauses financières étaient d'une sévérité inouïe ».

Warburg, Baruch et Klotz, il n'y a aucune raison de supposer que les clauses financières étaient des erreurs, bien qu'elles aient été fatales à la cause de la paix. Les réparations exigées par ce voyage impie étaient mathématiquement impossibles à réaliser, comme ils le savaient très bien.

L'excès avait donc un but, car ces hommes n'étaient pas venus à Paris pour s'amuser. Leur but était de poursuivre la démoralisation économique de l'Europe, jusqu'à ce que la Seconde Guerre mondiale soit la seule issue possible.

Dans « World Finance, 1914–1935 » Macmillan, 1935, Einzig commente que

> « L'histoire des finances de l'après-guerre constitue une étude de la manière dont les différents pays ont tenté de payer la guerre.

Les jeunes hommes d'Europe sont morts. La France avait perdu une génération qui l'avait éloignée de la scène de la puissance mondiale, les officiers qui administraient l'empire britannique avaient été réduits en miettes à Ypres et à Verdun, et la classe dirigeante de l'Allemagne était morte dans les combats contre Paris. Pourtant, les banquiers se sont frotté les mains et ont exigé d'être payés pour ce qu'ils avaient apporté. Ils avaient risqué leur argent, ils avaient tenu leurs conférences internationales à proximité des champs de bataille et ils avaient résisté aux critiques acerbes des patriotes partout où ils n'avaient pas pu acheter les hypothèques des journaux. Aujourd'hui, ils veulent être payés. Il n'est pas étonnant qu'Ezra Pound ait été emprisonné comme un fou lorsqu'il est allé sur les ondes pour informer le peuple américain que

> "Les guerres sont faites pour créer une dette.

M. Pound écrit également depuis l'asile de fous que « la dette est un esclavage », une déclaration qui exaspère ses gardiens juifs. Ludwig Berne a dit : « Mettez-les dans un asile d'aliénés ou dans une maison de travail ». À la fin de chaque guerre, les peuples de la terre ont perdu de plus en plus de libertés. Ils sont endettés, et cette dette exige d'eux qu'ils sacrifient leurs fils dans la gueule du loup et qu'ils abaissent leur niveau de vie. (Amérique 1950).

Einzig s'esclaffe en disant que « le système financier est aujourd'hui beaucoup plus imbriqué qu'il ne l'était avant la guerre ». En tant que rédacteur en chef du journal financier londonien « The Economist », le principal organe des Rothschild, Einzig devrait savoir comment il est imbriqué.

Son livre « World Finance 1914–1935 » se poursuit,

> « La cessation des hostilités a plongé le monde dans le plus grand mouvement d'inflation internationale qui se soit jamais produit. En Allemagne, en Russie, en Pologne, en Autriche et en Hongrie, l'inflation a pratiquement effacé la dette publique, mais l'expérience a prouvé que cette méthode de paiement de la guerre n'est pas satisfaisante à long terme, car ce n'est pas seulement la dette publique qui est effacée, mais aussi toute forme de capital et d'épargne qui n'est pas investie dans la richesse réelle. Ce capital détruit devait être restauré afin d'assurer une existence normale à ces pays, et il ne pouvait l'être que par la création de nouvelles dettes, qui, dans le cas de l'Allemagne, de l'Autriche et de la Hongrie, ont pris la forme de dettes extérieures ».

L'économiste qui n'est pas à la solde de la Maison Rothschild pourrait être amené à se demander s'il n'est pas sain que toute forme de capital et d'épargne non investie dans la richesse réelle soit détruite à chaque génération ou presque. C'est ce capital démobilisé et parasitaire, cherchant désespérément un retour, qui est responsable de tant d'iniquités, car c'est ce capital, non investi dans la richesse réelle, qui constitue les dettes publiques du monde.

La restauration de ce capital détruit, imposée aux nations vaincues par les banquiers internationaux, n'a fait que prolonger leurs difficultés économiques. En conséquence, comme le remarque si complaisamment Paul Einzig, ces nations ont dû assumer une dette extérieure. Une nation endettée ne peut pas dire qu'elle vit sa vie. Pourtant, la Russie, dont l'économie était aussi perturbée que n'importe quelle autre en Europe, n'a pas eu à s'endetter à l'extérieur, parce que les léninistes, en détruisant le capital, ont détruit ses propriétaires en même temps. Il n'y avait donc personne à qui le restituer.

La complexité de l'Europe moderne et l'empiétement des États les uns sur les autres à l'ère du commerce international ont créé des problèmes qui pouvaient être exploités par une poignée de personnes agiles. Dans « World Finance 1935–1937 », MacMillan, 1938, Paul Einzig nous dit que

> 'Depuis 1914, la Hollande et la Suisse ont joué le rôle de maisons de jeu du monde entier. Toutes les monnaies ont tour à tour été attaquées par un ou plusieurs de ces pays. Amsterdam et Zurich ont joué un rôle de premier plan dans les paris sur le mark de 1923 (menés par le groupe Baruch-Franklin Roosevelt de New York, United European Investors Ltd.), dans l'attaque contre le franc en 1924 et les années suivantes ; les ours en lires et en francs belges ont été accueillis à bras ouverts par les banquiers suisses et hollandais, qui ont régulièrement agi en tant qu'agents pour les opérations spéculatives des pays où l'existence de restrictions de change excluait la possibilité de jouer sur le marché libre. Ni les banquiers suisses et néerlandais, ni leurs présidents, ni les banques centrales, ni les gouvernements des deux pays n'ont trouvé à redire à ces activités subversives, ni à l'empochage des profits substantiels qui en découlaient'.

La succursale d'Amsterdam de la société M. M. Warburg, dont Paul Warburg était l'un des directeurs, et le bureau de Zurich de la société J. Henry Schroder ont mené ces opérations de manipulation des monnaies internationales, un jeu de poker immensément rentable pour lequel les banquiers ont toujours mis le paquet. ont mené ces manipulations de monnaies internationales, un jeu de poker immensément rentable pour lequel les banquiers ont toujours mis le paquet. Outre ces aventures sur les marchés boursiers, Zurich, Amsterdam et Stockholm ont toujours été des centres d'espionnage international. Les espions se rassemblent toujours près des centres de change.

En outre, selon M. Einzig,

> « Le ministère français de la Guerre fournissait au gouvernement polonais et aux États de la Petite Entente des armements sur la base d'un crédit. C'était un moyen très pratique de se débarrasser de vieilles fournitures dont la France n'avait plus l'utilité. Les munitions de la Grande Guerre, trop vieilles pour être conservées sans risque d'explosion, étaient vendues à ces gouvernements qui les reprenaient volontiers tant qu'ils n'avaient pas à les payer au comptant. Plus d'une fois, les munitions ainsi vendues ont dûment explosé peu après leur arrivée à destination, laissant derrière elles des bâtiments de dépôt détruits et une dette extérieure accrue. L'une des raisons pour lesquelles la Pologne, la Yougoslavie et la Roumanie ont éprouvé des difficultés à obtenir des prêts à des fins constructives était le montant élevé de l'endettement résultant de ces transactions ».

Il serait difficile d'imaginer un chapitre plus déprimant que ce paragraphe. Les nations appauvries étaient incapables de collecter de l'argent à des fins constructives parce que les Zaharoff, les Schneider et les Rothschild les avaient délestées de leurs munitions sans valeur après la guerre.

Les banquiers de Francfort ont continué à consolider leurs gains tout au long des années 1920. Une excellente illustration de leur méthode pour prendre le contrôle d'une industrie est donnée par John K. Winkler dans son ouvrage « Dupont Dynasty », Reynal Hitchcock, 1935, page 254. Il parle de William Durant, le fondateur de General Motors, un organisateur brillant, mais pas un financier.

> « Pour obtenir l'argent, Durant a dû créer une fiducie avec droit de vote d'une durée de cinq ans en vertu des lois de New York, dans laquelle deux sociétés bancaires, Lee Higginson de Boston et J. et W. Seligman de New York, ont accepté de prêter 15 millions de dollars pour cinq ans, étant entendu qu'elles auraient le contrôle du conseil d'administration ».

Les Seligman prêtaient l'argent, mais ils voulaient diriger l'entreprise. Le paragraphe précédent explique le fait que l'édition 1950 du Poor's Directory of Directors répertorie 117 postes d'administrateurs dans l'industrie lourde américaine détenus par les associés de la maison bancaire familiale du sénateur Herbert Lehman. C'est ainsi que les Lehman contrôlent Studebaker, Climax Molybdenum, Continental Can et des dizaines d'autres grandes entreprises. Ils ont pu confier au général Lucius Clay la présidence de Continental Can lorsqu'il est revenu d'Allemagne après avoir imposé une « paix dure » au peuple allemand.

Les banquiers de Wall Street ont tenté le même hold-up sur Henry Ford en 1920. Ford était l'économiste le plus brillant que l'Amérique ait produit. C'est lui qui est à l'origine de la pratique consistant à payer des salaires plus élevés aux travailleurs afin qu'ils aient de l'argent pour acheter les produits de l'industrie lourde, et qui a inauguré l'ère actuelle de prospérité. Le vieil Henry avait besoin de vingt millions pour se rééquiper en vue de la production civile après la guerre, et New York était prêt à les lui prêter, à condition de nommer le conseil d'administration de Ford. Henry a refusé et a refinancé sa société avec sa propre fortune. C'était de l'antisémitisme, un crime qui a été effacé après sa mort, lorsque la douce chose nommée Henry II a remis la fortune de Ford à la promotion des objectifs douteux de la juiverie mondiale.

Les cartels internationaux ont renforcé leurs liens pendant la guerre et les manipulations monétaires tout au long des années 1920 ont énormément augmenté leur valeur, sur le papier. L'inflation ne fait pas de mal au fabricant ou au propriétaire. Les années 1920 ont été marquées par le grand jeu consistant à jongler avec les prix des monnaies et des actions sur les marchés mondiaux, un jeu qui a atteint son but en 1929, lorsque les citoyens ont été nettoyés et que des sociétés holding telles que Lehman Corporation ont obtenu tout ce qu'elles voulaient pour une fraction de sa valeur.

L'une des principales preuves de l'amabilité internationale en 1925 a été l'organisation par Paul Warburg de l'entreprise américaine I. G. Chemical, une branche de son entreprise familiale, I.G. Farben d'Allemagne. L'assistant de Warburg était Walter Teagle de Standard Oil, et DuPont a été contraint d'accepter la présence d'un allié dangereux et puissant sur son propre territoire. L'Allied Chemical and Dye Corporation d'Eugene Meyer, avec sa trésorerie remplie d'obligations d'État, était capable de se débrouiller seule, et Baruch s'occupait de l'électricité dans le monde. Frank A. Southerd, dans « American Industry in Europe », Houghton Mifflin, 1931, donne un excellent compte-rendu de la pieuvre d'International General Electric qui, sous la direction de Baruch et de Gerard Swope, s'étendait en

Europe et en Russie dans les années 1920. Certains hommes d'affaires américains ont toujours fait des affaires avec la Russie. Le Dr Josephson donne un bon aperçu des contrats passés par les Rockefeller avec le gouvernement communiste.

La Société des Nations, et son successeur, les Nations Unies, étaient le résultat inévitable de l'internationalisation de l'industrie et de la finance. I. G. Farben était une famille de nations en soi, grâce à la dispersion stratégique des frères Warburg. Tôt ou tard, ils devaient disposer d'une sorte de forum pour leurs intrigues, qui présenterait une apparence de légalité. À un moment ou à un autre, tout criminel aspire à être respecté et est prêt à tout pour y parvenir, sauf à devenir respectable. Le système de la Réserve fédérale et la Société des Nations ont été les tentatives de respectabilité de Kuhn et Loeb, mais elles ont rapidement dégénéré en la même vieille bande complotant pour le dollar rapide. Ainsi, les années 1920, qui avaient commencé comme une croisade pour la paix, devinrent bientôt une ère d'inflation, l'âge d'or des spéculateurs de Wall Street, qui érigèrent une fabuleuse pyramide de crédit sur la crête de laquelle Paul Warburg et Otto Kahn chevauchaient comme des conquérants d'un passé glorieux.

L'économiste Frederick Drew, dans « Stock Movements and Speculation », D. Appeleton Co. 1928, déclare,

> « Un grand marché en hausse comme celui de 1924 est sous la direction de puissants intérêts industriels et financiers qui agissent presque toujours de concert avec des groupes et des cliques dirigés par des gestionnaires à l'esprit unique.

Comme je l'ai démontré dans « La Réserve fédérale », le seul esprit gestionnaire des années 1920 était Paul Warburg. Lui et ses acolytes ont modernisé la technique consistant à acheter des critiques favorables sur une nouvelle émission d'actions, ce qui se faisait en présentant aux journalistes financiers un certain nombre d'actions. Les Warburgs ont simplement acheté les journaux.

Robert Liefmann souligne que les cartels trouvent leur origine dans les risques importants propres aux entreprises modernes, qu'il s'agisse de matières premières ou de produits finis, mais ces risques importants sont les créations et les Frankensteins des cartels eux-mêmes. Le désir de tirer profit de l'émission d'actions et de laisser la victime, ou l'acheteur des actions, s'inquiéter de savoir si la société fera un jour des bénéfices, est à l'origine d'une grande partie des perturbations de notre structure économique. Le pillage des chemins de fer par Kuhn, Loeb et leur volonté de confier les faillites au gouvernement par le biais du socialisme n'est qu'un petit chapitre de l'histoire de l'intrigue qui changera l'économie de notre nation au cours de cette génération. Reconnaissant ce qu'ils ont fait et voyant les fissures dans le mur, Kuhn Loeb ont décidé que leur seule chance était de financer le communisme, le nouveau système de capitalisme fiduciaire. Telle est l'histoire du vingtième siècle jusqu'en 1950.

L'un des meilleurs investissements de Kuhn, Loeb dans un homme de second rang fut l'achat de Henry L. Stimson, associé de longue date de Felix Frankfurter. Stimson a un jour déploré publiquement le fait qu'il avait été exclu pour des raisons raciales de l'Organisation sioniste américaine. Son biographe, le propagandiste du Council on Foreign Relations, McGeorge Bundy, déclare dans « On Active Service in Peace and War », page 108,

> "Ce livre est un compte-rendu du service public de Stimson, et nous ne pouvons malheureusement pas nous arrêter pour examiner les tenants et les aboutissants de ses principales affaires juridiques. Il a défendu les fabricants de ciment contre un procès antitrust ; il a été engagé par les experts en charbon bitumineux pour déposer un mémoire devant une commission gouvernementale chargée d'enquêter sur l'industrie du charbon. L'affaire du ciment et l'affaire du charbon concernaient toutes deux des intérêts publics et, dans les deux cas, Stimson a vu son opinion de base confortée par son expérience. L'affaire du ciment était une excellente illustration des dangers d'un gouvernement par mise en accusation ; les cimentiers étaient coupables, mais ce qu'ils avaient fait s'inscrivait dans le cadre de l'effort de guerre, avec l'encouragement direct du gouvernement.

Le fait que « le gouvernement » pendant la guerre était Baruch, Meyer et Warburg, et que le gouvernement avait encouragé toute entreprise à se soustraire à la loi, ne devrait surprendre personne, et encore moins l'avocat Stimson, qui a été le premier à sortir au grand jour lors de la saisie de l'Union Pacific Railroad par Kuhn et Loeb. Le plus important est la détermination de Bundy à ne pas discuter de la source de revenus de Stimson. En 698 pages de bave sur le sacrifice de Stimson pour le peuple américain, Bundy ne peut pas nous parler d'un seul des honoraires de cent mille dollars qui étaient la norme chez Winthrop et Stimson. Le « service public » est décrit dans un paragraphe du Who's Who in America. Ce que nous voulons savoir, c'est qui le payait et combien, et cela, les Bundy de la biographie ne nous le disent jamais. Nous pouvons nous faire une idée du passé de Stimson en lisant le paragraphe suivant, également tiré de l'œuvre maîtresse de Bundy,

> « En tant que Secrétaire d'État sous Hoover, Stimson s'est entouré d'un groupe d'assistants qui ont servi sous ses ordres avec distinction au cours des années suivantes. La première étape a été franchie avec la nomination d'Allen M. Klots en tant qu'assistant spécial du secrétaire. Klots s'était distingué à l'université, à la guerre, à Winthrop et à Stimson. Stimson nomma Harvey H. Bundy, un avocat de Boston ayant une certaine expérience de la finance, au poste de secrétaire adjoint, et Herbert Feis, un éminent économiste de New York, au poste de conseiller économique du secrétaire ».

Il était démocratique de la part de Stimson d'aider ses partenaires avocats à progresser. Quant à Bundy, il explique le biographe McGeorge Bundy, qui est la question de l'avocat de Boston avec Stimson. McGeorge Bundy est récemment apparu sur les étals des libraires avec un livre sur les coups de seins publics de Dean Acheson pour le communisme, que Bundy transforme en quelque sorte en un plaidoyer pour la démocratie, quelle qu'elle soit. Elle a déjà été définie comme « la lutte pour payer les impôts ». Je ne prétends pas pouvoir sonder l'esprit des Bundy. Peut-être sont-ils seulement coupables de mépriser l'intelligence du public. Je n'ose pas imaginer qu'ils croient les eaux usées qu'ils déversent dans l'abreuvoir de la propagande.

Avec une tentative éléphantesque de désinvolture, Bundy nous explique comment les fonctionnaires de Kuhn, Loeb Co. parviennent à vivre si bien. Il dit :

> 'Lorsque Stimson est arrivé à Washington en 1929, le problème le plus difficile a été de trouver une maison. Ce n'est qu'au milieu de l'été que les Stimson décidèrent d'acheter un domaine appelé Woodley. À l'époque, il s'agissait d'une décision coûteuse (300 000 dollars) mais, comme elle avait été prise grâce à la vente d'actions merveilleusement chères, qui ont été radicalement dévaluées par le krach boursier un peu plus tard, il s'agissait probablement d'un investissement rentable'.

Les gratte-papiers et les courtisans avant les Warburgs ont été bien récompensés en 1929. Lorsque le krach est survenu, ces ordures avaient vendu toutes leurs actions et placé leur argent dans des biens immobiliers et des obligations d'État. Alors que les Américains honnêtes mouraient de faim, les Stimson découpaient des coupons.

Le Council on Foreign Relations a révélé sa moralité dévergondée au cours des années 1920. Sa publication n° 28 est le compte-rendu d'un banquet organisé à l'hôtel Astor le 6 janvier 1922, intitulé « Ressources minérales et leur distribution dans le cadre des relations internationales ». Le Dr J. E. Spurr, président de la Mining and Metallurgical Society of America, a déclaré,

> « La commission se prononce en faveur d'un principe de base couvrant le monde entier. Ce principe est le suivant : Toute restriction, nationale ou internationale, qui interfère avec la recherche nécessaire de la terre, est en principe indésirable. »

Ainsi, le Council on Foreign Relations a déclaré son intention de violer les frontières de n'importe quelle nation lors de ses missions pour les Warburgs et les Guggenheims. La servante de Baruch dans le monde minéral, tant à Washington qu'à Paris, le Dr Charles K. Leith, du War Industries Board et de la Conférence de paix de Paris, a déclaré lors de ce banquet que

> « Un seul type d'entente ou d'alliance peut survivre à l'alliance commerciale. Nous suggérons que les gouvernements les plus forts aient le droit de faire pression sur les gouvernements les plus faibles dans l'intérêt du développement des minerais dont le monde a besoin ».

Le Dr Leith a raison. Les alliances militaires ont été abrogées par douzaines au cours du vingtième siècle, mais les alliances commerciales d'I.G. Farben ont survécu à deux guerres mondiales. Sa déclaration de principe, selon laquelle si le Chili ne veut pas que les Guggenheim lui enlèvent son cuivre et ses nitrates, les Guggenheim ont le droit d'ordonner aux Marines américains d'intervenir contre lui, est entrée dans l'histoire lorsque les Marines ont débarqué au Nicaragua pour protéger le droit de J. et W. Seligman d'émettre de l'argent au Nicaragua. Des troupes ont été débarquées dans d'autres cas similaires. C'est ce qui se passait pendant que les idiots de Genève s'ennuyaient les uns les autres à la Société des Nations.

L'exemple classique d'une telle opération est le canal de Panama. Le cabinet d'avocats Sullivan and Cromwell étant l'organe directeur du Council on Foreign Relations, son importance dans l'histoire du canal de Panama mérite notre attention. La famille Pulitzer, qui a fui un pogrom en Hongrie pour devenir l'agent de presse de la démocratie en Amérique, s'est disputée avec le président Theodore Roosevelt et a révélé l'histoire du Panama. Nous citons

« Une brève histoire de la tentative du président Roosevelt, par décret, de détruire la liberté de la presse aux États-Unis, ainsi que le texte de la décision unanime de la Cour suprême des États-Unis, rendue par le juge en chef White, confirmant l'action du juge Hough du tribunal de district des États-Unis, qui a annulé l'acte d'accusation. Imprimé pour le New York World, 1911 ».

'Le. Le 3 octobre 1908, le Comité national démocrate examinait l'opportunité de rendre publique une déclaration selon laquelle William Nelson Cromwell, en liaison avec M. Bunau-Varilla, un spéculateur français, avait formé un syndicat au moment où il était tout à fait évident que les États-Unis reprendraient les droits des détenteurs d'obligations françaises sur le canal DeLesseps, et que ce syndicat comprenait notamment Charles P. Taft, frère de William H. Taft, et Douglas Robinson, beau-frère du président Theodore Roosevelt. Ces financiers ont investi leur argent en pleine connaissance des intentions du gouvernement américain d'acquérir la propriété française pour un prix d'environ 40 millions de dollars et ont ainsi pu, grâce à de prétendues informations émanant de sources gouvernementales, engranger d'importants bénéfices. Le Monde a essayé de vérifier si des faits pouvaient être discutés en plus de ceux mis en lumière par le sénateur Morgan en 1906, au cours de l'enquête sur l'affaire du canal de Panama par le Sénat américain, enquête qui avait été contrecarrée par le refus de M. Cromwell de répondre aux questions les plus pertinentes qui lui avaient été posées, au motif qu'en tant qu'avocat de la New Panama Canal Co. ses relations avec les vendeurs du canal étaient privées et confidentielles.

« Des tentatives infructueuses ont été faites pour obtenir les documents à Paris et à Washington. Le Monde a retenu les services d'un éminent avocat anglais, membre du Parlement, qui s'est rendu à Paris. Il a déclaré : "Je n'ai jamais vu, au cours de ma longue expérience en matière de sociétés, une société publique, et encore moins une société d'une telle importance, disparaître aussi complètement et effacer toutes les traces de son existence que la nouvelle société du canal de Panama". Les actions de la nouvelle société étaient à l'origine enregistrées, mais on a ensuite obtenu le pouvoir de les transformer en actions "au porteur" qui sont passées de main en main sans aucune trace. Rien n'indique qui a reçu l'argent de l'achat payé par les États-Unis.

'Sur instruction du président Roosevelt, le procureur Henry L. Stimson, candidat malheureux de M. Roosevelt au poste de gouverneur de New York, a obtenu une nouvelle inculpation pour diffamation criminelle. Le 3 janvier 1911, la Cour suprême a rejeté l'accusation.

'Le 29 août 1908, le Comité national démocrate a publié une déclaration depuis son siège de Chicago identifiant Cromwell comme "William Nelson Cromwell de New York, le grand avocat de Wall Street, avocat du Panama Canal combine, de Kuhn, Loeb Co. des intérêts Harriman, du Sugar Trust, du Standard Oil Trust et autres".

'Le 4 octobre 1908, le World a publié un article selon lequel Cromwell avait la mainmise sur la Maison-Blanche et le ministère de la Guerre après la vente du canal de Panama aux États-Unis. M. Cromwell a joué un rôle actif dans la promotion de la révolution sur l'isthme qui a enlevé le territoire du canal à la Colombie et créé la République de Panama, et que l'administration Roosevelt avait eu connaissance à l'avance de la révolution fabriquée et avait pris des mesures pour en assurer le succès en ayant des navires de guerre à portée de main. La révolution s'est produite à la date prévue. Le 9 mai 1904, le secrétaire au Trésor Shaw a signé le mandat de 40 millions de dollars, le plus important jamais tiré par le gouvernement, en paiement de la propriété du canal. Ce que M. Cromwell en a retiré a toujours été conjectural. Il devait recevoir une commission de 5 % et payer lui-même toutes les dépenses. 5 % de 40 représentent deux millions, mais la fabrication d'une révolution coûte quelque chose. Le 2 janvier dernier, un télégramme de Paris envoyé aux journaux de New York indiquait que la facture de M. Cromwell à la Compagnie du canal de Panama s'élevait à 742 167,77 dollars. La facture a finalement été fixée par arbitrage à 125 000 dollars. En déduisant 600 000 dollars de la facture de M. Cromwell, les arbitres ont tenu compte du fait que, pendant neuf ans et demi, la Compagnie du canal lui avait versé une rémunération annuelle de 10 000 dollars.

'En 1891, la grande entreprise Decker, Howell, and Co. a fait faillite, avec une dette de 10 millions de dollars. M. Cromwell a été nommé cessionnaire et, en six semaines, les affaires de la société ont été redressées. Le tribunal lui a accordé des honoraires de 260 000 dollars, les plus importants de l'époque. Au moment du scandale de l'assurance-vie (impliquant Jacob Schiff et James Speyer), M. Cromwell a passé deux heures dans le bureau du procureur Jerome, dans le but avoué de révéler à M. Jerome tous les secrets du "fonds du chien jaune" de l'Equitable Life. Après le départ de M. Cromwell, M. Jerome a admis qu'il n'avait pas réussi à lui soutirer un seul fait.

En septembre 1904, pendant les absences du secrétaire Taft à Washington, M. Cromwell, un citoyen privé, dirigeait pratiquement le ministère de la guerre. John F. Wallace, ingénieur en chef du canal de Panama, a témoigné devant la commission sénatoriale le 5 février 1905 : "Cromwell m'est apparu comme un homme dangereux". Wallace a déclaré avoir examiné le rapport du chemin de fer de Panama (une filiale du canal) et découvert que son conseil d'administration avait déclaré un dividende de plus de 100 000 dollars supérieur à ce que la route avait gagné, et qu'il avait ensuite vendu des obligations pour obtenir l'argent nécessaire à la réparation de son matériel roulant. J'en suis arrivé à la conclusion', a déclaré M. Wallace, « qu'un homme qui conseille ainsi le gouvernement est un homme dangereux ». M. Cromwell a aidé E.H. Harriman à évincer Stuyvesant Fish de l'Illinois Central et a également aidé Harriman à écraser les actionnaires minoritaires de la Wells-Fargo Co. lorsqu'ils ont essayé d'obtenir une petite part de l'énorme excédent de leur société.

Le 19 octobre 1908, le World soulignait que « les membres du syndicat américain ont jugé nécessaire de réunir seulement 3 millions de dollars pour obtenir une part substantielle des titres de la société française ». Il y a également eu une importante souscription au fonds de la campagne nationale républicaine qui a permis de gagner le soutien du général Mark Hanna en faveur de la route de Panama par rapport à celle du Nicaragua, que de nombreux ingénieurs considéraient comme plus praticable et moins coûteuse ». M. Cromwell n'était pas inactif. Il avait un bureau littéraire au travail, et des chèques étaient envoyés chaque mois à 225 journaux de l'intérieur du pays en paiement de l'impression du produit du bureau littéraire. Ce produit montrait les avantages de la route de Panama par rapport à celle du Nicaragua et renforçait le sentiment public en faveur de la première.

Le 19 octobre 1908, The World poursuivait : « M. Cromwell lui-même, en présence du secrétaire Taft, a admis que M. Cromwell avait versé des fonds au parti révolutionnaire du Panama. Cet aveu a été fait lors d'un banquet donné dans l'isthme en décembre 1904. Dans son discours, Cromwell a fait référence à une disposition de la Constitution du Panama qui donnait à tous les contributeurs financiers à la révolution le droit à la citoyenneté. Cromwell a déclaré qu'il avait largement contribué à la trésorerie des révolutionnaires et qu'il avait donc droit à la citoyenneté. 40 000 dollars ont été donnés au fils du président du Panama, 35 000 dollars en argent à l'amiral responsable de la garnison colombienne. Si le canal coûte entre 400 et 500 millions de dollars comme le prévoient les ingénieurs, sa capacité de rendement est, déclare-t-on, largement insuffisante, même dans des conditions favorables, pour payer les intérêts des obligations émises par le gouvernement pour couvrir le coût de la construction, déclare le représentant Henry T. Rainey de l'Illinois. À cette époque, le président Roosevelt était également impliqué dans un scandale concernant l'octroi d'une franchise à la Standard Oil dans l'Oklahoma, comme le rapporte également le New York Sun du 26 novembre 1908 Son secrétaire privé dans cette affaire était William Loeb.

Cromwell était le conseiller juridique de tous les intérêts des Rothschild, de Kuhn, Loeb, Standard Oil et de la combinaison du canal de Panama. Naturellement, il avait la mainmise sur le ministère de la Guerre et la Maison-Blanche. Il était l'associé principal du cabinet Sullivan and Cromwell, qui comprend aujourd'hui les frères Dulles. L'enquête du Sénat sur l'affaire du Panama en 1906, bloquée par Cromwell, a été rouverte après la bataille Roosevelt-Pulitzer par la Chambre des représentants et, en 1913, la Chambre a rédigé un rapport de 800 pages sur son enquête, un volume plus passionnant que la plupart des romans. L'histoire de Panama, un énorme scandale impliquant les plus hauts responsables du gouvernement des États-Unis, a pris de telles proportions que, depuis lors, on dit d'un homme politique qui a eu un chapitre financier douteux de sa vie qu'il a un "Panama".

Les auditions de la Chambre des représentants ont révélé que les affaires financières du syndicat américain étaient gérées par JP. Morgan Co et J. and W. Seligman Co. de New York. Les intérêts de Bunau-Varilla, représentant les actionnaires français, ont été confiés à Heidelbach, Ickelheimer and Co. de New York. Les actions françaises avaient été vendues en France à l'origine à grand renfort de publicité et à un prix élevé par un syndicat dirigé par Cornelius Herz. Les actions ont chuté à un centième de leur prix, ce qui a failli faire tomber le gouvernement français. Une fois que les acheteurs français les ont utilisées comme papier peint, le plan visant à mettre le Trésor américain dans le coup a été mis au point par les proches des présidents et les maisons de banque susmentionnées. Deux obstacles se dressaient sur leur route. Le gouvernement avait déjà décidé de construire un canal à travers le Nicaragua, dont le sol rocheux constituait un bien meilleur revêtement pour un canal que le Panama, où, quarante ans plus tard, les flancs roulent toujours vers le bas.

Cromwell a résolu les deux problèmes. Il a acheté suffisamment d'opinion publique par l'intermédiaire des journaux, qui acceptent un chèque de n'importe qui, et a convaincu les électeurs que le Panama était la meilleure route, malgré l'avis contraire des ingénieurs. Il s'est ensuite rendu au Panama et, par la corruption, a provoqué une révolution, dont le coût était évident. Les actions françaises ont été achetées à leurs détenteurs déçus pour trois millions de dollars. Cromwell a dépensé deux millions de dollars en pots-de-vin, et le syndicat a vendu le tout au gouvernement américain pour 40 millions de dollars en or provenant de notre Trésor. L'arithmétique de l'affaire, en dehors de toute interprétation idéologique, montre un profit de 35 millions de dollars sur un investissement de 5 millions de dollars.

Philip Bunau-Varilla, décrit par le monde comme un spéculateur, était un ingénieur professionnel pour la Maison Rothschild. Il a construit des chemins de fer pour la Maison en Espagne et au Congo, et a finalement été sélectionné par DeLesseps pour le fiasco de Panama.

Les auditions de la Chambre des représentants des États-Unis sur le Panama, en 1913, sont le résultat de la diligence du député Henry T. Rainey de l'Illinois. Nous citons le texte suivant,

> Le 2 janvier 1902, le New York Sun publiait un article intitulé "La bataille des routes", annonçant que le projet de loi Hepburn pour un canal au Nicaragua avait été adopté par la Chambre des représentants, sous les applaudissements, par 308 voix contre 2. Le 17 mars 1903, le New York Sun rapportait que le traité colombien pour un canal de Panama avait été ratifié par le Sénat par un vote de 73 voix contre 3. Ce changement remarquable de politique et d'opinion nationale s'est produit en l'espace de quinze mois ».

Page 29 des auditions,

> L'histoire de l'encouragement de M. Cromwell aux révolutionnaires, puis de son abandon de sang-froid à leur sort, a été racontée en détail par José Augustin Arango dans une brochure intitulée « Datos historicos para la Independencia del Istmo », datée du 28 novembre 1905. Il est parfaitement exact dans tous les détails ».

À la page 61, le député Rainey témoigne que

« Les révolutionnaires étaient à la solde de la Panama Railroad and Steamship Co., une société du New Jersey. Le représentant de cette société était William Nelson Cromwell. C'est lui qui a encouragé et rendu possible la révolution sur l'isthme de Panama. À l'époque, il était actionnaire du chemin de fer et son avocat général aux États-Unis. William Nelson Cromwell — l'homme le plus dangereux que ce pays ait produit depuis l'époque d'Aaron Burr — est un révolutionnaire professionnel ».

Faut-il s'étonner que Wall Street ait encouragé la révolution bolchevique en Russie ? Après la guerre, la révolution a été l'arme la plus fréquemment utilisée par les banquiers de Francfort pour parvenir à leurs fins. La succursale new-yorkaise de J. and W. Seligman Co. a littéralement encouragé des centaines de révolutions dans les pays d'Amérique latine pour protéger son monopole sur les services publics dans ces pays. À la page 53, Rainey nous dit que

« La déclaration d'indépendance qui a été promulguée au Panama le 3rd novembre 1903 a été préparée dans le bureau de William Nelson Cromwell de New York. Notre département d'État était partie à l'accord selon lequel une révolution devait se produire à cette date, le 3rd novembre 1903, et ce jour a été choisi pour la raison que les journaux des États-Unis seraient remplis de nouvelles sur les élections et n'accorderaient pas beaucoup d'attention aux nouvelles du Panama. »

Cette manœuvre a été rappelée lors de la nomination d'Anna Rosenberg au poste de secrétaire adjoint à la défense, le 3 novembre 1950, dans l'espoir que les anticommunistes négligeraient cette nomination.

M. Hall du New York World a témoigné, comme indiqué à la page 135,

« Le gouvernement français — et c'est important parce que M. Roosevelt a déclaré qu'il avait payé les 40 millions de dollars directement au gouvernement français — a formellement désavoué tout lien avec la Panama Canal Co. et toute responsabilité à son égard par l'intermédiaire de son ambassadeur à Washington. Les 40 millions de dollars ont été versés à la Banque de France par JP. Morgan Co qui a obtenu l'argent du gouvernement américain.

Ce n'était pas une nouveauté pour Theodore Roosevelt de se parjurer devant le public américain. Il savait que le gouvernement français n'avait pas reçu un centime de lui ou de qui que ce soit d'autre pour la vente du canal.

Pour comprendre le pouvoir de John Foster Dulles, l'actuel conseiller républicain du Département d'État en matière de politique étrangère, il suffit de se reporter à la page 206 de ces auditions. Le mémoire présenté par Cromwell à la New Panama Canal Co. y est reproduit dans son intégralité. Nous citons

> "En ce qui concerne les activités des grandes sociétés aux États-Unis, le conseiller général est, en règle générale, l'âme dirigeante et a le contrôle. Le cabinet d'avocats Sullivan et Cromwell occupe une position reconnue parmi les grands corps juridiques de la nation. Au cours d'une trentaine d'années très actives, le cabinet Sullivan et Cromwell s'est trouvé placé dans des relations intimes, susceptibles d'être utilisées à bon escient, avec des hommes d'influence et de pouvoir partout aux États-Unis ; il a également appris à connaître, et à être en mesure d'influencer, un nombre considérable d'hommes de la vie politique, des cercles financiers et de la presse, et toutes ces influences et relations lui ont été d'une grande utilité dans l'exercice de ses fonctions dans l'affaire du Panama. L'opinion publique réclamait le canal du Nicaragua. La presse quotidienne et les magazines de ce pays étaient entièrement favorables au canal du Nicaragua, et ce n'est qu'au prix d'efforts personnels exceptionnels qu'il a été possible de les amener à s'intéresser au Panama".

Les efforts particuliers de Cromwell consistaient à signer des chèques aux journaux pour qu'ils publient sa propagande panaméenne. Son mémoire, l'une des révélations les plus éhontées d'escroquerie dans notre langue, était vendu à environ cinq dollars le mot, et valait chaque centime. Je suis particulièrement heureux que Cromwell ait eu la délicatesse de parler de sa révolution comme de "l'affaire du Panama". À la page 462 de ces auditions, nous constatons que

> "Les pots-de-vin ont été payés par des traites sur JP. Morgan Co par l'intermédiaire d'Isaac Brandon and Brothers. Les officiers colombiens ont reçu des pots-de-vin d'un montant de 1 270 000 dollars par l'intermédiaire de cette société panaméenne."

La désignation de Cromwell comme "l'homme le plus dangereux d'Amérique" est aujourd'hui fortement concurrencée par les frères qui lui ont succédé à Sullivan et Cromwell, Allen W. Dulles et John Foster Dulles, tous deux pouvant être décrits comme l'influence la plus sinistre dans les coulisses de Washington.

C'est l'héritage de Sullivan et de Cromwell de la tutelle légale de l'investissement majeur de la Maison Rothschild en Amérique qui explique la capacité de Cromwell à commettre des crimes majeurs, tant nationaux qu'internationaux, tout en restant à l'abri de la prison et dans le registre social. Cette immunité à l'égard des poursuites judiciaires peut être expliquée au mieux par quelques citations concernant la famille Rothschild. Picciotti, dans son "Anglo-Jewish History" (Histoire anglo-juive) déclare

> "Nathan Mayer Rothschild a participé à la plupart des grandes affaires financières de l'Amérique, de la France, de l'Angleterre et de presque tous les autres pays... Un autre événement qui l'aurait exposé à un grand danger était la conversion des rentes françaises projetée par M. Villele. Heureusement pour M. Rothschild, cette mesure a été rejetée par une seule voix à la Chambre des pairs de Paris. Si elle avait été mise en œuvre, la convulsion qui suivit peu après sur les marchés monétaires d'Europe aurait probablement été fatale à sa position, en dépit de ses vastes ressources. Un autre contrat périlleux fut le prêt de 4 % consenti par M. de Polignac avant les célèbres trois jours du 30 juillet qui annonçaient la chute des Bourbons en France. L'action a baissé de 20 à 30 %, mais, heureusement pour M. Rothschild, la plus grande partie de l'emprunt avait été répartie entre les souscripteurs, qui ont souffert plus ou moins sévèrement". Il y a fort à parier que les Rothschild ne prendront pas la perte.

Paul Emden écrit ce qui suit à propos des Rothschild et des autres influences à l'origine de la chute de l'Empire britannique dans "Behind the Throne", Hodder and Stoughton, Londres, 1934,

> La préparation d'Edward à son métier était très différente de celle de sa mère, c'est pourquoi il "gouvernait" moins qu'elle. Il a heureusement conservé autour de lui des hommes qui l'avaient accompagné à l'époque de la construction du chemin de fer de Bagdad ; l'éventail de ses conseillers a dû être élargi par l'inclusion d'hommes en contact permanent avec le monde des affaires ; c'est ainsi que les frères Loepold et Alfred de Rothschild, plusieurs membres de la famille Sassoon et surtout son conseiller financier privé, Sir Ernest Cassel, sont venus s'ajouter à l'équipe de conseillers de la famille ».

La vieille Victoria a dû se tordre dans sa tombe pendant qu'Édouard amenait cette horde de banquiers juifs à la tête de l'Empire britannique. À la page 294, Emden nous dit que

« L'énorme fortune que Cassel a accumulée en un temps relativement court lui a conféré un pouvoir immense dont il n'a jamais abusé. Il fusionna la société Vickers Sons avec la Naval Construction Co. et la Maxim-Nordenfeldt Guns and Ammunition Co, fusion qui donna naissance à la société mondiale Vickers Sons and Maxim. Il organisa la grande entreprise qui fut à l'origine de la Central London Railway Co. qui construisit le métro de Londres. Des hommes d'affaires tels que les Rothschild occupaient une position tout à fait différente de celle de Cassel. La société était gérée selon des principes bien définis et les différents associés devaient tous être membres de la famille. Ils menaient une vie de grands seigneurs avec une grande hospitalité et de manière princière, et il était naturel qu'Édouard VII les trouve sympathiques. Grâce à leurs relations familiales internationales et à leurs relations d'affaires encore plus étendues, ils connaissaient le monde entier, étaient bien informés sur tout le monde et avaient des connaissances fiables sur des questions qui n'apparaissaient pas à la surface. Cette combinaison de finance et de politique est une tradition chez les Rothschild depuis le tout début. La Maison Rothschild en savait toujours plus que ce que l'on pouvait trouver dans les journaux, et même plus que ce que l'on pouvait lire dans les rapports qui parvenaient au ministère des Affaires étrangères. Dans d'autres pays, l'influence des Rothschild s'étendait également derrière le trône ».

D'Alfred de Rothschild, Emden nous dit qu'il fut directeur de la Banque d'Angleterre de 1868 à 1890, et ajoute,

« Ce n'est qu'après la parution de nombreuses publications diplomatiques dans les années d'après-guerre qu'un public plus large a appris à quel point la main d'Alfred de Rothschild avait influencé la politique de l'Europe centrale au cours des vingt années d'avant-guerre.

Dans son livre "Randlords", Hodder and Stoughton, 1935, Paul Emden parle des rois du diamant et de l'or du Witwatersrand, en Afrique du Sud,

"La maison Rothschild était encline à s'intéresser au domaine du Kimberley et Sir Carl Meyer, leur représentant officiel, était déjà parti à Londres avec son rapport. La voie vers les gros actionnaires avait déjà été aplanie avec les Rothschild comme partenaires, et avec de Crano et Harry Mosenthal de la Compagnie d'exploration de son côté, la tâche de Cecil Rhodes à Paris n'était pas difficile. Un syndicat fut formé en août 1887 avec N.M. Rothschild Sons à sa tête, qui avança la somme de 1 400 000 livres pour l'achat des actions achetées à Paris, et reprit les nouvelles actions de DeBeers. Désormais, Cecil Rhodes avait dans la Maison Rothschild un allié qui s'intéressait volontiers à toutes les affaires proposées par Rhodes".

Ce passage jette un peu de lumière sur les activités toujours mystérieuses des Rhodes Scholars, des garçons américains qui sont éduqués en Angleterre grâce à des fonds provenant de la fortune de Cecil Rhodes. Rhodes, comme ses homologues américains J. P. Morgan et John D. Rockefeller, était un larbin païen de la maison Rothschild, et sa fortune a été affectée à la promotion de la trahison. On a reproché aux Rhodes Scholars d'être pro-britanniques, mais il serait bien plus juste de dire qu'ils sont pro-socialistes et pro-sionistes.

Emden nous apprend également que des armes ont été introduites clandestinement dans les champs d'or pour la rébellion contre les Boers par les juifs allemands des Uitlanders, sous la forme de machines minières destinées à DeBeers. Dans son livre "Empire Days", Hutchinson, Londres, 1942, Emden écrit à la page 153,

> "La DeBeers Mining Co. a été fondée en 1880 avec un capital de 200 000 livres, qui a augmenté régulièrement jusqu'en 1888, date à laquelle elle est devenue si forte que Rhodes, soutenu par les Rothschild et Alfred Beit de Wernher Beit and Co, a pu mener à bien la fusion de toutes les mines de diamants de Kimberley.

Cela confirme le fait que le trust mondial du diamant de DeBeers est un intérêt de Rothschild. Le canal de Suez est également une entreprise Rothschild, et la Maison peut revendiquer un rôle important dans la récente destitution du roi Farouk en Égypte. Toutes les biographies de Disraeli confirment l'intérêt des Rothschild pour le canal de Suez. J'ai sélectionné une note à ce sujet, tirée de l'"" Histoire du chemin de fer du Cap au Caire » par Louis Weinthal, correspondant de l'agence Reuters. À la page 633,

> « En 1875, Disraeli a incité N.M. Rothschild Sons à avancer environ quatre millions de livres sterling pour l'achat de 176 602 actions différées de la Suez Canal Co. appartenant à Son Altesse le Khédive Ismaïl, ce qui a assuré à la Grande-Bretagne une prédominance dans l'administration du canal. L'ensemble de la transaction est considéré comme une opération de la plus haute valeur patriotique et d'une

diplomatie clairvoyante, outre son aspect financier, les intérêts et les dividendes s'élevant à 1 094 303 livres pour l'exercice 1921-22 ».

Néanmoins, M. Weinthal, il s'agissait d'un accord et non d'un traité. Grâce à ses conseillers en affaires, les Rothschild, Cassel et Sassoon, les relations internationales de la Grande-Bretagne ont pris un nouveau virage.

La façon dont les Rothschild ont étendu leur influence en Amérique est décrite par James W. Gerard, dans « My First 83 years in America ». M. Gerard, ancien ambassadeur en Allemagne, a vu toutes les formes de matière au cours de sa longue vie ;

> August Belmont était venu en Amérique en 1837, à l'âge de vingt et un ans, en tant que représentant des Rothschild, dont les richesses et les intérêts en Europe étaient considérables... Le premier de la hiérarchie de la société (à New York) était August Belmont, l'aîné. Bien qu'il parlât avec un épais accent allemand, il régnait en arbitre social absolu ».

Les éditeurs de M. Gérard l'ont difficilement empêché d'écrire que Belmont parlait avec un fort accent yiddish, car Belmont était parti d'Allemagne en tant que Schoenberg. Lorsqu'il a franchi la frontière, ce caméléon financier a pris la coloration protectrice de la campagne gauloise, et la belle montagne est devenue Belmont. Plus grande influence du parti démocrate durant la dernière moitié du 19th siècle, Belmont était un grand promoteur de courses (le Belmont Track) et le constructeur du système de métro de New York. Son fils August Belmont Jr. a poursuivi la construction du métro. Pendant un siècle, il y a toujours eu un August Belmont, tout comme il y a toujours eu un Eugene Meyer ou un Henry Morgenthau au vingtième siècle.

Perry Belmont, le fils du vieil August, ne s'est pas sali les mains avec de l'argent. Il se lança dans le service public et devint président de la commission des relations extérieures de la Chambre des représentants, un poste idéal pour un représentant des Rothschild. Dans la grande affaire des obligations-or de 1895, Perry reçut une part de deux millions de dollars, mais son rôle reste conjectural.

Quoi qu'il en soit, la raison de tout ce battage autour des Rothschild est d'expliquer la campagne frénétique menée par leurs représentants à New York, Kuhn, Loeb Co. au cours des années 1920, pour amener les États-Unis à reconnaître la nation socialiste sioniste, la Russie communiste. L'une des raisons pour lesquelles Trotski a été mis à l'écart était sa réputation de frénétique, qui mettait en péril la campagne de presse de Kuhn, Loeb de 1918 à 1933, qui présentait la Russie comme une expérience d'agrarisme inoffensif.

L'un des résultats de l'éducation universelle a été l'incapacité totale du citoyen ordinaire à croire que les banquiers pourraient promouvoir une révolution. « Pourquoi ? », s'interroge-t-il, bouche bée,

> « Les banquiers sont des gens stables et conservateurs, qui seraient les derniers au monde à se mêler d'une révolution.

C'est peut-être vrai pour les banquiers de votre petite ville, Mme Williams, mais ce n'est pas vrai pour la foule internationale de Francfort. Les révolutions ne sont pas accidentelles. Comme les guerres et les paniques, elles nécessitent des conférences d'experts et une somme d'argent considérable. Une révolution est un investissement politique Les Rothschild et les Schiffs ont déversé leur argent en Russie en 1917 pour protéger leurs investissements dans ce pays. Cet argent de protection a été l'argent qui a permis à Lénine et à Staline de prendre le pouvoir.

Isaac Seligman, ancien de la maison de J. et W. Seligman, a déclaré lors d'un discours prononcé devant l'Association américaine pour la conciliation internationale en janvier 1912, publié sous la forme d'une brochure n° 50, que

> « Le conflit russo-japonais de 1904-1905 a été interrompu parce que les banquiers ont refusé d'accorder des prêts à des conditions plus ou moins ordinaires, alors qu'un demi-milliard de dollars avait été gaspillé dans le conflit. Les intérêts commerciaux ont ainsi mis entre les mains des banquiers internationaux une arme puissante à utiliser dans l'intérêt de la conciliation et de la paix. La France détient aujourd'hui pour un milliard de dollars de titres russes, et l'on peut facilement comprendre que la Russie ne s'engagerait pas dans une guerre sans le consentement de la France ».

Le bateau d'Isaac sur le pouvoir des banquiers internationaux d'arrêter la guerre s'ils le souhaitent semble bien mal parti, puisque son discours a été prononcé seulement deux ans avant le déclenchement de la Première Guerre mondiale. La Seconde Guerre mondiale était également une question de finance orthodoxe, qui n'aurait pas pu causer la mort d'un jeune célibataire si les banquiers n'avaient pas travaillé pendant trente ans pour la provoquer.

Parmi les agences nombreuses et déterminées qui travaillaient aux États-Unis dans les années 1920 pour obtenir la reconnaissance officielle du gouvernement communiste russe, la principale était l'Association de la Ligue des nations libres qui, dans ses appels au soutien du public, annonçait que son seul but était cette reconnaissance et se vantait d'être en bonne voie d'atteindre son objectif. Le président du comité exécutif de cette organisation était James Grover McDonald, qui a gagné sa vie de façon douteuse toute sa vie avec de telles entreprises, toujours pour la même foule socialiste et sioniste. Il a été récompensé en étant nommé premier ambassadeur des États-Unis auprès de l'État d'Israël nouvellement volé. Son assistant dans cette entreprise communiste au cours des années 1920 était Stephen Duggan, président de l'Institut d'éducation internationale. Ces deux groupes étaient bien entendu financés par le Council On Foreign Relations.

Le Bulletin de juin 1920 de l'Association de la Ligue des Nations Libres proclamait qu'elle « travaillait activement à l'élaboration d'une demande nationale pour le rétablissement du commerce avec la Russie ». Kuhn, Loeb et J. P. Morgan ont surveillé avec anxiété l'accueil réservé à ce groupe de pression et ont poursuivi leur objectif lorsqu'il est devenu évident que Duggan et McDonald n'allaient pas être enfermés en tant qu'agents d'une puissance étrangère.

À la page 193 de la biographie de Pope « Maxim Litvinoff », on peut lire que

> "Le 7 juillet 1922, Litvinoff déclara au cours d'une conversation que la délégation russe à la Conférence de La Haye s'attendait à négocier avec un groupe important de financiers qui comprenait Otto H. Kahn de Kuhn, Loeb Co. New York. Une semaine plus tard, Otto Kahn, qui était arrivé à La Haye, déclarait que « la conférence avec la Russie apportera des résultats utiles et conduira à une approche plus proche de l'unité de vues et de politiques de la part de l'Angleterre, de la France et des États-Unis en ce qui concerne la situation russe ».

Cela explique en partie le fait que Mme Otto Kahn ait toujours été reçue par le grand Staline lui-même lorsqu'elle se rendait en Russie. Otto Kahn a travaillé très dur pour parvenir à "une unité de vues et de politiques" dans ses pays d'adoption, l'Angleterre, la France et les États-Unis, en ce qui concerne sa dernière et plus fervente allégeance, la Russie communiste. La dernière passion est toujours la plus féroce, et l'amour de Kahn pour la mère Russie semble avoir supplanté tous les feux patriotiques qui brûlaient dans sa poitrine successivement pour l'Allemagne, l'Angleterre et l'Amérique.

Si le cabinet Kuhn, Loeb a su résister à une demi-douzaine de conflits d'allégeance pendant la Première Guerre mondiale, il n'y a aucune trace d'une division d'opinion entre ses associés sur la question de la reconnaissance de la Russie. Leur attitude à l'égard du communisme reflète une harmonie singulière et admirable. (Attaquer Kuhn, Loeb en présence d'un communiste, c'est comme cracher sur la tombe de Lénine). Les capitalistes sont tous mauvais, bien sûr, mais les "irrigants financiers" de Kuhn, Loeb sont des patriotes mondiaux, à ne pas confondre avec les méchants banquiers qui portent des noms païens.

La biographie de Litvinoff par Pope révèle également que

> "En 1925, W. Averell Harriman avait entrepris d'organiser la participation américaine au financement du commerce russo-allemand, et Felix Warburg ainsi que d'autres grands banquiers étaient prêts à coopérer au projet, tandis qu'Ivy Lee, de la Standard Oil, encourageait la reconnaissance de la Russie, avec l'aide de sociétés américaines bien connues telles que General Electric, Vacuum Oil, International Harvester et New York Life Insurance".

Malgré les services éminents qu'il a rendus à la Russie communiste pendant un quart de siècle, W. Averell Harriman n'était pas communiste. Il était le plus gros actionnaire américain de l'industrie lourde allemande dans les années 1930, mais il n'était pas nazi. Il n'était qu'un représentant de Kuhn, Loeb Co.

Les Rockefeller n'ont pas hésité à promouvoir la reconnaissance de la Russie. La Fondation Rockefeller mettait des millions à la disposition de quiconque pouvait présenter un plan réalisable pour promouvoir le communisme en Amérique, comme l'a prouvé le Dr Josephson. Elle a accordé des millions à la London School of Economics, qui forme la bureaucratie du futur État socialiste mondial et qui a diplômé de grands Américains tels que le frère du doyen Acheson. Edward Campion Acheson, qui a joué un rôle important dans les coulisses de Washington.

Le plus remarquable est l'envoi par Rockefeller de son publicitaire personnel, Ivy Lee, qui était chargé des relations publiques de la Standard Oil Corporation of New Jersey, en Russie pour en rapporter un rapport favorable sur l'État policier communiste. Lee serait revenu débordant d'enthousiasme même si Staline l'avait jeté dans un cachot et battu trois fois par jour. Il est difficile de décourager un homme qui est payé si cher pour un mot. Ivy Lee ne doit pas être confondu avec la famille Virginia, qui s'est TOUJOURS appelée Lee. Son voyage a eu lieu à la fin de l'année 1926 et, en 1927, Macmillan Co, la maison de propagande des banquiers internationaux, a publié "Present Day Russia", qui présentait la Russie comme un pays doté d'une chambre de commerce, comme l'Amérique, avec des membres de la hiérarchie communiste qui étaient comme nos jeunes hommes d'affaires, progressistes, dynamiques et charmants. Lee a omis de préciser que les hommes d'affaires américains ne jettent pas leurs concurrents dans des camps de concentration. Lee, chef de la propagande en Amérique, s'est longuement entretenu avec Karl Radek, chef de la propagande de l'Internationale communiste. À la page 125 de son livre, Lee nous dit que

> "Radek a déclaré que la propagande bolchevique n'avait guère l'intention d'influencer les masses des peuples du monde, mais tentait de former un noyau dur de révolutionnaires. L'objectif du communisme, a-t-il déclaré, est de prendre le contrôle des hordes d'Asie, première et plus importante étape de la conquête du monde".

Outre Kuhn, Loeb, Standard Oil et les Harriman, le reste des Rothschild d'Amérique ne traînait pas les pieds. Alors que la figure poupine de J.P. Morgan était conspuée en tant que cible officielle de la propagande communiste, la firme J. P. Morgan travaillait en coulisse pour la Russie, Harold Nicolson, dans sa biographie "Dwight Morrow", nous dit que

> "L'intérêt de Morrow pour la Russie remonte à 1917, lorsque Thomas D. Thacher, son associé, avait été membre de la mission de la Croix-Rouge américaine pendant la révolution. Il a été renforcé par son amitié avec Alex Gumberg, qui était venu à New York en tant que représentant du Syndicat textile panrusse. J'ai senti", écrit Morrow en 1927, "que le temps viendrait où il faudrait faire quelque chose pour la Russie". Il s'employa lui-même à promouvoir les relations officieuses entre les émissaires soviétiques et le Département d'État, et il fournit à Maxim Litvinoff une chaleureuse lettre d'introduction à Sir Arthur Saler et à d'autres personnes à Genève. Ce n'est pas tout. Lors de son séjour à Paris au printemps 1927, il donna un dîner chez Foyot auquel il invita M. Rakovsky et d'autres représentants soviétiques".

Ainsi, alors que les journaux communistes du monde entier consacraient page après page à des diatribes et des invectives contre Morgan, un associé de Morgan organisait des dîners dans des restaurants de luxe à Paris pour des fonctionnaires communistes, et lorsque le commissaire aux relations extérieures de la Russie soviétique, Maxim Litvinoff, s'est rendu à la Société des Nations, il avait une lettre d'un associé de J. P. Morgan.

La vérité est que la JP. Morgan Co a fait presque autant pour promouvoir le communisme que sa consœur, la banque Kuhn, Loeb Co. L'associé principal de J. P. Morgan entre les deux guerres mondiales, Thomas Lamont, a financé la Saturday Review of literature, un journal gauchiste, afin de rallier les écrivains américains à sa cause. Il a également été propriétaire du New York Post, un journal gauchiste qui appartient aujourd'hui à Mme Dorothy Schiff, et a été directeur de Collier's Weekly, dont l'homme de main politique, Walter Davenport, réserve ses coups les plus virulents aux patriotes. Mme Thomas Lamont était administrateur et directeur de plusieurs fronts communistes, et leur fils, Corliss Lamont, a été un infatigable compagnon de route, en étant le président d'entreprises notoirement communistes telles que le Conseil de l'amitié américano-soviétique et d'autres tout aussi bien connues du FBI.

Dwight Morrow avait été l'associé de Thomas Thacher, un avocat de Wall Street, avant d'entrer chez JP. Morgan Co. Thacher avait été membre de la tristement célèbre mission de la Croix-Rouge en Russie pendant la révolution. Le chef de cette mission, le colonel Raymond Robins, a changé d'avis dans les années 1930, a rompu avec tous ses intrigants de Wall Street, a changé de nom et est allé vivre dans une petite ville de Caroline du Sud, où il est mort quelques années plus tard.

Harold Nicolson, à la page 28 de sa biographie bavarde « Dwight Morrow », nous apprend qu'à Amherst College, Morrow, fils de parents pauvres, portait les chemises en soie élimées de son frère de fraternité aîné, Mortimer Schiff, fils de Jacob Schiff, avec MLS brodé sur le devant. Morrow a porté les couleurs de Kuhn, Loeb toute sa vie.

Bien que la frange lunatique du parti communiste américain ait été bruyante et absurde au cours de la décennie hystérique des années 1920, elle constituait une excellente couverture pour le travail communiste sérieux effectué par les membres du Conseil des relations extérieures. Les années 1920 ont été les jours heureux des communistes américains, lorsque Owen Lattimore pouvait voyager entre Washington et Moscou sans entrave ni critique. En effet, il était difficile d'obtenir un poste de professeur de gouvernement ou d'histoire à moins d'avoir fait le pèlerinage à Moscou ou d'avoir publié quelques articles dans The Nation ou The New Masses. Les années 1920 sont aussi les jours d'or des syndicalistes. Walter Reuther, aujourd'hui empereur du syndicat des travailleurs de l'automobile CIO à Detroit, était un visiteur éminent et bien accueilli à Moscou, et on dit qu'il était un étudiant vedette de l'excellente école Lénine de la révolution. Le FBI refuse de communiquer aux membres du Congrès les informations dont il dispose à son sujet.

CHAPITRE 15

Mon livre, « The Federal Reserve »[2] relate les négociations
monétaires immédiates responsables du krach de 1929,
depuis les auditions du Congrès qui ont révélé la réunion des
banquiers centraux européens avec les gouverneurs de la Réserve
fédérale à Washington en 1927, au cours de laquelle la décision
d'augmenter le taux d'escompte et de précipiter le krach a été prise. Le
présent ouvrage présente le contexte idéologique de cette décision.
L'idée était de dégonfler les États-Unis prospères et d'attirer l'or de ce
pays vers les pays européens plus pauvres, et d'aider la Russie à
surmonter sa crise économique. Trotsky avait écrit dans son « Histoire
de la révolution russe » que

> « L'or est la seule base de la monnaie. Toute autre monnaie n'est
> qu'un substitut. »

Trotsky ne nous a pas dit que l'argent lui-même n'est qu'un substitut.
Quoi qu'il en soit, nous ne pouvons pas nous attendre à ce qu'une
personne née à Bronstein veuille n'importe quel type d'argent à
l'exception de l'or. Telle était la doctrine économique révolutionnaire
du communisme et, comme le système de la Réserve fédérale et la
révolution bolchevique sont tous deux nés des esprits agiles de Paul
Warburg et du baron Alfred De Rothschild, il n'est pas surprenant qu'il
y ait eu une communauté d'intérêts entre le krach de 1929 et le bien-
être du communisme.

À la page 123 de « Present Day Russia », Macmillan 1927, Ivy Lee écrit
que Karl Radek, chef de la propagande de l'Internationale communiste,
lui a dit,

---

[2] "The Secrets of the Federal Reserve — The London Connection", Omnia Veritas Ltd,
www.omnia-veritas.com.

"Il désespérait de pouvoir progresser aux États-Unis en raison de la prospérité des travailleurs et laissait entendre qu'une dépression serait la seule chose qui permettrait de répandre le communisme en Amérique.

Cette prospérité, comme je l'ai souligné, était due à l'innovation révolutionnaire d'Henry Ford, qui payait ses ouvriers cinq dollars par jour alors que tous les autres n'en payaient que trois. Lorsque les racketteurs syndicaux, tous issus d'une certaine minorité raciale, sont arrivés et ont essayé de s'attribuer le mérite de ce que Ford avait fait pour ses ouvriers, Ford les a chassés et les a gardés des années après que tous les autres constructeurs américains aient capitulé devant les syndicalistes marxistes, ces parasites qui se nourrissent de l'ouvrier américain.

Le système de la Réserve fédérale était toujours prêt à rendre service à M. Radek, tout comme les pages du magazine « Foreign Affairs » du Council On Foreign Relations étaient toujours ouvertes à la propagande communiste de M. Radek.

Nikolaï Lénine, à la page 127 du volume X de ses Œuvres choisies, telles que traduites par J. Fineberg, déclare

> « La révolution est impossible sans une crise nationale affectant à la fois les exploiteurs et les exploités, pour que les classes inférieures refusent de vouloir l'ancienne manière, et qu'il soit impossible pour les classes supérieures de continuer dans l'ancienne manière ».

Notre krach de 1929, la pire calamité jamais infligée au peuple américain, a été provoqué selon les préceptes de Lénine et de Radek. C'était juste le coup de fouet nécessaire au plan quinquennal de Staline. Paul Einzig, dans « France's Crisis », Macmillan, 1934,

> « Le dumping des produits de base par les organisations exportatrices soviétiques a contribué à la chute des prix mondiaux et a accentué la crise. Ce dumping fait partie du plan quinquennal tant discuté… Si le plan quinquennal réussit, le pouvoir des autorités soviétiques de pratiquer le dumping augmentera considérablement, ce qui est de nature à rendre les hommes pessimistes quant aux perspectives de l'industrie dans d'autres pays. La crise mondiale n'a pratiquement pas affecté l'Union soviétique ».

Dans « The World Economic Crisis », Macmillan, 1934, Einzig écrit que

« L'Union soviétique a bénéficié de la crise. Il lui est plus facile d'obtenir des crédits qu'à n'importe quel moment de son existence, car tous les pays sont devenus plus désireux de vendre leurs marchandises ».

Bien qu'elle soit sur l'étalon-or, l'Union soviétique, curieusement, n'a pas souffert de la calamité qui a frappé les autres pays de l'étalon-or. Cette immunité n'a pas encore été expliquée par nos économistes. Le fait que les cerveaux de l'Union soviétique comprenaient aussi bien l'art de l'argent que l'art de la révolution est illustré par le commentaire d'Einzig dans son livre « France's Crisis » (La crise de la France),

« Le Soviet a acheté à crédit diverses marchandises et les a revendues immédiatement au comptant. Ce faisant, ils ont subi des pertes importantes, mais cela leur a permis d'acquérir des machines pour la réalisation du plan quinquennal. Aussi coûteuse que puisse paraître cette méthode d'emprunt, elle est en fait moins chère que le taux auquel les Soviets pourraient emprunter sur le marché libre. »

Il est étrange que des révolutionnaires fanatiques puissent comprendre cet art habile du financement, mais n'importe quelle personne déplacée qui a ouvert un magasin de vêtements à New York et vendu ses marchandises à perte pourrait le lui expliquer.

Bruce Hopper, un homme de contact de haut niveau entre les banquiers new-yorkais et les dirigeants soviétiques, qui a remplacé George Kennan dans les années 1920, a écrit dans le numéro d'avril 1932 de « Foreign Affairs » un article intitulé « Soviet Economy In a New Phase » (L'économie soviétique dans une nouvelle phase), dans lequel il déclare,

'Ironiquement, les pays capitalistes se sont complaisamment enfoncés dans les profondeurs de la dépression, juste à temps pour permettre aux bolcheviks de souffler au moment où ils en avaient le plus besoin.

Mon dossier est rempli de choses étranges qui se sont produites juste au moment où les communistes et les banquiers internationaux avaient désespérément besoin qu'elles se produisent. Le krach de 1929 ne s'est pas produit en un jour, et ce n'est pas un hasard s'il s'est produit juste à temps pour aider l'Union soviétique. Hopper remarque également que le monopole de l'État soviétique sur le commerce extérieur met le système de planification à l'abri des effets désastreux des échanges de devises. Cela ne signifie pas que le monopole d'État est meilleur, mais qu'il dispose de mécanismes qui le protègent, en tant que monopole d'État, des maux du système de la libre entreprise. Inversement, le système de la libre entreprise comporte des contrôles qui le protègent des désastres du système du monopole d'État, et ce sont ces contrôles que la foule du Conseil veut éliminer. Hopper souligne également que la semaine continue de cinq jours a été adoptée en 1929 dans la Russie athée pour abolir le dimanche, en tant qu'étape intégrale du programme léniniste. Il note que la Banque d'État ne délivre des fonds aux usines que lorsque les contrats ont été remplis. Il s'agit là d'un développement de la philosophie « Travailler ou mourir de faim » du communisme, point 8 du Manifeste communiste.

L'une des principales causes de la débâcle de 1929-1933 a été la saignée systématique du public américain par l'achat d'obligations étrangères auprès des banques internationales, un crime qui a rapporté deux milliards de dollars aux banquiers et qui a donné lieu à une enquête du Sénat sur ce racket. C'est pourquoi cette enquête doit maintenant être menée par des agences gouvernementales, telles que l'Administration de coopération économique, qui a si bien fonctionné sous la direction de Herbert Lehman, Paul Hoffman.

Lothrop Stoddard, dans son livre « Europe and Our Money », Macmillan, 1932, écrit que Paul Mazur de Lehman Brothers, Eugene Meyer et Paul Warburg étaient les trois cerveaux qui ont fait la promotion de ces obligations sans valeur aux États-Unis. Stoddard affirme également que la prise de conscience par le public de la disparition de 45 milliards de dollars a été l'un des facteurs psychologiques à l'origine de la panique.

Le sinistre Allen W. Dulles, aujourd'hui président du Council On Foreign Relations, est plutôt contrarié par les plaintes des personnes qui ont été escroquées par les banquiers internationaux. Dulles écrit dans le numéro d'avril 1932 de « Foreign Affairs », un article intitulé « American Foreign Bondholders », page 479, dans lequel il déclare que seul un milliard de dollars sur les huit milliards d'obligations américaines ont fait l'objet d'une défaillance. Il n'y a pas lieu de se plaindre de la perte d'un milliard de dollars, déclare M. Dulles, pour qui de telles sommes n'ont pas de sens. Il ajoute que

> « Malgré le coup porté aux financements étrangers sur le marché new-yorkais à la suite des événements récents, nous prêterons à nouveau de l'argent à l'étranger avant de nombreuses années. Un

revirement tel que celui auquel nous assistons actuellement n'est pas un report permanent des investissements étrangers ».

Allen W. Dulles ne croit pas que les Américains escroqués devraient se plaindre des banquiers véreux qui leur ont vendu des obligations bidon. De toute façon, console-t-il les hommes de confiance de Frankfort, les pigeons seront de retour dans quelques années. C'est ce genre de morale qui dote les églises et les universités, et c'est l'argent qui sous-tend cette morale qui a empêché les hommes d'Église et nos professeurs de critiquer la marche triomphale du sionisme socialiste, et qui, en fait, a acheté beaucoup d'entre eux pour la cinquième colonne du marxisme.

Le 29 octobre 1929, jeudi noir à la Bourse de New York, lorsque tant d'hommes d'affaires païens se sont jetés par la fenêtre de leur bureau, a été un jour de réjouissance pour les immigrés qui avaient tout planifié. Carter Field, dans sa biographie de « Bernard Baruch », écrit que

> « Baruch s'est retiré du marché juste avant le krach. Mais qu'est-ce qui l'a poussé à vendre des actions et à acheter des titres exonérés d'impôts à un moment aussi favorable ? Toujours en train d'étudier la valeur des titres qu'il détenait, Baruch est arrivé à la conclusion que la plupart des actions se vendaient bien plus cher qu'elles ne valaient ».

Il s'agit là d'un véritable non-sens. Les actions ont été énormément surévaluées pendant plus de deux ans. À la veille du krach, Baruch vend soudainement ses actions et achète des obligations d'État. Il en va de même pour les actionnaires de la Réserve fédérale. Les frères Lehman aussi. Il en va de même pour les partenaires de Kuhn, Loeb Co. et pour les partenaires de toutes les banques internationales. Les origines du krach peuvent être déduites du fait que pas un seul associé des maisons bancaires originaires de Francfort n'a perdu à cause de lui. Au contraire, leur fortune a été doublée ou triplée. Lorsqu'ils ont eu les pigeons là où ils voulaient, ils ont retiré les appuis du marché, juste à temps pour empêcher un effondrement de la Russie soviétique, et le peuple américain est entré dans quatre années de misère.

Où étaient les Rothschild quand tout cela se passait ? Le Time Magazine du 18 août 1952, page 28, remarque que

> 'La faillite de l'Austrian-Creditanstalt, contrôlée par les Rothschild, en 1929, a déclenché la dépression mondiale.

Nombre de nos plus anciennes familles ont perdu leurs actions et leurs biens au profit des Lehman et des Warburg. Le krach a été un désastre économique pour nos citoyens d'origine, mais il a été une aubaine pour d'autres. Herbert Lehman et Frederick M. Warburg ont créé leur gigantesque holding, la Lehman Corporation, pour racheter des industries entières pour une fraction de leur valeur. Eugene Meyer agrandit sa déjà énorme Allied Chemical and Dye Corporation, James Paul Warburg multiplie les succursales de sa Bank of Manhattan Company, tandis que Samuel Zemurray, de la Palestine Economic Corporation, et d'autres de son espèce forment une autre grande société holding, l'Atlas Corporation. Les associés de Sullivan and Cromwell et de Lehman Brothers ont formé la Marine Midland Company, qui contrôlait les intérêts énergétiques de Niagara et l'industrie de l'État de New York supérieur.

Amadeo Giannini, de la Bank of America, a failli perdre ses avoirs au profit de la National City Bank et a mené une lutte acharnée tout au long des années 1930 pour sauver sa banque de la domination de la National City (Rothschild). Giannini, un Italien honnête, avait construit la plus grande banque de l'Ouest, et la foule new-yorkaise a saisi l'occasion de 1929 pour le briser. Il fit un brillant retour et, en 1951, Wall Street enrôla finalement le Conseil de la Réserve fédérale dans une attaque en règle contre la Bank of America, lui ordonnant de dissoudre ses avoirs dans la Transamerica Corporation. Il s'agissait d'une action si manifestement préjudiciable qu'elle aurait suscité le ressentiment général du peuple américain si la presse publique avait pris la peine de l'informer des enjeux.

Le krach de 1929 a été une excellente occasion pour les syndicalistes marxistes radicaux de consolider leur emprise sur le mouvement syndical américain et d'écraser les propriétaires d'usines, dont beaucoup ont fait faillite. Le chef de file des marxistes était le célèbre communiste Sidney Hillman. La biographie « Sidney Hillman », par Jean Gould, Houghton Mifflin 1952, relate à la page 276 que

> 'Sidney Hillman a créé la Amalgamated Bank of New York and Chicago le 14 avril 1923. Cette banque n'a pas été touchée par la dépression et disposait de 11 millions de dollars en liquidités au moment du krach. A. D. Marimpetri « était heureux de pouvoir annoncer qu'ils avaient fonctionné sans la moindre perte de dollars » pendant l'une des plus grandes ruptures de marché de l'histoire de la Bourse'.

Non seulement la Russie soviétique n'a pas été touchée par le krach, mais la principale capitale du marxisme en Amérique, l'Amalgamated Bank du communiste Sidney Hillman, n'a pas non plus été affectée.

J'ai noté dans « The Federal Reserve » que, sur les 106 entreprises qui ont fondé le New York Cotton Exchange en 1870, seules deux ont survécu jusqu'à aujourd'hui, la maison bancaire de Baruch, Hentz and Co, et la maison familiale de Herbert Lehman, Lehman Brothers.

Aucune crapule n'était trop répréhensible pour se voir refuser un emploi dans la Grande Guerre Sur la richesse du peuple américain s'il avait un bon plan, et c'est ainsi qu'un aventurier européen nommé Ivar Kreuger a été soutenu dans une escroquerie de 250 millions de dollars par trois maisons de banque de New York et de Boston, Lee Higginson Co. Dillon Read Co. et Brown Brothers Harriman. Il s'agit de l'un des pires scandales financiers de l'histoire moderne, qui a été critiqué au Congrès le 10 juin 1932 par le représentant Louis MacFadden, président de la commission des banques et de la monnaie de la Chambre des représentants, comme suit :

> « Chaque dollar des millions que Kreuger et son gang ont tiré de ce pays sur des acceptations a été tiré du gouvernement et du peuple des États-Unis par l'intermédiaire du Conseil de la Réserve fédérale et des banques de la Réserve fédérale. Le crédit des États-Unis lui a été vendu ».

CHAPITRE 16

Les trois dictateurs les plus importants du vingtième siècle, Lénine, Mussolini et Hitler, connaissaient tous les rouages du capital financier international. Mussolini a vaincu la Banca Commerciale en Italie et s'est imposé comme leader, Hitler est censé avoir battu les Rothschild en Allemagne et Lénine, bien sûr, a été le fer de lance du nouveau développement du capital financier international, aujourd'hui connu sous le nom de communisme.

L'araignée internationale de la finance, qui avait tissé sa toile depuis Francfort et traversé l'Europe et l'Amérique, n'a pas manqué d'atteindre l'Italie, avec un tel succès qu'avant la Première Guerre mondiale, l'Italie était entre les mains des banquiers allemands. E. J. Dillon, dans son histoire « From the Triple to the Quadruple Alliance », Hodder and Stoughton, 1915, écrit que

> « L'Italie était devenue une colonie commerciale de l'Allemagne. Le professeur Pantaleoni a vu très tôt l'influence néfaste exercée par la Banca Commerciale, qui avait son siège à Milan et qui avait été fondée en 1895 par Herr Schwabach, le chef de Bleichröders, et d'autres juifs allemands tels que Joel, Weil et Toepliz. La Banca Commerciale contrôlait l'économie italienne par un système de directions imbriquées les unes dans les autres. »

Lehman Brothers fait la même chose aux États-Unis. Benito Mussolini a libéré l'Italie de la Banca Commerciale et s'est attiré l'épithète de « sale fasciste », qui est devenue la norme dans notre presse contrôlée.

Une autre raison de la campagne de presse contre Mussolini est donnée par Paul Einzig dans « World Finance 1914–1935 »,

> "En Italie, le signor Mussolini a interdit les emprunts à l'étranger et l'Italie n'a participé que modérément, en tant qu'emprunteur, à l'orgie de prêts internationaux.

Mussolini a brisé le pouvoir de la Banca Commerciale en faisant preuve de la plus grande détermination pour que l'Italie trouve son propre destin en Europe, sans se plier au diktat des Rothschild. Après la Marche sur Rome, Mussolini a prouvé qu'il était plus qu'un dramaturge en surévaluant la lire, ce qui a effectivement affaibli l'influence des banquiers internationaux et de leurs actifs imbriqués en Italie. À cette époque, les banquiers allemands étaient impuissants. Ils avaient ruiné l'Allemagne et devaient attendre l'arrivée d'Hitler pour remettre cette nation sur pied. Entre-temps, les Frankfort boys ont été chassés d'Italie par un ancien ouvrier des mines qui a suscité l'admiration du monde entier. Il représentait Italia Irredenta, une Rome renaissante. Il n'est pas étonnant que le Jewish Sentinel, dans son numéro du 26 novembre 1920, se soit plaint de ce qui suit

> « Notre seul grand ennemi historique, notre ennemi le plus dangereux, c'est Rome sous toutes ses formes et dans toutes ses ramifications. Chaque fois que le soleil de Rome commence à se coucher, celui de Jérusalem se lève ».

Le fait que Mussolini était de Rome est prouvé par ses écrits, qui sont aussi directs que les déclarations de Cincinnatus. Contrairement aux écrits antichrétiens vindicatifs de Marx et de Lénine, que j'ai déjà cités et qui expriment une attitude raciale, l'esprit religieux de Benito Mussolini s'exprime dans son livre le plus important, « La doctrine du fascisme », Florence 1936, qui est devenu le principal guide du parti fasciste italien. À la page 44, Mussolini nous dit que

> « L'État fasciste n'est pas indifférent aux phénomènes religieux en général et ne maintient pas non plus une attitude d'indifférence à l'égard du catholicisme romain, la religion positive particulière des Italiens. L'État possède un code moral plutôt qu'une théologie. L'État fasciste voit dans la religion l'une des manifestations spirituelles les plus profondes et, pour cette raison, non seulement il respecte la religion, mais il la défend et la protège. L'État fasciste n'essaie pas, comme Robespierre au plus fort du délire révolutionnaire de la Convention, d'ériger un dieu qui lui soit propre, ni ne cherche vainement, comme le bolchevisme, à effacer Dieu de l'âme de l'homme ».

Au lieu de découvrir ce que Mussolini représentait, les Américains ont eu droit à un régime régulier de Walter Lippmann et Walter Winchell, dont les loyautés rabbiniques les ont empêchés de mentionner le programme chrétien de Mussolini. Néanmoins, Mussolini a été en mesure d'effectuer de vastes réformes en Italie, et les services de presse internationaux n'ont pas été en mesure de cacher cette information au peuple américain. Des centaines de milliers de touristes ont visité l'Italie dans les années 1930 et ont vu le nouvel État que Mussolini avait sorti de la pauvreté d'une Italie dominée par les banquiers internationaux. Les fonctionnaires américains ont été impressionnés par le leadership de Mussolini, même s'ils ont pris soin de ne pas le dire publiquement. L'une de ces opinions est révélée des années après l'assassinat brutal de Mussolini par des partisans communistes, dans la biographie de Stimson, « On Active Service In Peace and War », par McGeorge Bundy, page 268,

> 'En tant que secrétaire d'État, Stimson s'est rendu en Italie en 1931. Benito Mussolini et le comte Dino Grandi, son jeune ministre des Affaires étrangères, se trouvaient en Italie. Cela semble ironique, mais à cette époque, Mussolini était l'un des défenseurs du désarmement les plus ardents et les moins incohérents de toute l'Europe... Quelques jours plus tard, il a emmené les Stimson faire une promenade en bateau à moteur. Il a montré son côté séduisant et nous l'avons tous deux beaucoup aimé. Extrait d'un mémo du 9 juillet 1931 : « Il a insisté sur le fait que l'Italie était en faveur du désarmement et de la paix ».

Bien que les banquiers internationaux soient mécontents d'avoir été chassés d'Italie, de tels revers temporaires ne sont pas nouveaux pour eux. Cela signifiait que l'Italie serait du mauvais côté lors de la prochaine guerre et qu'ils pourraient alors en faire ce qu'ils voulaient. Le meurtre vindicatif de Mussolini découragerait les autres Italiens de faire preuve d'audace.

L'une des raisons pour lesquelles les banquiers n'étaient pas trop mécontents d'être écartés de l'Italie pour le moment a été soulignée par Paul Warburg dans l'un de ses apartés cyniques au journaliste financier Carter Barron. « Pourquoi devrions-nous nous préoccuper d'un pays qui n'a pas d'or ? », a ricané Paul.

Paul Einzig (la moitié de ces créatures semblent s'appeler Paul) dans son livre « Finance and politics », Macmillan, 1932, a remarqué que

> 'La Banque d'Italie n'a jamais été en mesure d'accumuler une réserve d'or comparable à celle de la France, ni même, comparativement, à celle de la Hollande, de la Suisse ou de la Belgique.

Le manque d'or de l'Italie a été un défi pour Mussolini, qui l'a relevé. Il a développé une économie interne forte qui ne dépendait pas des caprices de Paul Warburg ou de Sir Ernest Cassel, comme le souligne Einzig dans « World Finance, 1935–1937 » Macmillan, 1938,

> 'En 1927, des restrictions de change draconiennes ont été adoptées en Italie, qui a ainsi pratiquement cessé d'être membre du bloc-or.

Einzig a suggéré dans « World Finance 1938–1939 » que

> « Une Italie amicale n'aurait aucune difficulté à obtenir la participation de capitaux britanniques ou étrangers à l'exploitation des ressources naturelles de l'Abyssinie. La fin de la guerre civile en Espagne pourrait conduire à de tels développements ».

Einzig étant le publiciste de la Maison Rothschild, cette suggestion ne peut signifier que les Rothschild faisaient à Mussolini une dernière offre avant le déclenchement de la Seconde Guerre mondiale. Il s'agissait probablement d'une tentative de briser l'axe Rome-Berlin, mais Mussolini a ignoré à la fois la promesse et la menace implicites dans le pot-de-vin.

Les offenses de Mussolini à l'encontre des banquiers internationaux sont cependant légères comparées à celles d'Adolf Hitler. Hitler, un petit radoteur, parlait des Juifs dans toute l'Allemagne après la Première Guerre mondiale, lorsque les sionistes socialistes ont décidé qu'il serait un bon homme pour appliquer l'avertissement du Dr Nathaniel Syrkin, selon lequel « l'antisémitisme aide les Juifs à maintenir leur solidarité nationale ».

D'un seul coup, le petit groupe d'Hitler s'est vu avancer d'importantes sommes de Londres et de New York, et les agitateurs se sont transformés en un parti politique à part entière. Dans « Merchants of Death », par H.C. Engelbrecht et Frank C. Hanighen, Dodd, Mead, 1934, nous trouvons à la page 243,

> « L'homme derrière Hitler est Thyssen, le magnat de l'acier de la Ruhr. Thyssen a fourni plus de trois millions de marks de fonds de campagne aux nazis dans les années critiques 1930-1933. Il est à l'origine de l'éphémère alliance Hitler-von Papen-Hugenberg et de la chute de von Schleicher, ouvrant ainsi la voie à l'ascension d'Hitler au pouvoir. Pour cette aide, Thyssen a exigé et obtenu le contrôle du German Steel Trust, qui est le cœur de l'industrie de l'armement ».

Ceci est documenté par de nombreuses sources, telles que l'article d'Ernest dans « Living Age », octobre 1933, intitulé « The Man Behind Hitler » (L'homme derrière Hitler). En revanche, il n'existe pas d'article intitulé « L'homme derrière Thyssen ». Fritz Thyssen n'était pas un banquier, il était l'un de ces éternels organisateurs de l'industrie lourde qui sont si utiles aux banquiers.

L'homme derrière Thyssen était le principal agent financier de Bernard Baruch, Clarence Dillon, associé principal de la banque internationale Dillon, Read. Dillon figure dans le Who's Who in American Jewry en tant que fils de Samuel Lapowitz ; le nom Dillon est gratuit, c'est un cadeau de la démocratie. Dillon avait été l'assistant de Baruch à la présidence du War Industries Board, lorsque Baruch a consolidé son contrôle sur United States Steel et a entrepris de former un cartel international de l'acier. Après la Première Guerre mondiale, l'Allemagne disposait de la plus grande efficacité et du plus grand potentiel de toute l'industrie sidérurgique européenne et, très heureusement, elle n'avait pas été endommagée par la guerre. Il s'agissait d'un riche patrimoine qui tomba dans les mains de Baruch comme butin de l'inflation du mark de 1923. Pour le refinancer, Baruch choisit son bras droit, Clarence Dillon. De nombreux documents prouvent que Baruch était l'homme derrière Hitler. Nous citons l'un des livres les plus largement diffusés à l'époque, « Iron, Blood, and Profits », de George Seldes, page 252,

> 'Sur les 200 000 000 $ d'obligations répertoriées à New York comme ayant été émises par Dillon, Read au cours des dix dernières années, jusqu'en 1934, pour des clients allemands, environ 124 000 000 $ ont été versés à la Vereinigte Stahlwerke (German Steel Trust), 48 000 000 $ à Siemens et Halske (filiale de General Electric) et 12 000 000 $ à la Ruhr Gas Corporation. L'or qui a rendu possible la marche d'Hitler vers le pouvoir est l'or des banquiers américains'.

Cependant, M. Seldes, tous ces « banquiers américains » figurent dans le Who's Who in American Jewry. Dillon Read a refinancé le programme de réarmement de l'Allemagne, et Baruch était derrière Dillon Read. Ayant engendré un ressentiment éternel chez le peuple allemand par ses demandes de réparations, et ayant poussé le peuple allemand à s'endetter auprès de Kuhn, Loeb pour payer les échéances de ces réparations, Bernard Baruch a recréé l'armée allemande pour donner une voix à ce ressentiment, et a ramassé dans le caniveau un chef qui appellerait les Allemands à la guerre, Adolf Hitler. C'était inévitable. Les patrons de l'industrie lourde parlent toujours de paix, mais ils attendent toujours la guerre. Lorsqu'ils voient les garages à côté des maisons remplis de voitures, ils commencent à rêver de fabriquer un million de chars et trois millions d'avions. Hitler était la réponse à leurs rêves.

Dans les premiers temps du parti nazi, l'argent d'Hitler provenait directement du trust d'armement Cassel-Rothschild-Loewe, Vickers-Armstrong d'Angleterre. En 1924, Dillon Read l'a soutenu et il n'y a plus jamais eu de doute quant à sa capacité à devenir le maître de l'Allemagne. Les étranges schémas de la Première Guerre mondiale se sont répétés lors de la Seconde, avec le président de Dillon Read, James Forrestal, comme secrétaire à la Marine, et avec Allen W. Dulles, un directeur des banquiers personnels d'Hitler, J. Henry Schroder Co. comme chef de l'Office des services stratégiques. Tout au long de la guerre, Dulles rencontra constamment les représentants allemands en Suisse.

L'historien Otto Lehman-Russbeldt a noté dans son livre « Aggression » Hutchinson, Londres, 1942, page 44, que

> « Hitler est invité à une réunion à la banque Schroder le 4 janvier 1933. Il promet de briser le pouvoir des syndicats ».

Après 1933, le compte personnel d'Hitler, selon James Stewart Martin, était géré par la banque Schroder, J. M. Stein Bankhaus de Cologne. L'alliance formelle entre l'état-major allemand et les nazis s'est conclue lorsque le général Kurt von Schroder, de la famille des banquiers internationaux, est devenu l'agent de liaison entre les deux forces qui contrôlaient l'Allemagne. L'alliance entre les Schroder et les Rockefeller s'est conclue par la création de la Schroder, Rockefeller Co. de New York, une société d'investissement qui gère les intérêts communs des deux familles.

La troisième main derrière le trône du leader nazi était celle de Max Warburg. George Sokolsky, dans son livre « Nous, les Juifs », souligne que

> 'Même dans l'Allemagne hitlérienne, la société Max Warburg Co. n'a pas été persécutée.

Les deux plus grandes entreprises allemandes ont soutenu le parti nazi. Le Steel Trust a déjà été évoqué. La seconde était I. G. Farben Co., la plus grande entreprise chimique du monde. Le magazine Fortune de septembre 1942 faisait remarquer, à la page 107, que

> "C'est désormais un fait historique que les cartels de l'acier et de la chimie ont financé les premières aventures politiques d'Hitler.

Edward T. Clarke, secrétaire particulier du président Coolidge, se présente comme le représentant à Washington de la plus grande filiale américaine d'I. G., Drug, Inc. qui possède Sterling Drug, Inc. la firme productrice de l'aspirine Bayer, et dirigée par le Dr William Weiss, l'une des figures les plus sinistres des années 1920. Le 26 avril 1929, à la veille du krach, Paul Warburg et Walter Teagle de Standard Oil ont lancé la branche américaine d'I. G. Farben, American I. G. Chemical Corporation, l'émission d'actions d'un montant de 30 000 000 $ étant gérée par la National City Bank et par l'International Manhattan Co. de Warburg. En 1939, son nom a été changé en General Aniline and Film Corporation. À cette époque, elle possédait 17 500 000 dollars d'actions Dupont et Standard Oil, conformément au système Rothschild d'imbrication des répertoires. L'importance d'I.G. se mesure aujourd'hui à la relation qu'entretient son principal représentant à Washington, George E. Allen, avec le président Truman. Allen, un conseiller de la Maison-Blanche qui représente également les intérêts d'I.G. Farben dans les industries géantes Hugo Stinnes d'Allemagne et des États-Unis, a été nommé président de la Reconstruction Finance Corporation par Truman. Allen a servi d'intermédiaire dans les négociations entre Truman et le général Eisenhower avant que ce dernier n'accepte le projet républicain. Peu après le voyage d'Allen en Europe pour voir « Ike », Margaret, la fille de Truman, est apparue dans une émission de télévision nationale le dimanche soir avec le message imprimé « I Like Ike ».

L'importance de l'émission de 30 millions de dollars d'actions de l'American I.G. Chemical par Warburg en 1929 réside dans le fait qu'elle a fourni 30 millions de dollars de liquidités au parti nazi allemand, qui avait besoin d'énormes sommes pour poursuivre son programme national de propagande antisémite. Plus de 100 millions de dollars ont été fournis au parti nazi pendant les années cruciales de 1929 à 1933, avant qu'il ne soit assez fort pour prendre le pouvoir. Sur cette somme, l'épouse du général Ludendorff a témoigné que Paul Warburg était à la tête d'un syndicat new-yorkais qui a fourni 34 000 000 de dollars. Le reste provenait de la Banque d'Angleterre et d'autres groupes Rothschild, et la totalité de ces 100 000 000 $ a été gérée par la banque Mendelssohn and Co. d'Amsterdam, qui a opportunément fait faillite en 1939.

Pour conclure la liste des banquiers juifs internationaux à l'origine du succès de la course au pouvoir d'Adolf Hitler, je citerai I.F. Stone. Dans un article paru dans PM, un journal aujourd'hui disparu, le 26 juillet 1944, Stone a déclaré,

> 'John Foster Dulles, de Sullivan and Cromwell, le plus grand cabinet d'avocats d'affaires d'Amérique et conseiller avant la guerre de nombreux grands cartels dominés par les nazis, aurait inspiré la position de Tom Dewey, il y a quelques années, sur l'alliance anglo-américaine. J. W. Beyen était à la tête de la Banque des règlements internationaux au moment où celle-ci a transféré les réserves d'or tchèques au Reich après Munich. Un autre membre de la délégation néerlandaise (à la conférence de Bretton Woods) est D. Crena de Longh, qui travaillait à la banque Mendelssohn d'Amsterdam, qui était un collaborateur financier des nazis et qui a agi comme un leurre pour cacher l'influence allemande dans la société américaine Bosch. Un membre de la délégation britannique, Robert H. Brand, représentant du Trésor britannique à Washington et associé de longue date de Lazard Brothers à Londres, serait en partie favorable à l'idée d'un condominium monétaire anglo-américain. Lazard Brothers est l'une des quatre banques londoniennes qui étaient membres de la bourse anglo-allemande notoirement pro-nazie avant la guerre'.

Le représentant Louis MacFadden, ancien président du House Banking and Currency Committee, a déclaré que Lazard Brothers était la banque familiale d'Eugene Meyer.

Sumner Welles, dans « Seven Decisions That Shaped History » (Sept décisions qui ont façonné l'histoire), Harpers, 1950, déclare à la page 214,

> « Nous, les Américains, avons déversé des centaines de millions de dollars en Allemagne sous forme de prêts. Ce sont ces politiques qui ont été directement responsables de la Seconde Guerre mondiale ».

J'aimerais que Sumner Welles et George Seldes cessent de gémir que « nous, les Américains » et « l'or des banquiers américains » sont responsables de l'ascension d'Adolf Hitler. Les banquiers américains impliqués étaient Baruch, Dillon et les partenaires de Kuhn, Loeb Co. En 1933, la commission sénatoriale chargée d'enquêter sur les prêts à l'étranger a entendu Otto Kahn témoigner que l'Allemagne devait à l'époque à Kuhn, Loeb Co. 600 millions de dollars en prêts à court terme. Paul Einzig, dans « Finance and politics », Macmillan, 1932, dit que

> 'Dans le passé, ce sont les prêts des banquiers qui ont permis au système antiéconomique des réparations de perdurer.

Au moins, Einzig ne dit pas « l'or des banquiers américains ». Selon la loi Roosevelt, les Américains n'ont pas d'or. Baruch, Warburg et Klotz, qui savaient très bien ce qu'ils faisaient.

La classe supérieure allemande méprisait Adolf Hitler, dont le plus grand attrait pour les Warburgs résidait dans le fait qu'il pouvait devenir le symbole de l'impuissance de la classe allemande des Junker. Les Junker ont dû laisser l'Allemagne à Hitler parce qu'ils n'avaient pas le choix. Ils avaient été ruinés par la guerre et par l'inflation du mark de 1923. En guise de paiement pour avoir cédé la place à Hitler sans faire d'histoires, von Hindenburg et d'autres éminents Prussiens ont été autorisés à conserver leurs propriétés lourdement hypothéquées.

Hitler, le cancre, hystérique et indéterminé, est apparu en 1933 avec un corps de planificateurs politiques bien intégrés qui avaient un programme d'action défini. Comment en est-on arrivé là ? Pour le savoir, il faut se tourner vers ceux contre qui Hitler criait le plus fort et à qui il devait tout, les Juifs.

Contrairement à Mussolini en Italie, qui a concilié son programme politique avec le christianisme, le système hitlérien s'inspire directement du sionisme socialiste. Le Dr Nathaniel Syrkin, père de ce mouvement, a écrit dans son dernier ouvrage, « Nationalism and Socialism », 1917, que

> 'De la guerre sortiront une humanité purifiée et un nouveau socialisme.

Le national-socialisme de Syrkin est devenu le programme du parti nazi d'Adolf Hitler. C'est un national-socialisme que Syrkin a proposé, par opposition au socialisme international de Karl Marx. Pour ce qui est du nationalisme, Hitler a trouvé sa plus grande inspiration dans le plus farouchement nationaliste de tous les peuples, les Juifs. Joseph C. Harsch, du Christian Science Monitor, a écrit dans son livre « Pattern of Conquest » que

« Le racialisme fondamental et l'autoritarisme mystique du nazisme ne sont pas vraiment nouveaux. Le concept d'une race spéciale divinement ordonnée par un Dieu tribal pour la conquête et l'exploitation aux dépens des autres vient directement de l'Ancien Testament. Aucune autre race dans l'histoire que les Juifs de l'Ancien Testament n'a jamais atteint une confiance aussi totale dans sa sélection surnaturelle pour un statut privé. Le parallélisme entre le nazisme et le racialisme judaïque est trop étroit pour que l'on puisse exclure un fort soupçon selon lequel ceux qui ont érigé le racialisme allemand moderne étaient des élèves de l'impulsion motivante qui a balayé les murs de Jéricho et les Philistins de la voie du tribalisme judaïque triomphant ».

Il est certain que les Juifs ont eu plusieurs milliers d'années de pratique réussie du « tribalisme judaïque triomphant », alors que les Nazis étaient des novices en la matière.

Le Monde Juif du 22 septembre 1915 a déclaré que

'La nationalité n'est pas déterminée par le lieu où une personne est née, mais par la race dont elle est issue.

Ce n'est qu'un des nombreux préceptes juifs adoptés par Hitler. Il a revendiqué la nationalité allemande pour toutes les personnes d'origine allemande nées dans d'autres pays. Notre propre patriotisme en Amérique est provincial, plutôt que racial. Nous accordons notre loyauté à notre État et aux États-Unis.

La bataille des races éclipse toutes les guerres. Les Juifs étaient conscients de son importance. Dans le *Monde Juif* du 15 janvier 1919, on peut lire que

« En tant que peuple, nous, les Juifs, n'avons pas été en guerre entre nous, les Juifs d'Angleterre contre les Juifs d'Allemagne, ou les Juifs de France contre les Juifs d'Autriche ; et diviser la juiverie en sections en fonction des différences internationales nous semble renoncer à tout le principe du nationalisme juif. Le nationalisme juif est une question juive qui doit être gouvernée par des principes juifs, et non subordonnée à la commodité ou aux exigences pour le moment d'un gouvernement quelconque ».

Selon Jewish World, le porte-parole de la juiverie anglaise, les Juifs ne doivent allégeance à rien d'autre qu'au nationalisme juif. Les nations et les gouvernements peuvent tomber, mais les Juifs sont éternels. Telle est leur attitude à l'égard de la nation dans laquelle ils vivent, quelle qu'elle soit.

Adolf Hitler a paraphrasé cette idée juive en écrivant que

'Tout ce qui n'est pas de la race est de la poussière.

Les idées d'Hitler sur le travail sont également tirées d'auteurs juifs. Solomon Schiller, dans son livre « Principles of Labor Zionism » (Principes du sionisme ouvrier), publié par le Zionist Labor Party of America (Parti sioniste ouvrier d'Amérique) en 1928, écrit que

'Le sionisme ouvrier est une synthèse des idées sociales sionistes, du nationalisme et du socialisme.

Le parti socialiste nationaliste d'Hitler était connu sous le nom de parti nazi.

Compte tenu de ces origines politiques du nazisme, pourquoi Hitler était-il antisémite ? Et à quel point était-il antisémite ? Douglas Reed déclare dans « Lest We Regret » Johnathan Cape, Londres, 1943, qu'Hitler a fait ses débuts dans l'éphémère gouvernement communiste d'Allemagne, de novembre 1918 à mai 1919, sous les ordres des princes ministres Eisner et Levine de Moscou. Les biographies d'Hitler n'ont jamais révélé quel poste Hitler occupait au sein du gouvernement Eisner, mais c'est au cours de ces mois qu'il a commencé à consacrer tout son temps à la politique.

La plupart des estimations du pourcentage de la richesse réelle allemande détenue par les Juifs après l'inflation du mark de 1923 s'accordent sur quatre-vingts pour cent. Cinq ans après l'arrivée d'Hitler au pouvoir, en 1938, ils en possédaient encore au moins 30 %. Les Juifs qui ont perdu leurs biens étaient ceux qui étaient opposés au sionisme ou ceux qui s'étaient attirés l'aversion de la communauté bancaire internationale. Même l'ambassadeur Dodd a noté que Max Warburg n'avait rien à craindre.

La liste officielle de la communauté juive américaine, « Who's Who In American Jewry », éditée par John Simons, dans son volume pour les années 1938-1939, mentionne Gerard Swope comme directeur de Allgemeine Elektricitat Gesellschaft, de Berlin, en Allemagne, le German Electric Trust. Swope était alors président du trust électrique de Baruch, International General Electric. Le combinat allemand lui était tombé dans les mains après l'inflation du mark.

Dans son livre « Unfinished Victory », Arthur Bryant nous dit que

> « Selon le correspondant du *London Times* à Berlin, même en novembre 1938, après cinq ans de législation antisémite, les Juifs possédaient encore environ un tiers des biens immobiliers du Reich. La plupart de ces biens sont tombés entre leurs mains pendant l'inflation. »

L'attitude des banquiers juifs à l'égard des gouvernements manifestement antisémites est à l'origine de certains chapitres déroutants de l'histoire. J'ai souligné le soutien que Hitler a reçu de Baruch, Dillon (Lapowitz), Max Warburg, Paul Warburg et Mendelssohn Co. Jacob Marcus, dans son livre définitif « The Rise and Destiny of German Jews », publié en 1934 par l'Union des congrégations hébraïques, remarque que Mendelssohn de Berlin a été le financier des tsars russes par le biais de certains des pires pogroms de Russie. Il nous donne également des informations sur le développement de l'industrie lourde allemande. Les vastes usines Hugo Stinnes ont été financées par Jakob Goldschmidt, et Max Warburg contrôlait la Reichsbank, les Hamburg-American Lines et les German Lloyd's, qui ont fait fortune en transportant des immigrants vers les États-Unis au début du XXe siècle. La troisième plus grande banque d'Allemagne, la Disconto Gesellschaft, appartenait à la famille Solomonsohn qui, selon Jacob Marcus, est devenue chrétienne et porte le nom de Solmssen. Enfin, Jacob Marcus nous apprend que les Warburgs ont financé I. G. Farben Co., le plus grand cartel du monde, qui, avec le German Steel Trust, a soutenu l'ascension d'Hitler au pouvoir.

L'un des livres les plus révélateurs sur l'Allemagne nazie est le « Journal de l'ambassadeur Dodd », publié par Harcourt Brace en 1941. Bien qu'ouvertement antipathique aux nazis, Dodd ne cite pas un seul cas de persécution de Juifs pendant les huit années qu'il a passées à Berlin en tant qu'ambassadeur des États-Unis. À Washington, on raconte que Roosevelt avait l'intention de nommer un homme du parti, William Dodd, au poste d'ambassadeur en Allemagne en 1933. Le seul William Dodd que sa secrétaire avait répertorié était le professeur William Dodd de l'université de Chicago, à qui l'on a téléphoné qu'il avait été nommé au poste diplomatique, à sa grande surprise. Roosevelt s'est tellement amusé de cette erreur qu'il a laissé le professeur Dodd poursuivre son travail. Si cela semble irresponsable, il faut se rappeler que Roosevelt a été élu président parce qu'il ÉTAIT irresponsable. Les Baruch et les Warburg voulaient à la présidence un homme si irresponsable qu'il s'embarquerait dans une croisade pour sauver le communisme russe sans penser une seconde au coût en vies américaines.

Le 16 juin 1933, Dodd note dans son journal que

'J'ai eu une conversation avec Roosevelt. Schacht, président de la Reichsbank, menaçait de cesser de payer les intérêts et le principe des bons dus aux créanciers américains en août. Roosevelt a dit : « Je sais que nos banquiers ont fait des profits exorbitants lorsqu'en 1926, ils ont prêté des sommes énormes aux entreprises et aux villes allemandes et qu'ils ont réussi à vendre des obligations à des milliers de nos concitoyens avec des intérêts de six ou sept pour cent. Mais nos concitoyens ont le droit d'être remboursés et, bien que cela dépasse totalement la responsabilité du gouvernement, je veux que vous fassiez tout ce qui est en votre pouvoir pour empêcher un moratoire ».

Le 3 juillet 1933, Dodd déclare

« Je me suis rendu à dix heures à une conférence à la National City Bank, où des représentants du département d'État m'avaient demandé d'examiner les problèmes financiers des banques allemandes et américaines, y compris le paiement d'un milliard deux cents millions de dollars à des créanciers américains qui avaient été trompés par des banquiers en accordant des prêts à des sociétés allemandes. La National City Bank et la Chase National détenaient pour plus de cent millions de dollars d'obligations allemandes. Puis vint une conférence organisée à l'avance avec le juge Julian Mack, Felix Warburg, le juge Irving Lehman, le rabbin Stephen S. Wise et Max Kohler, qui écrit une biographie de la famille Seligman. La conférence avait été organisée par George Gordon Battle, un avocat libéral ».

Le 4 juillet 1933, Dodd déclare

'La voiture du colonel House m'a rejoint à la sortie de la gare. Nous avons parlé pendant deux heures de ma « mission difficile »'.

Et le 1er septembre 1933,

« Henry Mann, de la National City Bank, a évoqué la conversation qu'il avait eue avec M. Nelson Aldrich, une dizaine de jours auparavant, avec le chancelier du Reich dans son palais d'été. Malgré l'attitude d'Hitler, ces banquiers estiment qu'ils peuvent travailler avec lui ».

Le 4 décembre 1933,

« John Foster Dulles, conseiller juridique des banques américaines associées, a appelé à midi pour donner un compte-rendu des réclamations faites au nom des détenteurs d'obligations contre les villes et les sociétés allemandes. Il a semblé très intelligent et résolu. »

Dulles avait siégé à la commission des réparations avant d'être promu à la fonction de recouvrement des dettes de l'Allemagne.

Le 19 janvier 1934,

« Ma femme et moi avons assisté à une fête organisée par le baron Eberhard von Oppenheim, un juif qui vit toujours dans un style proche du nôtre. De nombreux Allemands nazis y étaient représentés. On dit que le baron Oppenheim a donné au parti nazi 200 000 marks et qu'il a reçu une dispense spéciale du parti qui le déclare aryen ».

Le 12 mars 1934,

'Stephen P. Duggan de l'Institut international de l'éducation a appelé.

Dodd retourne aux États-Unis pour une visite au printemps 1934.

Il note le 23 mars 1934,

« Le colonel House m'a envoyé sa belle limousine avec un ami pour m'accueillir lorsque le Manhattan a accosté, afin de me conduire tranquillement chez lui. Il m'a donné de précieuses informations sur les fonctionnaires inamicaux du Département d'État avec lesquels je devais traiter ».

Le 8 mai 1934,

« Lors du dîner de ce soir chez le colonel House, peu après nous être assis à table, nous avons parlé intimement des groupes du Cabinet. Cela m'a rappelé l'invitation pressante que j'avais reçue de Gerard Swope à déjeuner avec lui, Herbert Bayard Swope, Owen D. Young et Raymond Moley pendant que j'étais en ville. Gerard Swope est à la tête de General Electric ; Herbert Bayard Swope a joué un rôle douteux à la Conférence économique de Londres ; quant à Owen D. Young, je ne l'ai jamais considéré avec enthousiasme. J'ai décliné l'invitation principalement parce que j'avais l'impression qu'une sorte de jeu était à l'ordre du jour. Je me méfie de chacun des quatre ».

Comme sa nomination était une erreur, Dodd a fait preuve d'honnêteté. De toute évidence, il ne savait pas que le groupe de cerveaux privés de Baruch, Swope, Young et Moley, voulait lui expliquer certaines choses sur l'antisémitisme du parti nazi. Dodd ne dit pas qu'il n'a jamais parlé à Baruch, et le fait qu'il se soit méfié de tous les lieutenants de Baruch en dit long sur son intégrité personnelle. Il existe encore des hommes que l'on ne peut pas acheter, même s'ils entrent au gouvernement par accident.

Le 24 juillet 1934, Dodd écrit que

'James Lee, fils d'Ivy Lee, qui depuis des mois essaie de vendre le régime nazi au public américain, est venu me voir.

À plusieurs reprises, Dodd fait part de son dégoût pour Ivy Lee, qui était l'agent de Rockefeller, d'Hitler et de Staline en Amérique. Une commission d'enquête de la Chambre des représentants a découvert qu'Ivy Lee avait reçu 33 000 dollars par an du gouvernement nazi. Toutefois, il ne s'agissait pas de l'un de ses principaux comptes.

Le 28 juillet 1934, Dodd déclare,

"Max Warburg, éminent banquier de Hambourg et frère de Felix Warburg de New York (le troisième frère, Paul, est décédé en 1932), est venu me voir. Il pense que le rabbin Wise et Samuel Untermeyer de New York ont fait beaucoup de tort aux Juifs des États-Unis et d'Allemagne par leur soif de publicité. Il m'a dit que Felix Warburg était du même avis. Avant de partir, Warburg a indiqué qu'il doutait de la sagesse de l'activité de James McDonald à son poste à Lausanne. C'est mon attitude depuis le début. Warburg a suggéré que Lazaron, qui vivait tranquillement à Berlin, pourrait faire plus avec le gouvernement allemand que McDonald, et j'étais d'accord avec lui. Un homme qui accepterait un gros salaire pour un tel service, tout cela de la part de gens qui donnent pour soulager leurs semblables qui souffrent, n'est pas susceptible d'attirer fortement d'autres donateurs, et McDonald a fait preuve de tant d'amour-propre en différentes occasions que je crains que ces traits ne soient devenus trop connus dans les cercles officiels berlinois".

Il s'agissait de James McDonald, l'ancien publiciste soviétique, qui s'était promu à un poste important et luxueux d'administrateur des réfugiés, avec une grosse note de frais à Lausanne, en Suisse. Il est ensuite devenu le premier ambassadeur des États-Unis en Israël, ce qui n'a guère contribué à rehausser le prestige de notre corps diplomatique.

Le 23 août 1934, Dodd écrit,

> « Dans l'après-midi, Ivy Lee est venu me voir avec son jeune fils tout doux. »

Le 28 août 1934, il déclare

> « Max Ilgner, du groupe I. G. Farben et président de la Fondation Carl Schurz, est venu me voir. Il n'a pas mentionné Ivy Lee, qui a reçu des honoraires importants de son entreprise. Il a en revanche beaucoup parlé d'un voyage d'affaires en Mandchourie, où il a déclaré que sa société avait acheté 400 000 boisseaux de soja. Je le soupçonne d'être en mission pour échanger des gaz toxiques et des explosifs contre des produits japonais ».

Et le 4 décembre 1934,

> 'Le colonel Deeds a appelé. Il représente la National Cash Register Co. et la National City Bank. Son fils a comparu devant la commission Nye en septembre dernier pour expliquer les ventes d'armes à l'Allemagne par une société dont il est l'un des dirigeants, prétendument en violation du traité américain avec l'Allemagne. Il m'a dit que la National Cash Register faisait de vastes affaires avec Krupp, qui recevait 20 % des ventes à l'Allemagne.

Le 8 mars 1935, Dodd raconte que lors d'une soirée,

> « Max Warburg semblait très sûr de lui ce soir. »

De quoi un Warburg devait-il s'inquiéter dans l'Allemagne hitlérienne ?

Le 31 mars 1935, Dodd écrit

> 'Le pauvre Lazaron s'est montré très préoccupé par le fait que de nombreux Juifs fortunés se sont rendus aux dirigeants nazis et aident financièrement le Dr Schacht, qui estime que leur aide est très importante dans la situation économique actuelle.

Le 8 juin 1935, il déclare

> "Lochner (Louis Lochner, correspondant de CBS à Berlin) m'a montré une copie des instructions secrètes envoyées à la presse allemande sur la nécessité de se concilier les Juifs, qui contrôlent le

marché mondial du cinéma. Lochner m'a dit qu'il ne pouvait pas envoyer le rapport sur le fil de l'AP parce qu'il était trop confidentiel".

Oui, en effet, celle-ci est restée confidentielle.

Le 14 septembre 1935, Dodd écrit

> « M. S. R. Fuller a appelé. M. Fuller, qui est un ami du président Roosevelt, possède d'importants intérêts dans la rayonne au Tennessee, est lié à des intérêts hollandais et italiens fabriquant de la rayonne, et est copropriétaire de sociétés similaires en Allemagne, y compris une usine industrielle à Hanovre ».

Le 14 octobre 1935, il consigne que

> 'Jacob Gould Schurman, l'ancien ambassadeur, a amené un ami, Ben Smith de New York. Smith a déclaré en toute franchise : « Je suis un spéculateur new-yorkais, mais aussi un ami proche du président Roosevelt ». Schurman m'a dit en aparté que son ami Smith était un spéculateur intelligent qui avait violé les conseils de tous les banquiers en 1929 et vendu des actions à découvert en quantités si énormes qu'il avait gagné plusieurs millions'.

Presque tous les banquiers que j'ai étudiés, y compris les gouverneurs de la Réserve fédérale, ont averti à l'avance leurs membres et leurs amis de l'imminence de la rupture. Smith n'est que l'un des nombreux banquiers qui ont vendu des actions à découvert dans l'attente du krach de 1929, qu'ils connaissaient de l'intérieur. Le 24 janvier 1935, Dodd nous dit que

> 'John Foster Dulles, avocat new-yorkais du cabinet Sullivan and Cromwell, a fait part de ses difficultés financières.

Le 20 octobre 1935, Dodd enregistre que

> « J'ai demandé à un avocat pourquoi la Standard Oil avait envoyé des millions ici en décembre 1933 pour aider l'Allemagne à fabriquer de l'essence à partir de charbon tendre pour les besoins de la guerre. Pourquoi les gens d'International Harvester continuent-ils à fabriquer en Allemagne alors que leur société ne retire rien de ce pays et qu'elle n'a pas réussi à recouvrer ses pertes de guerre ? »

Dodd semble bien naïf. Pense-t-il vraiment qu'International Harvester, qui est contrôlée par JP. Morgan Co, a perdu quoi que ce soit dans la guerre ? Il aurait été impossible d'avoir une Seconde Guerre mondiale si les industriels et les banquiers d'Angleterre, de France et d'Amérique n'avaient pas aidé l'Allemagne à se réarmer, tout comme il est impossible d'avoir une Troisième Guerre mondiale si nous ne réarmons pas la Russie, ce qui est la *raison d'être* du Plan Marshall, de la Coopération économique et du programme Point Four, inspirés par le communiste Earl Browder. Ces programmes visent à fournir des machines-outils et des équipements électriques à la Russie afin de l'aider à reconstituer son potentiel de guerre.

Le cas du Dr Hjalmar Schacht, président de la Reichsbank et ministre des finances du gouvernement Hitler, est intéressant. Schacht a été le premier à être dénazifié après la capitulation de l'Allemagne. Cette dénazification a été facilitée par le fait que M. Schacht a gracieusement admis qu'il n'avait jamais été un nazi. Selon nos propres banquiers, l'ensemble du programme d'Hitler aurait échoué dans les années 1930 sans le génie financier de M. Schacht, mais il n'a jamais été nazi.

Schacht avait voyagé dans le monde entier, tenu des conférences avec d'autres banquiers centraux à leur « Club », la Banque des règlements internationaux en Suisse, et s'était montré particulièrement cordial avec son homologue britannique, Sir Montagu Norman de la Banque d'Angleterre. Lui seul, parmi les hauts fonctionnaires nazis, jouissait d'une telle liberté. Les autres espionnaient, interprétaient et mal interprétaient les faits et gestes des uns et des autres auprès d'Hitler, tandis que Schacht ne prêtait attention à aucun d'entre eux, et osait même insulter le grand Goring en face.

L'un des faits marquants de la prétendue prise du gouvernement allemand par les nazis, présentée en Amérique comme un renversement radical, est qu'Adolf Hitler n'a apporté aucun changement au système bancaire allemand. Les Warburgs ont gardé le contrôle par l'intermédiaire du Dr Schacht, qui était là lorsque Hitler est arrivé. Paul Einzig, dans « World Finance 1935–1937 », déclare,

> « Schacht n'était pas un fasciste, mais un banquier orthodoxe. L'amitié entre M. Montagu Norman et M. Schacht a joué un rôle important dans l'élaboration de la politique de la Banque d'Angleterre tout au long de la période d'après-guerre.
>
> Norman manifesta son amitié en tentant, à la dernière minute, de renforcer la position de son ami au sein du régime nazi. L'occasion lui en a été donnée par la mort, profondément déplorée, du directeur général français de la Banque des règlements internationaux, M. Auhein, à la suite d'un accident de baignade ».

Bien que la banque soit censée être une activité très stable, on ne peut s'empêcher d'être frappé par le nombre d'événements extrêmement accidentels qui se produisent dans le secteur bancaire international. Un objectif immédiat et profondément désiré est atteint, non pas en élaborant avec succès une stratégie à cet effet, mais en faisant tomber par hasard un obstacle d'une fenêtre du dixième étage ou dans une eau de vingt mètres de profondeur. Le décès de James Forrestal, président de la banque Dillon Read et secrétaire à la défense, en est un bon exemple. Forrestal a fait une chute mortelle depuis l'un des points les plus élevés de la région de Washington, la tour de l'hôpital de la marine à Bethesda, dans le Maryland. Lorsque son esprit a commencé à déraper et que sa conscience l'a torturé au point qu'il a senti qu'il devait attirer l'attention du peuple américain sur certaines questions, notamment l'influence du sionisme à Washington, il a été emmené d'urgence en Floride et placé en isolement sous la garde de Robert Lovett, associé de Brown Brothers Harriman et désormais secrétaire à la défense. De là, il a été transféré à l'hôpital naval, en tant que prisonnier, et même son prêtre n'a pas été autorisé à lui parler. La presse a annoncé qu'il avait tenté de se suicider, mais on l'a emmené au point le plus élevé de Washington, la tour de l'hôpital Bethesda, et on l'a placé près d'une fenêtre ouverte, d'où il est finalement sorti, que ce soit ou non par ses propres moyens.

Hitler a soigneusement exposé le programme qu'il proposait, étape par étape, dans son livre « Mein Kampf ». Pour les banquiers internationaux, il semblait souhaitable qu'il mette en place une confédération paneuropéenne qui constituerait un adversaire idéal pour la Seconde Guerre mondiale. Par conséquent, alors qu'il entreprenait chacune des actions qu'il avait décrites dans son prospectus à l'intention des banquiers d'investissement, de mystérieuses influences dans les capitales du monde entier continuèrent à s'opposer à lui, jusqu'à ce que sa période d'entraînement soit terminée et que le combat ait lieu en 1939.

Paul Einzig souligne, dans « World Finance 1935–1937 », que

> « C'est la politique déflationniste erronée menée sous le gouvernement du Dr. Bruning pendant la dépression et plus particulièrement après la crise de 1931 qui a été en grande partie responsable de l'avènement d'Hitler… C'est parce que les énergies de la France étaient concentrées sur la défense du franc qu'Hitler a saisi sa chance et a réoccupé la Rhénanie en mars 1936. »

Il est absurde de prétendre qu'Hitler a pris des risques, comme si le sort d'un investissement d'un milliard de dollars était décidé par le franchissement d'une frontière par une maquerelle réputée. En fait, il a fallu amadouer Hitler pour qu'il réoccupe la Rhénanie. Il savait qu'il n'était pas assez fort pour une telle mesure à l'époque, et tout le monde le savait aussi. À la moindre protestation de l'Angleterre ou de la France, il aurait retraversé le Rhin comme un rat d'eau effrayé. Mais il avait reçu l'assurance qu'il n'y aurait ni protestation ni résistance.

Dans « World Finance 1938–1939 », Paul Einzig écrit que

> « Nous découvrons maintenant le lien étroit entre la faiblesse du franc sous Chautemps et la décision d'Hitler d'envahir l'Autriche en 1938. La France étant paralysée par une crise monétaire, il n'y avait aucune chance que la Grande-Bretagne ou l'Italie vienne en aide à l'Autriche ».

Au fur et à mesure qu'Hitler avançait, les seigneurs de l'argent, tels les dieux de l'Iliade, planaient au-dessus de lui, approuvant ou désapprouvant la manière dont il exécutait leur volonté. Einzig poursuit dans « World Finance 1938–1939 », comme suit :

> « Il convient de souligner que l'or repris à la Banque nationale autrichienne n'est jamais apparu dans les comptes de la Reichsbank. Vers la fin de l'année 1938, il a été dépensé pour l'importation de matières premières destinées au réarmement... Les crédits à court terme de l'Autriche n'ont pas été remboursés, immédiatement après l'Anschluss par les Allemands. »

Sans vouloir faire l'éloge d'Hitler, il faut souligner qu'il est en grande partie responsable du redressement économique de la France, de l'Angleterre et des États-Unis, de 1935 à 1940. Ce sont ses craintes de guerre, habilement diffusées par les services de presse internationaux régulièrement de 1935 à 1939, qui ont fait monter en flèche les prix de l'industrie lourde, et ses importantes commandes de matières premières et de produits finis ont réemployé des millions de travailleurs dans ces pays au cours de ces années, alors que le Japon remplissait la même fonction utile pour l'industrie mondiale des munitions en Extrême-Orient.

Dans « World Finance 1935–1937 », Einzig écrit que

> « M. Sarraut avait l'intention de mobiliser lorsque Hitler réoccuperait la Rhénanie, mais le général Gamelin l'informa que cela coûterait 6 milliards de francs. Il consulte le ministre des

Finances, qui lui dit qu'il devra dévaluer si cette somme est dépensée à ce moment-là. Plutôt que de dévaluer, M. Sarraut a laissé Hitler en possession de la Rhénanie ».

Le paragraphe ci-dessus peut être qualifié de science-fiction. Bien qu'Einzig réside habituellement dans les poches des gilets des ministres des finances européens, ce passage n'aurait pu être entendu que dans un rêve éveillé. Cependant, il nous donne des informations précises dans l'extrait suivant de « World Finance 1939–1940 » :

> « Après l'invasion de la Tchécoslovaquie, la Banque des règlements internationaux a joyeusement remis aux autorités allemandes les six millions de livres d'or qu'elle détenait pour le compte de la Banque nationale tchécoslovaque. Or et avoirs étrangers détenus par la Banque d'Angleterre, grâce à la fermeté britannique. Les hommes politiques allemands étaient à juste titre perplexes face à cette démonstration inhabituelle de fermeté et de rapidité, car la possession de ces avoirs s'élevant à des dizaines de millions de livres aurait permis à l'Allemagne d'importer d'importantes réserves de matières premières avant le déclenchement de la guerre. »

Il est amusant de lire que la « fermeté du caractère britannique » a eu quelque chose à voir avec la disposition d'une importante somme d'or. Le fait est que la grande escroquerie était en train de se réaliser. Après avoir réarmé l'Allemagne et laissé Hitler croire qu'il était Dieu, ou du moins un nouvel Attila, les banquiers internationaux ont coupé ses crédits et attendu qu'il prenne la seule mesure possible, le déclenchement de la Seconde Guerre mondiale. Le casting était parfait, même si l'intrigue du mélodrame était très ancienne et évidente.

CHAPITRE 17

F ranklin Delano Roosevelt est mort en pensant que le monde ne l'oublierait jamais parce qu'il avait sauvé le communisme, mais il semble aujourd'hui plus probable que son véritable mémorial sera la troisième guerre mondiale. Carter Field note, dans sa biographie de « Bernard Baruch ». Que

> « Franklin D. Roosevelt s'est personnellement vu attribuer un énorme mérite en 1917 pour l'audace dont il a fait preuve en ordonnant, avant la déclaration de guerre, des mesures dépassant largement les pouvoirs accordés au département de la marine par le Congrès.

Il respectait ainsi le précédent de son cousin Théodore, qui n'avait pas attendu de déclaration de guerre. En tant que secrétaire adjoint à la marine, Franklin Roosevelt a passé de nombreuses commandes importantes à l'industrie lourde, pour lesquelles il n'existait aucune autorisation, et si la machine de propagande Hoover-Dodge n'avait pas réussi à nous faire entrer en guerre, la carrière politique du jeune Roosevelt aurait pris fin. À l'époque, il n'était encore qu'un jeune avocat en difficulté, qui n'avait guère plus qu'un nom célèbre et un sourire béat. Baruch l'a payé en 1923 en l'informant de l'inflation du mark en Allemagne. Roosevelt était la façade de la société United European Investors, Ltd. dont le prospectus annonçait qu'elle avait l'intention de spéculer sur le mark. Avec les bénéfices de cette entreprise de jeu, Roosevelt a pu se payer une façade d'avocat à Wall Street, sous la forme du cabinet Roosevelt et O'Connor.

On peut se demander combien d'argent ils ont gagné, s'ils en ont gagné, mais le fait est que Roosevelt est revenu à la politique. Son nom lui a permis d'être élu gouverneur de New York, avec l'aide du parti communiste. Il a contribué à saboter la campagne présidentielle d'Al Smith, en faveur du porteur de l'étalon-or de Londres, Herbert Hoover. En 1932, Roosevelt s'est retourné contre Hoover en menant une campagne de mensonges éhontés sur sa carrière politique, tandis que des personnes intéressées par la reconnaissance de la Russie communiste ont fait circuler l'histoire de la campagne réussie de Hoover pour éviter la prison en Angleterre pendant plusieurs années, tout en promouvant un certain nombre de propositions d'actions minières qui rapportaient beaucoup d'argent.

Les histoires sur Hoover étaient vraies, mais celles sur Roosevelt étaient pires. Lui aussi avait du sang sur les mains depuis la Première Guerre mondiale, lorsqu'il faisait partie du cercle intérieur de Baruch, il avait gagné sa vie de façon louche à Wall Street depuis lors, et il avait été frappé par une maladie invalidante qui avait fait de lui un vieil homme prématurément haineux et morbide. Il n'est pas besoin de psychiatre pour comprendre pourquoi cette misérable épave humaine dans son fauteuil roulant a envoyé des millions de jeunes hommes robustes affronter la mort, ni de Freud pour nous dire comment Roosevelt a été réconforté en les voyant revenir par milliers d'Anzio et de Guadalcanal, encore adolescents, aussi infirmes et désespérés que lui.

La campagne de Roosevelt contre Hoover a été caractérisée par la tromperie ouverte et le mensonge délibéré qui ont marqué ses déclarations publiques tout au long de sa carrière. Menteur le plus cynique de l'histoire politique américaine, Franklin Roosevelt croyait sincèrement que notre peuple était trop stupide pour croire autre chose que des mensonges. Son mépris pour nos concitoyens était tel qu'à maintes reprises, il s'est présenté devant eux, leur a raconté des mensonges évidents et leur a ri au nez pendant qu'ils l'applaudissaient.

Tout en évitant scrupuleusement d'évoquer le rôle joué par Hoover pour nous faire entrer dans la Première Guerre mondiale, ou le fait qu'il ait nourri l'Allemagne, ou encore sa carrière d'avant-guerre comme l'un des opérateurs les plus scandaleux de Londres, Roosevelt a essayé de rendre Hoover responsable de la dépression. Hoover, dans le troisième volume de ses Mémoires, qui oublient beaucoup de choses, dit,

> « En réponse à la déclaration de Roosevelt selon laquelle j'étais responsable de l'orgie de spéculation des années 1920, je me suis demandé pendant un certain temps si je ne devais pas exposer la responsabilité du Conseil de la Réserve fédérale par sa politique d'inflation délibérée de 1925 à 1928 sous l'influence européenne, et mes oppositions à ces politiques ».

Quatre fois Roosevelt a prêté serment en tant que président, et quatre fois il s'est parjuré, car chaque fois qu'il a posé sa main sur la Bible et juré de respecter la Constitution des États-Unis, son esprit était rempli des plans de ses conseillers d'origine étrangère pour en subvertir et en contourner les principes. Les générations futures maudiront les citoyens qui sont restés les bras croisés pendant que Woodrow Wilson déchirait la Constitution et que Franklin Roosevelt en jetait les morceaux. Roosevelt avait été la doublure de Wilson pour le communisme et le sionisme pendant la Première Guerre mondiale, mais, comme son mentor, Roosevelt n'a pas vécu pour voir le moment du triomphe, lorsque le drapeau d'Israël flottait au-dessus de la ville de New York au siège des Nations unies.

Roosevelt s'était annoncé comme candidat à la présidence par un seul discours révélateur, prononcé à la radio dans la soirée du 2 mars 1930,

> « Pour mettre en place un gouvernement oligarchique, déguisé en démocratie, il est fondamentalement essentiel que pratiquement toute l'autorité et le contrôle soient centralisés au sein de notre gouvernement fédéral… La souveraineté individuelle de nos États doit être détruite ».

Le centralisme était l'un des mots clés du communisme. Lénine a écrit à propos de Marx,

> "Marx n'a jamais été un fédéraliste, il était un centraliste.

Wilson, jusqu'à l'avènement de Roosevelt, avait été le parjure le plus notoire à occuper la Maison-Blanche. En 1912, Wilson a prêté serment et juré de respecter la Constitution, alors qu'il avait promis, dix mois auparavant, de signer la loi sur la Réserve fédérale, qui retirait au Congrès le droit constitutionnel d'émettre de la monnaie et le donnait aux banquiers internationaux qui avaient financé sa campagne. En 1916, après une campagne dont le slogan était « Il nous a évité la guerre », Wilson a de nouveau prêté serment, alors qu'il savait à ce moment-là que des engagements avaient été pris à Londres, selon lesquels nous serions en guerre dans les semaines à venir. Il a prématurément brisé sa santé dans sa campagne visant à céder la souveraineté des États-Unis à une bande aussi dépourvue de principes et de racines que lui.

Tout cela, Franklin Roosevelt l'a fait, et plus encore. Sans vergogne, il a fait du Trésor des États-Unis le siège des marchands d'or du monde entier, augmentant le prix de l'or pour répondre à leurs besoins et promulguant une loi interdisant aux Américains de posséder de l'or, afin que ses amis puissent exercer un contrôle absolu sur notre approvisionnement en or.

Le parjure Roosevelt n'a jamais été qu'un fils préféré sans scrupules, un homme né avec tous les avantages, sa naissance dans un pays libre, un nom célèbre, une bonne éducation, et pourtant il était tout à fait incapable de faire suffisamment de travail honnête pour subvenir à ses besoins ou à ceux de sa famille. Il n'est pas dit qu'il n'ait jamais consacré un seul jour de sa vie à une entreprise utile. Il est volontairement devenu l'intime de la lie de la nation à Washington, et n'a cessé par la suite de rechercher des niveaux de plus en plus bas.

Woodrow Wilson a porté un coup mortel à la dignité de la fonction publique en Amérique dans l'urgence de la Première Guerre mondiale, en cédant les plus hautes fonctions du gouvernement aux Brandeis, aux Frankfurter, aux Baruch et aux Meyer, et cette dignité a reçu le coup de grâce de Franklin Roosevelt en 1933, lorsque, dans son sillage, une horde hétéroclite de dégénérés et de traîtres difformes a déferlé sur Washington, tels des charognards de mer suivant un chaland d'ordures. Roosevelt a rapidement montré qu'il ne se sentait à l'aise que dans les couches morales les plus basses, et il a transformé la Maison-Blanche en une pension gratuite pour la bande de proxénètes d'Hollywood et d'homosexuels communistes aux lèvres mouillées qui étaient ses grands prêtres et ses partisans. Personne n'était le bienvenu à la Maison-Blanche à moins d'avoir trahi un empire, comme Churchill, ou d'avoir hypothéqué la maison de sa vieille mère, comme Truman.

Roosevelt a été le premier Américain à mettre en place un gouvernement de Front populaire, une méthode d'administration que les Rothschild avaient imposée en Europe. Le Front populaire consistait à réunir tous les éléments inférieurs d'une nation, quelle que soit leur couleur politique, dans une conspiration ouverte contre les citoyens honnêtes. Le principal élément du Front populaire de Roosevelt, déguisé en Parti démocrate, était le syndicat national du crime, qui contrôlait les votes dans les grandes villes ; les communistes et les sionistes se disputaient la deuxième place en faveur de Roosevelt. Les communistes apportent à Roosevelt le vote ouvrier, tandis que les sionistes contrôlent l'opinion publique et apportent le puissant vote juif. Souvent, les communistes et les sionistes, comme l'illustre le rabbin Stephen S. Wise, l'homme de confiance de Roosevelt à la Maison-Blanche, étaient les mêmes personnes. Qu'il s'agisse d'un communiste se faisant passer pour un sioniste ou d'un sioniste se faisant passer pour un communiste, Wise était l'un des membres les plus remarquables de la bande d'illuminés qui recevait des repas gratuits et une chambre par mois à la Maison-Blanche. L'appartenance religieuse de Roosevelt peut être déduite du fait qu'un rabbin l'accompagnait constamment pendant ses années à la Maison-Blanche, alors qu'on n'y voyait jamais de pasteurs chrétiens. Eleanor Roosevelt a bien entendu accueilli le jeune Joe Lash à la Maison-Blanche, mais j'ai toujours pensé que son attachement pour lui était purement politique et qu'elle l'aimait uniquement parce qu'il était communiste.

Quoi qu'il en soit, l'invasion de Washington par ces éléments a eu l'effet escompté. Les hommes de bonne réputation ont quitté le gouvernement et l'ont laissé aux démolisseurs. Plus d'un Américain honnête, craignant d'être aspiré dans le tourbillon communiste du département d'État, a quitté le service public pour toujours.

Franklin Roosevelt a trouvé un partenaire idéal pour ses intrigues louches en la personne de Winston Churchill, qui rampait à plat ventre devant les marchands de diamants depuis 1898, lorsqu'il s'est rendu en Afrique du Sud pour conquérir les mines d'or et de diamants du Witwatersrand pour les Rothschild, les Eckstein et les Joel. Après la guerre des Boers, Churchill rentre en Angleterre et se retrouve le héros d'une certaine minorité. Il accepte volontiers le rôle auquel son caractère l'a voué et entame une longue carrière au service du sionisme mondial. Les pairs de Grande-Bretagne, alarmés par l'afflux d'immigrants méditerranéens et par l'augmentation de la pauvreté et de la criminalité dans les villes britanniques qui l'accompagnait, tentèrent d'adopter une loi sur les étrangers en 1903. Pendant deux ans, cette loi a été âprement combattue au Parlement, avant d'être finalement rejetée. Le chef de file de l'opposition à la loi sur le contrôle des étrangers fut Winston Churchill. Naturellement, il a été acclamé par tous les organes juifs. Il ne se souciait guère du fait qu'il avait trahi sa propre race et pris la pièce d'or d'une autre. En 1915, en tant que Premier Lord de l'Amirauté, il a fait passer la flotte britannique du charbon au pétrole, ce qui a entraîné une augmentation de quelques millions de livres par an des revenus de ses bons amis, la famille Samuel, propriétaire de la Royal Dutch Shell Oil Corporation. En 1916, alors que les sionistes menaient une campagne acharnée en faveur de la déclaration Balfour, Churchill a été le membre du cabinet de guerre britannique qui s'est le plus fermement et le plus efficacement prononcé en faveur de cette déclaration.

Comme Churchill, Franklin Roosevelt est un exemple flagrant de l'abîme moral auquel un homme doit s'abaisser pour occuper une haute fonction publique dans une démocratie. Cependant, un homme doit se corrompre avant de pouvoir corrompre les autres, et la maladie de Roosevelt, qui a frappé AVANT son succès politique, peut être considérée comme la preuve qu'il avait réussi à se corrompre lui-même.

Lors de sa première apparition à Washington, en 1916, Roosevelt a appris du Machiavel de la politique américaine, Bernard Baruch, le précepte qui a caractérisé ses administrations en tant que président. Chaque fois qu'il avait besoin d'un travail particulièrement sale, il essayait de le confier à l'homme le plus respectable possible et, en cas de refus, il descendait de plus en plus bas jusqu'à ce qu'il trouve quelqu'un qui veuille bien le faire. C'est une méthode que les Rothschild ont pratiquée en Europe pendant une centaine d'années. Ils s'adressaient toujours aux pairs lorsqu'ils avaient un projet particulièrement odieux en vue, et ils faisaient étalage de leur or jusqu'à ce qu'ils trouvent un pair prêt à les soutenir. Churchill, de la maison de Marlborough, fut leur meilleure trouvaille. Il ne parlait jamais de rien.

La présidence de Franklin Roosevelt nous a enseigné une leçon coûteuse, une leçon que nous aurions pu recevoir gratuitement de l'histoire de la Grèce. Cette leçon est le simple fait que l'extension du droit de vote dans une démocratie est en rapport exact avec la diminution du calibre et de l'efficacité des fonctionnaires. À mesure que le suffrage est étendu à chaque nouveau groupe, la qualité des élus diminue sensiblement. C'est ce qui s'est produit progressivement en Amérique, jusqu'à ce que notre gouvernement devienne la farce ridicule et décourageante qu'il est aujourd'hui. Bien que notre bureaucratie aux niveaux inférieurs ne soit pas ouvertement corrompue, c'est uniquement parce que son personnel est trop incompétent pour concevoir des méthodes de fraude efficaces. Les échelons supérieurs du gouvernement, comme l'ont révélé les enquêtes, sont presque à cent pour cent des candidats au pénitencier.

Cette situation, qui résulte de l'extension du suffrage, a été aggravée par le cortège d'inadaptés sociaux et de coquins professionnels qui ont occupé la présidence au cours de ce siècle. La gloire synthétique que les journaux et les magazines ont attisée pour ces vauriens a été bien plus préjudiciable au moral de la population. Lorsqu'un plouc comme Harding, un professionnel de la confiance comme Hoover et un usurier socialement ambitieux comme Franklin Roosevelt sont présentés comme des modèles pour nos jeunes, à quoi pouvons-nous nous attendre si ce n'est au cynisme et au mépris qui caractérisent leur attitude à l'égard de leurs parents qui, eux, se laissent prendre à ces sornettes ?

L'énorme sentiment de culpabilité qui caractérisait les petits personnages que les banquiers internationaux avaient placés à la Maison-Blanche a complètement modifié l'atmosphère de notre administration publique. À partir de Wilson, Washington a été envahie par leurs peurs névrotiques et leurs nuits blanches. Washington a cessé d'être une ville sudiste légère, où résidaient des présidents joyeux et bienveillants, pour devenir le camp de police d'aujourd'hui, où un président craintif s'entoure constamment de gardes armés, redoutant à chaque instant le coup de la mort. Les anciens habitants de Washington se souviennent qu'ils poursuivaient leurs balles de base-ball sur la pelouse de la Maison-Blanche. Franklin Roosevelt, une épave nerveuse et alcoolique, a fait ériger une haute clôture en fer, de sorte que la Maison-Blanche ressemble aujourd'hui à n'importe quel autre lieu public de détention.

Lorsque Franklin Roosevelt a prêté son premier serment, il ne pensait pas aux souffrances du peuple américain, ni à la misère généralisée causée par la dépression artificielle que lui et ses acolytes avaient aggravée dans les derniers mois du mandat de Hoover. Il pensait surtout à sa mission sacrée, à sa promesse de reconnaître la Russie soviétique. Arthur Upham Pope, dans son livre « Maxim Litvinoff », écrit à la page 280,

> « Roosevelt avait clairement indiqué, avant même son élection, qu'il était favorable à la reconnaissance de la Russie soviétique. Au cours de l'été 1932, il avait envoyé comme émissaire personnel à Moscou William C. Bullitt, qui s'y était déjà rendu pour le président Wilson en 1919. Bullitt déclara aux correspondants en Russie que « Roosevelt sera le prochain président, et la reconnaissance américaine de la Russie soviétique sera l'un des premiers actes de son administration ». En janvier 1933, huit cents présidents et professeurs d'université adressèrent un message au président élu dans lequel ils déclaraient que « la non-reconnaissance de la Russie a contribué à la gravité de la situation en Orient et a empêché l'adoption de politiques qui auraient pu contrecarrer les entreprises impérialistes du Japon ».

Cette liste de huit cents noms constituerait une lecture intéressante aujourd'hui. Il n'est pas étonnant que nos universités aient produit des milliers de jeunes communistes dévoués au cours des années trente.

L'histoire de Litvinoff se poursuit,

> « Le facteur principal de ce retournement d'opinion a été la situation économique, qui était devenue extrêmement dangereuse. Il devenait de plus en plus évident qu'un marché mondial complètement désorganisé était l'une des causes principales de la crise. »

Pour ceux qui avaient lu Lénine ou écouté Radek, c'était évident depuis le début de la dépression. Selon la dialectique communiste, une dépression mondiale mettrait tous les capitaux entre leurs mains et leur donnerait un pouvoir absolu. Cependant, le mépris aveugle des besoins et des désirs humains qui a condamné le programme communiste à l'échec parmi les peuples développés a caractérisé leur gestion de la crise mondiale de 1929-1933. Le krach de 1929 avait pour objectif d'anéantir les économies de la classe moyenne américaine et de créer ainsi un système à deux classes de travailleurs et de dirigeants, les nombreux esclaves et les quelques élites. Telle était la promesse faite aux jeunes gens mécontents qui ont embrassé le communisme dans nos universités au cours des années 1930.

Alors que les partis communistes du monde entier attendaient que Roosevelt reconnaisse la Russie soviétique et devienne le chef spirituel du mouvement communiste, le politicien sournois a perdu son sang-froid. Après son élection, il repoussa mois après mois l'étape fatale, jusqu'à ce qu'enfin, en novembre 1933, il tienne une conférence nocturne à la Maison-Blanche avec Henry Morgenthau Jr, Maxim Litvinoff et le conseiller juridique de l'Union soviétique, Dean Acheson. C'est Acheson qui fait pencher la balance en faveur de la reconnaissance. Il assura Roosevelt du soutien de Wall Street si la Russie était reconnue MAINTENANT, mais il l'avertit qu'un délai supplémentaire signifierait la préparation d'un homme qui prendrait sa place en 1936. C'est la menace de perdre le soutien de ses nombreux projets qui a forcé Roosevelt à tenir sa promesse aux communistes. C'est la dernière fois qu'il a manqué à sa parole envers eux. Maintenant qu'il avait franchi le Rubicon et qu'il n'y avait pas eu de dénonciation publique de son action, il devint un fervent partisan du communisme. Il remplit les bureaux du gouvernement de marxistes aux cheveux longs, issus du City College de New York et de sa propre école, l'université de Harvard. Il fait du jeune et brillant dirigeant communiste Alger Hiss un *protégé* spécial et garde près de lui Lauchlin Currie, l'un des chefs de file de l'espionnage clandestin à Washington. Après la mort de Roosevelt, Currie s'est éclipsé en Colombie pour éviter de révéler ses antécédents à une commission du Congrès.

L'un des premiers actes de Roosevelt, après avoir reconnu la Russie, a été de créer, le 12 février 1934, une banque d'import-export qui annonçait fièrement que sa mission était la suivante

> « dans le but exclusif de financer le commerce entre les États-Unis et la Russie ».

Nous enverrions des marchandises à la Russie, et la Russie ferait des chèques à la Banque d'import-export, qui seraient payés par le contribuable américain. Cependant, le rugissement de bienvenue du prolétariat américain à l'égard de ses camarades russes ne s'est pas concrétisé. En effet, la reconnaissance de la Russie a suscité peu de réactions de la part du peuple américain, et la création de la Banque d'import-export à cette époque, alors que nous souffrions encore d'un chômage et d'une faim généralisés, était exagérée. Plusieurs membres du Congrès se sont préparés à lancer une attaque contre cette banque, rappelant au gouvernement que la Russie nous devait encore 150 000 000 dollars, somme qu'elle avait escamotée en 1917. Roosevelt recula en désordre devant cette opposition et la Banque d'import-export changea précipitamment de mission pour prêter de l'argent à l'Amérique du Sud, où les investissements de J. et W. Seligman avaient été affectés par la dépression. Il faudra attendre la Seconde Guerre mondiale pour que le citoyen américain se mette au service de Staline.

Le point culminant de l'année 1933 est la Conférence économique de Londres, qui trace la voie à suivre par les démocraties pour entrer dans la Seconde Guerre mondiale. Les banquiers internationaux voient clair dans le massacre programmé qui culminera avec la mise en place d'un État socialiste mondial. La conférence a été mal rapportée par la presse américaine. Il est pratiquement impossible de savoir qui était présent et ce qu'il a fait. Le Royal Institute of International Affairs nous apprend que l'Angleterre était représentée par Frank Ashton Gwatkin, conseiller au Foreign Office, et par Lord Brand, directeur général de Lazard Brothers, à Londres, et directeur de la Lloyd's Bank, des chemins de fer sud-africains et de la Times Publishing Co.

De même, les États-Unis étaient représentés par une sélection minutieuse des membres du Council on Foreign Relations. L'économiste de Harvard, le professeur O. M. W. Sprague, est chargé de préparer les documents de la délégation américaine, avec pour assistant Leo Pasvolsky, le Russe qui a participé à la naissance des Nations unies. La délégation est dirigée par l'équipe du secrétaire d'État Henry L. Stimson et de James Paul Warburg, qui a décliné l'offre de Roosevelt d'occuper le poste de directeur du budget pour accomplir cette importante mission. L'associé de Dean Acheson, George Rublee, était présent, ainsi que l'économiste de Harvard John H. Williams, Norman H. Davis, alors président du Council On Foreign Relations, Leon Fraser, alors vice-président de la Banque des règlements internationaux, et le conseiller technique principal de la délégation américaine, Herbert Feis, conseiller économique de Stimson. Deux des cerveaux de Baruch, Raymond Moley et Herbert Bayard Swope, étaient présents. Swope était chargé des relations publiques pour la délégation américaine, et il a fait un excellent travail, si bien que les négociations restent encore aujourd'hui entourées de mystère.

Dans sa biographie de Litvinoff, Pope souligne à la page 283 que

> "Litvinoff était sans aucun doute la personnalité la plus importante de la Conférence économique de Londres, éclipsant complètement Raymond Moley, chef de la délégation américaine.

Litvinoff était là pour négocier avec les États-Unis et l'Angleterre le camp dans lequel la Russie se rangerait pendant la Seconde Guerre mondiale. Sa plus grande victoire a été la promesse de l'administration Roosevelt que les membres du parti communiste américain ne seraient pas arrêtés ou gênés de quelque manière que ce soit. Cette promesse a été tenue fidèlement jusqu'à la mort de Roosevelt, et Harry Truman a fait de son mieux pour la respecter, comme en témoignent ses efforts frénétiques pour aider Alger Hiss, mais il n'a jamais joui d'un pouvoir personnel suffisant pour sauver Hiss.

Le principal accord de la conférence économique de Londres a été la conclusion par toutes les parties concernées qu'elles devaient s'en tenir à l'étalon-or, garantissant ainsi qu'aucun changement constructif ne serait entrepris pour soulager la misère économique partout dans le monde, de sorte que la guerre devienne la seule voie possible. Paul Einzig, dans « World Finance 1935–1937 », déclare

« Le bloc-or a existé pendant un peu plus de trois ans, après avoir été créé lors de la conférence économique de Londres en juillet 1933. L'existence du Bloc de l'or a prolongé la dépression économique d'au moins deux ans. C'est au cours de ces deux années que la dépression économique et la surévaluation des monnaies ont conduit à la politique étrangère agressive de l'Italie et de l'Allemagne ».

La culpabilité de Roosevelt dans la prolongation de la dépression est démontrée par toutes les preuves. Hoover, dans le troisième volume de ses Mémoires, accuse Roosevelt de n'avoir rien fait pour atténuer la dépression, ce qui est vrai. Roosevelt a aggravé la dépression car, tout en se consacrant à un programme d'augmentation des prix mondiaux, Roosevelt n'a pas augmenté la quantité d'argent en circulation, ce qui signifie qu'il y a moins d'argent pour faire circuler les biens disponibles. La quantité d'argent en circulation, comme le montrent les rapports du Trésor américain, est restée à sept milliards de dollars de 1933 à 1940, alors que les prix n'ont cessé d'augmenter. Hoover affirme qu'il y avait encore dix millions de chômeurs en 1940 et qu'il a fallu la guerre pour soulager les Américains de la dépression, après sept années d'échec de Roosevelt.

Ce n'est pas tant que Roosevelt n'ait pas réussi à soulager la population. Les conspirateurs de la conférence monétaire et économique de Londres ont décidé qu'ils ne soulageraient pas la population, et Roosevelt s'est tenu à cet accord. Il s'est engagé à maintenir le peuple au plus bas. Hoover accuse également Roosevelt d'avoir fermé les banques, en renversant une vieille loi de la Première Guerre mondiale jamais utilisée, ce qui équivaut à brûler le Reichstag, afin de créer une atmosphère d'urgence et de donner l'impression que Roosevelt est le sauveur du peuple américain. Roosevelt ne manquait certainement pas une occasion d'imiter les dictateurs. En copie conforme de son mentor, Nikolaï Lénine, le dirigeant qu'il admirait le plus, Roosevelt a brûlé des tonnes de nourriture alors que les enfants américains étaient sous-alimentés, afin de favoriser la collectivisation de l'agriculture américaine. Comme Staline, Roosevelt a envoyé un grand nombre de citoyens américains loyaux dans des camps de concentration, les Américains d'origine japonaise de la côte ouest, parce qu'ils étaient « politiquement peu fiables », ce qui est un crime capital en Russie. Comme Hitler, Roosevelt a encouragé les agressions contre les petites nations, notamment contre la Finlande lorsqu'elle a tenté de rester libre de l'orbite communiste.

Au sujet du programme monétaire de Roosevelt, Paul Einzig a noté dans « France's Crisis » Macmillan, 1934, que

> « Le seul espoir de la France réside dans les expériences du président Roosevelt. S'il ne parvient pas à provoquer une hausse des prix mondiaux, sur la base de la valeur-or actuelle du dollar, il aura recours à une seconde dévaluation ».

Quelle que soit la place occupée par le peuple français dans les expériences de Roosevelt, il est désormais certain que le peuple américain occupe la dernière place. Einzig écrit dans « World Finance 1935–1937 » que

> « Le président Roosevelt a été le premier à se déclarer ouvertement en faveur d'une politique monétaire visant à provoquer délibérément une hausse des prix. Dans un sens négatif, sa politique a été couronnée de succès. Entre 1933 et 1935, il a réussi à réduire l'endettement privé, mais cela s'est fait au prix d'une augmentation de l'endettement public ».

La sympathie de Roosevelt pour l'homme de la rue est prouvée par le fait qu'il a réussi à augmenter le prix de tout ce que l'homme de la rue doit acheter. Les salaires ont été augmentés, mais toujours après l'augmentation du prix des marchandises, de sorte que les seuls à en bénéficier directement sont les petits usuriers auxquels les travailleurs s'adressent pour payer leurs factures.

Le programme de construction de pyramides, connu sous le nom de Works Progress Administration, a été lancé par Roosevelt parce qu'il s'agissait de dépenses publiques, ou socialisme, par opposition à des dépenses privées ou de libre entreprise.

Ses soutiens sionistes socialistes, notamment James Paul Warburg, se sont acharnés sur le premier critique du programme. William Wirt, qui a été persécuté pendant des années par l'administration Roosevelt.

Le chef de la WPA, qui a dépensé six milliards de dollars et dont les échelons supérieurs ont été estimés à soixante-quinze pour cent membres du parti communiste, était Harry Pincus Hopkins, le sorcier ulcéré du culte vaudou de Roosevelt. Hopkins, à qui son maître, John Hertz, associé de Lehman Brothers, a souhaité la bienvenue à Roosevelt, a fait ses premières armes auprès de la Croix-Rouge à la Nouvelle-Orléans pendant la Première Guerre mondiale, où il a courageusement fait campagne pour obtenir de l'argent. Dans les années 1920, Hopkins s'est retrouvé mêlé au fabuleux racket des phoques de Noël, la New York Tuberculosis and Health Association (Association new-yorkaise pour la tuberculose et la santé). Hopkins était l'un des dirigeants de cette association, dont le chiffre d'affaires annuel s'élevait à plus de quatre millions de dollars dans les années 1920. Le commissaire à la santé de la ville de New York, Louis Harris, a déclaré dans une lettre publiée dans le New York Times le 8 juin 1932 que

> « Pas un centime n'est allé à une personne atteinte de tuberculose ou à une institution de soins. L'association a reconnu que tout son argent avait été dépensé en salaires et en frais généraux ».

Tels étaient les intimes de Franklin Roosevelt. Pendant que le châtelain de Hyde Park s'installait dans son fauteuil et faisait apporter le micro pour s'adresser aux serfs, des millions d'Américains restaient devant leur radio, fascinés par les incantations magiques des « Fireside Chats » (causeries au coin du feu). Et quel était le message du grand imposteur ? L'un de ses premiers Fireside Chats a été consacré à la publicité d'une réimpression du livre de son cher ami le juge Brandeis, « Other People's Money », qui avait été ignoré lors de sa publication en 1913 et avait été oublié à juste titre depuis lors. La publicité faite par Roosevelt pour cet ouvrage pirate s'est vendue à un million d'exemplaires et a rapporté à Brandeis un bénéfice de 150 000 dollars. Bien que Brandeis, en tant que président de l'Organisation sioniste d'Amérique, en sache long sur l'argent des autres, puisqu'il en a collecté des millions pour son racket sioniste, son seul livre était une attaque vicieuse contre les banquiers new-yorkais qui, en 1913, n'étaient pas encore sous l'influence de Kuhn, Loeb Co.

Le plus grand talent de Roosevelt était peut-être sa capacité à promouvoir le mécontentement racial à ses propres fins. Agitateur racial le moins scrupuleux de la politique moderne, il a transformé la capitale de notre République en un Harlem bureaucratique, tandis que les Blancs déménageaient dans les banlieues pour protéger leurs filles, et votaient à nouveau pour Roosevelt. New York a été son terrain d'entraînement pour les agitateurs raciaux, tout comme elle l'a été pour son protégé, la Petite Fleur Rouge, Fiorello LaGuardia, le défunt maire de New York. LaGuardia surpassait ses contemporains par son cynisme, ne cachant pas le fait qu'il avait fait venir par avion des Portoricains des Caraïbes avant son élection et qu'il les avait tous inscrits sur les listes d'aide de la ville. La démocratie, c'est bien si on sait s'en servir.

Dans ses relations avec les groupes minoritaires, Roosevelt a pu compter sur l'aide précieuse de sa femme de confiance, l'effacée Eleanor. Connue des chroniqueurs comme l'orchestre politique à une seule femme, Eleanor connaissait tous les airs, mais celui qu'elle jouait le plus était celui de Marx. Comme l'infirme rongé par la misère avec lequel elle partageait sa vie, Eleanor préférait tout projet qui l'éloignait de la couvée malsaine qu'elle avait fait éclore avec l'aide du Grand Communiste.

L'un des projets favoris d'Eleanor Roosevelt était l'université Howard à Washington, une école noire, bien sûr, qui a reçu année après année plus de fonds publics que n'importe quel autre établissement d'enseignement aux États-Unis. La principale fonction de l'université Howard semble être la formation d'une élite intellectuelle noire pour le parti communiste américain. Son président, Mordecai Johnson, qui était baptiste avant de découvrir le communisme, ne cache pas ses sympathies. Le Chicago Defender a publié un compte-rendu de l'un de ses discours d'encouragement, le 10 juin 1933, devant un public de jeunes Noirs. Le Defender a déclaré

> « Le Dr Johnson a exhorté ses auditeurs à ne pas laisser les mots communisme et socialisme leur faire perdre de vue la réalité : sur le sol russe aujourd'hui — peu importe les erreurs commises ou les crimes perpétrés — il existe, pour la première fois dans l'histoire du monde, un mouvement visant à mettre toutes les ressources naturelles à la disposition de l'homme de la rue ».

Ce discours, et d'autres semblables, ont sans aucun doute incité de nombreux Noirs à s'enrôler dans le parti communiste. Johnson est toujours président de l'université Howard, et son inimitié souvent déclarée pour les banquiers n'interfère pas avec sa profonde amitié pour le sénateur Herbert Lehman, banquier international.

Eleanor Roosevelt utilise sa rubrique « My Day », syndiquée dans tout le pays, pour promouvoir ses convictions favorites, telles que l'athéisme, la séparation de l'Église et de l'État, et d'autres idéaux marxistes. Elle trouve que l'alcool est bon pour les jeunes, mais n'a pas elle-même de préjugés à son égard. Son penchant pour la conduite en état d'ébriété lui a valu de se faire casser ses fameuses dents de bœuf en une soirée. La presse américaine a étouffé l'affaire, mais George Richards, propriétaire de stations de radio à Los Angeles et dans d'autres villes, a laissé ses journalistes diffuser les circonstances de cet accident. La licence de sa station a été provoquée par la Commission fédérale des communications, dirigée par Wayne Coy, qui fut l'assistant personnel d'Eugene Meyer au Washington Post avant de devenir le dictateur des ondes américaines. Pendant trois ans, Richards s'est battu contre cette invasion d'inspiration marxiste du droit à la liberté d'expression garanti par la Constitution, sans succès, jusqu'à ce que sa fortune s'envole et que sa santé s'effondre. Il est mort d'une crise cardiaque alors qu'il s'opposait encore à la FCC. Le sexe, le crime et la corruption des enfants américains n'ont rencontré aucune opposition de la part de Meyer's boy Coy, mais personne ne pouvait parler d'Eleanor Roosevelt et s'en tirer à bon compte.

Les années d'Eleanor en tant que Première Dame ont été l'apogée de certains des éléments les plus vils de la hiérarchie communiste, y compris des personnes aussi acceptables que les travailleurs sociaux qui se rendaient dans les écoles pour enseigner aux enfants toutes sortes d'habitudes sexuelles, tout cela au nom de « l'expression de soi » et pour « éviter la frustration ». Le sexe a été l'une des principales armes du parti communiste. Les camps de nudistes, les convertis qui n'étaient rien d'autre que des prostitués et l'« éducation » sexuelle des enfants ont été au centre des efforts des marxistes.

Eleanor Roosevelt a également maîtrisé la technique du gros mensonge communiste et, malgré les révélations répétées de ses mensonges publiés, elle continue à déformer la vérité pour l'adapter à son idéologie. Dans le registre du Congrès du 12 août 1952, le sénateur Cain, à la page A5003, décrit en détail sa perversion des faits lors de la marche des vétérans sur Washington. Malgré une lettre de l'ancien secrétaire à la guerre Hurley adressée à Mme Roosevelt en janvier 1950, son livre, « This I remember », est sorti en répétant le mensonge communiste selon lequel le général MacArthur avait ordonné aux troupes d'attaquer les vétérans, mensonge dans lequel elle a été confirmée par John Gunther et Time Magazine. Dans sa chronique du 6 septembre 1952, George Sokolsky l'a prise à partie pour avoir affirmé que les pactes proposés par les Nations unies ne contenaient « aucune disposition qui s'écarte du mode de vie américain dans le sens du communisme, du socialisme, du syndicalisme ou de l'étatisme ». Sokolsky répondit qu'elle avait tort et qu'il pouvait le prouver. Dans le numéro de novembre 1952 de See Magazine, Eleanor nie l'existence d'espions russes aux Nations unies. Le jour où ce magazine est sorti dans les kiosques, les journaux ont annoncé que Valerian Zorin avait été nommé délégué russe à l'ONU pour succéder à Jacob Malik, et ont identifié Zorin comme le cerveau du coup d'État tchèque. Comme le dit

Pegler, il est regrettable de devoir accuser une dame de mentir en public, mais sa propagande vicieuse ne laisse pas d'autre choix à un journaliste honnête que de l'exposer dans toute sa trahison.

Il est impossible d'expliquer le régime Roosevelt sans connaître le Manifeste communiste de 1848, extrait de « The Official Version of the Communist Manifesto in English », imprimé par Kerr Co. Chicago, 1917. Ses dix points sont les suivants :

> « Dans les pays les plus avancés, les dispositions suivantes sont généralement applicables :
>
> 1. Abolition de la propriété foncière et affectation de tous les loyers fonciers à des fins publiques.
>
> 2. Un impôt sur le revenu fortement progressif.
>
> 3. Abolition de tout droit de succession.
>
> 4. Confiscation des biens de tous les émigrés et rebelles.
>
> 5. Centralisation du crédit entre les mains de l'État, par le biais d'une banque nationale à capital d'État et à monopole exclusif.
>
> 6. Centralisation des moyens de transport et de communication entre les mains de l'État.
>
> 7. Extension des usines et des instruments de production appartenant à l'État ; mise en culture des terres incultes et amélioration générale du sol selon un plan commun.
>
> 8. L'égalité de tous devant le travail. Mise en place d'armées industrielles, notamment pour l'agriculture.
>
> 9. Combinaison de l'agriculture avec les industries manufacturières ; abolition progressive de la distinction entre ville et campagne par une répartition plus équitable de la population sur le territoire.
>
> 10. Éducation gratuite pour tous les enfants dans les écoles publiques. Abolition du travail des enfants dans les usines sous sa forme actuelle ».

Ce programme communiste, rédigé il y a plus d'un siècle par Karl Marx, le fils d'un banquier de Francfort, prouve que nous, Américains, avons déjà le communisme ici, que nous le voulions ou non. Une partie de ce programme a été promulguée par Woodrow Wilson, l'ami de

Lénine, et le reste nous vient de Franklin Roosevelt, qui a été mis au pouvoir en 1933 par un groupe de révolutionnaires si dangereux que même Bernard Baruch avait peur d'eux.

Le premier point du Manifeste communiste, l'abolition de la propriété foncière et l'application des loyers à des fins publiques, signifie que l'État deviendra le propriétaire. Aux États-Unis, le gouvernement augmente chaque année sa propriété foncière et les nombreuses tentatives de logement socialisé font de l'État le collecteur des loyers ou le créancier hypothécaire. Il n'est pas question de remédier aux abus de la propriété foncière, mais de les centraliser. Ce point sera atteint lorsqu'il deviendra illégal de posséder une propriété ou un bien immobilier aux États-Unis. Si cela vous semble absurde, rappelez-vous qu'il est illégal de posséder des pièces d'or dans ce pays. Qui, en 1930, aurait cru qu'une telle loi pourrait être adoptée ?

Avant d'aller plus loin, il convient de définir l'État. L'État, c'est cette bande de voleurs qui détient le pouvoir en ce moment. Rien de plus, rien de moins. Le communisme cherche à mettre en place une bande de voleurs et à la maintenir en place en exterminant toute opposition possible. Notre République est fondée sur le principe que le peuple a le droit de se débarrasser d'une bande et d'en mettre une autre en place. Le communisme nie ce droit, ce qui constitue la principale différence entre l'Amérique et la Russie. Le communisme tire parti du fait que la plupart des gens n'aiment pas la responsabilité de choisir les représentants du gouvernement en votant pour eux et préfèrent avoir un mauvais gouvernement plutôt que de se donner la peine de voter intelligemment.

Le deuxième point, un impôt sur le revenu fortement progressif, a été inscrit dans la loi par le président Woodrow Wilson en 1914, après qu'Otto Kahn et Jules S. Bache l'eurent rédigé pour lui, et le pourcentage de l'impôt a été augmenté par Franklin Roosevelt jusqu'à 98 % du revenu des personnes physiques.

Troisièmement, l'abolition de tout droit d'héritage, obtenue par l'administration Roosevelt grâce au pouvoir de taxation des héritages, porte un coup à la structure de la famille, qui est l'une des principales cibles du marxisme. Le père ne peut plus bâtir une fortune ou une maison pour son fils sans que l'État n'en saisisse la plus grande partie. Cependant, les familles composant le gang au pouvoir sont autorisées à conserver leur fortune intacte, sous le couvert de « fondations philanthropiques », telles que la Fondation Guggenheim, la Fondation

Rosenwald et la Fondation Rockefeller. Ces fondations ont été la principale source de financement des communistes en Amérique, par le biais de « bourses » et de « subventions de recherche ».

Le quatrième point, la confiscation des biens des émigrants et des rebelles, se fait par la persécution légale de la victime jusqu'à ce qu'elle ait perdu sa fortune. Les procès pour sédition intentés en 1942 contre trente-trois critiques de Roosevelt et la persécution de George Richards par la Commission fédérale des communications sont des exemples parmi des centaines d'autres sous l'administration démocrate « libérale ».

Cinquièmement, la centralisation du crédit entre les mains de l'État, au moyen d'une banque nationale dotée d'un capital public et d'un monopole exclusif, confère au gang un pouvoir total sur les ressources monétaires et de crédit du peuple. Il s'agit du Système de Réserve Fédérale des États-Unis, une conspiration réussie de Kuhn, Loeb Co. et de la Maison Rothschild qui a été promulguée par le Président Woodrow Wilson en 1913, après qu'ils l'aient élu dans ce but. Il s'agit d'un monopole qui s'appuie sur le capital de l'État, le crédit de notre gouvernement, et d'un monopole exclusif détenu par ses actionnaires. Il s'agit d'une centralisation du crédit, exactement comme l'a prescrit Karl Marx.

Le sixième point, la centralisation des moyens de transport et de communication entre les mains de l'État, a été mis en place par Wilson et Roosevelt au cours de chacune des deux guerres mondiales successives, sous le couvert des urgences de guerre. Le bureau communiste d'information sur la guerre (Office of War Information) était une tentative de monopole gouvernemental de l'information, et d'autres agences de ce type peuvent être citées pour chacune des deux guerres.

Le point 7, Extension des usines et des instruments de production appartenant à l'État, a été mis en œuvre indirectement, en faisant du gouvernement le principal client de l'industrie lourde, ce qui donne à l'État le contrôle sans les maux de tête de la gestion. Le budget des États-Unis pour 1952 prévoit des dépenses publiques de 65 milliards de dollars pour un revenu national de 85 milliards de dollars.

Le huitième point, l'obligation égale pour tous de travailler, est la conscription universelle. Cela signifie que le travailleur n'a pas le choix de l'endroit où il travaillera ou du travail qu'il effectuera. La loi sur la sécurité sociale de Roosevelt a créé la bureaucratie nécessaire à la mise en œuvre de ce point. Le Comité pour le développement économique et les Nations unies se sont tous deux engagés en faveur du plein emploi, c'est-à-dire de l'esclavage universel et de l'obligation égale pour tous de travailler selon les décrets de l'État.

Point neuf, la combinaison de l'agriculture avec les industries manufacturières et l'abolition de la distinction entre ville et campagne ont été provoquées par la standardisation des produits à l'échelle nationale et, plus directement, par les usines qui se sont installées dans l'arrière-pays à la recherche d'une main-d'œuvre bon marché.

Le point dix, l'éducation gratuite pour tous les enfants dans les écoles publiques, est un excellent programme jusqu'à ce que le problème se pose de savoir quelles matières doivent être enseignées, s'ils doivent vénérer le gros lard qui est le chef de l'État et s'asseoir docilement dans les salles de classe jusqu'à ce qu'ils soient assez grands pour être tués. L'essentiel est que l'enfant soit éduqué dans une institution. Il s'agit d'un développement naturel du principe marxiste athée de l'abolition de la famille. Les communistes veulent une éducation universelle afin de pouvoir contrôler la pensée de l'enfant. Ils ont déjà les enseignants bien en main, comme en témoignent les tapis roulants que l'on appelle sardoniquement « institutions d'enseignement supérieur », les universités financées par Rockefeller et Guggenheim, qui ont produit les huit cents présidents et professeurs d'université qui ont signé l'appel à Roosevelt en 1933 pour qu'il reconnaisse la Russie soviétique.

Les écoles catholiques paroissiales ont été la pire épine dans le pied du parti communiste américain, et Eleanor Roosevelt n'a jamais manqué une occasion de les attaquer.

La disposition la plus importante du Manifeste communiste est bien sûr l'impôt sur le revenu. La possession d'argent est une indépendance, et l'impôt sur le revenu marxiste est conçu pour supprimer tout ce qui n'est pas de l'argent pour les nécessités de la vie, et en particulier pour s'assurer que le citoyen n'aura pas d'argent pour s'opposer à la dictature de l'État. Notre banque d'État, le système de la Réserve fédérale, a été un autre développement utile pour Kuhn, Loeb Co. et l'impôt sur les successions a été la troisième disposition promulguée par Wilson et Roosevelt qui donne à l'État un contrôle absolu sur les revenus du peuple. Ces trois mesures ont été adoptées dans une atmosphère d'intrigue internationale par des conspirateurs professionnels qui savaient qu'ils subvertissaient le gouvernement légal de la République américaine, la Constitution des États-Unis.

En octobre 1917, Nikolaï Lénine a publié une proclamation déclarant que

> « La banque est déclarée monopole d'État ; les dépôts des petits investisseurs seront protégés.

Roosevelt a imité l'homme politique qu'il admirait le plus, Nikolaï Lénine, en promulguant rapidement, en 1933, une loi sur la Federal Deposit Insurance Corporation qui, après les nombreuses fois où ses amis de Wall Street avaient provoqué la fermeture des banques avec les économies de citoyens économes, a donné un coup de fouet bien nécessaire aux banquiers en garantissant les dépôts des petits investisseurs, à la manière de Lénine. Elle a créé un fonds de 150 millions de dollars pour garantir des dépôts totaux de 15 milliards de dollars en Amérique, ce qui signifie qu'elle ne pouvait pas être très sérieuse. Toutefois, il a permis au gouvernement américain de demander des rapports à ses superviseurs et de les autoriser à pénétrer dans les petites banques du pays. Pour les communistes, tout ce qui augmente la bureaucratie est une bonne chose.

Du programme publié par Lénine dans « La catastrophe qui menace » en 1917, qui fut à l'origine de son accession au pouvoir (chapitre sept), Franklin Roosevelt fit adopter la plus importante de ses dispositions, l'obligation pour les ouvriers de se syndiquer. Connue sous le nom de loi Wagner, elle prévoit un closed shop, c'est-à-dire que personne ne peut travailler s'il n'est pas membre du syndicat. Elle privait le citoyen américain du droit de travailler et de gagner sa vie pour sa famille, à moins qu'il ne paie un tribut à une bande de racketteurs syndicaux peu scrupuleux. Des centaines de pages de témoignages devant les commissions gouvernementales attestent que les dirigeants syndicaux s'appuient largement sur des criminels récidivistes et que le racket syndical fournit une occupation à des centaines de voyous qui ont été évincés du commerce de l'alcool par l'abrogation de la prohibition par Roosevelt (après que le commerce de l'alcool ait été avalé par les Juifs, ce qui semble avoir été le véritable objectif de la prohibition en premier lieu). Les travailleurs ont été menacés et battus pour qu'ils acceptent le nouvel ordre en Amérique, mais ils ont parfois exprimé leurs sentiments à l'égard de leurs maîtres, comme en témoigne la parodie de l'air de Walt Disney dans son film « Blanche-Neige et les sept nains », que l'on peut encore entendre dans la rue dans le quartier des usines de vêtements à New York,

"Heigh ho ! Heigh ho !
Nous rejoignons le C.I.O. !
Nous payons nos cotisations
Aux foutus juifs,
Heigh ho ! Heigh ho !

L'un des chapitres non écrits de l'histoire de Roosevelt est son action en faveur des émigrants de Bagdad, la famille Sassoon, qui était devenue connue comme les Rothschild de l'Orient. Les Sassoon détenaient un quasi-monopole sur l'argent, qui constituait la base de l'émission monétaire en Extrême-Orient, en particulier en Inde et en Chine. Roosevelt a manipulé le prix de l'argent afin d'aider les Sassoon à anéantir les petites banques coopératives qui se développaient dans les campagnes en réponse à l'appel de Gandhi aux paysans pour qu'ils se libèrent de l'emprise des Sassoon. Paul Einzig, dans « World Finance 1935–1937 », explique comment cela a été fait,

> « L'effet immédiat de la mise en œuvre de la politique d'achat d'argent du Président Roosevelt a été une forte hausse du prix de l'argent par le biais d'achats spéculatifs. Cette hausse a été en fait encouragée par les autorités américaines qui ont progressivement augmenté leur prix d'achat interne pour montrer qu'elles avaient réellement l'intention de porter le prix de l'argent au prix d'achat statutaire de 1,29 $. En décembre 1935, le Trésor de Washington se lassa de soutenir le marché et laissa le prix s'établir à son niveau. Il s'ensuivit une chute désastreuse de plus de 29d à moins de 20d ».

Les Sassoon ont brisé leur concurrence paysanne en Inde en obtenant de Roosevelt qu'il augmente le prix mondial de l'argent et le maintienne à ce niveau pendant un certain temps, obligeant les banquiers coopératifs à l'acheter au prix fort pour financer la récolte. Ensuite, l'agent Harry Dexter White (Weiss), expert en argent pour le Trésor, l'a de nouveau fait baisser, laissant les banquiers paysans ruinés. Ces manipulations ont provoqué une famine généralisée en Inde et en Chine et ont grandement accéléré l'avènement du communisme en Extrême-Orient.

Le chapitre le plus avorté de notre histoire économique est celui de la National Recovery Administration. Son origine est typique. Hoover en donne le contexte dans ses Mémoires, volume 3. Hoover raconte que Gerard Swope, président de la General Electric Corporation contrôlée par Baruch, a prononcé en septembre 1931 un discours dans lequel il a pris l'initiative de proposer la « réorganisation de l'industrie américaine par la planification économique », et qu'il est venu voir Hoover avec le plan. Hoover commente que

> 'J'ai soumis le plan au procureur général avec la note suivante : « C'est la proposition de monopole la plus gigantesque jamais faite dans l'histoire ». Le procureur général s'est contenté de dire qu'il était tout à fait inconstitutionnel.'

Hoover qualifie en outre le plan Swope, qui est devenu la NRA, de « modèle précis de fascisme ». L'histoire sordide dans son ensemble est que Hoover s'est vu promettre un second mandat s'il mettait de côté le plan Swope, qui provenait directement de l'équipe de Baruch, bien sûr, et qui a été traité à coups de milliards de dollars dans la presse. Hoover, pour des raisons qu'il n'explique pas, craignait ce nouveau racket et refusa de s'en mêler. Ses promoteurs s'adressèrent à Roosevelt, qui accepta, comme il acceptait n'importe quoi dans sa soif maladive de pouvoir, et Hoover n'eut plus rien à faire. La plupart des saletés le concernant ont été rendues publiques et Roosevelt s'est glissé dans la peau du nouveau champion de l'humanité.

Le plan Swope, mélange bizarre de communisme et de fascisme, contenait les dispositions de la National Recovery Administration, avec des dispositions marxistes pour l'atelier fermé et un programme complet de « sécurité sociale » et de « chômage ». Roosevelt a fait passer l'ensemble du plan dans la loi, chaque phase inconstitutionnelle, en intimidant le Congrès à chaque instant jusqu'à ce qu'il donne à Baruch ce qu'il voulait. Lorsque la loi sur le redressement national est entrée en vigueur en 1934, Baruch a envoyé l'un de ses proches à sa tête, le général Hugh Johnson, qui est resté salarié de Baruch à hauteur de 1 000 dollars par mois après être devenu chef de la NRA. La NRA a tenté d'instaurer une dictature sur le commerce et l'industrie américains, en fixant les prix et les salaires, en allouant des quotas de production, tous les contrôles de l'État policier préférés de Baruch, dont beaucoup avaient été mis en place pendant la Première Guerre mondiale, et qu'il a rétablis pendant la Seconde Guerre mondiale lorsque sa créature Byrnes était directeur de la mobilisation de guerre. L'argument de Baruch en faveur de cette dictature en 1934 était qu'elle avait fonctionné en temps de guerre et qu'elle serait utile en temps de paix. Elle avait fonctionné en temps de guerre parce que la population était prête à accepter un dictateur en cas d'urgence, mais elle ne voulait pas d'un dictateur en temps de paix. En outre, la production de guerre est destinée à la destruction, tandis que la production en temps de paix est destinée à une utilisation constructive. Les besoins de la production de guerre et les nécessités de la consommation civile ne pourront jamais être intégrés dans un système économique unique. La NRA a été un échec retentissant et aurait été un revers pour quiconque n'aurait pas eu le culot inégalé d'un Roosevelt. Il n'a jamais regardé en arrière, et s'il l'avait fait, il aurait certainement subi le sort de Lot et aurait été transformé en pilier de sel.

Carter Field, dans sa biographie de Baruch, dit,

> « Baruch n'était pas seulement un conseiller précieux en contact personnel avec le groupe Moley de cerveaux autour de Roosevelt, mais il offrait les services d'experts à sa solde, notamment Hugh Johnson, dont l'écriture de discours piquants et énergiques s'est avérée d'une valeur énorme ».

Johnson, qui gagnait 10 000 dollars par an dans le bureau new-yorkais de Baruch, a continué à percevoir 1 000 dollars par mois après avoir pris en charge la NRA, ce qui a été interprété par la presse comme un geste noble de la part de Baruch pour que Johnson puisse se permettre les sacrifices pécuniaires d'une fonction publique.

Carter Field parle des conférences économiques de Londres,

> 'Le bras droit de Baruch, Herbert Bayard Swope, accompagne Moley, tandis que Baruch occupe le poste de Moley pendant l'absence de ce dernier. Deux anciens subordonnés de Swope, Charley Michelson et Elliott Thurston, directeur et directeur adjoint de l'information publique pour la délégation américaine, avaient tous deux travaillé sous la direction de Swope au New York World ; lorsque Moley revint, il trouva Benjamin Cohen à sa place.

Il s'agit de Benjamin Cohen qui avait été le conseiller juridique des sionistes à la Conférence de Paris Place et qui devint plus tard le véritable chef des Nations unies. Elliott Thurston était le journaliste du New York World à Washington et le directeur des relations publiques de la Réserve fédérale.

Field nous apprend également que Wilson et Roosevelt ont tous deux proposé à Baruch le poste de secrétaire au Trésor, mais que Baruch avait l'habitude d'engager d'autres hommes pour des postes de ce type.

Le Digest littéraire du 8 juillet 1933 s'est contenté de dire que

« Bernard Baruch, super-conseiller des États-Unis, continue à détenir ce portefeuille officieux au sein de l'administration du New Deal. Depuis l'époque de Wilson, tous les présidents se sont tournés vers ce géant aux cheveux grisonnants pour obtenir des conseils. Il a été le confident de tous les dirigeants, qu'ils soient politiques ou non, républicains ou démocrates... Il est régulièrement chargé de cours à l'École de guerre ».

Comme tous les internationaux qui s'intéressent aux prêts à l'étranger et à la valeur des monnaies, Baruch est au-dessus de la politique des partis. Ses visites annuelles à l'École supérieure de guerre lui permettent d'inspecter la nouvelle promotion d'officiers généraux pour voir lesquels d'entre eux sont des Eisenhowers ou des Marshalls en puissance, qui ne remettront pas en question le leadership de Baruch.

Roosevelt n'a pas tenu compte de l'avertissement du colonel House et s'est entouré d'une foule d'étrangers. Comme l'administration Wilson, les administrations Roosevelt successives résonnent des noms de Frankfurter, Warburg, Meyer, Baruch, tous des reliquats de Wilson, ainsi que Benjamin Cohen, Victor Emanuel, Mordecai Ezekiel, Henry Morgenthau, et Leo Pasvolsky, ainsi que des centaines de Keyserlings et de créatures de moindre importance. Roosevelt fut le premier président à établir une mission intérieure sioniste à la Maison-Blanche, qui, au début des années 1930, était composée du juge Brandeis, de Felix Frankfurter et du rabbin Wise. Avec la mort regrettée de deux d'entre eux, elle est aujourd'hui composée de Felix Frankfurter, de David Niles, qui utilisait auparavant le nom de Neyhus, et de Max Lowenthal. Lowenthal a écrit un livre qui tente de salir le FBI et l'a fait publier par la maison de gauche William Sloane Associates. Six mille exemplaires de ce volume à 5 $ ont été distribués gratuitement à Washington, soit plus que le total des ventes. Il est intéressant de noter que l'actuel ambassadeur d'Autriche aux États-Unis est le baron Max von Lowenthal.

Outre le fait qu'il a permis à Brandeis de réaliser un bon profit sur son vieux livre, Roosevelt était un admirateur constant du grand sioniste et du législateur mosaïque. Alpheus T. Mason, dans sa biographie de Brandeis, dit,

'Le rabbin Wise rapporte dans un mémo du 5 octobre 1936 que le président a dit de Brandeis : « Un grand homme ! Vous savez, Stephen, nous, le cercle intérieur, nous l'appelons Isaïe ».

Le cercle intérieur, bien sûr, était une affaire de l'Ancien Testament. À en juger par ses occupants sous le régime Roosevelt, la Maison-Blanche devait ressembler, pour le visiteur occasionnel, à une synagogue du Proche-Orient. Mason remarque à la page 615 de sa biographie de Brandeis,

> « Pendant les cent jours agités du printemps 1933, et plus tard, Frankfurter a été le tuteur de la nouvelle administration. Plusieurs des principaux administrateurs des années de formation étaient des élèves de Brandeis — Tom Corcoran, Ben Cohen, A. A. Berle Jr, Dean Acheson, James M. Landis. Même une fois les nominations décidées, Frankfurter veillait à ce que le candidat soit placé sous l'influence de Brandeis ».

Mason nous apprend que Brandeis a été mis à la retraite de la Cour suprême le 13 février 1939 et qu'il a été remplacé par le pirate de Wall Street William O. Douglas, qui a mis Frankfurter dans l'embarras depuis lors en étant un sioniste plus fervent que n'importe quel juif à Washington. Douglas, qui avait été tenu à l'écart de la Securities Exchange Commission, était la preuve du dépit de Roosevelt à la Cour suprême. En nommant Douglas, Roosevelt a inauguré le cortège de non-entités qui a culminé avec le triste visage du porteur d'eau démocrate, Fred Vinson, qui nous regarde à travers le couvre-chef du Chief Justice.

Le juge Douglas a été préparé à plusieurs reprises pour la nomination présidentielle. Le New York Times l'applaudit synthétiquement depuis 1950, lorsqu'il a été poussé en avant comme un bouc sacrificiel pour tester la réaction de l'opinion publique à la reconnaissance de la Chine rouge. Le tollé d'indignation du peuple américain a renvoyé Douglas dans les confins de la Cour, d'où il réapparaît occasionnellement pour défendre un objectif tout aussi irresponsable. Il avait été rejoint dans sa démarche de reconnaissance de la Chine rouge par la même équipe de scorbut qui avait réclamé à cor et à cri la reconnaissance de la Russie en 1933, et qui rêve encore d'accueillir un ambassadeur communiste de Chine alors que des jeunes Américains se font massacrer en Corée.

Une partie de la campagne de promotion de Douglas à la présidence, qui a coûté des millions de dollars, a consisté à distribuer son livre « Strange Lands and Friendly People » de Harry Scherman en tant que sélection du Club du livre du mois, ce qui est un élément standard de ce type de programme, comme en témoignent les énormes profits réalisés par Eisenhower grâce à « Crusade in Europe », qui contenait des phrases aussi émouvantes que « Le vacarme était incessant ». Douglas se vante dans son livre d'avoir connu le plus grand frisson de sa vie lorsqu'il a siégé à la Cour suprême d'Israël. Il n'y a aucune raison de douter de sa sincérité. Il n'y a pas d'émotion à siéger à la Cour suprême des États-Unis si l'on a le cœur en Israël. Cependant, avec la présence réconfortante de Frankfurter à ses côtés, Douglas peut prétendre que nous sommes la Cour suprême d'Israël.

Le juge Brandeis comprenait l'impôt marxiste sur le revenu. Mason nous apprend que ce défenseur millionnaire de l'homme de la rue a légué sa fortune à Hadassah, l'organisation sioniste féminine, de sorte que les sionistes ont finalement reçu leur argent.

Felix Frankfurter, l'importateur viennois que Roosevelt a nommé à la Cour suprême, avait déclaré publiquement le 26 août 1919 devant une assemblée sioniste qu'ils étaient tous animés d'un sentiment commun — le bien-être d'Israël et le bien de Sion. La suite de sa carrière confirme cette déclaration d'allégeance.

Dans sa biographie de Stimson, Bundy note à la page 616 que

'Le travail de recherche d'un sous-secrétaire d'État a été partagé par deux vieux amis, Felix Frankfurter et George Roberts. Bundy ne prend pas la peine de nous informer que Frankfurter, Roberts et Stimson étaient associés en droit, mais on ne peut pas tout mettre dans une biographie. À la page 334, Bundy dit

« Aucune discussion sur les relations de Stimson avec l'administration ne serait complète sans un autre nom, celui du juge Frankfurter. Sans s'écarter le moins du monde de sa fastidieuse dévotion aux hautes traditions de la Cour Suprême, Frankfurter se fit une source continuelle de réconfort et d'aide pour Stimson. Bien qu'il n'en ait jamais entendu parler par Frankfurter, Stimson pensait que sa propre présence à Washington était, dans une certaine mesure, le résultat des relations plus étroites de Frankfurter avec le Président. À chaque fois que des problèmes critiques se posaient, Stimson se tournait vers Frankfurter'.

Les Américains pouvaient dormir sur leurs deux oreilles, car leur gouvernement était entre de bonnes mains, des mains dévouées au bien-être d'Israël et au bien de Sion. La carrière de Frankfurter en tant que sioniste professionnel n'a bien sûr pas entravé son dévouement aux traditions de la Cour suprême, car, semble-t-il, il fallait être sioniste pour pouvoir être nommé à la Cour suprême. En ce qui concerne le sionisme, les 150 ans de la Cour suprême ne sont rien comparés aux milliers d'années de tradition que les sionistes revendiquent pour leur idéologie.

Le rabbin Stephen Wise rapporte avec fierté dans « Challenging Years » que

> 'Le 8 septembre 1914, j'ai écrit pour la première fois à Franklin D. Roosevelt pour lui offrir mon soutien pour le poste de sénateur américain.

À partir de ce jour, Wise fut l'un de ces épouvantails rabbiniques qui flottaient dans la brise devant la Maison-Blanche. Nous cherchons en vain une seule influence chrétienne auprès de Roosevelt au cours de ses années de présidence. Toujours entouré d'une horde de sionistes déterminés, Roosevelt n'a jamais manifesté d'intérêt sincère pour la religion dans laquelle il prétendait avoir été baptisé et, dans les dizaines de livres écrits à son sujet par son cercle d'adeptes sionistes, nous ne trouvons jamais qu'il ait cherché ou accepté l'aide de ministres de l'Évangile. Lorsqu'il est devenu évident que son temps était compté, dans les derniers mois de 1944, Eleanor Roosevelt raconte dans « This I remember » qu'il s'est réfugié dans la propriété de Baruch en Caroline du Sud, Hobcaw Barony. Son esprit maléfique avait senti qu'il s'éloignait de son corps déformé et l'Antéchrist s'était réfugié auprès de son guide, Bernard Baruch, pour y vivre ses derniers jours.

Le vieil infirme malveillant, sentant la main de la mort sur lui, tenta pourtant une dernière fois de vendre son peuple en esclavage. C'est au cours de ces semaines qu'il approuva les plans des Nations unies. La réalisation de cet objectif l'a beaucoup réjoui et il s'est installé à Warm Springs, en Géorgie, où se trouve le siège de son organisation caritative de plusieurs millions de dollars. C'est là, loin de sa famille et de tous ceux qui auraient pu prétendre l'aimer, qu'il est mort subitement dans des circonstances mystérieuses. Le corps est immédiatement scellé dans un cercueil et aucun membre de sa famille ni personne d'autre n'est autorisé à le voir. Il s'agit là d'un revirement étrange, car ses partisans avaient l'intention de l'embaumer et de l'exposer dans un sanctuaire à Hyde Park, en imitant ouvertement l'exposition du cadavre de Lénine devant les fidèles au Kremlin.

Le Dr Emanuel Josephson, dans « The Strange Death of Roosevelt », a fait des observations intéressantes sur cette créature, à savoir que Roosevelt n'a jamais souffert de paralysie infantile, mais d'une autre maladie maligne qui a paralysé son système nerveux et affecté son esprit. Le travail de Josephson est solide et devrait être lu par toute personne souhaitant obtenir davantage d'informations sur cette chose cauchemardesque qui a aspiré l'héritage du peuple américain.

Dès le début, Franklin Roosevelt s'est entouré des bellicistes et des fabricants de munitions du capital international. Son secrétaire au Trésor, William H. Woodin, de Remington Arms Co., est bientôt décédé et a laissé la place au fils du roi du bidonville de Harlem, Henry Morgenthau Jr. Le jeune Morgenthau est rapidement devenu l'objet de sourires narquois dans le bâtiment du Trésor. Il avait été plusieurs fois victime d'étourneaux antisémites alors qu'il sortait royalement du département du Trésor. Il sortit précipitamment, fit nettoyer son chapeau et revint avec une déclaration de guerre. La campagne qui s'ensuivit anima les cocktails de Washington pendant toute la décennie suivante. Morgenthau a tout essayé. Il lança des ballons, engagea des hommes qui risquaient leur vie pour abattre les oiseaux depuis leurs corniches, lança des poisons que les oiseaux, raisonnables, ignorèrent, et pendant des mois, il amusa les oiseaux et la bureaucratie de Washington par ses pitreries et sa frustration grandissante. S'avouant finalement vaincu, il évita le bâtiment pendant des mois et s'occupa de la plupart des affaires du Trésor dans les bureaux de Roosevelt.

Il est regrettable pour notre pays que les oiseaux n'aient pas profité de toute l'intelligence de Morgenthau. Il a travaillé avec Roosevelt sur le Gold Reserve Act de 1934, qui a rendu illégale la possession d'or par les Américains, et ses autres manipulations risquent de ne pas être révélées avant plusieurs générations. Son plus grand méfait, la démoralisation du Bureau des impôts, a abouti aux scandales de 1951 et à la corruption généralisée des collecteurs d'impôts sur le revenu, une enquête qui a résonné avec des noms musicaux tels qu'Abraham Teitelbaum.

La responsabilité directe de Morgenthau dans cette corruption a été révélée par le *Washington Times Herald* du 18 janvier 1952, commentant la remarque comique de Truman selon laquelle le Bureau des recettes internes devrait être réformé. Cet éditorial a donné lieu à une lettre dans l'édition du 24 janvier 1952, comme suit :

> « Avant 1938, le Bureau des impôts était de loin l'agence la plus efficace du gouvernement fédéral. Depuis 1938, le Bureau n'a cessé de se détériorer. Qu'est-ce qui, le cas échéant, n'allait pas dans l'administration du Bureau des impôts avant la réorganisation du

Bureau par le secrétaire Morgenthau en 1938 ? Quel a été l'effet de la décentralisation et de la réorganisation du secrétaire Morgenthau sur la définition de l'autorité et de la responsabilité pour le traitement des dossiers fiscaux ? Yntema, principal auteur de la réorganisation décentralisée de Morgenthau, a-t-il été informé par écrit par presque tous les fonctionnaires du Bureau que le programme de décentralisation de 1938 empêcherait le Bureau of Internal Revenue d'être correctement administré et conduirait au chaos et à l'absence de contrôle dans les différentes divisions décentralisées ? Tant que la procédure d'administration efficace suivie par le bureau avant 1938 ne sera pas rétablie, il ne pourra pas être correctement administré. »

Cette lettre, écrite par un fidèle employé du département du Trésor dont le nom ne peut être révélé, car cela entraînerait la perte de sa pension, mentionne le Dr Yntema comme étant le cerveau de Morgenthau dans ce scandale. Yntema est un économiste dont le dernier fait d'armes a été la création de la Fondation Ford, dotée de 500 millions de dollars. Yntema est le cerveau économique du jeune Henry Ford. Il est vice-président économique de Ford Motors et fonctionnaire de la Fondation.

Quelle est la raison de la démoralisation du Bureau des impôts en 1938 ? Le gang attendait avec impatience les fabuleux profits de la Première Guerre mondiale. L'impôt marxiste sur le revenu s'emparerait de ces bénéfices à moins que le Bureau ne soit démoli, et il l'a été.

En 1933, Roosevelt était accompagné du rejeton de Kuhn, Loeb, James Paul Warburg, un propagandiste communiste qui se décrit lui-même comme l'un des premiers cerveaux de Roosevelt. Baruch a adjoint à Roosevelt sa propre équipe de cerveaux, à savoir Raymond Moley, Gerard Swope, le général Hugh Johnson, Elliott Thurston et Charley Michelson, qui était le rédacteur des discours de Roosevelt pendant ses mandats.

L'employé de J. et W. Seligman, Norman H. Davis, président du Council On Foreign Relations, était également aux côtés de Roosevelt. Sumner Welles, dans « Seven Decisions that Shaped History » Harpers 1950, dit à la page 20,

"Norman H. Davis occupait une place unique dans l'administration Roosevelt, bien que sa seule fonction à plein temps ait été celle de président de la Croix-Rouge américaine. Roosevelt et Davis avaient tous deux été membres du « Little Cabinet » sous l'administration Wilson. Le président avait une grande confiance en son jugement et envisagea de le nommer secrétaire d'État en 1933. Norman H. Davis avait déjà été nommé délégué américain à la Conférence de Bruxelles sur l'Extrême-Orient qui devait se tenir dans quelques semaines. Ayant servi de représentant américain dans d'innombrables autres conférences internationales sous les administrations républicaines et démocrates, il avait une connaissance exceptionnellement complète des affaires étrangères et avait gagné à un degré singulier le respect, la confiance et l'affection personnelle des principaux hommes d'État d'Europe".

Davis, inconnu du peuple américain, est mort subitement en 1944. Bipartisan, il n'a jamais pris part à la politique de l'un ou l'autre parti, mais il a représenté les États-Unis dans des réunions internationales pendant vingt ans. Qu'a-t-il dit, quelles promesses a-t-il faites ? Nous ne le savons pas. Ce que nous savons, c'est qu'il a été pendant des années un employé de J. and W. Seligman Co. En tant qu'associé de corrupteurs et de révolutionnaires notoires, aurait-il dû faire des promesses au nom du peuple américain ?

En 1938, Roosevelt a montré que la Croix-Rouge était une farce en confiant sa présidence à Davis, avec un salaire de 25 000 dollars par an, des limousines avec chauffeur et une importante note de frais, tandis que les collecteurs intimidaient les travailleurs de la nation pour qu'ils la financent par le biais de « contributions volontaires » qui, en raison des accords syndicaux, étaient souvent aussi volontaires que les contributions allemandes au Fonds de secours d'hiver nazi.

Une autre figure mystérieuse du cercle de Roosevelt est Mordecai Ezekiel, à qui Marriner Eccles attribue le mérite de la nomination d'Eccles au poste de président du Conseil de la Réserve fédérale.

L'un des princes de la cour de Roosevelt était Victor Emanuel. Le Current Biography de 1951 nous apprend que

> "Alors qu'il vivait en Angleterre entre 1927 et 1934, Emanuel a participé à des transactions boursières et s'est associé à la société bancaire londonienne J. Henry Schroder Co. Alfred Loewenstein, le financier belge qui s'était joint à lui pour planifier la formation de U.S. Electric Power Co. est mort avant que les arrangements ne soient terminés (il a sauté ou est tombé d'un avion survolant la Manche), mais Emanuel, A.C. Allyn et d'autres ont réussi à prendre le contrôle d'un empire de services publics s'étendant sur vingt États, d'une valeur d'un milliard cent dix-neuf millions de dollars, selon le Time Magazine du 7 octobre 1946. Emanuel réorganise

Standard Gas and Electric et confie le poste de président du conseil d'administration à Leo Crowley, qui deviendra par la suite dépositaire des biens étrangers pendant la Seconde Guerre mondiale".

Les biens allemands étaient entre de bonnes mains, puisque le maître d'Emanuel Crowley était associé à la maison de banque Schroder, les banquiers d'Hitler. L'adresse professionnelle d'Emanuel est le 52 William St. New York, qui, par une étrange coïncidence, est, et a été pendant de nombreuses années, l'adresse de Kuhn, Loeb Co. Emanuel, connu comme « l'homme mystérieux de Wall Street », a été président de Republic Steel et président de Avco Corporation, ainsi qu'administrateur de nombreuses grandes entreprises industrielles. Emanuel était l'un des favoris de l'administration Roosevelt, ou devrions-nous dire que Roosevelt était le favori d'Emanuel ?

L'un des assistants de Roosevelt était Tommy Corcoran, qui, avec son frère Dave du ministère de la Justice, représentait I. G. Farben en Amérique jusqu'en 1941. Juan Trippe, directeur de Pan-American Airways et beau-frère d'Edward Stettinius, associé de J.P. Morgan, a également profité du célèbre sourire de Roosevelt.

Quels qu'aient pu être les caprices du tempérament mercuriel de Roosevelt, que le Dr Josephson attribue à la « maladie » de Roosevelt, son dévouement au communisme est resté constant. L'« Histoire des relations diplomatiques avec la Russie de 1933 à 1939 » du Département d'État révèle que Roosevelt a ordonné au Département d'État et au Département de la Marine d'apporter « toute leur aide » au projet russe de construction de cuirassés en 1938. Une revue de presse de l'United Press, parue dans le Miami Herald du 25 mai 1952, a commenté ce communiqué en ces termes

> « Les documents ne révèlent pas les raisons exactes pour lesquelles M. Roosevelt a essayé d'aider les Russes.

Cela devrait être évident. Roosevelt voulait que la Russie ait une aussi bonne marine que la nôtre ou, à la lumière de ce que l'on sait de lui aujourd'hui, une meilleure marine que la nôtre. L'une des agences pro-communistes les plus connues des États-Unis, l'Association internationale pour la législation du travail, comptait parmi ses membres Frances Perkins, dont on a entendu parler pour la première fois en 1916, lorsqu'elle a élevé sa voix stridente pour défendre le juge Brandeis. Roosevelt l'a nommée secrétaire au travail, un poste que personne d'autre qu'un communiste professionnel n'aurait pu occuper avec succès sous son administration. Les autres membres étaient Harry Hopkins, Leon Henderson, Eleanor Roosevelt et les principaux responsables du parti communiste américain.

Tout au long des années 1930, Sir William Wiseman, associé de Kuhn, Loeb Co. et chef des services secrets britanniques aux États-Unis, est aux côtés de Roosevelt. Wiseman n'a jamais été mentionné dans les journaux et sa présence à la Maison-Blanche était un secret bien gardé. Cet auteur a fait l'expérience de demander à un correspondant bien connu de la Maison-Blanche pendant ces années s'il avait déjà rencontré un homme nommé William Wiseman à la Maison-Blanche. Je l'ai vu blêmir et bégayer, puis il a fini par répondre par la négative. Sir William, directeur des chemins de fer nationaux du Mexique et de la United States Rubber Co. a été cité par le lieutenant-colonel Thomas Murray dans « At Close Quarters », un livre imprimé en Angleterre, qui contient des photos de Wiseman et Roosevelt lors de pique-niques conviviaux à la campagne à la fin des années 1930. Il est possible que Wiseman ait poussé trop loin la passion fanatique pour l'anonymat qui caractérisait les associés de Kuhn, Loeb Co. car sa présence à la Maison-Blanche a donné lieu à de nombreuses conjectures.

Pour le dernier legs de Franklin Roosevelt au peuple américain, nous disposons de la déclaration de l'ancien secrétaire d'État Robert Lansing en 1950,

> « Franklin Roosevelt est le créateur du danger communiste mondial, en inversant la politique étrangère des États-Unis à l'égard de la Russie soviétique, que j'avais définie en 1919 et à laquelle tous mes successeurs ont adhéré jusqu'en 1933 ».

CHAPITRE 18

L'histoire des années 1930 peut se résumer en une phrase. Il s'agit d'une période de réarmement mondial. Après la conférence économique de Londres de 1933, les nations industrielles modernes se sont dirigées vers la Seconde Guerre mondiale de manière constante et sans le moindre écart. Un certain nombre d'observateurs non partisans, dont le député George Holden Tinkham de Boston, ont prédit pas à pas les événements de cette décennie. En effet, pour quiconque comprenait les machinations de la finance internationale, une voie évidente était en train d'être suivie.

Chacune des annexions d'Hitler était accompagnée d'un chœur de Cassandre, une hystérie préétablie créée à partir d'un non-sens par les services de presse internationaux. L'éditeur qui a le plus capitalisé sur cette hystérie est Luee, des publications *Time* et *Life*. Sur les ondes, Walter Winchell a hurlé un hymne de haine de B'nai Brith, et tout ce battage s'est accompagné d'une jonglerie si frénétique sur les places boursières du monde entier qu'il est difficile de comprendre pourquoi les pigeons n'ont pas pris conscience de la situation et ne se sont pas retirés du jeu.

La guerre civile espagnole, tout comme la guerre du Japon contre la Chine, a été une corrida qui a aiguisé la soif de sang des nations industrielles pour un véritable conflit mondial. Les journaux télévisés et les magazines d'images étaient remplis de photographies de morceaux de corps volant dans les airs et de massacres de femmes et d'enfants. Tout cela a eu pour effet de préparer les jeunes à participer au massacre. C'est ce que les sociologues appellent le « conditionnement ».

Paul Einzig, dans « World Finance 1937–1938 », déclare

> "Les experts sont déconcertés par le fait que les gouvernements de la Chine et du Japon semblent être en mesure de financer la guerre.

Il est difficile de comprendre pourquoi un économiste devrait être perplexe à ce sujet. La Chine et le Japon avaient tous deux des banques centrales et, comme je l'ai souligné dans « La Réserve fédérale », la principale fonction d'une banque centrale est le financement de la guerre.

La guerre civile espagnole, une affaire tragique marquée par des atrocités innommables contre des êtres humains, a été à l'époque communément présentée comme un avant-goût de la Seconde Guerre mondiale. Les événements ont prouvé qu'il n'en était rien. Il s'agissait en fait d'un avant-goût de la troisième guerre mondiale. La guerre civile espagnole a été une bataille à mort entre le communisme et le christianisme, et les « libéraux » américains n'ont jamais pardonné à Franco le fait que le christianisme ait gagné. Cette lutte a tellement affaibli l'Espagne qu'elle a à peine pu reprendre son existence nationale, un sort qui risque d'être réservé à tous les participants à la Troisième Guerre mondiale.

Les enjeux de la guerre civile espagnole n'ont pas grand-chose à voir avec la Seconde Guerre mondiale. Le christianisme n'était pas représenté dans la guerre de Roosevelt, car la Seconde Guerre mondiale était une bataille entre le national-socialisme judaïque défendu par Hitler et le socialisme marxiste international dirigé par Staline. L'Amérique, l'Angleterre et la France se sont battues du côté de Marx, tandis que l'Allemagne et la France ont défendu la philosophie politique de Syrkin. Le national-socialisme est tombé devant les forces alliées du socialisme international, et la troisième guerre mondiale opposera les forces alliées de la chrétienté et du monde musulman aux doctrines athées du sionisme socialiste international.

En 1934, l'Espagne se trouvait dans une situation très semblable à celle de l'Amérique en 1950. Les universités espagnoles avaient été infiltrées par les communistes après la Première Guerre mondiale, de sorte qu'elle avait élevé une génération de professionnels, d'instituteurs, de fonctionnaires, de docteurs en médecine et d'avocats, qui étaient des communistes sincères. Ce n'étaient plus des Espagnols, mais des dévots de l'État socialiste mondial.

À eux s'opposent les tenants du statu quo en Espagne, les propriétaires terriens et les prêtres. Le conflit est d'autant plus complexe que l'Angleterre doit s'assurer de l'approvisionnement de l'Espagne pour la Seconde Guerre mondiale et que l'Allemagne doit s'assurer que l'Espagne lui expédiera des marchandises comme elle l'a fait pendant la Première Guerre mondiale. La maison Rothschild possédait l'immense usine sidérurgique d'Orconera et les docks de Bilboa, ainsi que la société Rio Tinto, qui était la plus grande mine de cuivre du monde. Les vastes installations minières de Pennaroya avaient pour conseil d'administration le baron Antony de Rothschild de Paris, son beau-frère Pierre Mirabaud, ancien directeur de la Banque de France, Charles Cahen, et Humbert de Wendel, de la Compagnie du canal de Suez et de la Banque de France. (Extrait de l'ouvrage de Rucker « The Tragedy of Spain », N.Y. 1945).

Il était évident que les communistes avaient enrôlé de nombreux Espagnols qui souhaitaient des réformes et dont les désirs constituaient une menace pour la domination étrangère de la main de Rothschild, qui s'emparait de la richesse nationale de l'Espagne. Les Rothschild, voyant que le pays était désespérément divisé, ont crié « Havoc ! » et ont lâché les chiens de guerre. Si les communistes gagnaient, les propriétés des Rothschild seraient nationalisées et ils les géreraient comme avant. Si Franco gagne, rien ne changera pour les Rothschild. Que les chiens s'égorgent les uns les autres !

Les cartes étaient alignées pour Franco, qui garantissait les investissements étrangers. La manière dont il a été soutenu par la Banque d'Angleterre est décrite par Paul Einzig, dans « World Finance 1937–1938 »,

> « Vers la fin de 1935, les exportateurs britanniques devaient attendre dix mois pour être payés par l'Espagne. Le gouvernement espagnol avait conclu un accord avec le gouvernement français en vertu duquel les crédits commerciaux français étaient payés par la vente d'or. Lorsque la guerre civile éclate, l'encours des crédits bancaires en Espagne est exceptionnellement élevé. Malgré cela, la révolte n'aurait peut-être jamais eu lieu sans le soutien reçu de l'Italie dès le début, à la suite de la victoire des socialistes en France. Les crédits espagnols sont arrivés à échéance à Londres au début de l'année 1937. Le gouvernement espagnol a transféré un quart de million de livres sur le compte londonien de la Banque d'Espagne auprès de la Martin's Bank. La Martin's Bank a refusé de se séparer de ce montant. On peut supposer que les paiements ont été effectués à partir de la réserve d'or de la Banque d'Espagne. Aucune information précise n'est disponible sur le sort de cette réserve d'or. De mystérieuses personnes auraient proposé de l'or que personne sur le marché n'était prêt à toucher. Une grande partie de cet or a dû être dépensée pour l'achat d'armes à l'étranger. Une grande partie

de l'or a dû disparaître entre les mains d'intermédiaires malhonnêtes dans le trafic d'armes ».

Deux facteurs, l'or et les armes, ont été à l'origine de la guerre civile espagnole. Einzig poursuit en révélant que Franco a été choisi pour gagner parce que la peseta franquiste avait un prix plus élevé sur les marchés mondiaux. Le destin des nations est déterminé par la hausse ou la baisse de la valeur de leurs unités monétaires sur les marchés.

> 'La peseta franquiste a toujours été beaucoup plus favorable que la peseta gouvernementale (communiste), en raison d'une meilleure organisation économique et d'une meilleure discipline industrielle, qui ont permis à l'Espagne contrôlée par les insurgés d'exporter librement. L'expérience espagnole nous rappelle que les limites financières de la guerre moderne sont pratiquement inexistantes. La guerre moderne peut être menée à grande échelle même en l'absence de ressources financières adéquates'.

Bien qu'Einzig n'explique pas son affirmation, le fait est qu'une nation peut payer pour tout ce qu'elle peut produire. La guerre n'épuise ni l'or ni aucune autre forme de monnaie. Les biens et la main-d'œuvre disparaissent dans la destruction de la guerre, laissant derrière eux les dettes de l'étalon-or qui résultent des crédits accordés au financement de la guerre par les banques centrales. L'imposition de « dettes de guerre » et l'idée de « payer pour une guerre » constituent un gigantesque système de fraude. Les actionnaires de la Banque Centrale, qui, en Amérique, est notre Système de Réserve Fédérale, prétendent avancer des crédits pour la production de guerre, et ce crédit mythique, avec les intérêts adéquats, est la dette de guerre qu'ils exigent d'être payée quand la tuerie est terminée, une circonstance qui conduit à l'observation que la tuerie, une forme de charité, devrait commencer à la maison.

Franco a remporté sa victoire parce qu'il a poursuivi sa guerre contre le gouvernement communiste loyaliste et qu'en même temps, derrière les lignes de front, il a remis les usines en marche et exporté des marchandises en échange d'armements. Dans « World Finance 1938–1939 », Einzig nous dit que

> « Au début de la guerre civile, les sympathies des sociétés étrangères opérant en Espagne étaient entièrement acquises au général Franco, et l'entrée des armées insurgées était toujours chaleureusement accueillie par les intérêts financiers et industriels concernés en Espagne… Lorsque la crise était à son apogée, trois navires de

guerre américains ont effectué une visite mystérieuse à Plymouth, en Angleterre. Il semblerait qu'ils aient récupéré l'or américain détenu en réserve à Londres. L'atmosphère sur les marchés boursiers était loin d'être paniquée. Un ton terne règne partout. »

La guerre civile espagnole, bien qu'elle ait été largement annoncée comme une guerre mondiale potentielle, ne s'est pas très bien vendue sur les marchés boursiers. La présence d'armes et de troupes russes aux côtés des communistes en Espagne et le soutien militaire allemand et italien à Franco ne suscitaient guère d'appréhension à Londres ou à New York. En revanche, la moindre action d'Hitler faisait grimper et chuter les cours des actions, un processus qui atteignit des proportions incroyables à l'automne 1938, lorsqu'il annexa les Sudètes, en Tchécoslovaquie. Einzig, dans « World Finance 1938–1939 », décrit comment les Warburgs et les Baruchs ont réalisé des millions de dollars de profits rapides grâce à leur connaissance des mouvements d'Hitler.

« En apparence, une voie européenne semblait presque inévitable. Le 18 septembre 1938, la tension sur les marchés financiers est à son comble. Il y eut une sorte de glissement de terrain sur le marché des changes et les autorités autorisèrent la dépréciation de la livre sterling jusqu'à 4,61 en début d'après-midi. Cette décision a été prise avec le plein accord des autorités américaines. Malgré la mobilisation de la marine britannique, la livre sterling a remarquablement résisté dans l'après-midi. Les ordres de vente étaient encore nombreux, mais ils étaient facilement absorbés par des achats à grande échelle. Une très grande partie de ces opérations ont pu être retracées jusqu'à certains sièges bancaires, dont on savait qu'ils opéraient grâce à un homme politique de premier plan bien placé pour savoir ce qui se passait dans les coulisses. À partir de 14h30, des dollars ont été vendus à grande échelle à partir de ce quartier. L'ensemble du marché est resté dans l'expectative pendant que les détails de la déclaration de M. Chamberlain étaient dévoilés. Pendant une heure et demie, cette déclaration a semblé indiquer qu'il y avait très peu d'espoir d'éviter la guerre. Vers quatre heures et demie, cependant, il a annoncé de façon spectaculaire que le signor Mussolini allait intervenir et, fort opportunément, le télégramme annonçant la décision d'Hitler d'accepter une conférence à Munich a également été remis à ce moment-là, environ deux heures après que les milieux étrangers bien informés eurent commencé à agir sur le marché des changes en supposant qu'il n'y aurait pas de guerre après tout. La livre sterling a bondi de dix points en l'espace de quelques minutes ».

La farce des gouvernements modernes n'a jamais été aussi exposée. Des marines et des armées sont mobilisées, des centaines de commentateurs passent à l'antenne pour ajouter à la panique de millions de personnes, et des dictateurs apparemment omnipotents sursautent lorsque certains parieurs font claquer leur fouet, tout cela pour faire quelques millions de dollars de profit sur la fluctuation de l'unité monétaire britannique.

Einzig poursuit en disant que

> Les opérateurs de la bourse et du marché des changes, hommes d'affaires à la tête dure, étaient suffisamment réalistes pour voir que le plus que l'on pouvait dire de l'accord de Munich était qu'il avait apporté un soulagement passager, mais ils ont néanmoins cyniquement encaissé le « boom de la paix à notre époque ».

Einzig révèle d'autres jongleries d'avant-guerre avec l'histoire du refinancement par Mendelssohn des obligations des chemins de fer français, mené à bien par M. Paul Reynaud, qui, bien que salué comme un grand succès financier à l'époque, a fait les choux gras de la presse quelques mois plus tard, lorsque Mendelssohn Co. a fait faillite. Einzig dit

> « Lorsque la Mendelssohn Co. a fait faillite à Amsterdam à la suite du décès de son âme dirigeante, le Dr Fritz Mannheimer, plusieurs banques en France et aux États-Unis ont été impliquées dans une large mesure. Cependant, grâce à la politique du gouvernement français qui a maintenu le cours des obligations Mendelssohn à Paris, les banques ont pu liquider leurs engagements sans pertes désastreuses. Certains reprochent à Paul Reynaud d'avoir conclu les emprunts de conversion des chemins de fer avec Mendelssohn et Cie. Le fait que la presse française n'ait pas tenté d'attaquer Reynaud sur ce point est très révélateur du changement remarquable qui s'est produit en France ».

À mon avis, c'est une très mauvaise image de la presse française. Un chef de gouvernement conclut une énorme conversion financière avec une maison de banque si fragile que la mort d'un seul homme suffit à la mettre en faillite et à provoquer une crise monétaire internationale. La presse s'abstient gentiment de lui en faire grief, tandis que le gouvernement maintient généreusement le prix des obligations en défaut, de sorte que les banques ne perdent rien. Le peuple américain devrait prendre note du fait que notre Trésor fait la même chose pour les actionnaires privés du système de la Réserve fédérale depuis des années.

En 1939, les banques centrales exerçaient un excellent contrôle dans leurs pays respectifs. Einzig nous dit que

> « L'augmentation du chômage est due au fait que M. Montagu Norman a réussi à persuader Sir John Simon de l'autoriser à augmenter le taux d'escompte. Dans sa déclaration budgétaire, Sir John a franchement admis que l'objectif de ses mesures fiscales draconiennes était de réduire la consommation civile. La position adoptée par Norman et Simon sur la question de la cession à l'Allemagne de l'or de la Banque nationale de Tchécoslovaquie suscite un vif ressentiment dans le Paris officiel. Le Trésor français et la Banque de France souhaitaient vivement que le transfert de l'or soit interrompu, tandis que la Banque d'Angleterre refusait d'agir ».

Les banquiers français savaient que l'Allemagne utiliserait cet or pour acheter des matières premières destinées à la fabrication de canons qui seraient utilisés contre la France. La débâcle française peut être attribuée à ce don d'or à l'Allemagne, qui, bien entendu, n'est jamais allé à l'Allemagne, mais a simplement été transféré du coffre tchèque au coffre anglais de la Banque des règlements internationaux. Déplacer une pile de lingots d'or de quelques mètres dans une caverne souterraine décide du sort des nations.

L'Angleterre continue à opposer l'Allemagne à la Russie. Einzig nous dit dans « World Finance 1939–1940 » que

> « Les représentants de la Fédération des industries britanniques et du Reichsgruppe Industries se sont rencontrés à Düsseldorf en mars 1939. Quelques jours plus tard, la crise tchécoslovaque entrait dans sa phase décisive. Lorsque la nouvelle de l'occupation est parvenue à Düsseldorf, les Allemands s'attendaient à ce que la conférence soit interrompue. Après consultation de Londres, les délégués britanniques surprirent leurs collègues allemands en annonçant leur intention de poursuivre et de signer l'accord préliminaire rédigé à la hâte, qui fut effectivement signé le jour où Hitler faisait son entrée triomphale à Prague ».

Le rôle de Franklin Roosevelt tout au long des années 1930 a été scandaleux. Il a joué sans vergogne le rôle du grand pacificateur année après année, alors qu'il se préparait à la guerre. Son programme socialiste était une erreur calamiteuse. L'échec immédiat et grotesque de la National Recovery Administration, le gaspillage effroyable de la Works Progress Administration dirigée par les communistes, le ressentiment généralisé face à ses tentatives dictatoriales de soumettre le fermier américain à une forme soviétique d'agriculture collectivisée de quotas de production, tous ces fiascos n'ont pas laissé Roosevelt indifférent. Il avait une solution pour faire oublier à l'Amérique son échec total en tant que président. Cette solution, c'était la Seconde Guerre mondiale. Hoover, dans le troisième volume de ses Mémoires, souligne avec causticité que Roosevelt a été un échec désastreux à tous égards à la fin de ses deux mandats à la Maison-Blanche, et que sa réputation a été sauvée par le redressement économique du réarmement. Einzig, dans « World Finance 1939–1940 » dit,

> « Chaque fois que le président Roosevelt annonçait une intensification de la campagne de réarmement des États-Unis, Wall Street réagissait favorablement.

Les crédits étaient suffisants pour permettre au gouvernement d'acheter autant de matériel de guerre que l'industrie pouvait en produire. Il n'est pas étonnant que Wall Street ait été favorable. Einzig conclut avec le verdict sur Roosevelt qui est confirmé par Hoover, Tinkham et d'autres observateurs,

> "Ce que le New Deal du président Roosevelt et la politique de reflation n'ont pu réaliser a été accompli en quelques mois grâce à la guerre européenne.

CHAPITRE 19

L e commentaire le plus sombre sur l'échec de la civilisation moderne est occasionné par le sort des petites nations. Woodrow Wilson a proclamé que les droits des petites nations devaient être protégés, au moment même où il forçait ces petites nations à accepter les terribles dispositions du traité de Versailles qui ont fait de la Seconde Guerre mondiale une certitude. Alors que les armées d'Hitler et de Staline se déployaient et se redéployaient à travers l'Europe, une tragédie s'est jouée qui a mis fin à la civilisation de ce continent. Cette tragédie a été la destruction systématique des éléments décents des populations européennes.

Les ennemis des nazis et les ennemis des communistes étaient les mêmes, les ennemis de la tyrannie. Les hommes dont la plus grande passion était la liberté, ceux dont le credo était la vérité et la justice, étaient voués à l'extinction lorsque les nazis marchaient sur une ville. S'ils survivaient à l'occupation nazie, ils étaient recherchés et emprisonnés ou tués à l'arrivée des communistes. C'est ce qui s'est passé en Pologne, en Tchécoslovaquie, en Autriche, dans toute l'Europe. L'anéantissement délibéré des classes dont dépendait la structure morale de ces nations conduit à se demander : « Qui reste-t-il en Europe qui vaille la peine d'être sauvé ? » Les événements actuels prouvent qu'il n'y a plus personne dans ces pays pour protester contre la corruption, la brutalité et l'ignorance de leurs dirigeants. Le meilleur de l'Europe est mort, et l'odeur des restes suffit à éteindre notre intérêt. La révolution des esclaves qui a commencé dans la Rome des Césars a atteint sa conclusion heureuse, et la prochaine ère de l'histoire sera écrite par les classes inférieures stupides et arrogantes qui ont tué leurs maîtres.

La cause de la mort des petites nations peut être attribuée à l'Angleterre, qui avait porté haut la bannière morale dans les relations internationales, en accomplissant la Pax Britannica. L'Angleterre anglo-saxonne dont les petites nations se souvenaient comme de leur porte-drapeau n'existait plus. Elles font confiance à une Angleterre dont la politique étrangère est entre les mains de N. M. Rothschild and Sons. Sous le regard horrifié des Anglais honnêtes, les banquiers internationaux ont livré la Pologne non pas à l'un de ses pires ennemis, mais aux deux à la fois. L'Angleterre s'était engagée à aider la Pologne, mais lorsque les armées allemandes sont entrées en Pologne d'un côté et que les armées russes sont entrées en Pologne de l'autre, où étaient les armées anglaises ? Cent ans de dynastie Rothschild ont tellement affaibli l'Angleterre qu'elle n'a même pas été capable de sauver la France, une nation qui ne voulait pas être sauvée et qui attendait avec impatience la promesse d'Hitler de délivrer la France des banquiers juifs internationaux.

Hitler semble avoir été dupé par le déclenchement de la Seconde Guerre mondiale en 1939. Il avait été autorisé à prendre des objectifs beaucoup plus importants, l'Autriche et la Tchécoslovaquie, sans opposition, et le pacte de Munich a dû signifier à Hitler qu'il pouvait mettre en œuvre sa Confédération paneuropéenne sans autre interférence, et conclure les préparatifs d'un assaut total contre la Russie, comme le souhaitait l'Angleterre. Par conséquent, la déclaration de guerre de l'Angleterre semble avoir pris les nazis par surprise. Paul Einzig, dans « World Finance 1939–1940 », écrit que

> 'L'une des raisons pour lesquelles on doutait que la Grande-Bretagne s'engage réellement dans une guerre majeure pour honorer son engagement envers la Pologne était les trente-six millions de livres de crédits allemands à court terme qui auraient causé un grave embarras à la communauté bancaire londonienne. Les autorités devront soutenir plusieurs établissements bancaires. Les banques britanniques sont toujours aussi réticentes à liquider leurs engagements allemands. Leur attitude est due à la sympathie et à l'admiration qu'elles portent aux banquiers allemands et à « l'Allemagne en général ».

Hitler pouvait s'assurer que l'Angleterre ne lui déclarerait pas la guerre, grâce à l'attitude favorable de la communauté bancaire londonienne. Hélas, dans ses discours les plus enflammés, il n'a jamais suffisamment dévoilé la duplicité des banquiers internationaux. Le colonel Joseph Beck confirme l'attitude d'Hitler dans « Dernier Rapport », éditions La Baconière, Neufchâtel, Paris, 1951. À la page 211, note de bas de page, nous trouvons que

« Le 22 août 1939, lors d'une conférence avec ses généraux, Hitler se dit convaincu que la Grande-Bretagne ne prend pas au sérieux ses obligations envers la Pologne, sinon, selon lui, elle ne se préoccuperait pas d'un prêt de 8 millions de livres sterling à la Pologne, alors qu'elle a investi un demi-million en Chine ».

Ce qu'Adolf Hitler ne semblait pas savoir le 22 août 1939, c'est que l'Organisation sioniste mondiale avait ouvert son vingt-et-unième congrès mondial à Genève, en Suisse, une semaine plus tôt, le 16 août 1939. Il est significatif qu'une semaine après l'ouverture de ce congrès, Hitler et Staline signaient leur pacte de non-agression et envahissaient conjointement la Pologne. Comme l'a fait remarquer un Juif, quiconque restait communiste après le 23 août 1939 était vraiment communiste. Il est certain que de nombreux Juifs ont fait un examen de conscience à cette date, car ils avaient lancé des invectives hystériques contre le gouvernement hitlérien pendant seize ans, et on leur avait appris que le gouvernement stalinien était le seul au monde à garantir les droits des Juifs, avec une peine de mort pour l'antisémitisme. Cette combinaison soudaine a été difficile à accepter pour les nationalistes juifs, mais ils l'ont acceptée.

Le pacte nazi-soviétique n'a pas perturbé l'élite intellectuelle du Council On Foreign Relations et du Communist Party of America, qui formaient une direction politique imbriquée composée de Hiss, Lattimore, Currie et Frederick Vanderbilt Field. Ils savaient que Hitler était saboté par son ministre des Finances, Hjalmar Schacht. K.L. Treffetz a expliqué dans l'American Economic Review de mars 1948 que

« L'explication de l'incapacité de l'Allemagne à se préparer à une échelle beaucoup plus grande est essentiellement financière. Les dirigeants allemands n'ont pas compris qu'une nation peut financer tout ce qu'elle peut produire. L'Allemagne aurait pu se réarmer à une bien plus grande échelle si Schacht n'avait pas conseillé à Hitler, en 1937, de ne pas obtenir de crédits supplémentaires pour le réarmement. Il a bien obtenu trois milliards supplémentaires, mais aucun après mars 1938 ».

C'est le Dr. Hjalmar Schacht qui a souligné à juste titre que « l'argent qui n'est pas émis contre des biens nécessaires n'est que du papier ». On pourrait également dire : « On peut émettre autant d'argent qu'il en faut pour produire les biens nécessaires ». C'est aussi le Dr Schacht qui n'était pas fasciste.

Le mois de mars 1938 est considéré comme l'apogée du pouvoir d'Hitler. Après cela, ses crédits internationaux ont été coupés. Il pensait qu'il était assez fort pour prendre ce dont il avait besoin après cela, mais il ne pouvait pas croire que l'Amérique l'attaquerait un jour, et ce fut son erreur de calcul fatale. Il est significatif que Schacht ait été le seul économiste de l'échelon supérieur nazi. Hitler était un orateur, Goering un stratège, Hesse un écrivain, Rosenberg un géopoliticien, Goebbels un journaliste et Himmler un policier, mais personne d'autre que Schacht ne pouvait dire combien d'argent pouvait être imprimé. Lorsque Hitler est arrivé avec un parti radicalement nouveau en 1933, il a gardé le chef de la Reichsbank contrôlée par Warburg, le Dr Schacht, comme cerveau financier. Tout était nouveau chez les nazis, sauf l'or. C'était le même or, et il était emprunté aux mêmes banquiers juifs internationaux, parfois connus sous le nom de banquiers juifs internationaux, qui étaient la cible des diatribes d'Hitler.

Lorsque les banquiers ont décidé que Hitler était allé assez loin, Schacht a dit : « Plus de crédits », et ce dictateur, devant lequel toute l'Europe se tenait dans la crainte, a accepté le verdict de Schacht. Si Hitler avait continué à se réarmer à l'échelle de ses préparatifs de 1935 à 1938, il aurait pu achever la Russie avant que la production américaine ne soit prête à sauver Staline. Il ne faut pas oublier que les seuls à s'opposer à Hitler en Amérique étaient les Juifs et leurs satellites. De nombreux Américains n'appartenant pas à ce groupe croyaient sincèrement qu'Hitler était un homme mauvais, mais ils ne pensaient pas qu'il constituait une menace pour les États-Unis, et il s'est avéré qu'ils avaient raison. Dans toutes les tonnes de documents nazis capturés, on n'a jamais trouvé ne serait-ce qu'un seul mémorandum indiquant qu'Hitler envisageait ou planifiait une action militaire contre les États-Unis.

L'Angleterre a cédé la Pologne, la moitié à l'Allemagne en guise de pot-de-vin pour combattre la Russie, et l'autre moitié à la Russie en guise de pot-de-vin pour combattre l'Allemagne. La presse jaune libérale des États-Unis a ensuite lancé une campagne de propagande selon laquelle l'est de la Pologne avait toujours été habité par des Russes et que les Polonais étaient antisémites, ce qui était probablement vrai. C'est ainsi qu'a été préparée la pire atrocité de la guerre, l'assassinat de 10 000 officiers polonais capturés par la police secrète russe dans la forêt de Katyn. Il s'agit de la pire atrocité connue de la Seconde Guerre mondiale. Un plus grand nombre encore aurait été assassiné par les nazis. En 1942-43, le comité consultatif sur la politique étrangère d'après-guerre du département d'État, présidé par Summer Welles, a conseillé au gouvernement américain de céder toute la Pologne orientale au gouvernement soviétique (extrait de Post-War Foreign Policy Preparation 1939-1945, publication 3580 du département d'État, pages 69-166 et 459-512).

En avril 1943, la Russie rompt ses relations avec le gouvernement polonais en exil, alors installé à Londres, et forme un gouvernement communiste de Pologne, appelé Union des patriotes polonais. En décembre 1943, à Téhéran, Roosevelt promet la Pologne orientale à Staline sans consulter ni informer le gouvernement polonais en exil. Si cette nouvelle avait été publiée, elle aurait brisé la résistance polonaise aux nazis. La propagande anti-polonaise dans la presse communiste « libérale » des États-Unis a atteint sa plus grande intensité à cette époque. On prétend que les Polonais sont pires que les nazis, qu'ils sont encore plus antisémites, etc. Conséquence directe de cette propagande, le gouvernement communiste russe a pu installer ses bureaux à Lublin sans que les États-Unis ou l'Angleterre ne protestent. En février 1945, Roosevelt, à Yalta, avec le communiste Alger Hiss comme conseiller, céda officiellement la Pologne orientale à la Russie et accepta le gouvernement de Lublin, rejetant ainsi le gouvernement polonais de Londres. La livraison insensible de la Pologne aux communistes a été le point culminant de la carrière de trahison de Roosevelt. Le département d'État, dirigé par l'apologiste George Kennan, continue de prétendre que Roosevelt n'a rien cédé à Yalta. Roosevelt a condamné le courageux peuple polonais, qui avait combattu les nazis et les communistes, aux mains de son ennemi le plus impitoyable, la police secrète russe, et le cabinet juridique de Dean Acheson lui a accordé le prêt nécessaire pour mener à bien cette persécution. L'un des facteurs les plus étranges a été le silence de l'Église catholique romaine. La Pologne était l'une des plus grandes nations catholiques du monde, mais le Vatican l'a laissée faire sans protester.

Aussitôt, le gouvernement communiste polonais a envoyé à Washington, en qualité d'ambassadeur, Oscar Lange, qui avait été citoyen américain et y avait volontiers renoncé pour devenir citoyen de la Pologne communiste. Oscar Lange était professeur d'économie à l'université de Chicago. Son bon ami et collègue était un autre professeur d'économie, Paul Douglas, aujourd'hui sénateur de l'Illinois. Lange devint par la suite délégué de la Pologne aux Nations unies.

Il semble inutile d'écrire sur la Seconde Guerre mondiale, car elle n'est qu'une répétition de la Première Guerre mondiale. Les mêmes personnes louches qui étaient à Washington la première fois, Roosevelt, Frankfurter, Baruch, etc., étaient entièrement aux commandes en 1941. Nous devons relever les noms de certains des criminels qui se sont condamnés à l'histoire dans cette guerre, car ils sont encore au pouvoir dans le monde entier. Les révélations suivantes sur le Council On Foreign Relations devraient nous mettre en garde contre ses membres.

Les machinations utilisées pour mettre les États-Unis dans le pétrin n'ont rien d'original, ni même d'ingénieux. L'année 1941 est exactement comme l'année 1916. Un comité chargé de défendre l'Amérique en aidant les Alliés a été créé en 1941, composé de la même vieille bande de banquiers et d'avocats internationaux, dont Henry L. Stimson, appelé par Roosevelt à devenir secrétaire à la guerre. Stimson était un républicain de longue date, mais Roosevelt l'a remplacé.

La machine publicitaire s'est mise en marche. Walter Winchell hurlait à la guerre à pleins poumons et, tous les dimanches soir, il dénonçait Hitler devant vingt millions d'Américains. Plus important encore, Luce, l'éditeur de Time, Life et Fortune, a déclaré la guerre à l'Allemagne en février 1941. Courageusement, il s'est lancé sur le front du bellicisme, brandissant ses dépêches tendancieuses et dénonçant la menace que Hitler faisait peser sur l'Amérique. Il a publié un livre ce même mois, « The American Century », Farrar, Rinehart, New York, 1941, qui a également été publié intégralement dans Life Magazine en février 1941, dix mois avant Pearl Harbor. Luce a déclaré à la page 25,

> « Nous avons nous-mêmes échoué à faire fonctionner la démocratie avec succès. Notre seule chance de la faire fonctionner aujourd'hui est de mettre en place une économie internationale vitale et un ordre moral international ».

L'internationaliste Henry Luce proclame ici les doctrines internationalistes de Nikolaï Lénine. Luce était président du comité financier de l'Institut des relations avec le Pacifique, qui a fourni les fonds nécessaires à la vente de la Chine. Luce n'a pas tardé à s'engager dans la presse en tant que révolutionnaire. Aux pages 10 et 11 de son livre, il écrit,

> « Nous sommes en guerre pour défendre et même pour promouvoir, encourager et inciter les soi-disant principes démocratiques à travers le monde ».

En février 1941, Luce était déjà en guerre, mais il a fallu dix mois de propagande belliciste constante et véhémente de la part de ses magazines pour que le peuple américain se joigne à lui. S'il avait échoué, Luce aurait sans aucun doute affrété un bateau pour aller mourir sur la Festung Europa. À la page 26 de ce livre, l'esprit de Luce se révèle dans toute sa profondeur et sa clarté,

> « Notre tâche est d'aider par tous les moyens possibles, pour notre bien et celui de nos enfants, à faire en sorte que le président Roosevelt soit salué à juste titre comme le plus grand président de l'Amérique ».

Il est regrettable que le présent ouvrage désobéisse de manière aussi flagrante au mandat de Luce. Cependant, ce n'est pas ma faute si Roosevelt a trahi l'Amérique et l'humanité à Téhéran et à Yalta.

Lorsque l'Allemagne, réalisant toutes ses prédictions politiques et conformément aux publications d'Hitler et du parti nazi, a mis en œuvre sa politique de Drang Nach Osten (la poussée vers l'Est) et a attaqué la Russie le 22 juin 1941, un hurlement de douleur et de colère s'est élevé de la juiverie mondiale. On peut dire que cette date a inauguré la véritable Seconde Guerre mondiale et que la bataille contre l'oppression usuraire a réellement commencé.

La Russie a survécu à l'hiver 1941 et, à ce moment-là, suffisamment de camions et de chars américains lui sont parvenus pour permettre à ses armées de résister à l'offensive hitlérienne.

La Russie a été sauvée par l'action d'attente engendrée par deux hommes, Tito de Yougoslavie et Averell Harriman de New York. Dans le numéro du 5 mai 1952 de Life Magazine, un forum pour les écrivains communistes, le dictateur communiste Tito raconte son histoire, intitulée « Tito Speaks ». À propos de l'attaque allemande contre la Russie, Tito écrit que

> « Le 22 juin, les nazis ont attaqué la Russie. Nous nous sommes réunis le même jour et avons rédigé une résolution appelant le peuple à se révolter contre ses ennemis. Nous, le comité central du parti communiste de Yougoslavie, avons conçu un drapeau, le drapeau national yougoslave avec l'étoile rouge en surimpression. »

Pendant que Draja Mihailovich et ses valeureux Tchetniks combattaient les nazis, Tito se cachait à Moscou. Au printemps 1941, Tito retourne en Yougoslavie pour se préparer à une éventuelle attaque allemande contre la Russie. Selon sa propre histoire, les communistes de Tito n'ont commencé à combattre les Allemands que lorsque la Russie a été attaquée, alors que les Tchetniks se battaient depuis de nombreux mois. À la fin de la guerre, Tito a exécuté Mihailovich pour avoir été pro-américain. À l'époque, Tito abattait des avions américains et Mihailovich avait protégé de nombreux aviateurs américains des nazis pendant la guerre.

Les stratèges militaires s'accordent aujourd'hui à dire que l'armée communiste de Tito, force nouvelle et inconnue, a poussé les nazis à détourner plusieurs divisions de la guerre éclair russe et a affaibli l'offensive allemande contre Moscou au cours de l'hiver 1941.

L'autre sauveur de Staline, Averell Harriman, est aujourd'hui administrateur de la sécurité mutuelle. Son partenaire de Brown Brothers Harriman, Robert Lovett, est secrétaire à la défense, bien que l'on ne sache pas exactement de qui il nous défend. En septembre 1941, Averell Harriman a participé à une mission de prêt-bail en Russie. Son père était E.H. Harriman, homme de paille de Jacob Schiff lorsque ce dernier a acquis l'Union Pacific Railroad pour Kuhn, Loeb. Harriman lui-même détenait de grandes propriétés pour la maison Rothschild. La société d'investissement Brown Brothers Harriman constitue un lien utile entre Kuhn, Loeb et leurs intérêts en matière d'assurance en Angleterre.

Harriman a découvert les armements et les fournitures dont Staline avait le plus grand besoin et les a fait transporter par avion des États-Unis vers la Russie dans le cadre de l'une des opérations les plus étonnantes de la guerre, un projet dont Harry Hopkins était responsable. Ces fournitures essentielles sont parvenues aux armées russes au moment précis où elles étaient le plus nécessaires pour stopper l'offensive allemande. L'état-major allemand n'avait pas prévu que la Russie recevrait une telle aide matérielle et, grâce à la diversion titiste en Yougoslavie, Moscou et Staline ont été sauvés des nazis. Tito et Harriman peuvent revendiquer une part égale du mérite d'avoir sauvé le gouvernement stalinien d'une défaite certaine. Pourtant, Tito et Harriman sont aujourd'hui présentés comme anti-staliniens. Nous devons attendre de voir s'ils seront des ennemis aussi déterminés de Staline qu'ils ont été des amis dévoués de son gouvernement.

Maintenant que Harriman nous avait engagés à sauver le communisme mondial, Roosevelt a fait basculer le potentiel industriel de l'Amérique derrière les armées russes. L'agence chargée de cette mission était le

Lend-Lease Act, H. R. 1776, qui aurait mieux fait de s'appeler H. R. 1917, l'année de la révolution russe. Son promoteur, qui l'a fait adopter à la hâte par le Congrès, était le président de la commission des affaires étrangères de la Chambre des représentants, Sol Bloom. Bloom s'était qualifié en tant qu'expert en relations étrangères grâce à son expérience dans la gestion de théâtres burlesques à New York. On ne sait pas combien la Russie a reçu au titre des dispositions du prêt-bail, mais on estime que sur le coût total de la Seconde Guerre mondiale pour le contribuable américain, soit 300 milliards de dollars, la Russie a reçu un tiers, soit 100 milliards de dollars. Il n'est pas certain que le communisme en vaille la peine.

L'amiral Zacharias, ancien chef du renseignement naval, écrit dans son livre « Behind Closed Doors », Putnams, 1950, à la page 209 que

> « Aucun instrument n'illustre mieux la portée gigantesque de cette guerre froide qu'une mystérieuse station radio appelée l'émetteur Staline. Elle a été construite avec du matériel de prêt-bail expédié par la Radio Corporation of America (David Sarnoff) à Kuybyshev. C'est environ cinq fois la station de radio la plus puissante du monde ».

Les contribuables américains sont aujourd'hui escroqués parce qu'ils ont acheté à Staline un émetteur radio cinq fois plus puissant que le nôtre. Bundy, dans sa biographie du défunt Stimson, remarque à la page 360,

> La loi « Prêt-Bail » donnait au président le pouvoir de « fabriquer ou de se procurer tout article de défense pour le gouvernement de tout pays dont la défense est jugée vitale par le président pour la défense des États-Unis, et de vendre, de transférer le titre de propriété, d'échanger, de louer, de prêter ou de disposer d'une autre manière de tout article de défense à un tel gouvernement ». Il s'agit d'un autre grand triomphe de Roosevelt. Stimson l'a qualifié de « déclaration de guerre économique ».

J'appelle cela la plus grande fraude de l'histoire. Un homme a été autorisé à donner à n'importe quel gouvernement sur terre tout ou partie des produits de l'industrie lourde américaine, même si ces produits étaient nécessaires aux troupes américaines. Tout au long de la guerre, les forces de MacArthur dans le Pacifique ont été privées de ravitaillement tandis que le général Marshall et Harry Hopkins expédiaient notre armement en Russie.

Les membres du Congrès qui ont voté en faveur de la loi sur le prêt-bail méritent le mépris sincère de chaque citoyen américain. Il ne leur restait qu'une dernière dégradation à subir, le jour où le Sénat a approuvé la Charte des Nations unies.

L'opération Lend-Lease a été une démonstration comique des incompétents de Roosevelt. Bundy écrit à la page 359 de l'ouvrage de Stimson,

> « Par pure inadvertance, l'accord final avec la Grande-Bretagne, tel qu'il a été publié, a omis une partie de l'obligation américaine - 250 000 fusils Enfield avec 30 000 000 de cartouches, et cinq bombardiers B-17. Cette omission était évidemment très embarrassante. Tout au long de l'été et de l'automne 1940, Stimson s'emploie à accélérer le transfert des fournitures militaires. Des missionnaires britanniques allaient et venaient au bureau du secrétaire à la Guerre et, au fil des semaines, une coopération étroite et intelligente se développa. Le département du Trésor, sous la direction de Morgenthau, s'est montré particulièrement zélé et efficace dans la recherche de moyens de financement de ces transactions.

C'est la première fois que j'entends dire que Morgenthau est zélé pour quoi que ce soit, bien qu'il soit réputé être un sioniste assez ardent. Quoi qu'il en soit, il ne s'agit là que d'un exemple de comptabilité bâclée concernant le grand spectacle de distribution des milliards de l'Amérique, le jeu de confiance champion de tous les temps. Pourtant, Roosevelt et son groupe d'écervelés sont entrés dans une rage hystérique chaque fois que quelqu'un a suggéré qu'il devrait y avoir un certain contrôle sur le prêt-bail. Heureusement, McGeorge Bundy a publié un compte-rendu audacieux du mépris de la bande à Roosevelt pour le gouvernement représentatif. À la page 360 de « On Active Duty in Peace and War », on trouve une entrée datée du 9 septembre 1940 dans le journal de Stimson, comme suit

> "Ces contrôles mesquins et ennuyeux imposés au commandant en chef font énormément plus de mal que de bien et ils restreignent le pouvoir du commandant en chef d'une manière dans laquelle le Congrès ne peut pas interférer de manière judicieuse. Ils n'en savent pas assez.

Les membres du Congrès sont trop bêtes, ricane Kuhn, Loeb, l'avocat Stimson, qui sait tout. Roosevelt a certainement fait de son mieux pour empêcher le Congrès de découvrir quoi que ce soit. Les gouvernements de connivence ne veulent pas être interrogés sur ce qu'ils font.

La nomination de Stimson par Roosevelt au poste de secrétaire à la guerre avait suscité une certaine opposition. Bundy note que

> "Le 2 juillet 1940, Stimson a comparu devant la commission des affaires militaires, à laquelle son nom avait été soumis. Quatre fois auparavant, son nom avait été soumis au Sénat, et dans aucun des cas précédents, son aptitude n'avait été sérieusement mise en doute. Pendant près de deux heures, les sénateurs l'ont interrogé, avec l'aide de deux sénateurs non membres de la commission, Vandenberg et Taft. La majorité des membres de la commission se sont montrés compréhensifs et leurs quelques questions étaient simples et amicales (....). Était-il membre de Winthrop, Stimson, Putnam et Robert ? C'est un euphémisme pour désigner un gentleman qui reste assis dans un bureau sans partager les bénéfices. (Rires). Ce cabinet d'avocats avait-il des clients ayant des investissements internationaux ? Il ne le pensait pas, mais il ne le savait pas, car il n'était pas associé. Avait-il lui-même de tels clients ? Non."

Le nom de Stimson figurait sur la porte, mais il ne savait pas ce qui se passait à l'intérieur. Il était l'un des avocats les plus influents de Wall Street en Amérique, mais il n'était pas impliqué dans les investissements internationaux et ne recevait rien de son propre cabinet d'avocats. Il aurait peut-être pu être arrêté pour vagabondage, puisqu'il n'avait visiblement aucun moyen de subsistance. Une arrestation pour parjure aurait certainement été de mise. Quoi qu'il en soit, le vagabond de Wall Street est devenu secrétaire à la guerre. Les auditions publiées par la commission ne sont pas d'une grande utilité, car la plupart des discussions n'ont pas été enregistrées, par courtoisie pour le timide Stimson. Kuhn, Loeb et leurs satellites sont des gens extrêmement discrets.

Un mois après qu'Hitler a déclaré la guerre à la Russie, Roosevelt a déclaré la guerre au Japon. Le 25 juillet 1941, Roosevelt a gelé tous les avoirs japonais aux États-Unis, une action hostile équivalant à l'envoi de troupes sur le continent japonais. Le Japon a désespérément tenté d'éviter la guerre avec l'Amérique au cours des mois qui ont suivi, puis a préparé l'attaque de Pearl Harbor dans l'espoir de chasser les États-Unis d'Asie et de permettre au Japon de développer sa « sphère de coprospérité de la grande Asie orientale », une alliance économique et militaire hémisphérique conçue selon le développement de la stratégie moderne connue sous le nom de géopolitique. Il est significatif que le Japon n'ait jamais attaqué le continent américain, malgré les incitations frénétiques de Roosevelt. Après Pearl Harbor, la presse nationale a titré pendant plusieurs semaines que la côte ouest ne pouvait pas être défendue, que nous n'avions que quelques batteries côtières, pas d'avions ni de navires, et que les Japonais pourraient facilement prendre la Californie. Des hommes ont été fusillés pour trahison pour avoir dit moins que ce que l'on pouvait lire en première page de n'importe quel journal métropolitain en janvier 1942. Roosevelt voulait une attaque japonaise sur le continent américain afin de pouvoir placer notre pays sous la loi martiale et jeter tous ceux qui s'opposaient à son « gouvernement par copinage » dans les camps de concentration qu'il était en train de mettre en place dans les déserts du Nouveau-Mexique et de l'Arizona. Hopkins a admis plus tard que

> « Roosevelt n'aurait pas été déconcerté par une attaque japonaise sur San Francisco. Il pensait qu'elle contribuerait à unifier le pays ».

Malheureusement pour le rêve de dictature de Roosevelt, le Japon ne veut pas de la Californie. Il veut l'Asie et ses armées n'ont qu'un seul but : chasser les gestionnaires des propriétés des Rockefeller et des Rothschild. La Californie reste donc sans défense et sans attaque. Amer et déçu, Roosevelt ordonne que tous les Américains d'origine japonaise de la côte ouest soient jetés dans ses camps de concentration. Cela constitue l'un des chapitres les plus sordides de notre histoire. Il s'agit d'un crime odieux qui n'est rien d'autre que la preuve de la rancune d'un homme à l'égard d'un groupe racial. Aucun de ces citoyens américains n'avait commis d'acte hostile aux États-Unis. Le traitement ignoble réservé par Roosevelt à ces citoyens contraste de manière choquante avec la manière dont les ennemis ouverts et avoués de notre République, les membres du parti communiste, ont opéré depuis la Maison Blanche pendant la Seconde Guerre mondiale. Roosevelt a été mis en garde contre Alger Hiss en 1941. Il en a fait son confident et son assistant personnel. Deux ans plus tard, certains jeunes Américains d'origine japonaise sont libérés de ces camps de concentration et s'engagent dans l'armée. En Italie, ils s'illustrent au sein de l'inoubliable 442e régiment.

Un autre exemple de la détermination de Roosevelt à déshonorer de façon permanente la structure juridique des États-Unis a été la persécution arrogante de trente Américains loyaux qui avaient écrit ou parlé contre le communisme. À peine le Japon avait-il été poussé à attaquer Pearl Harbor, et Roosevelt avait-il eu l'occasion de déclarer que l'Allemagne était notre ennemi mortel et la Russie athée notre solide alliée, qu'il a lancé une campagne de terreur à l'échelle nationale contre tous ceux qui s'étaient opposés aux conspirateurs communistes. Les mandats d'arrêt contre ces patriotes ont été lancés dès le lendemain de Pearl Harbor. L'impulsion de cette persécution aurait été donnée par le Washington Post d'Eugene Meyer, manipulateur d'obligations d'État. L'un de ses « reporters » a rassemblé les soi-disant « preuves » contre ces ennemis du communisme, preuves qui ont finalement été rejetées par les tribunaux. Le Washington Post de Meyer était bien sûr le plus bruyant de tous les journaux libéraux jaunes dans sa campagne contre ces Américains persécutés.

Il est significatif que Roosevelt, dans cette expédition de chasse aux sorcières, ait confié les poursuites aux personnes les plus favorables au communisme. Le procureur général Francis Biddle est depuis longtemps la figure de proue de l'Union américaine pour les libertés civiles, qui se consacre à la défense des espions communistes. Le procureur du gouvernement était O. John Rogge. Herbert Philbrick, qui a dénoncé des communistes au FBI, a écrit dans son livre « I Led Three Lives » (J'ai mené trois vies) que chaque fois que le FBI prévoyait un raid contre des communistes, O. John Rogge informait les Rouges de l'imminence d'un raid. Le procureur adjoint de Rogge était ce grand Américain, T. Lamar Caudle, qui a été promu en raison des services qu'il a rendus dans le cadre de cette persécution, mais qui s'est vu retirer ses honneurs inspirés par les communistes lorsqu'on lui a demandé de démissionner du ministère de la justice parce qu'il avait accepté un certain nombre de faveurs, qui étaient liées à des affaires d'impôts sur le revenu en souffrance.

En 1944, après deux ans de persécution gouvernementale, ces trente patriotes ont été jugés. Ce procès s'est terminé par la mort du juge, un certain Eichler que Roosevelt avait repêché au fond de son marigot socialiste pour ce travail particulièrement sale. Le successeur d'Eichler, le juge Proctor, déclara que le gouvernement n'avait pas, et n'avait jamais eu, de motifs pour un procès, et refusa de poursuivre l'affaire. En juillet 1947, le juge d'appel Bolitha Laws a confirmé la décision de Proctor d'annuler le procès et a déclaré qu'il s'agissait d'une « parodie de justice ». Pendant six ans et six mois, ces patriotes ont été persécutés par le gouvernement de leur patrie. En 1947, la plupart d'entre eux avaient une santé fragile et avaient dépensé la majeure partie de leurs fonds pour payer les frais de justice. Malgré cela, ils se sont depuis distingués par leur lutte continue contre la propagation du communisme en Amérique. Le sénateur William Langer a cherché pendant des mois à faire passer une loi qui les rembourserait pour leurs dépenses dans cette parodie de justice, mais le Sénat a refusé de les aider. Il va sans dire que le procès n'a jamais fait l'objet d'un compte-rendu fidèle de la part de la presse. Les services de presse ont collectivement défini les accusés comme des « antisémites », ce qui a ouvert la porte à leur diffamation systématique par les créatures de l'Anti-Defamation League, Winchell et Pearson. Le collaborateur de Pearson qui couvrait le procès était un membre connu du parti communiste, Andrew Older.

Le sinistre motif de l'intervention américaine dans la Seconde Guerre mondiale n'a pas tardé à apparaître. Maxim Litvinoff est arrivé à Washington le jour de Pearl Harbor pour aider Roosevelt à diriger la guerre et, le 1er janvier 1942, une semaine après Pearl Harbor, Churchill, Litvinoff et Roosevelt ont annoncé conjointement, depuis Washington, la Déclaration des Nations unies. Nous n'étions plus la République américaine.

Après avoir réussi à engager l'Amérique dans la Seconde Guerre mondiale, Roosevelt a fait appel aux pires éléments du pays pour l'aider à diriger les opérations, tandis que nos braves garçons se faisaient massacrer pour sauver le communisme. Lorsque Litvinoff est arrivé le jour de Pearl Harbor, il a été accueilli à bras ouverts à l'aéroport national par le chef d'état-major, le général George Marshall, qui semblait toujours recevoir ses instructions via le Kremlin. Il a fallu le courage du sénateur McCarthy pour dénoncer cette créature que Truman qualifiait de « plus grand Américain vivant ». Le sénateur Jenner a poursuivi en qualifiant Marshall de « mensonge vivant » et d'« homme de paille des traîtres ». Marshall n'a jamais répondu à aucune de ces questions. Une bataille judiciaire mettrait probablement au jour d'autres faits dans le sinistre dossier de la collaboration de Marshall avec les communistes. Ce sont ces collaborateurs, plus dangereux que les membres du parti communiste, que McCarthy a tenté de chasser de l'administration Truman, mais leur chef, Dean Acheson, ancien conseiller juridique de l'Union soviétique, reste secrétaire d'État.

Dans son livre « Retreat from Victory », le sénateur Joseph McCarthy affirme que l'un des premiers événements qui ont suivi la nomination de Marshall au poste de chef d'état-major a été une tentative de destruction de tous les dossiers de l'armée sur les activités communistes. Le sénateur Styles Bridges a eu vent de cette trahison et a empêché le Corps de contre-espionnage de l'armée de la mener à bien. On ne saura jamais combien de dossiers ont été détruits.

Marshall avait été nommé chef d'état-major par Roosevelt en raison de la profonde rancune de Marshall à l'égard du général Douglas MacArthur, le commandant de nos forces dans le Pacifique. Lorsqu'il était chef d'état-major, Douglas MacArthur avait refusé de promouvoir Marshall du grade de colonel à celui de général de brigade, après que Marshall eut prouvé son manque de leadership. Roosevelt avait besoin d'un homme capable de tenir tête à MacArthur. Litvinoff avait convaincu Roosevelt que toutes les fournitures disponibles devaient être envoyées en Russie au cours des six prochains mois si l'on voulait sauver la Russie, ce qui signifiait priver MacArthur de canons et d'avions dans sa lutte contre les armées japonaises. L'aversion de Marshall pour MacArthur était telle qu'il se joignit volontiers à cette conspiration contre nos troupes. Pendant que nos hommes dans le Pacifique étaient bombardés et abattus par l'armée de l'air japonaise, les avions qui auraient dû les protéger défendaient Moscou. La tragédie de notre action de maintien dans le Pacifique en 1942 peut être attribuée à la collusion Roosevelt-Litvinoff-Marshall pour priver l'armée américaine de ravitaillement au profit de la Russie. Ils ont ainsi condamné plusieurs milliers de soldats américains à la mutilation, à l'emprisonnement ou à la mort aux mains des Japonais.

Au moment où Marshall envoyait nos armements en Russie, il semble avoir eu pour objectif de faire massacrer le plus grand nombre possible de jeunes Américains. Au début de l'année 1942, comme l'indique le sénateur McCarthy à la page 19 de son livre, Marshall et son assistant, le colonel Dwight Eisenhower, ont achevé leur plan pour un second front et ont commencé à exhorter Roosevelt à le mettre en œuvre immédiatement. Tous les experts militaires du pays, y compris Hanson Baldwin du New York Times, se joignent à la dénonciation de ce plan. Au printemps 1942, nous pouvions à peine produire suffisamment d'armes pour défendre la Russie, et encore moins pour lancer une invasion de l'Europe. Le deuxième front est la ligne officielle du parti communiste en 1942 et 1943. Quiconque la soutenait pendant ces mois, alors que nous étions manifestement incapables d'ouvrir un second front, était pro-communiste. Baldwin affirme que si nous avions ouvert un deuxième front avant 1944, nous aurions probablement été repoussés et il nous aurait fallu des années pour nous remettre d'un tel désastre. Les communistes refusent d'entendre raison. Staline lui-même avait imposé le principe du « second front », et Marshall et Eisenhower l'avaient loyalement soutenu. C'est peut-être pour cette raison que Dwight Eisenhower est devenu le premier étranger à se tenir aux côtés de Staline sur la tombe de Lénine lors de la parade sportive annuelle (Décision en Allemagne par le général Lucious Clay).

Lorsque l'un de ses favoris, comme Averell Harriman, se rendait à Moscou, la première question de Staline était toujours : « Quand allez-vous ouvrir le second front ? » Pas un mot de gratitude pour les approvisionnements qui avaient sauvé son gouvernement, car la gratitude est une émotion bourgeoise et affaiblissante pour le communiste. Le premier acte de Lénine, lorsqu'il a pris le pouvoir en Russie en 1917, a été de dénoncer Helphand Parvus, qui lui avait permis de traverser l'Allemagne sain et sauf, comme un « opportuniste ».

Le peuple américain n'a pas été informé du simple fait que la Russie ne peut être apaisée. La publication de toute critique à l'égard de la Russie pendant la guerre pouvait entraîner une accusation de trahison, ce qui était justifié puisque nous nous battions pour sauver le communisme. Eisenhower avait des ordres permanents dans son quartier général à Londres pour qu'aucun Russe ne soit critiqué, dans l'intérêt de l'« harmonie ».

Le général Marshall aurait très bien pu être le chroniqueur militaire du Daily Worker pendant la Seconde Guerre mondiale, tant il suivait de près la ligne du parti communiste. Le plus ardent défenseur de l'absurdité du second front, Marshall s'est toujours opposé bruyamment à une campagne méditerranéenne, qui aurait menacé les avancées communistes en Europe centrale. Il n'avait guère de sympathie pour la campagne d'Italie, qui souffrait continuellement du manque de ravitaillement et de la rareté des renforts. L'Italie a été le théâtre de certains des pires massacres d'Américains de la Seconde Guerre mondiale, sous la direction du général Mark Clark, qui les a conduits dans les pièges mortels d'Anzio et de Salerne. Ses propres officiers ont tenté de le faire inculper à leur retour aux États-Unis. Cela explique peut-être pourquoi Clark a été chargé des rites du sang en Corée. La conduite de la guerre en Italie par Clark se caractérise par la destruction massive de sanctuaires et d'œuvres d'art catholiques. Le pire crime a été la destruction délibérée du monastère de Monte Cassino, datant du XVIe siècle, par des bombardements de saturation, un développement de la guerre totale qui nous ramène à l'époque de la barbarie. Après le bombardement, les troupes allemandes disposaient d'une forteresse parfaite dans les décombres de Monte Cassino, et il a fallu la vie de nombreux Américains pour les en déloger. La mère et la femme de Clark sont toutes deux juives. Nous n'avions pas de généraux catholiques, bien sûr, qui auraient pu être placés à la tête de la campagne d'Italie. Alors que nous progressions en Italie, Herbert Lehman a été nommé d'urgence gouverneur général des territoires occupés.

Il est intéressant de constater que les deux grandes nations catholiques, la Pologne et l'Italie, ont toutes deux été le théâtre d'une destruction aussi gratuite pendant la Seconde Guerre mondiale. Malgré l'administration de Herbert Lehman, l'Italie a refusé de devenir communiste après la guerre.

Avec la déclaration de guerre de Roosevelt en 1941, Baruch prend ouvertement le pouvoir à Washington. Au moins, il savait ce qu'il faisait. Sept ans auparavant, il avait exposé à la commission Nye ses plans complets, étape par étape, pour le rationnement de la nourriture et du pétrole, l'appel à la main-d'œuvre et d'autres aspects de ce qui est devenu la dictature de Roosevelt. Le larbin de Baruch à Washington était son favori de longue date, Jimmy Byrnes, de Caroline du Sud, où Baruch possédait son domaine palatial, Hobcaw Barony. Byrnes avait été l'un des membres silencieux du Congrès lors des auditions de Pujor en 1913. La meilleure façon de le décrire est de faire référence à un jouet populaire auprès des enfants, un gant noir sur lequel est peint le visage d'un singe. On place le gant sur la main, on bouge les doigts et le singe grimace et semble parler. À Washington, le visage était celui de Byrnes, mais la main était celle de Baruch. La dernière fois que Byrnes a été utilisé par Baruch, c'était en 1948, lorsque Byrnes a créé le parti Dixiecrat pour diviser le Sud démocrate et assurer la défaite de Truman. Baruch détestait alors amèrement Truman, et il est aujourd'hui généralement admis que la rancune de Baruch a été éveillée lors d'une soirée politique où Truman, dans un moment d'hilarité provoqué par le bourbon, s'est adressé au grand Américain en le qualifiant de « hey, Jewboy » (garçon juif).

La nature virulente de la campagne contre Truman en 1948 l'aurait fait réélire. D'autres affirment que le peuple américain n'élirait jamais Dewey, même s'il s'appelait Ike, et c'est probablement vrai. Cependant, Dewey peut toujours se retirer dans un bon endroit du commerce international des stupéfiants, tant que Lucky Luciano est libre.

Carter Field, dans sa biographie de Baruch, dit

« En tant que jeune politicien en Caroline du Sud, des années auparavant, Byrnes avait appris à connaître et à apprécier Baruch.

Peut-être faut-il connaître Baruch pour l'aimer. On a dit de Tom Dewey qu'il fallait le connaître pour le détester.

Il est certain que Washington, de 1941 à 1945, était rempli de gens dangereux qui occupaient des postes où ils pouvaient faire et ont fait un mal incalculable à notre République. Bundy nous apprend que les trois assistants de Stimson étaient John J. McCloy, de Cravath and Henderson, Robert A. Lovett, de Brown Brothers Harriman, et Arthur Palmer, de son propre cabinet d'avocats Winthrop and Stimson. Stimson a toujours réussi à trouver des postes importants à Washington pour ses associés. À la page 494 de l'ouvrage de référence de Stimson, Bundy nous dit que

> "Au début, Stimson espérait que Donald Nelson pourrait être soutenu par la nomination d'assistants solides, et il a fait entrer Charles E. Wilson et Ferdinand Eberstadt au War Production Board en septembre 1942. En février 1943, lorsque Nelson s'est avéré incapable de conduire une équipe aussi fougueuse, Stimson et d'autres administrateurs se sont associés pour demander au président de le remplacer par Bernard Baruch".

Donald Nelson travaillait pour Sears Roebuck, et Sears Roebuck appartient bien sûr à la famille Rosenwald, qui a gentiment prêté Nelson au gouvernement pour un dollar par an.

L'une des plus abominables escroqueries de la guerre a été le plan d'impôt sur le revenu par répartition, fruit du cerveau fertile de Beardsley Ruml, agent de la famille Strauss, propriétaire de la société Macy de New York. Le représentant Wright Patman a dénoncé le plan Ruml comme ayant été conçu expressément pour protéger la première vague de millionnaires de guerre, dont on peut imaginer la race. I. F. Stone a noté dans le journal PM, aujourd'hui mort d'une overdose de communisme, que le plan Ruml constituait une excellente esquive pour le gang de l'enrichissement rapide, parce qu'il ne taxait pas les bénéfices indivis. Pour éviter l'impôt sur le revenu, les associés pouvaient laisser l'argent dans l'entreprise. Mais cela ne signifiait pas grand-chose pour le travailleur qui se faisait piéger chaque semaine. Le plan Ruml était injuste en ce qu'il privait le travailleur de son argent dès qu'il le gagnait. Avant Ruml, le travailleur avait au moins l'usage de son argent avant que le gouvernement ne le prenne. Aujourd'hui, le gouvernement le prend lorsqu'il est gagné, et si trop d'argent est pris, comme c'est souvent le cas, le travailleur doit mener une lutte intéressante d'un à dix ans pour le récupérer.

L'armée américaine a acquis certaines techniques intéressantes auprès des communistes lorsque le général Marshall était chef d'état-major. On ignore généralement que nous avions nous aussi nos "conseillers politiques" auprès de nos troupes à l'étranger tout au long de la Seconde Guerre mondiale. Le général Dwight Eisenhower, à son quartier général de Londres, avait pour conseiller James Paul Warburg, organisateur et directeur de la branche londonienne de l'Office of War Information. Son cousin, Edward M. M. Warburg, de Kuhn, Loeb Co. était aux côtés d'Eisenhower avec le titre officiel de conseiller politique. Le lieutenant John Schiff, associé de Kuhn, Loeb. et petit-fils du financier de la révolution communiste en Russie, était l'attaché naval d'Eisenhower. Le juge Simon Rifkind était le conseiller d'Eisenhower pour les affaires juives, qui sont bien sûr extrêmement importantes. Cette équipe a formé le noyau du mouvement Eisenhower-for-President.

Sur le front intérieur, les communistes régnaient en maîtres. Roosevelt, isolé des citoyens américains les plus modestes par son équipe d'agitateurs communistes, a rapidement promu Lauchlin Currie et Alger Hiss à la tête de son personnel. Le célèbre organisateur de la jeunesse communiste Joe Lash venait souvent prendre un repas rapide et se faire raser à la Maison-Blanche entre les grèves et les émeutes, et presque tous les jours, on pouvait voir le commissaire soviétique Maxim Litvinoff remonter l'allée de la Maison-Blanche dans sa limousine conduite par un chauffeur pour déjeuner avec Roosevelt.

En 1943, Arthur Upham Pope a fait publier sa biographie de Litvinoff par Louis Fischer Co. à New York. Ce livre explique certains aspects déroutants de la politique étrangère de la Russie. À la page 451, Pope éclaire le pacte russo-allemand de 1939 comme suit :

> "La Russie avait un dernier espoir : si elle refusait cette convention militaire avec la France et l'Angleterre et si elle concluait un pacte de non-agression avec l'Allemagne, la guerre pourrait être localisée entre l'Allemagne et la Pologne et l'Europe serait épargnée par l'holocauste. L'accord russo-allemand est le fruit d'une nécessité absolue que ni l'urgence du moment ni l'intérêt mutuel ne peuvent pleinement surmonter. Les Russes ont été sauvagement accusés de double jeu. Comme le dit John Whittaker, 'c'est vraiment l'incapacité des démocraties à coopérer avec la Russie soviétique qui a contraint ce puissant peuple à se tourner vers l'isolationnisme

et à conclure un pacte avec l'Allemagne nazie'. Walter Lippmann a également défendu Staline dans cette affaire".

Il n'est pas surprenant de trouver Lippmann défendant Staline où que ce soit. Il est certain que Lippmann n'accuserait jamais les Russes de double jeu simplement parce qu'ils ont renversé toute leur politique étrangère et conclu un pacte avec leur pire ennemi. Quoi qu'il en soit, selon Pope, les démocraties n'ont pas coopéré avec la Russie.

Le pacte de non-agression a donné lieu à des scènes étranges. Le ministère russe des Affaires étrangères disposait d'un personnel entièrement juif, depuis Litvinoff jusqu'au bas de l'échelle, et il devait désormais recevoir les nazis antisémites. L'un de ces banquets est décrit par Pope ;

> "Lazar Kaganovich, commissaire aux chemins de fer, qui est juif, ne s'est pas présenté au banquet d'État en l'honneur de von Ribbentrop ; mais c'est Kaganovich lui-même qui a refusé de s'y rendre, et non Staline qui l'a demandé ; et un autre membre juif du gouvernement, Salomon Lozovsky, vice-commissaire aux affaires étrangères, non seulement s'est présenté au banquet, mais a été assis à côté de Ribbentrop".

Les photos de cet événement n'ont jamais été publiées. Quoi qu'il en soit, ces tensions sociales sont de courte durée. La Russie a également profité du pacte pour attaquer la petite Finlande. Pope nous raconte cet événement de l'intérieur, à la page 455 ;

> "Le 2 novembre 1939, la Russie envahit la Finlande. Le monde en général ne savait pas grand-chose de l'élément fasciste en Finlande et ignorait que Mannerheim, un Suédois qui avait été général tsariste et avait un redoutable passé de cruauté, collaborait avec d'autres membres de la clique militaire aux côtés d'Hitler. Le grand public du monde occidental ignorait tout du péril qui menaçait la Russie".

Sous la direction du tsariste-fasciste-terroriste Mannerheim, dit Pope, la petite Finlande aurait probablement pu envahir la Russie en quelques jours. Il n'est donc pas étonnant que le doux et démocratique Staline ait dû envoyer ses armées en Finlande avant que les Finlandais ne conquièrent Moscou. Cet argument idiot est typique de la propagande communiste dont les communistes ont inondé l'Amérique alors que nous défendions la Russie athée contre l'Allemagne. Le pire est dans la description que Pope fait de Staline, voleur de banque et meurtrier de masse. Pope écrit que

Staline a des yeux bruns, "extrêmement gentils et doux", et de belles mains. Son comportement est aimable, ses manières d'une simplicité presque dépréciative, sa personnalité et l'expression de sa force de réserve sont très marquées, avec une dignité simple. Il a une très grande mentalité. Il est vif, astucieux et surtout sage. Il a un humour sournois, est bien informé sur un nombre considérable de sujets et n'hésite pas à gribouiller pendant qu'il réfléchit. Quentin Reynolds cite un correspondant britannique qui a écrit un jour à propos de Staline : "Il ressemble au gentil jardinier italien que vous recevez deux fois par semaine". On ne saurait trouver meilleure description du leader soviétique. Sa carrière a démontré la persévérance, la détermination, la patience, l'endurance et le courage, à la fois la bravoure physique et le courage moral d'admettre ses propres erreurs, ce sur quoi il insiste particulièrement, ainsi qu'une certaine flexibilité qui conduit à ignorer les slogans ou les déclarations doctrinaires qui sont plus idéologiques que réalistes. La collectivisation de l'agriculture a été l'une de ses grandes réalisations difficiles, rendue plus difficile et par conséquent plus cruelle par l'entêtement de certains secteurs de la paysannerie ».

Si nous citons aussi longuement cet article, c'est pour souligner la dévotion fanatique des communistes de l'étranger à l'égard de leur chef. Quentin Reynolds, ancien correspondant étranger de Collier's, est aujourd'hui rédacteur en chef de United Nations World. Ce bon vieux jardinier italien a réussi à faire mourir de faim douze millions de paysans russes de la classe moyenne afin de collectiviser leurs exploitations. Pope a dressé un portrait peut-être trop sympathique du dirigeant le plus impitoyable du monde.

Dans cet ouvrage classique de propagande communiste, « Maxim Litvinoff », d'Arthur Upham Pope, nous trouvons peu de sympathie pour les « réactionnaires » américains.

« Les opinions anti-russes, anti-asiatiques et pro-nazies de Lindbergh sont devenues évidentes et sont maintenant discréditées. Dans leur réticence à abandonner leurs préjugés anti-russes, les Américains n'avaient pas du tout compris le changement de politique sous Staline, une orientation révisée que Lénine avait favorisée dès le début ; le remplacement de la révolution internationale et de sa promotion dans d'autres pays par un programme de développement complet des ressources propres de la Russie, qui inspirait au peuple russe des efforts toujours plus grands,

270 |

et jetait les bases d'un nouvel internationalisme qui rendait possibles des relations plus cordiales avec les nations étrangères ».

Les cinq dernières années nous ont montré à quel point cela était vrai. La Russie rêvait de remplacer ses espions illégaux par des espions légaux aux Nations unies, mais, à l'heure actuelle, elle trouve plus satisfaisante une combinaison des deux. Lindbergh, bien sûr, a été diffamé parce qu'il s'est opposé à l'entrée en guerre de l'Amérique pour sauver le communisme.

L'un des plus infatigables propagandistes communistes américains est James Paul Warburg, descendant de Kuhn, Loeb Co. et fils de Paul Warburg. James Paul Warburg a écrit « Foreign Policy Begins at Homes », Harcourt Brace, 1941, l'éditeur de l'édition définitive des Lettres de Lénine et d'autres livres communistes.) À la page 1, Warburg déclare

> « Nous ne menons pas une, mais deux guerres : la guerre militaire contre l'Allemagne et le Japon, et la guerre contre le fascisme, qui est un conflit civil mondial dépassant toutes les frontières nationales. La guerre contre le fascisme ne s'arrêtera pas lorsque les armées d'Hitler et d'Hirohito se seront rendues.

L'utilisation du terme « fascisme » est un mot clé de la propagande communiste. Il désigne toute opposition à l'État socialiste mondial. Les communistes qualifient tous les opposants de « fascistes ».

Aux pages 19 et 20, Warburg nous dit que

> « Le communisme cherche à faire de l'État le gestionnaire commun de la propriété et du pouvoir au profit de tous les citoyens. En Russie, le communisme est né au sein d'un peuple exploité et opprimé qui n'avait bénéficié d'aucune démocratie politique ou économique. Il a cherché à établir une démocratie économique par le biais d'une dictature politique qu'il s'efforce aujourd'hui d'abolir. Le communisme est né en 1918 d'une révolution mondiale de la classe ouvrière contre ses exploiteurs. Le communisme russe a abandonné la révolution mondiale pour devenir une expérience purement nationale de socialisme d'État. Le communisme ne fait aucune distinction de race, de nationalité ou de religion. Il met l'accent sur la fraternité de l'homme ».

Bien que Warburg affirme que la Russie a abandonné la révolution mondiale, elle a ajouté la Chine et l'Europe centrale à son domaine. Il n'explique pas exactement comment la dictature politique est en train d'être abolie en Russie, et n'y fait pas référence dans ses ouvrages ultérieurs. En fait, bien sûr, cet engrais n'était pas destiné à être lu dix ans plus tard. Comme la plupart des propagandes, il avait un objectif temporaire : convaincre le peuple américain qu'il était glorieux de mourir pour défendre le communisme. Les Américains étaient quelque peu réticents à parcourir des milliers de kilomètres pour défendre un État policier terroriste athée. Il a fallu Roosevelt pour les convaincre.

Le Council On Foreign Relations a dominé le gouvernement américain pendant la Seconde Guerre mondiale. Outre leur emprise sur le département d'État, leurs membres occupaient les échelons supérieurs de l'agence gouvernementale ultrasecrète, l'Office of Strategic Services, ainsi que de notre agence de propagande officielle, l'Office of War Information (Office de l'information sur la guerre). Le Bureau d'information sur la guerre a été organisé par James Paul Warburg, qui a choisi le journaliste fatigué Elmer Davis pour le diriger. La branche Pacifique de l'OWI fut confiée à Owen Lattimore et William Holland de l'Institute of Pacific Relations.

L'Office d'information sur la guerre était un bon endroit pour des compagnons de route notoires tels qu'Alan Cranston, qui, sorti de nulle part, a été nommé chef de la division des langues étrangères de l'Office d'information sur la guerre. Cranston est aujourd'hui président des Fédéralistes mondiaux unis, dont James Paul Warburg est le principal bailleur de fonds. Cranston était le protégé de l'écrivain communiste professionnel Louis Adamic, qui a été assassiné en 1951 à son domicile du New Jersey, vraisemblablement par des Titoïstes. Cranston écrivait pour le magazine d'Adamic, Common Ground, une publication dans laquelle figurait également David Karr, également connu sous le nom de Katz, un écrivain du Daily Worker qui devint plus tard le journaliste en chef de Drew Pearson. Cranston a été enrôlé dans l'armée et a écrit de la propagande pour la publication de l'armée, Army Talk, qui publiait des idées communistes aussi utiles que la brochure 373, qui suggérait que le canal de Panama soit placé sous contrôle international. Le service d'information et d'éducation des forces armées a également fourni un endroit stratégique où la vermine communiste pouvait se cacher pendant les combats.

Stanislaw Mikolajczyk, dans « Rape of Poland », Whittlesey House, écrit à la page 25 que

> « L'Office d'information sur la guerre suivait constamment la ligne communiste et ne se distinguait pas de Radio Moscou. Les Polonais

étaient horrifiés de ne recevoir que de la propagande communiste de la part de l'Office d'information sur la guerre ».

Mikolajczyk a également souligné que l'Office of War Information estampillait tout rapport du gouvernement polonais en exil à Londres comme Top Secret et l'enterrait dans des dossiers, alors que l'OWI ne diffusait rien d'autre que de la propagande communiste. Ce fait a également été mis en évidence par l'honorable Charles A. Wolverton, Congressional Record, 12 août 1952, page A4963. L'Office of War Information a été réorganisé par William Benton, aujourd'hui sénateur, en 1946 sous le nom de Voice of America, et contient les mêmes créatures que l'ancienne structure de Warburg.

Le Bureau des services stratégiques était entièrement dominé par des membres du Conseil des relations extérieures. L'avocat de Wall Street, le général William Donovan, en était le chef, et vingt-six de ses hauts fonctionnaires étaient membres du Conseil, comme Allen W. Dulles, président du Conseil, qui a rencontré des représentants allemands tout au long de la guerre dans le territoire neutre de la Suisse, et le contre-amiral William Standley, qui était avec Harriman lors de la mission de prêt-bail à Moscou en 1941, et qui est directeur de l'entreprise de munitions affiliée aux Rothschild, l'Electric Boat Co, qui a récemment obtenu le contrat de la marine pour le sous-marin atomique.

Le Conseil était représenté dans tous les groupes consultatifs pendant la guerre. L'U.S. Air Corps Strategic Bombing Survey, qui a choisi des cibles en Allemagne et au Japon, avait pour conseiller principal Elihu Root Jr., assisté d'Elmo Roper, de Spiegel, Inc. et de Theodore Paul Wright, tous membres du Conseil, pour choisir des cibles industrielles pour nos aviateurs.

La Yougoslavie a connu l'une des plus tristes tragédies de la guerre. Le général Draja Mihailovich a dirigé une armée de patriotes contre les nazis dès le début de la guerre. Lorsque l'Allemagne a attaqué la Russie, Tito a soudainement débarqué avec une armée communiste, et Churchill et Roosevelt ont refusé d'approvisionner Mihailovich, laissant les Allemands anéantir ses forces patriotiques, alors qu'ils envoyaient des missions militaires et du matériel à l'armée communiste. Fitzroy MacLean représentait Churchill au quartier général de Tito et, dans son livre « Escape to Adventure », il ne mentionne pas une seule fois l'homme avec lequel il a mangé et dormi pendant de nombreux mois, le colonel Ellery C. Huntingdon, chef de la mission militaire américaine en Yougoslavie. Huntingdon et David Milton, gendre de

John D. Rockefeller, contrôlent ensemble les Morris Plan Banks et l'Equity Corporation, un vaste réseau de holdings et de banques. Ils contrôlent également le secteur de la réassurance en Amérique, dont ils détiennent le monopole. La loi oblige les compagnies d'assurance à se réassurer, et Huntingdon et Milton dirigent la General Reinsurance Corporation et la North Star Reinsurance Corporation, qui s'imbriquent avec la direction de la Yugoslav-American Electric Co.

L'Organisation sioniste mondiale a œuvré sans relâche pendant la guerre pour la création des Nations unies, qui s'étaient engagées à créer l'État d'Israël, d'où la déclaration Litvinoff-Churchill-Roosevelt des Nations unies, une semaine après le jour de Pearl Harbor, le 1er janvier 1942. Le 21 mars 1944, le rabbin Wise a dirigé un rassemblement du Conseil d'urgence sioniste américain au Madison Square Garden à New York. Wise a déclaré,

> "Notre foi est dans un ami éprouvé et fidèle du sionisme, Winston Churchill, et notre foi est dans le plus grand dirigeant démocratique de la planète aujourd'hui, Franklin Roosevelt.

Dans les tranchées, les garçons américains se demandaient les uns aux autres pourquoi ils se battaient, mais l'Office de l'information de guerre du front communiste les empêchait de découvrir qu'ils défendaient le communisme et rendaient possible la création de l'État d'Israël. Au lieu de cela, les programmes d'information et d'éducation, loyalement aidés par les publicitaires américains, ont parlé avec enthousiasme de la petite école rouge, de maman, de la tarte aux pommes et d'autres symboles de leur mépris pour l'intelligence des garçons qui étaient envoyés à l'abattage rentable. À Hollywood, les reines de cinéma blondes se levaient à contrecœur des lits des magnats juifs du cinéma, montaient dans leurs limousines, roulaient jusqu'à l'U.S.O., où elles embrassaient un marin devant une batterie de caméras d'actualités, remontaient dans leurs limousines et allaient se coucher.

Douglas Reed, dans « Lest We Regret », Jonathan Cape Co. Londres, 1943, écrit

> « Max Ausnit a été emprisonné en Roumanie en 1940 pour une durée de six ans pour fraude et délits monétaires. Lorsque les Allemands sont arrivés, ils l'ont libéré. Le neveu de Goering est devenu directeur de la grande usine sidérurgique d'Ausnit, Resitza. Ausnit a été libéré et officiellement blanchi ».

Nicholas Halasz a écrit dans le journal PM du 26 juillet 1944,

« Vingt et une personnes se sont rendues de Hongrie à Lisbonne à bord de trois avions de la Lufthansa. Il s'agissait de la famille et du ménage de feu le baron Manfred Weiss, le roi hongrois de l'armement. Le groupe comprenait les barons Eugène et Alphonse Weiss, le chevalier Oscar Wahl et le baron Moric Kornfeld, président du conseil d'administration de la Banque générale de crédit hongroise, qui représente les intérêts des Rothschild dans la vallée du Danube. La famille Weiss est propriétaire de l'immense usine d'armement Csepel et aurait investi dix millions de dollars dans l'immobilier new-yorkais. Il n'en reste pas moins qu'en dépit des lois juives les plus strictes en Hongrie, la gestion effective des intérêts des Weiss est restée inchangée. Cependant, nombre d'entre eux sont des enfants de convertis au christianisme ».

Les Weiss et les Ausnit semblent bien se porter sous le régime nazi. L'ambassadeur Dodd et George Sokolsky ont souligné que les Warburg n'étaient pas dérangés par Hitler. À quel point les nazis étaient-ils antisémites ? En tout cas, les Juifs préparaient une terrible vengeance contre le peuple allemand. En juillet 1944, le Council On Foreign Relations a publié « American Interests in the War and Peace » (Intérêts américains dans la guerre et la paix), estampillé « Confidential » et déclassifié en 1946. Ce document a été rédigé par des personnalités diverses, dont Jacob Viner et Benjamin Cohen. Il était sous-titré « Postwar Controls of the German Economy » (Contrôles de l'économie allemande après la guerre). À la page 1, on trouve

« En examinant les mesures économiques à appliquer à l'Allemagne vaincue, les pays victorieux devraient avoir à l'esprit les principes suivants :

1. Fournir une compensation pour les pertes subies par les victimes de l'agression allemande.

2. Compléter les mesures de désarmement.

3. Jeter les bases d'un redressement à l'échelle internationale et d'une paix durable.

4. Les importations de denrées alimentaires et de matériaux en quantité insuffisante doivent être allouées à l'Allemagne par l'Administration des Nations Unies pour le secours et la reconstruction, en tenant dûment compte des besoins des autres pays appauvris par la guerre. Tant qu'il y aura des pénuries, l'UNRRA ne devrait pas mettre à la disposition de l'Allemagne des denrées alimentaires et des fournitures rares, sauf sur

autorisation délivrée par les Nations unies. Le coût de l'armée d'occupation doit être supporté par l'Allemagne.

5. Toutes les installations industrielles et manufacturières conçues à des fins militaires doivent être démantelées.

6. Il ne doit pas y avoir d'aide gouvernementale à l'industrie synthétique allemande ».

Ce document confidentiel, préparé par le Council On Foreign Relations, était en fait le tristement célèbre plan Morgenthau d'extermination du peuple allemand. Il prévoyait le démantèlement de l'industrie allemande, puisque presque toutes les installations industrielles pouvaient être classées comme « conçues à des fins militaires », et le refus de fournir de la nourriture au peuple allemand, sous l'égide de l'organisation UNRRA de Lehman. Le plan a été discuté pour la première fois lors d'un dîner chez le baron de Rothschild à Londres, au cours duquel Israel Moses Sieff, chef de l'Organisation de planification politique et économique, l'équivalent de notre NRA, et Rothschild ont exposé le plan aux pompiers en visite, Henry Morgenthau Jr. Il a ensuite été rendu public sous le nom de plan Morgenthau. Il a été mis en œuvre par la demande de Roosevelt d'une « reddition inconditionnelle », qui a été diffusée aux troupes allemandes à l'hiver 1944, alors qu'elles étaient prêtes à abandonner. Cet acte infâme a causé la mort de milliers d'Américains lors de la bataille des Ardennes en décembre 1944, après que les Allemands eurent décidé de continuer à se battre plutôt que de se rendre sans condition. La « reddition inconditionnelle » de Roosevelt a prolongé la Seconde Guerre mondiale d'au moins six mois.

Le plan Morgenthau devait démanteler l'ensemble de l'industrie lourde allemande et laisser le peuple allemand sans moyen de subvenir à ses besoins ou de maintenir son niveau de vie élevé. Il s'agissait d'une tentative avortée de génocide, ou d'extermination massive d'un groupe racial, qui a échoué. Le génocide a toujours été la spécialité des Juifs. Le grand historien Gibbon, dans son énorme ouvrage « The Decline and Fall of the Roman Empire » (Le déclin et la chute de l'Empire romain), a écrit dans le volume 2, page 83, que

« Du règne de Néron à celui d'Antonin le Pieux, les Juifs ont manifesté une impatience féroce à l'égard de la domination de Rome, qui s'est traduite à maintes reprises par les massacres et les insurrections les plus furieux. L'humanité est choquée par le récit des horribles cruautés commises par les Juifs dans les villes d'Égypte, de Chypre et de Cyrène, où ils vivaient dans une amitié perfide avec les indigènes qui ne se doutaient de rien. À Cyrène, ils massacrèrent 210 000 personnes ; en Égypte, une très grande multitude. Un grand nombre de leurs malheureuses victimes furent déchiquetées, selon un précédent auquel David avait donné la sanction de son exemple. »

Les Américains ont de beaux jours devant eux.

Le sort de l'Allemagne doit servir d'avertissement à toute nation qui cherche à obtenir l'autodétermination nationale à l'ère de l'État socialiste mondial. La toile qui tient ensemble le tissu de l'internationalisme a été tissée de Francfort à Amsterdam, à Paris, à Londres et à New York. À la fin de la Seconde Guerre mondiale, l'araignée a précipité ses subordonnés dans l'Allemagne vaincue. Un conseil de contrôle du groupe allemand y a été envoyé en mai 1945, composé des membres suivants du Council On Foreign Relations :

Wallace R. Deuel, Graeme K. Howard, le colonel Thomas C. Betts, Calvin B. Hoover, qui était le principal conseiller économique du groupe, et Deweitt C. Poole, de la révolution russe. Les autres membres du Conseil au sein du gouvernement militaire allemand étaient le général de division Lyman Lemnitzer, qui était le principal conseiller économique du groupe. Lyman Lemnitzer, qui s'occupa des négociations sur la capitulation (les États-Unis tenaient beaucoup à ce que ce Juif accepte la capitulation allemande, comme si les Allemands ne savaient pas qui les avait battus) ; Raymond Sontag, qui portait le titre de professeur d'histoire européenne Sidney Hillman à l'université de Californie, fut chargé en 1946 de tous les documents allemands capturés, en tant que chef du projet des documents de guerre allemands du département d'État ; et Walter Lichtenstein, qui, sorti de nulle part, fut placé à la tête de toutes les institutions financières allemandes de 1945 à 1947. Il est ainsi devenu le superviseur des archives de la J. M. Stein Bankhaus, la succursale de la J. Henry Schroder Banking Co. qui gérait le compte personnel d'Hitler. Le général William H. Draper Jr. de Dillon Read était également très désireux d'être le premier à entrer dans l'Allemagne conquise.

Le gouvernement militaire de l'Allemagne était sous le commandement du général Eisenhower, qui s'était illustré par sa coopération avec Staline. Le magazine Life du 9 avril 1951 note qu'Eisenhower a fait savoir par radio à Staline, par l'intermédiaire de la mission militaire américaine à Moscou, qu'il s'arrêterait à l'Elbe et qu'il laisserait les Russes s'emparer de Berlin. Staline lui rendit la pareille en décorant

Eisenhower de la médaille d'honneur russe, l'Ordre de Suvorov. Aucun autre général américain n'a été considéré par les communistes avec autant d'enthousiasme ou décoré qu'Ike Eisenhower.

Le 19 mars 1951, le député Carroll B. Reece a déclaré que

> "Nous aurions pu facilement atteindre Berlin en premier. Mais nos troupes ont d'abord été arrêtées à l'Elbe. Elles se sont ensuite retirées de ce fleuve en décrivant un large cercle, suffisamment à l'ouest pour que Staline reçoive en cadeau la grande usine d'optique et de précision Zeiss à Iéna, le laboratoire et l'usine de production des fusées V-1 et V-2 les plus importants à Nordhausen, ainsi que l'usine souterraine d'avions à réaction, d'une importance vitale, à Kahla. Partout, nous avons remis aux Soviétiques des milliers d'avions allemands intacts, y compris de grandes quantités de chasseurs à réaction prêts à être assemblés, ainsi que des centres de recherche, des développements de fusées, du personnel scientifique et d'autres trésors militaires. À la fin, une grande partie du formidable militarisme russe d'aujourd'hui portait clairement la mention « Fabriqué en Amérique » ou "offert par l'Amérique en provenance d'Allemagne". Mais là où Roosevelt s'est arrêté, Truman a repris le flambeau".

Truman a en effet été un concurrent acharné pour le titre de plus grand bienfaiteur du communisme dans le monde, titre laissé vacant par la disparition de Roosevelt. Le peuple allemand était entre de bonnes mains à la fin de la guerre. Fred Smith, dans le Monde des Nations unies de mars 1947, reconnaît à Eisenhower le mérite d'avoir mis en œuvre le plan de « paix dure » contre l'Allemagne. Eisenhower a été accompagné tout au long de ses mois de commandement suprême des forces expéditionnaires alliées par la petite Kay Summersby, dont on dit qu'elle était son chauffeur. Quelles que soient ses fonctions, elle accompagnait Ike jour et nuit, tandis que Mamie Eisenhower, assise à Washington, endurait les remarques désobligeantes des autres femmes de militaires dont les maris avaient des chauffeurs masculins. Aucun homme n'aurait pu être un compagnon aussi réconfortant pour Ike, fatigué par la guerre, que la chaleureuse Kay Summersby. Après la guerre, elle a écrit un livre très intéressant, « Eisenhower Was My Boss » (Eisenhower était mon patron), qui raconte comment elle et Ike se sont amusés pendant que les garçons américains se faisaient massacrer dans la guerre pour sauver le communisme. Ce livre a aujourd'hui disparu des librairies. Il s'agit d'une révélation effrontée d'orgies alcoolisées et du mépris ressenti par les intimes d'Eisenhower à l'égard des soldats crasseux. À la page 230, elle cite Ike sur le don préalable de Berlin à la Russie comme suit,

> « L'idée générale, déclare Ike, est de rencontrer les Russes et de couper l'Allemagne en deux. Un message de Moscou cite Staline comme étant en accord total avec la directive d'Eisenhower ; il promet des plans détaillés pour coordonner la liaison attendue ».

Le général Lucius Clay a été choisi par Eisenhower pour diriger le gouvernement militaire allemand. Bien entendu, il installa son quartier général dans le bâtiment d'I. G. Farben, qui n'avait pas été endommagé par les raids, et I. G. Farben continua d'entretenir des bureaux à quelques portes du sien. Il importa une collection de choix de Kuhn, Loeb Co. pour l'aider à diriger l'Allemagne. Le plus important était Max Lowenthal, le lieutenant du communiste Sidney Hillman, et l'homme qui a fait basculer la vice-présidence en faveur de Truman à Chicago en 1944. Lowenthal s'installa auprès de Truman en tant que chef de la mission intérieure sioniste à la Maison-Blanche. Représentant légal des vastes propriétés ferroviaires de Kuhn, Loeb, Lowenthal a été accusé de diriger la Commission du commerce interétatique à sa guise. Il était un puissant lobbyiste auprès de la Commission sénatoriale du commerce interétatique.

Max Lowenthal avait une mission en Allemagne. Il devient l'assistant de Clay, et son propre assistant est George Shaw Wheeler, qui dénonce soudainement les États-Unis et part vivre dans la Tchécoslovaquie communiste. La prise de pouvoir de Lowenthal en Allemagne est marquée par l'apparition soudaine d'agitateurs communistes dans les villes d'Allemagne de l'Ouest, où ils étaient auparavant interdits de parole.

Kuhn, Loeb était également représenté par l'un de ses partenaires, le haut-commissaire adjoint Benjamin Buttenweiser, dont l'épouse, une nièce du sénateur Lehman, a défendu Alger Hiss lors de son premier procès, Hiss ayant été hébergé dans l'appartement de Buttenweiser sur Park Avenue pendant ce procès. Le haut-commissaire américain pour l'Allemagne était John J. McCloy, associé du cabinet d'avocats Cravath and Henderson, qui représentait Kuhn, Loeb Co. McCloy a succédé à Eugene Meyer en tant que président de la Banque mondiale, puis a été envoyé en Allemagne.

Grâce à l'intervention bienveillante de Henry Morgenthau, les Russes avaient reçu nos plaques pour l'impression des marks d'occupation, et ils en ont tiré quelques milliards supplémentaires, ce qui a encore perturbé l'économie de l'Allemagne. Il a été largement rapporté que des plaques pour l'impression de dollars américains avaient également été remises à la Russie et que plusieurs millions de dollars avaient été imprimés et envoyés en Amérique en possession de « réfugiés », qui débarquaient avec des fortunes dans leurs bagages. Cet argent a été utilisé pour acheter des appartements, des magasins d'alcool et d'autres commerces rentables. Il a permis aux « réfugiés » d'occuper une position dominante dans l'économie américaine par rapport aux autochtones malchanceux qui travaillent désormais pour eux. C'est un excellent exemple de la manière dont on peut conquérir une nation par le pouvoir de l'imprimerie. L'Amérique n'a jamais perdu une guerre, mais nous avons une armée d'occupation sur notre sol, et cette armée a toute l'arrogance et la puissance des Césars en Grande-Bretagne.

Le général William H. Draper Jr, associé de Dillon Read, la banque qui a financé Hitler, était le conseiller économique du général Clay en Allemagne. Dans « Decision In Germany », Doubleday 1950, page 47, Clay écrit

> « Il devait être suivi peu après par le voyage officiel d'Eisenhower à Moscou en tant qu'invité du gouvernement soviétique. La visite s'est déroulée entre le 10 août[th] et le 15 août. Eisenhower était accompagné d'un vieil ami de l'époque de Manille, le général T. J. Davis, de son fils, le lieutenant John Eisenhower, et de moi-même. Le maréchal Joukov nous accompagna dans l'avion d'Eisenhower pour lui servir d'escorte. Eisenhower et le maréchal Joukov ont échangé leurs points de vue sur l'utilisation des troupes ».

Clay ne montre aucune sympathie pour les souffrances du peuple allemand, qui a été conduit à la guerre par un homme imposé par les banquiers de Wall Street. Page 100

> J'ai été choqué par une recommandation allemande visant à abaisser la ration des personnes déplacées au niveau allemand. Cette recommandation émanait du Laenderrat (Parlement) ».

Clay est horrifié par le fait que le peuple allemand veuille manger autant que la classe privilégiée des personnes déplacées sous le règne de Lowenthal et Buttenweiser. À la page 235, Clay écrit

> « À ma demande, notre Conseil national des chrétiens et des juifs a des représentants en Allemagne qui travaillent à prévenir la recrudescence de l'antisémitisme.

À la page 31 de la « Décision en Allemagne », nous trouvons,

> "Pour s'assurer que les biens des Juifs tués en Allemagne qui n'ont pas laissé d'héritiers ne profitent pas aux détenteurs allemands, une Organisation des successeurs juifs, formée par les organisations juives reconstituées, a été autorisée à réclamer et à recevoir leurs biens.

Freda Utley a écrit un réquisitoire percutant contre l'occupation américaine de l'Allemagne dans « The High Cost of Vengeance », Henry Regnery Co., soulignant que le contribuable américain a dû soutenir l'Allemagne avec des milliards de dollars parce que les Juifs ont exécuté le plan consistant à déraciner l'industrie allemande et à l'envoyer en Russie.

L'exécution du dirigeant allemand après les procès de Nuremberg a tellement intimidé les Allemands que seuls les pires rebuts de la nation ont osé briguer des fonctions publiques. Depuis lors, nous nous sommes engagés à ne jamais laisser réapparaître un gouvernement de type nazi en Italie ou en Allemagne, ce qui signifie que les premières tentatives de ces pays pour restreindre les activités de destruction des Juifs nous obligeront à leur déclarer à nouveau la guerre. Les procès de Nuremberg ont été menés selon les principes de justice que Staline a montrés pour la première fois au monde lors des tristement célèbres procès de la purge de Moscou en 1937-1938. La brutalité et les aveux forcés ont marqué la conduite de ces procès. L'homme dont le nom apparaît et réapparaît dans les récits d'horreur des salles de torture de Nuremberg est le lieutenant William R. Pearl, alors associé de feu le sénateur McMahon, qui était président de la commission mixte sur l'énergie atomique. Les procès de Nuremberg ont été accueillis avec indignation par les autorités juridiques du monde entier. La loi en vertu de laquelle les dirigeants nazis ont été condamnés était une loi ex post facto, une loi rédigée après que le "crime" a été commis. La loi ex post facto n'a jamais eu sa place dans notre code juridique, mais les Russes, jugeant leurs anciens partenaires, les nazis, ont adopté des lois adaptées au crime. Ils ont jugé les nazis pour avoir fait ce que les Russes avaient fait et font encore, des actes d'agression contre de petites nations. Montgomery Belgion et d'autres observateurs ont écrit des livres condamnant les procès de Nuremberg. Il est aujourd'hui admis qu'ils ont porté un coup sévère à notre réputation mondiale d'équité dans l'administration de la justice.

Freda Utley, dans "The High Cost of Vengeance"[3], a souligné que nous avons jugé les nazis selon le principe de la "culpabilité par association", c'est-à-dire que les familles et les connaissances des nazis ont été condamnées et punies. Pourtant, les membres de nombreuses organisations de front communiste aux États-Unis, lorsqu'ils sont démasqués, se plaignent d'être attaqués sur la base du principe de "culpabilité par association".

Le procureur général du procès de Nuremberg était le général Telford Taylor, associé au cabinet d'avocats Weiss, Paul et Rifkind du juge Simon Rifkind. Taylor est aujourd'hui administrateur des petites usines de défense à Washington.

Les procès de Nuremberg, malgré les aveux forcés de la Perle, ont sérieusement occulté l'accusation de la mort de six millions de Juifs. Les fameux fours, qui sont à la base de l'hystérie juive depuis lors, étaient des crématoires que les nazis utilisaient comme moyen sanitaire de se débarrasser des détenus qui mouraient dans les camps de concentration. Aucune preuve n'a été apportée que des personnes vivantes aient été brûlées. Il a été démontré que les atrocités commises dans les camps de concentration l'ont été par des détenus communistes que les nazis avaient placés à la tête des camps. On avait besoin d'Allemands au front et, au cours des deux dernières années de la guerre, les camps ont été placés sous la direction d'hommes de confiance communistes, qui avaient toute latitude pour assassiner les prisonniers anticommunistes. Les atrocités commises dans le camp de prisonniers de l'île de Koje, en Corée, sont une réplique de ce qui s'est passé dans les camps de concentration allemands. Les Russes se sont empressés de passer sous silence cette partie du témoignage à Nuremberg.

L'affirmation selon laquelle Hitler a tué six millions de Juifs est démentie par les propres chiffres de l'Almanach mondial. Immédiatement après la capitulation de l'Allemagne, des rédacteurs en chef et des correspondants américains ont été transportés par avion vers les camps de concentration, où on leur a montré d'énormes piles d'ossements. Il s'agissait des restes de prisonniers de guerre russes américains, mais ils ont été filmés et montrés dans tous les États-Unis comme des "os juifs", dans l'une des tentatives les plus révoltantes

---

[3] "The High Cost of Vengeance", par Freda Utley, Omnia Veritas Ltd, www.omnia-veritas.com.

d'influencer l'opinion publique que l'on ait jamais connue. De nombreux spectateurs sont tombés malades à la vue de ce spectacle macabre, et des protestations ont été adressées à la chaîne Loews et à d'autres propriétaires de chaînes de cinéma pour qu'ils ne montrent pas ces choses horribles aux femmes et aux enfants, mais les propagandistes juifs étaient déterminés à n'épargner à personne cette expérience effroyable, et pendant des mois, nos journaux et nos magazines ont été remplis de ces macabres images d'ossements.

L'afflux de plus de six millions de Juifs aux États-Unis pendant la guerre fait qu'il est difficile pour les Américains de croire aux accusations portées contre les nazis. Toutes les restrictions à leur entrée aux États-Unis ont été levées sur ordre personnel du président Roosevelt. On estime aujourd'hui que cinq à huit millions de Juifs sont entrés aux États-Unis entre 1940 et 1946. Ils posent désormais un grave problème économique en raison de leur prédominance croissante dans le commerce de détail, obligeant les Américains de souche à se tourner vers des activités moins rentables.

Le contexte du procès de Nuremberg est le même que celui de la Seconde Guerre mondiale, les mêmes influences internationales qui ont comploté pour mettre fin au respect d'un gouvernement pour les fonctionnaires d'un autre.

À la page 587 de la biographie de Stimson par Bundy, on peut lire que

> 'Stimson était sceptique quant à l'idée de juger les criminels de guerre sur la base de l'accusation de guerre agressive lorsqu'elle lui a été suggérée pour la première fois par son partenaire en droit, William Chanler. Il pensait que c'était "un peu en avance sur la pensée internationale" (Mémo à McCloy, 28 novembre 1944), et ce n'est qu'après un examen plus approfondi qu'il est devenu un ardent défenseur du principe'.

Il ne fait aucun doute qu'il s'est entretenu avec cette éminente autorité, son ancien partenaire Frankfurter, qui pouvait trouver des raisons de légiférer a posteriori.

La loi de Nuremberg a été considérée comme une grande avancée juridique par le Council On Foreign Relations. Dans "Foreign Affairs" de juillet 1947, William E. Jackson a écrit un article intitulé "Putting the Nuremberg Law to Work" (mettre la loi de Nuremberg au travail), dont voici un extrait

"Il semble particulièrement important que les principes de Nuremberg, qui établissent une règle de droit contraignante pour toutes les nations, restent forts alors que les Nations Unies n'ont pas atteint la pleine maîtrise de leurs pouvoirs.

Depuis un certain temps, il est suggéré que la loi de Nuremberg soit codifiée à l'initiative de l'Assemblée générale des Nations unies. Une proposition en ce sens de M. Paul Bul, membre américain du Tribunal militaire international, a été approuvée par le président Truman. Ce que nous devons faire, si nous voulons perpétuer efficacement la loi de Nuremberg, ce n'est pas de consacrer nos énergies à la rénover, mais de mettre en place, dès maintenant, des procédures qui garantissent son application rapide si jamais le besoin s'en fait à nouveau sentir".

John Foster Dulles serait un bon candidat pour un procès si la loi de Nuremberg devait être invoquée au début de la guerre de Corée.

Le Congrès juif mondial de New York publie une feuille intitulée "Jewish Comment". Le 29 mai 1943, ce journal déclarait qu'

Il est généralement admis que les définitions juridiques internationales des crimes de guerre, formulées avant que les méthodes de "guerre totale" de l'Axe ne soient connues, peuvent s'avérer insuffisantes pour sanctionner certains des crimes allemands les plus flagrants contre l'humanité. Il en va tout autrement si l'on considère toute la question du châtiment en relation étroite avec les tactiques de guerre. S'ils doivent jouer leur rôle dans la victoire de la guerre, les procès et les châtiments des criminels de guerre, des traîtres collaborateurs et de leurs complices doivent être exécutés immédiatement dans chaque territoire nouvellement conquis. Des procès publics doivent être organisés sans attendre la paix générale définitive dans chaque territoire nouvellement reconquis. Une Commission active des Nations Unies pour juger les criminels de l'Axe et des satellites, au fur et à mesure qu'ils sont livrés aux Nations Unies, doit être mise en place. Plusieurs organismes similaires, plus ou moins informels et non coordonnés, ont déjà commencé à travailler à la suite d'une conférence qui s'est tenue au St. James's Palace le 13 janvier 1942. La Commission soviétique mène actuellement des procédures judiciaires".

En vertu de ces principes de justice, au moins 10 000 citoyens français ont été exécutés par des « commissions de communistes » partisanes dans les derniers mois de la guerre, tandis que la commission soviétique aurait exécuté 1 500 000 victimes de ces dispositions des Nations unies lorsqu'elle s'est installée en Allemagne. Mussolini, le chef légal de l'Italie, a été brutalement assassiné par un gang appliquant ces principes. Les procès publics tenus par les troupes d'avant-garde étaient bien entendu des cours martiales qui n'avaient rien à voir avec les cours de justice civiles. Les armées américaine et anglaise ont refusé de participer à ces exécutions massives et leurs prisonniers ont été remis à la Commission des Nations unies, qui a mené la farce juridique des procès de Nuremberg.

Le pire massacre de la guerre, le massacre de 10 000 officiers polonais dans la forêt de Katyn par la police secrète russe, a été étouffé lors des procès de Nuremberg. Cette atrocité a été saluée par « Jewish Comment », numéro du 21 mai 1943, comme suit :

> « Après le succès sensationnel de l'histoire des 10 000 officiers polonais prétendument tués par les Soviétiques, le ministère allemand de la Propagande a manifestement décidé d'explorer d'autres possibilités de diviser les Alliés.

Le massacre de Katyn a été étouffé à Washington grâce aux efforts d'Elmer Davis, larbin de Warburg au sein de l'OWI, et de W. Averell Harriman, selon les témoignages présentés à la commission sénatoriale qui a tardivement enquêté sur cette histoire en 1952. La Voix de l'Amérique, qui a succédé à l'OWI, a refusé catégoriquement de mentionner cette histoire jusqu'en mai 1951, après les efforts répétés des membres du Congrès pour qu'elle utilise l'histoire de la forêt de Katyn afin que l'Europe centrale sache à quoi s'attendre de la part des Soviétiques. En effet, la Voix de l'Amérique n'a encore jamais utilisé de propagande anticommuniste forte.

Le général Clay tente enfin de mettre de l'ordre dans le chaos économique allemand. L'inflation provoquée par les milliards supplémentaires des plaques Morgenthau ne permet pas de rétablir une économie stable, mais le 2 août 1948, les Américains introduisent une réforme monétaire, avec le Mark B occidental, qui remplacera le Deutsche Mark soviétique gonflé. Cette réforme monétaire, lutte ouverte entre les Russes et les Américains pour le droit d'émettre de la monnaie, amène les Soviétiques à mettre en place le "blocus de Berlin". Clay réagit en lançant son fameux "pont aérien", que la presse transforma en un grand exploit. À son retour au pays, Lehman Brothers lui offre la présidence de Continental Can, un poste d'administrateur au Marine Midland Trust et un poste d'administrateur à General Motors.

En Extrême-Orient, nos généraux savent dès le printemps 1945 que le Japon est vaincu. Les avions américains survolaient Tokyo à volonté depuis les bases aériennes d'Okinawa et les porte-avions opérant au large des côtes japonaises. MacArthur avait fait cela avec le peu de matériel que lui avait envoyé Marshall, alors que les armées soviétiques avaient la priorité sur la campagne du Pacifique. Le sénateur McCarthy, dans "Retreat from Victory", le triste bilan de la collaboration de Marshall avec les communistes, affirme que Marshall a fortement insisté pour que le Japon soit envahi par voie terrestre, malgré le fait que le Japon était déjà battu. Ses réserves de pétrole avaient disparu, sa flotte de pétroliers avait été coulée, son industrie lourde était réduite à néant, ses villes étaient en ruines, et pourtant Marshall s'attendait à ce que des milliers de jeunes Américains meurent lors d'une invasion inutile du Japon. Son insistance folle sur ce point se poursuit malgré l'opposition du général MacArthur et des amiraux Nimitz et Leahy. Finalement, Marshall a été contraint de céder, de mauvaise grâce. De nombreux Américains sont encore en vie aujourd'hui parce que Marshall n'a pas obtenu gain de cause. Leahy a également indiqué à Marshall qu'il n'y avait aucune raison pour que la Russie intervienne contre le Japon, mais il aurait pu économiser sa salive. Marshall et Truman, pour des raisons encore inexpliquées, étaient déterminés à ce que la Russie attaque le Japon, ce qui lui donnerait une voix dans l'administration d'après-guerre à Tokyo. La Russie attaqua dans les dernières semaines de la guerre, après que le Japon eut vainement demandé la paix. Une force japonaise de deux millions d'hommes a été capturée en Mandchourie par les Russes et envoyée en Sibérie pour y être endoctrinée par les communistes. Ceux qui étaient politiquement fiables ont été formés comme révolutionnaires et rapatriés au Japon pour former le noyau de l'agitation communiste. On n'a jamais entendu parler des autres. D'énormes stocks d'armes japonaises ont été capturés et remis aux communistes chinois, ainsi que des armes américaines perfidement données à l'armée de Mao sous l'influence des conseillers communistes de Stilvall ; ces armes ont conquis la Chine pour les communistes.

En tant que commandant de l'armée d'occupation au Japon, le général Douglas MacArthur a connu une réussite exceptionnelle. Même les services de presse internationaux ont été contraints de reconnaître ses excellentes capacités administratives. Néanmoins, il a failli être rappelé au début de son service à Tokyo. Il a renvoyé chez eux deux des révolutionnaires communistes les plus virulents qui écrivaient alors pour l'édition tokyoïte de Stars and Stripes, et les protestations de la presse libérale jaune qui en ont résulté ont encouragé Truman à décider de rappeler MacArthur. Toutefois, à cette époque, Truman n'était pas encore sûr de lui et il a perdu son sang-froid. S'il avait rappelé MacArthur à ce moment-là, le Japon serait aujourd'hui un État communiste. Seule l'influence de MacArthur a permis de freiner le mouvement communiste au Japon. Il convient de noter que dès que MacArthur a été rappelé, des émeutes communistes ont éclaté au Japon et des attaques ont été lancées contre le personnel américain.

La Seconde Guerre mondiale n'a pas permis l'attaque du continent américain que Roosevelt appelait de ses vœux et qui lui aurait permis de mettre en place une dictature militaire et de se débarrasser de ses détracteurs. Roosevelt n'a jamais renoncé à ce rêve, et lui et Hopkins sont allés jusqu'à faire parrainer par le sénateur Warren Austin un projet de loi sur l'esclavage universel, connu sous le nom de projet de loi n° 666, en 1944.

Également connu sous le nom de "Roosevelt National Service Act", ce projet de loi trouve son origine dans la loi de Lénine sur le travail obligatoire pour les deux sexes. Elle aurait donné à Roosevelt le pouvoir d'enrôler tous les hommes et femmes adultes d'Amérique et de les envoyer travailler sur ce continent ou à l'étranger. Le sénateur Austin a été payé pour cette tentative d'esclavage en étant nommé représentant des États-Unis auprès des Nations unies. Le projet de loi, qui n'a jamais été sérieusement examiné par le Congrès, a été considéré par certains observateurs comme la preuve d'une des terribles gueules de bois du président, qui détestait tout le monde, et par d'autres comme une indication de l'état d'affaiblissement de son esprit. Quoi qu'il en soit, c'était la preuve de son désir insensé de se voir maître absolu de toute âme vivante en Amérique avant sa mort, une ambition vicieuse qu'il n'a jamais réalisée. Néanmoins, le gouvernement a suffisamment réglementé nos vies pendant la guerre pour satisfaire les communistes les plus insatiables. Le Bureau de l'administration des prix, sous la direction de Leon Henderson, a essayé de faire en sorte que chaque Américain espionne son voisin, et a même tenté d'introduire la vieille coutume communiste qui consiste à faire en sorte que les enfants dénoncent leurs parents. Le sénateur Benton défend cette réglementation dans Fortune, octobre 1944. À la page 165, sous le titre désarmant de "The Economics of a Free Society" (L'économie d'une société libre), il déclare,

> Notre réglementation gouvernementale a été nécessaire et dans l'intérêt de la préservation de la libre entreprise. Après la guerre, le

rôle du gouvernement dans les affaires sera et doit être réduit dans de nombreux domaines de l'économie, transféré dans d'autres et augmenté dans d'autres encore. Des compétences gouvernementales plus adéquates doivent être conçues, par exemple, pour aider à stabiliser l'économie contre les effets du "cycle économique"… Le travail, l'agriculture et le gouvernement, ainsi que les entreprises, doivent se débarrasser de toutes les pratiques qui freinent l'expansion de la production ou qui limitent les sorties… ».

Benton affirme que la « libre entreprise » ne peut être préservée que par une réglementation gouvernementale, un argument intéressant qu'il ne développe pas. L'expansion de la production au-delà de tous les besoins raisonnables est un objectif communiste favori. Le surplus devient une excellente arme pour détruire l'économie. Il est indéniable que la production excédentaire de l'industrie lourde est le principal facteur de notre participation continue à des guerres étrangères. Le « cycle économique », bien sûr, est une vieille blague, dont se moquent encore les économistes qui l'enseignent dans les universités. Dans « La Réserve fédérale », j'ai montré comment les banquiers déclenchaient et interrompaient les « cycles économiques » à leur guise.

CHAPITRE 20

Avec la création des Nations unies, il est apparu que la Seconde Guerre mondiale avait une raison d'être. L'entrée des États-Unis dans cette organisation a été provoquée par une circonstance que l'on ne trouve habituellement que dans les romans d'aventure à sensation : la séduction d'un vieil homme stupide dans la trahison d'une nation. La victime était le sénateur Arthur Vandenberg, président de la commission sénatoriale des relations extérieures, un éditeur du Michigan et un homme très respecté qui, pendant des années, avait dirigé le bloc pro-américain au Congrès à l'époque de l'internationalisme de Roosevelt. Il succède à Borah en tant que « sénateur isolationniste », et Vandenberg est le seul sénateur à voter contre la reconnaissance de la Russie soviétique en 1933. En 1944, il tombe dans les griffes d'une enchanteresse, l'épouse d'un attaché commercial britannique. Il devient vite évident qu'elle n'a qu'un seul but en venant à Washington, et son association avec Vandenberg devient le sujet des ragots des cocktails dans les salons.

À cette époque, à l'automne 1944, Vandenberg conserve sa position de leader du groupe pro-américain isolationniste. Le Congrès ne s'intéresse guère à la formation des Nations unies. Les politiciens sont bombardés de brochures coûteuses et des productions d'une organisation publicitaire bien formée et très bien payée, l'American Association for the United Nations, qui opère depuis l'adresse du Council On Foreign Relations, 45 East 65th St. New York City. L'associé de Samuel Untermeyer, le sioniste Philip Amram, était son représentant à Washington. En raison de l'opposition notoire de Vandenberg à ces intrigants, les autres sénateurs estiment que les Nations unies ont peu de chances d'être ratifiées.

Les banquiers internationaux en sont également conscients. Vandenberg devient donc la cible privilégiée de leur influence. Evalyn Patterson arrive à Washington, et le reste appartient à l'histoire. En novembre 1944, l'amitié est connue de tous et, en janvier 1945, il choque ses collègues et son pays en prononçant un discours dans la salle du Sénat, dans lequel il insiste vigoureusement pour que nous ratifiions la Charte des Nations unies. L'origine de ce changement d'attitude n'était un secret pour personne à Washington. Le Times-Herald de Washington insinua à plusieurs reprises que Vandenberg avait été persuadé de ratifier la Charte par les ruses féminines d'Evalyn Patterson. Sans impliquer qu'une quelconque inconvenance ait eu lieu entre Patterson et Vandenberg, le fait demeure inéluctable que son charme gay a été le facteur décisif qui l'a fait passer d'un patriote et d'un Américain honnête à un vieil homme baveux à la recherche de sa dernière aventure pathétique. Le prix qu'il a payé a été la liberté de sa patrie. Le sénateur Vandenberg a servi son peuple pendant de nombreuses années, mais il a ruiné son nom avant de mourir. Cette histoire sordide lui colla à la peau lors de la convention républicaine de 1948, lorsque les banquiers voulurent le récompenser en le nommant président lors d'une victoire certaine sur le héros de la pègre de Kansas City, Harry Truman. Le nom d'Evalyn Patterson a été répété à maintes reprises lors de ces conférences désespérées et enfumées dans les chambres d'hôtel, avant que les amis du sénateur ne fassent savoir à la presse que le sénateur n'était pas candidat parce qu'il avait des problèmes cardiaques. Je ne saurais dire si le jeu de mots était intentionnel. Les hommes politiques sont connus pour leur humour vulgaire.

Bien qu'il n'ait pas pu obtenir la récompense de la présidence, Vandenberg a fait un excellent travail en persuadant ses collègues, désormais démoralisés, de le suivre dans la ratification de la Charte des Nations unies. Le sénateur Taft a par la suite déclaré qu'il aurait aimé que la Charte soit modifiée, mais seul le sénateur Pat McCarran a eu le courage de dire publiquement qu'il aurait souhaité ne jamais voter en faveur de la Charte. Il n'est pas improbable que chaque sénateur qui a voté en faveur de l'abandon de la souveraineté nationale des États-Unis au profit d'une bande de révolutionnaires internationaux sans scrupules soit amené à faire un aveu d'erreur similaire.

La paternité de la Charte des Nations Unies suffit à la condamner à toute l'Amérique. Le professeur de Madariaga est depuis longtemps l'un des observateurs européens les plus attentifs. En Espagne, dans les années 1920, il a été fonctionnaire du gouvernement républicain espagnol, mais avec l'arrivée des généraux russes en Espagne, il a quitté le parti communiste. Dans son livre « Victors Beware ! », il met en garde l'Amérique contre les idéaux des Nations unies (page 270).

« La Charte des Nations Unies est essentiellement une traduction du système russe dans un idiome international et son adaptation à une communauté internationale… La masse écrasante de l'influence politique de la Russie a pesé sur l'évolution des affaires mondiales et nous ramène maintenant à une alliance impie de grandes puissances, reposant sur la force et sur très peu d'autres choses. L'ONU porte sur son front, depuis le début, la marque de Moscou ».

Pour rédiger la charte, le département d'État a désigné un juif russe, le Dr Leo Pasvolsky, du Council On Foreign Relations. Le Chicago Tribune a souligné que

« Leo Pasvolsky, ardent internationaliste d'origine russe, en sait plus sur la nouvelle Société des Nations destinée à préserver la paix que n'importe quelle autre personne dans le monde. C'est parce qu'il a rédigé le premier projet de charte de la Ligue mondiale pour la paix et qu'il a assisté à sa révision et à son amplification depuis le premier jour de la conférence de Dumbarton Oaks jusqu'au dernier jour de la conférence de San-Francisco. Il aspire à la célébrité en tant que père de la Charte… Le président Truman a nommé Stettinius représentant des États-Unis auprès de la capitale de la ligue, lorsqu'elle sera choisie, pour guider le délégué américain dans le labyrinthe de la Charte et lui fournir les réponses aux questions qui se poseront. En effet, Pasvolsky connaît toutes les réponses et peut les donner avant que les questions ne soient posées… Il est entré au ministère en tant qu'économiste et a gravi successivement les échelons les plus élevés en dehors des postes pourvus par nomination présidentielle soumise à la confirmation du Sénat. Pasvolsky, aujourd'hui naturalisé américain, est né à Pavlograd, en Russie, en 1893, et est arrivé dans ce pays avec ses parents en 1905. Il a publié plusieurs ouvrages sur la Russie, dont « The Economics of Communism ».

Pasvolsky de Petrograd était le directeur des études internationales de la mystérieuse Brookings Institution, qui conseille notre président en matière de politique économique. Il s'agit d'une autre de ces organisations sans moyens visibles de soutien et sans grande influence politique. Son siège se trouve juste au coin de la Maison-Blanche à Washington. Pasvolsky avait déjà préparé les documents pour la délégation américaine à la Conférence économique de Londres en 1933.

Le lobbying en faveur des Nations Unies a commencé en 1943 avec la formation du Comité du département d'État sur l'organisation internationale, dirigé par Sumner Welles, secrétaire d'État par intérim.

Les autres membres étaient le sénateur Tom Connall, le sénateur Warren Austin, Mme Anne O'Hare McCormick, une de ces créatures du New York Times, Myron C. Taylor de United States Steel, Hamilton Fish Armstrong, rédacteur en chef de « Foreign Affairs », Norman H. Davis, président du Council On Foreign Relations, le Dr Isaiah Bowman, de la Conférence de paix de Paris et président de l'Université Johns Hopkins, et l'avocat sioniste Benjamin V. Cohen. Cordell Hull n'avait rien à voir avec cette bande d'intrigants. Il était tellement dégoûté de n'être secrétaire d'État que de nom et de devoir lire le Washington Post d'Eugene Meyer pour connaître notre politique étrangère, qu'il n'avait plus grand-chose à voir avec le ministère. La plupart des hommes auraient eu assez de caractère pour démissionner.

L'Organisation des Nations unies a été conçue exactement comme le Secrétariat international du Parti communiste. L'organisation et la sélection des Conseils, toute la procédure et la terminologie étaient celles de Moscou, en commençant par le chef de l'ONU, appelé le Secrétaire général, qui est le titre de Staline en Russie, et en continuant dans tous les détails de l'ONU, ce qui n'est pas surprenant si l'on considère que tous ceux qui ont eu quelque chose à voir avec la naissance des Nations unies croyaient avec la ferveur du fanatisme que la Russie avait le meilleur gouvernement du monde.

La délégation américaine à la Conférence des Nations Unies à San Francisco en 1945 était composée de trente-six membres du Council On Foreign Relations. Il s'agissait de John Foster Dulles, Philip C. Jessup, Hamilton Fish Armstrong et trente-trois autres personnes qui ont été largement évoquées dans ces pages. Le caractère et les allégeances de ces hommes peuvent être mieux reconnus par l'histoire de leur chef, le secrétaire général de la Conférence de San Francisco, l'espion et traître communiste emprisonné Alger Hiss.

Tous les communistes d'Amérique ont rayonné le jour où leur héros, Alger Hiss, a atterri à l'aéroport national de Washington avec la sacoche contenant la Charte des Nations unies signée. C'était la grande époque de 1945, lorsque le cercle des traîtres dévoués a poursuivi, après la mort de Roosevelt, l'accomplissement de son rêve de communisme. Les révolutionnaires professionnels avaient atteint le but pour lequel ils avaient travaillé si longtemps, un forum qui dicterait sa loi à tous les pays du monde. Alger Hiss est nommé président de la Carnegie League for the Endowment of International Peace, un poste de vingt mille dollars par an avec frais. À peine Hiss s'est-il installé pour jouir des fruits de la trahison que son passé commence à le hanter. Un ancien communiste du nom de Whittaker Chambers allait de bureau en bureau dans le Washington en guerre pour dire aux fonctionnaires que Hiss était un espion communiste. Ces informations parvinrent à Roosevelt, qui haussa les épaules et ordonna la promotion de Hiss. Chambers a poursuivi son combat pour obtenir l'éviction de Hiss du personnel politique du département d'État, mais le seul résultat a été que Roosevelt a fait de Hiss son secrétaire personnel lors de la tristement célèbre conférence de Yalta.

Finalement, Chambers a fait comparaître Hiss devant la commission des activités anti-américaines de la Chambre des représentants, où Hiss a tout nié. Après que l'histoire de Chambers a été corroborée par des enquêtes approfondies du FBI, Hiss a été jugé pour parjure. Il a été condamné pour avoir nié avoir volé des documents secrets au département d'État pour le compte d'un réseau d'espionnage soviétique. Les services de presse internationaux ont d'emblée présumé de l'innocence de Hiss et se sont lancés dans une campagne de diffamation vicieuse à l'encontre de Chambers. Le Washington Post d'Eugene Meyer est le plus préjudiciable des journaux libéraux en faveur de Hiss.

L'affaire Hiss a prouvé qu'on ne peut pas frapper un communiste sans toucher un juif. Hiss était un agent confidentiel très bien payé par les communistes, et derrière lui se cachait la sinistre figure de Benjamin Buttenweiser, associé de Kuhn, Loeb Co. à New York. La femme de Buttenweiser était l'avocate de Hiss, et les Hiss ont fait leur nid dans l'appartement de Buttenweiser sur Park Avenue pendant le procès.

Une liste impressionnante d'accusés et de témoins de moralité a comparu pour Hiss Tout le monde, mais les dirigeants officiels du Parti communiste américain sont venus se porter garants de lui. Roosevelt était mort, sinon il aurait comparu pour lui. Le sioniste pompeux, le juge Felix Frankfurter, dont le frère Otto était un criminel récidiviste, a témoigné en faveur de Hiss. Le gouverneur de l'Illinois, Adlaie Stevenson, a prêté serment en sa faveur. Stevenson a fait ses débuts en politique par l'intermédiaire de la branche de Chicago du Council On Foreign Relations (Conseil des relations extérieures). Le secrétaire d'État Dean Acheson, ancien représentant légal de l'Union soviétique, a témoigné en faveur de Hiss et a déclaré qu'il ne lui tournerait jamais le dos.

Le président Truman considérait les poursuites contre Hiss comme une insulte personnelle, et il entrait dans une colère noire chaque fois qu'on l'interrogeait à ce sujet. Il dénonça cette affaire comme un « faux-fuyant », une expression qui allait le hanter. Pendant un certain temps, le ministère de la Justice, agissant sur ordre de la Maison-Blanche, n'a pas eu l'intention de poursuivre Hiss, et seule l'action déterminée de plusieurs membres du Congrès a finalement permis de traduire Hiss en justice. L'arrestation de Hiss fut un coup dur pour la mission intérieure sioniste à la Maison-Blanche. Peut-être le peuple américain se réveillait-il. De nombreux traîtres à Washington ont passé des nuits blanches avant qu'il ne devienne évident que Hiss devait être un bouc sacrificiel qui apaiserait le peuple américain. Une fois Hiss en prison, les Américains ont repris leurs vieilles habitudes de payer des impôts pour soutenir la Russie par le biais du plan Marshall et du programme Point Four, et les communistes au sein du gouvernement ont repris leurs activités de trahison.

Un exemple d'internationaliste se trouve dans la biographie de Clark Eichelberger dans le Who's Who In America, qui vit confortablement du racket de l'État mondial depuis 1922. Marié à Rosa Kohler, Eichelberger travaille depuis 1929 pour l'American Association for the League of Nations, devenue en 1944 l'American Association for the United Nations, qui a toujours eu ses bureaux dans l'immeuble du Council On Foreign Relations au 45 East 65th St. New York. Eichelberger se présente comme le directeur de la Commission pour l'étude de l'Organisation de la paix de 1939 à 1948. Avant même que nous n'entrions en guerre, il nous disait ce que nous allions faire par la suite. Il est aujourd'hui président de cette commission, ainsi que de la commission des droits de l'homme des associations de la Fédération mondiale. Il a été directeur du traître Committee to Defend America by Aiding the Allies, qui a eu le mérite de faire basculer les États-Unis dans la Seconde Guerre mondiale. Eichelberger a de nombreux titres d'infamie à son actif. Il a même été membre de la Conférence des Nations unies à San Francisco en 1945 avec Alger Hiss.

Le fait est que le personnel des Nations unies comprend un rassemblement de révolutionnaires communistes de haut niveau du monde entier. Cela a été prouvé le 30 juin 1949, lorsque le sénateur Pat McCarran a écrit à l'amiral Hillenkoetter, chef nominal de la Central Intelligence Agency, qui était en réalité dirigée par Allen Dulles, pour lui demander si des espions communistes venaient aux Nations unies en tant que délégués. Hillenkoetter a rapidement renvoyé au sénateur

McCarran une liste de cent hauts responsables du parti communiste et de la police secrète de différents pays. Trente-deux d'entre eux étaient des fonctionnaires de la police secrète, et tous ces cent personnes étaient connues pour être des révolutionnaires de longue date. Peu après, l'amiral Hillenkoetter a été démis de ses fonctions et envoyé dans le Pacifique pour une période de service. Le sénateur McCarthy a révélé cet épisode dans « Retreat from Victory ».

Face à cette publication et à d'autres révélations sur l'espionnage des Nations unies, Eleanor Roosevelt a poursuivi sa propagande pro-communiste. Dans le numéro de novembre 1952 de See Magazine, elle a nié l'existence d'espions russes aux Nations unies et a insisté sur le fait que les agences de renseignement trouveraient de meilleurs endroits pour faire travailler leurs agents. En tant que représentante principale des États-Unis aux Nations unies, elle devrait savoir s'il y existe une police secrète communiste. Le 28 août 1952, le jour où le numéro de See est sorti dans les kiosques, des dépêches de l'AP ont annoncé que Valerian Zorin remplacerait Jacob Malik en tant que représentant russe à l'ONU, et ont identifié Zorin comme le cerveau du coup d'État tchèque de 1948.

La pauvre Eleanor en a pris pour son grade depuis la disparition du Grand Communiste. Nos magazines les plus raffinés rivalisaient autrefois pour publier ses articles, mais aujourd'hui, sa propagande apparaît parmi les beautés peu vêtues de See Magazine, une publication qui ne s'adresse guère à un public intellectuel. Les honoraires de ses conférences ne sont plus non plus ce qu'ils étaient. Peut-être que la propagande de gauche ne fait plus recette dans les circuits de conférences.

Le 22 juin 1952, le Washington Times-Herald a publié un article syndiqué selon lequel les Nations Unies avaient licencié Eugene Wallach et Irving Kaplan, un économiste, pour avoir falsifié les informations relatives à leur ancien emploi. Un porte-parole des Nations Unies a souligné qu'ils n'avaient pas été licenciés en raison d'activités subversives, car, selon lui, la loyauté n'entre pas en ligne de compte dans les qualifications des Nations Unies.

La loyauté ne serait certainement pas considérée comme une qualification pour entrer dans le plus grand rassemblement de traîtres et de révolutionnaires du monde, les Nations unies. Tout représentant qui montrerait une préférence chauvine pour sa patrie par rapport aux intérêts du Liberia ou d'Israël serait renvoyé. Kaplan et Wallach n'auraient jamais été renvoyés pour activités subversives, car c'est là le véritable travail des Nations unies. Elles se consacrent à la subversion de tous les gouvernements et de toutes les religions du monde.

Le secrétaire général des Nations unies en est la preuve ; le gros mensonge est typique du communisme mondial, le camarade Trygvie Lie, qui a obtenu ce poste en récompense des faveurs qu'il a accordées par le passé à son voisin Joseph Staline. Par exemple, le gros mensonge, en tant que ministre norvégien de la justice, a ordonné la déportation de Trotski afin que Staline puisse l'assassiner plus loin de la Russie. Trotsky a déclaré qu'il se souvenait de Lie en tant que membre de l'Internationale communiste. L'Angleterre avait un candidat pour le poste des Nations unies, un certain Paul Henri-Spaak, agent des banquiers d'Amsterdam, mais, comme d'habitude, la sagesse supérieure de l'ancien voleur de banques, Joseph Staline, l'a emporté, et le Gros Mensonge a obtenu le poste.

John D. Rockefeller Jr. a offert un terrain de 1 500 000 dollars à Manhattan pour le bâtiment des Nations unies, et la délégation russe a été logée dans la propriété de J. P. Morgan à Glen Cove, Long Island, ce qui devrait donner une idée de la farce des Nations unies.

Avant même qu'elles ne soient opérationnelles, les Nations Unies avaient donné naissance à une multitude d'organisations révolutionnaires dont l'objectif était de poursuivre le prêt-bail par d'autres moyens, et la principale d'entre elles était l'Administration de réhabilitation et de secours des Nations Unies (United Nations Rehabilitation and Relief Administration). Les patriotes mondiaux en charge de cette administration étaient aujourd'hui le sénateur Herbert Lehman, de la banque Lehman Brothers, et l'agent du Council On Foreign Relations, Laurence Duggan, qui s'est échappé d'une haute fenêtre à New York avant d'avoir pu être interrogé par une commission du Congrès.

Herbert Lehman, directeur de nombreuses sociétés et l'un des fondateurs et directeurs de la Palestine Economic Corporation, a influencé le colportage d'une émission obligataire de 500 millions de dollars en provenance d'Israël. Cette opération financière n'a pas interféré avec ses fonctions de sénateur, et personne n'a remis en question sa légitimité. Il est également directeur de la Fondation Woodrow Wilson avec Alger Hiss.

Current Biography, volume de 1943, page 438, dit de Lehman, alors chef de l'UNRRA, qu'il est

> « dans une position lui permettant de participer à la refonte de l'économie du monde entier ».

Il s'agit d'un vieil idéal communiste. Page 439,

> « Lehman a été élu gouverneur de New York en 1938 grâce au soutien de l'American Labor Party et des communistes.

Les communistes ne soutiennent généralement que ceux qui sont de leur côté.

Le patriote hongrois Stephen J. Thuransky, leader du mouvement anticommuniste en Hongrie, a écrit dans « How American Financed Hungarian Communism » (Comment les Américains ont financé le communisme hongrois),

> "Le parti communiste hongrois a commencé à gagner en puissance grâce à l'aide financière américaine fournie par l'intermédiaire de l'UNRRA, qui a déversé des millions de dollars de biens et de ressources dans les mains du parti communiste. Ces fonds et ressources n'ont pas été utilisés pour nourrir les masses hongroises, mais pour renforcer le parti communiste. Étant donné que seuls les membres du parti pouvaient bénéficier de l'aide de l'UNRRA, le parti communiste a fait circuler le slogan suivant : « Rejoignez le parti communiste et obtenez votre aide de l'UNRRA ». L'Amérique a de nouveau aidé le parti communiste hongrois par l'intermédiaire de Voice of America, prétendument anticommuniste. Les orateurs faisaient semblant de ne pas se rendre compte qu'en glorifiant l'armée russe victorieuse et sa philosophie communiste, ils détruisaient dans l'esprit du peuple américain tout respect pour les États-Unis. Une fois, en décembre 1946, j'avais trente invités chez moi quand, à notre grande horreur, le programme de la Voix de l'Amérique a commencé par l'Internationale communiste, que le présentateur a appelé l'hymne hongrois.

Aujourd'hui, la juive hongroise Anna Rosenberg est secrétaire adjointe à la défense, alors que nous sommes opposés à la Hongrie communiste. Est-ce intelligent ?

Herbert Lehman épouse Edith Altschul, fille de Charles Altschul, associé de la banque Lazard Frères. Lehman est le beau-frère de Frank Altschul, qui est très actif dans un certain nombre de groupes de pression mystérieux, tels que le Comité sur le danger actuel. Personne ne semble savoir ce que ces groupes font ou ce qu'ils représentent.

L'assistant de Lehman à l'UNRRA, Laurence Duggan, était le fils de Stephen Duggan, directeur du bizarre Institute of International Education, qui était l'une des étranges ramifications du Council on Foreign Relations. Stephen Duggan était également partenaire de James MacDonald dans la propagande pro-russe dans les années 1920. Dans Current Biography de 1947, on peut lire à la page 181 que

> 'Laurence Duggan a démissionné de la division des affaires latino-américaines du département d'État en juillet 1944 pour rejoindre l'UNRRA. Le PM a noté à l'époque que « sa démission perturbe profondément les forces syndicales et libérales en Amérique latine, ainsi qu'aux États-Unis ». Il était un champion de la cause loyaliste contre Franco, un partisan de la première heure d'un traitement équitable avec la Russie et un opposant sans équivoque aux politiques vichystes et darlanistes du secrétaire d'État Hull'.

Il s'agit d'une biographie succincte d'un collaborateur communiste de premier plan au sein du département d'État. Le rouge vif de ses opinions en matière de politique étrangère était déjà perceptible. La veille du jour où Duggan devait témoigner devant la commission des activités anti-américaines de la Chambre des représentants, son corps a été retrouvé sur le trottoir en contrebas de son bureau new-yorkais. Sumner Welles déclara qu'il ne pensait pas que Duggan s'était suicidé, tout comme les autres personnes qui l'avaient vu avant sa mort, mais ce fut le verdict. Comme tant d'autres collaborateurs communistes, Duggan a reçu sa récompense lorsque les choses se sont gâtées : une main secourable par la fenêtre.

Jewish Comment cite le New York Herald Tribune du 30 novembre 1943,

> 'Dans la distribution des secours, l'UNRRA ne fera aucune discrimination fondée sur la race, la croyance ou les convictions politiques. Toutefois, ceux qui ont été victimes des persécutions nazies — les juifs et, dans une moindre mesure, les autres habitants des pays occupés — feront l'objet d'une attention particulière en raison de leurs besoins accrus.

Il n'y aura pas de discrimination, mais les Juifs seront privilégiés. C'est une déclaration merveilleuse. Il semble que même les Juifs n'étaient pas privilégiés, sauf s'ils étaient communistes. Le sénateur Lehman pourrait peut-être nous éclairer sur ce point. Le contribuable américain a payé pour la propagation du communisme en Europe par le biais de la direction de l'UNRRA par Lehman. La New Republic se plaint le 22 octobre 1945,

> "Le succès de l'organisation mondiale est aujourd'hui menacé parce que les États-Unis sont en retard dans le paiement de leurs factures. Le président Truman a déclaré au Congrès que les mécanismes de secours s'arrêteraient très bientôt s'il n'accordait pas les 550 millions de dollars restants que nous avons promis de payer en 1945. Quarante-six autres pays ont suivi notre exemple en s'associant officiellement pour administrer un programme de coopération et ont convenu que les pays non envahis devraient verser un pour cent de leur revenu national pour couvrir les frais. Sur cette base, la part des États-Unis s'élevait à 1 350 millions de dollars. Par pur intérêt personnel, les États-Unis ont tout à gagner de l'UNRRA. L'UNRRA doit être un succès si l'on veut qu'une véritable coopération internationale ait une chance. En cas d'échec, c'est toute l'idée d'un gouvernement mondial qui subirait un énorme revers.

Le joker de l'accord UNRRA était que les pays envahis, c'est-à-dire la Russie, ne devaient pas payer un centime. En fin de compte, les États-Unis ont payé la quasi-totalité de la facture, tout comme nous payons la facture de la vie luxueuse des espions communistes aux Nations unies. L'accord UNRRA était une réunion typique dans les coulisses où quelques membres du Council On Foreign Relations se sont réunis et ont engagé le contribuable américain à hauteur d'un milliard trois cent cinquante millions de dollars pour l'expansion communiste en Europe. Sous la direction de Lehman, l'UNRRA était connue pour refuser l'aide aux églises, aux écoles et aux orphelinats. Elle était strictement politique.

L'empressement pathétique de l'administration démocrate à confier le gouvernement des États-Unis à un tas de Zoulous jacassants et d'agents communistes prouve que ce parti n'est pas digne de figurer sur les bulletins de vote en Amérique. Il serait préférable de voter pour des communistes plutôt que pour des collaborateurs communistes secrets. Mark, Lénine et Trotsky n'ont pas fait autant pour faire avancer le communisme mondial que Franklin Roosevelt. Considérez la déclaration des Nations unies sur le plein emploi, une réplique du point 8 du Manifeste communiste, la responsabilité égale de tous envers le travail :

« Tous les membres des Nations Unies se sont engagés à garantir des niveaux élevés d'emploi. L'expansion du commerce mondial est impossible sans le plein emploi. Échouer sur ce front constitue une violation aussi grave de la Charte des Nations Unies que de ne pas renforcer les forces des Nations Unies qui combattent en Corée. Le maintien du plein emploi aux États-Unis et en Grande-Bretagne contribuerait grandement à le maintenir ailleurs ».

Le plein emploi, bien sûr, c'est l'esclavage universel, réglementé par l'État. Ainsi, tous les Américains doivent être mis au travail pour fabriquer des tracteurs pour la Russie, qui seront envoyés par l'intermédiaire du programme Point Four et d'autres agences qui ont étendu le prêt-bail à la Russie par d'autres moyens. Malgré les comptes-rendus largement diffusés sur l'envoi de produits du plan Marshall en Russie et de centrales électriques entières expédiées en Europe dans le cadre de l'ECA (dirigé par Milton Katz), qui ont traversé l'Allemagne de l'Est pour se retrouver en Russie, le peuple américain continue à travailler pour réarmer son pire ennemi.

La propagande communiste internationale se distingue toujours par certaines phrases clés. L'une d'entre elles, constamment utilisée depuis 1938, est la « sécurité collective ». Le Council On Foreign Relations a réservé d'importantes sommes d'argent pour des études sur la sécurité collective, et son principal auteur sur ce sujet est Philip C. Jessup. Les Nations unies ont été créées pour promouvoir la « sécurité collective », et Jessup est le délégué suppléant des États-Unis aux Nations unies. James Paul Warburg, dans « Put Yourself in Marshall's Place », Simon and Schuster, 1948, page 8, écrit que

'De 1935 à 1938, la diplomatie occidentale s'est abrutie en se montrant de plus en plus conciliante à l'égard de l'agression fasciste, alors que la diplomatie soviétique, dans l'ensemble, a défendu fermement la sécurité collective et la résistance au fascisme.

La position ferme de la Russie contre le fascisme après 1938 a été démontrée par son propre apaisement avec Hitler, le pacte de non-agression de 1939. Cela ne dérange pas un propagandiste communiste comme Warburg, descendant de Kuhn, Loeb et directeur de la Bank of Manhattan. Sur la même page, il écrit que

« De même que l'alliance temporaire de la Russie avec l'Allemagne a été pour un temps effacée par la superbe performance de l'Armée rouge contre les hitlériens, de même les partis communistes d'Europe ont racheté leur sabotage antérieur de l'effort de guerre par leur contribution ultérieure courageuse et efficace ».

Les États-Unis n'ont jamais conclu de pacte de non-agression avec Hitler, mais la ligne du parti communiste consiste à dire que nous avons apaisé Hitler, mais pas la Russie. En réalité, Staline avait très peur d'Hitler et le pacte de non-agression a été sa seule planche de salut en 1939. Il s'agissait d'un plus grand apaisement que tous les pactes conclus par les nations occidentales, mais cela ne signifie rien pour James Paul Warburg.

Les Nations Unies peuvent être mieux comprises par l'une de ses ramifications les plus radicales et lunatiques, les Fédéralistes mondiaux unis, dont James Paul Warburg est le principal bailleur de fonds. Son cousin Edward M. M. Warburg, ancien membre de l'état-major du général Eisenhower, est également un grand contributeur à cette cause. Pourquoi ? Tout cet argent donné pour subvertir le gouvernement des États-Unis est déduit de l'impôt sur le revenu par ce même gouvernement, et les Warburgs ont des revenus d'une telle importance que cela fait toute la différence. Les United World Federalists sont composés de membres du Council On Foreign Relations et d'autres Américains aussi évidents que A. Philip Randolph, le tsar syndical des porteurs de Pullman, qui a exhorté les Noirs à éviter l'appel sous les drapeaux jusqu'à ce que la ségrégation soit supprimée dans les services militaires. Je pensais qu'Eleanor Roosevelt y avait mis fin il y a longtemps, mais apparemment tous les Noirs ne sont pas encore officiers, et il reste donc beaucoup à faire pour réorganiser nos armées selon le modèle communiste.

Les Fédéralistes mondiaux unis comprennent également le juge William Douglas, chef de file du mouvement « Reconnaître la Chine rouge ». Le 14 mai 1952, Douglas s'est adressé au CIO Amalgamated Clothing Workers à Atlantic City. Comme le rapportent le Daily Worker et le Daily Compass, il a déclaré

> 'La révolution est notre affaire. Nous voulons la reconnaissance de la Chine par les Nations unies et l'aide américaine à Mao (dirigeant de la Chine communiste)'.

Il a également déclaré que tous les Européens devraient être expulsés de Chine, et a exprimé d'autres sentiments similaires. Douglas était un camarade de classe de Bob Hutchins à Yale.

Les autres membres des Fédéralistes mondiaux unis sont un assortiment sordide de l'Université de Chicago et de l'Université de Columbia, dont les dossiers au FBI contiennent beaucoup d'éléments intéressants pour tout étudiant du mouvement communiste. Les membres du Congrès Adolph Sabath et Emanuel Celler en font partie (apparemment, cela n'interfère pas avec leur pratique du droit), ainsi que Norman Cousins, rédacteur en chef de la Saturday Review of Literature, que le Département d'État a récemment envoyé en Inde pour voir comment les communistes s'en sortaient. Cette tâche a été reprise par le bibliothécaire du Congrès Luther Evans, sur un autre compte de dépenses du gouvernement.

Les Nations Unies se rendent compte que la prochaine génération d'Américains pourrait manifester sa répugnance à travailler pour soutenir les races arriérées du monde dans un style auquel ils aimeraient s'habituer, et c'est pourquoi elles font un effort déterminé pour « internationaliser » le point de vue des écoliers américains. L'Organisation des Nations unies pour l'éducation, la science et la culture, connue sous le nom d'UNESCO, a publié neuf volumes de manuels, collectivement connus sous le nom de « Towards World Understanding » (Vers la compréhension du monde), imprimés par l'université de Columbia et disponibles à un prix très bas, afin d'enseigner les avantages de l'État socialiste mondial à nos jeunes écoliers. Le livre cinq, « En classe avec des enfants de moins de 13 ans », dit aux pages 58-60

> « Comme nous l'avons souligné, c'est souvent la famille qui transmet à l'enfant un nationalisme extrême. L'école doit donc utiliser les mesures décrites précédemment pour lutter contre les attitudes familiales ».

Si le père commence à dire à son fils qu'Abraham Lincoln était un grand Américain, le fils peut dénoncer le chauvinisme de son père, et l'enseignant expliquera à quel point le père est un homme rétrograde et étroit. Ceci est conforme au plan communiste qui vise à mettre fin à l'autorité du père et à briser la famille en un groupe d'athées qui ne reconnaissent d'autre autorité que celle de l'État. Pour éduquer une génération d'esclaves, il faut « combattre les attitudes familiales », comme le souligne l'UNESCO. Notre bibliothécaire du Congrès, Luther Evans, est un membre exécutif de l'UNESCO, et l'on peut supposer qu'il est en plein accord avec ces objectifs, puisqu'il ne s'y est jamais opposé.

La page 16 du livre cinq suggère que l'enseignant s'efforce d'expliquer

> « les méthodes permettant de mettre les ressources de la planète à la disposition de tous les peuples ».

Il s'agit également de mettre le revenu national américain à la disposition de l'Asie et de l'Afrique, comme tentent de le faire l'UNRRA et l'UNESCO.

Le sixième livre de cette série est intitulé « The Influence of Home and Community on Children Under 13 Years of Age » (L'influence du foyer et de la communauté sur les enfants de moins de 13 ans), qui dit que les enfants devraient être interrogés par l'enseignant sur les habitudes sexuelles de leurs parents. Cela discréditerait les parents aux yeux de l'enfant et amènerait ce dernier à adopter une attitude plus internationale et interraciale à l'égard de la sexualité. L'éducation sexuelle a toujours fait partie du programme communiste. Le sénateur William Benton est propriétaire de l'Encyclopaedia Britannica Films, qui distribue des films sur l'éducation sexuelle dans nos écoles. Les journalistes Lait et Mortimer ont eu l'indélicatesse de faire une référence tendancieuse aux préférences sexuelles de Benton dans « U.S. Confidential ».

Le Monde des Nations Unies est édité par un fervent admirateur de Staline, l'ancien correspondant de Collier, Quentin Reynolds. United Nations News est publié par la Fondation Woodrow Wilson, dont Herbert Lehman et Alger Hiss sont les directeurs. Leur parti pris éditorial est tout à fait transparent.

Les Nations unies ont tenté à plusieurs reprises d'adopter une « loi sur le génocide ». Cette proposition de loi contraignante pour toutes les nations prévoit que « les personnes accusées d'incitation directe et publique à commettre un génocide seront jugées par un tribunal international ». Si quelqu'un vous accuse de critiquer une race ou un groupe, vous êtes privé de la protection de votre patrie et jugé par un groupe d'étrangers. Un Américain qui mentionnerait qu'un espion communiste arrêté est juif ne serait pas jugé par un tribunal américain, mais par un tribunal composé des révolutionnaires communistes des Nations unies. Notre Constitution, qui garantissait autrefois la vie et la liberté des Américains, est devenue un bout de papier sans valeur lorsque le Sénat a ratifié la Charte des Nations unies. Tout était légal, y compris la séduction du sénateur Vandenberg.

La loi sur le génocide stipule que le génocide n'est interdit que s'il est commis à l'encontre d'un groupe national, éthique, racial ou religieux en tant que tel. Cela exempte la nation la plus célèbre pour ses crimes génocidaires, la Russie soviétique, qui a systématiquement détruit des tribus entières dans le sud de la Russie, des classes entières dans toute la Russie, y compris tout d'abord l'aristocratie, puis les fermiers de la classe moyenne qui possédaient leurs fermes, et les marchands et négociants de la classe moyenne. Toutefois, ces groupes ont été éliminés dans l'intérêt de la solidarité et du bien-être de tous les groupes en Russie. L'argument devient flou, mais n'importe quel communiste bien formé peut vous l'expliquer.

CHAPITRE 21

L e développement le plus tragique de l'histoire américaine a été l'infiltration constante de notre gouvernement par un groupe minable d'agitateurs communistes et d'escrocs sionistes. Avec Harry Truman, le fils de Tom Pendergast, comme président, la réfugiée hongroise Anna Rosenberg comme secrétaire adjointe à la défense et l'ancien représentant légal de l'Union soviétique Dean Acheson comme secrétaire d'État, sans parler du sioniste Felix Frankfurter comme juge à la Cour suprême, les Américains honnêtes pourraient bien se tourner vers d'autres pays pour y construire leurs maisons et y élever leurs enfants. L'histoire de la loyauté de Truman envers le racketteur de Kansas City, Tom Pendergast, a été racontée à maintes reprises, mais l'histoire d'Anna M. Rosenberg n'a pas été racontée, sauf dans les audiences du Sénat sur Anna M. Rosenberg, Government Printing Office, 1950.

Juive hongroise nommée Lederer qui a épousé un vendeur de tapis nommé Rosenberg, Anna M. Rosenberg est originaire de Hongrie, le pays qui s'enorgueillit du terroriste Bela Kuhn et de son État policier communiste juif. Elle a été accueillie dans ce pays, où elle est devenue une spécialiste des relations de travail très bien payée. Elle s'est également fait remarquer dans les cercles communistes, selon un certain nombre de témoins entendus lors de ces auditions. Le 8 novembre 1950, le jour où les nouvelles concernant les élections ont évincé tout le reste des premières pages des journaux, et alors que le Congrès était en vacances, Truman a nommé Rosenberg secrétaire adjoint à la défense, pour aider le secrétaire à la défense, le général George C. Marshall, qui est la doublure du parti communiste.

Néanmoins, quelques patriotes ont remarqué la nomination et ont été horrifiés. Parmi eux, Benjamin Freedman, qui, depuis des années, avertit la minorité juive d'Amérique que si elle continue à soutenir activement le parti communiste, elle attirera inévitablement sur elle la juste colère du peuple américain. Freedman est un juif qui ne croit pas que le premier devoir d'un juif américain soit envers la Russie ou Israël. Il est constamment dénoncé par des créatures comme Winchell. Dans l'affaire Anna Rosenberg, Freedman s'est à nouveau exposé aux invectives hystériques des partisans du camp communiste en se rendant à Washington pour demander au Sénat d'enquêter sur l'affaire Rosenberg. Après un mois d'atermoiements, au cours de la dernière semaine de décembre 1950, la sous-commission des services armés tient des auditions sur le cas d'Anna Rosenberg. Un témoin l'a désignée en personne comme membre de l'organisation politique top secrète du parti communiste, le John Club. D'autres témoins se sont présentés pour l'identifier, mais les sénateurs étaient si manifestement favorables à Rosenberg et si déterminés à ne rien entendre contre elle que ces témoins ont regretté de s'être déplacés pour témoigner. Les sénateurs n'avaient pas voulu tenir les auditions, et ils n'aimaient pas les témoins qui comparaissaient contre Rosenberg.

L'influence la plus puissante en faveur de la confirmation d'Anna Rosenberg au poste de secrétaire adjoint à la Défense est celle du sénateur Harry Byrd de Virginie, membre de la sous-commission. Il prononça des discours contre la « diffamation » des Rosenberg, et voici un exemple où il intimida des témoins pour les amener à témoigner en faveur des Rosenberg. La page 296 des auditions publiées est la suivante :

> « Il y a manifestement deux Anna M. Rosenberg. En supposant que cette Anna M. Rosenberg n'ait pas signé ces déclarations, il doit y avoir une autre Anna Rosenberg. Avez-vous un dossier sur l'autre Anna Rosenberg ou savez-vous quelque chose à son sujet ?
>
> KIRKPATRICK : Nous n'avons aucune information sur Anna Rosenberg sans l'initiale M.
>
> BYRD : N'y a-t-il pas une autre Anna M. Rosenberg ?
>
> KIRKPATRICK : Je ne sais pas s'il y a plus d'une Anna M. Rosenberg ».

La discussion porte sur un certain nombre de manifestes communistes et pro-communistes qu'Anna M. Rosenberg a signés. Theodore Kirkpatrick, du FBI, a témoigné qu'Anna M. Rosenberg avait signé ces déclarations, après quoi Byrd l'a attaqué pour lui faire dire que le FBI avait une autre Anna M. Rosenberg, et que l'Anna M. Rosenberg de Byrd et Baruch n'était pas la communiste dont il était question. L'argument de Byrd aurait été renforcé s'il avait produit cette autre

Anna M. Rosenberg ou donné une idée de l'endroit où elle pouvait être trouvée et comment il la connaissait si bien, mais il ne l'a pas fait, et il ne l'a pas fait non plus depuis les auditions. Byrd demande souvent des « conseils » à Bernard Baruch et, en 1951, Lewis Lichtenstein Strauss, associé de Kuhn, Loeb Co. a nommé le sénateur Harry F. Byrd Jr. administrateur de la riche Industrial Rayon Corporation.

Les services de presse internationaux ont prétendu que l'on s'opposait à la nomination d'Anna Rosenberg parce qu'elle était juive. Les forces antisémites et réactionnaires du fascisme tentaient d'empêcher la libérale Anna M. Rosenberg d'accéder à cette haute fonction gouvernementale ; c'est ce que l'on a raconté au peuple américain. En réalité, les témoins étaient des citoyens américains ordinaires qui avaient fait leur devoir et il n'y avait aucune référence à la race de Rosenberg dans les auditions publiées. La presse n'a pas informé le peuple américain qu'Anna M. Rosenberg avait été identifiée comme une éminente associée communiste à New York. Elle était bien connue en tant que rédactrice des New Masses, un journal d'obédience communiste, mais elle a nié lors de ces auditions avoir jamais été rédactrice ou avoir écrit quoi que ce soit, s'exposant ainsi à une accusation de parjure. Il semble qu'il faille être un parjure ou un pervers pour entrer dans l'administration démocrate. Otto Frankfurter y est entré par la prison d'État d'Anamosa. Quoi qu'il en soit, il a été définitivement prouvé devant cette commission qu'Anna Rosenberg était pro-communiste, et le Sénat a ensuite confirmé sa nomination au poste de secrétaire adjoint à la défense. La presse a protégé cette trahison en dissimulant les antécédents communistes de Rosenberg.

Anna M. Rosenberg, l'une des premières New Dealers, qui a fait la connaissance de Franklin Roosevelt lorsqu'il était gouverneur de New York, s'est rendue en France en 1944 en tant que représentante personnelle de Franklin Roosevelt pour y étudier les conditions de vie. Dix-sept jours plus tard, elle a choqué nos généraux en publiant une déclaration selon laquelle nos soldats à l'étranger n'étaient pas aptes à reprendre leur vie à la maison tant qu'ils n'avaient pas suivi des « cours de réorientation ». Ses commentaires vicieux sur nos combattants ont suscité une telle indignation parmi les troupes qu'elle a dû être renvoyée chez elle sur-le-champ. Pourtant, cette créature s'est vu confier le pouvoir de vie ou de mort sur tous les garçons américains qui avaient la malchance d'avoir plus de dix-huit ans. Elle a rédigé le projet de loi, connu sous le nom de loi publique 51, adopté par le Congrès le 19 juin

1951, et elle s'est depuis lors consacrée à la promulgation de la loi sur l'entraînement militaire universel, sans succès jusqu'à présent.

L'étonnante victoire de Truman en 1948 n'est pas un mystère pour les communistes, qui l'ont réélu grâce au programme Fair Deal. On ignore généralement que la base et le nom du programme Fair Deal de Truman étaient le « fair-dealing » avec la Russie. « Ce terme est devenu un mot-clé de la propagande communiste en 1946. C'est pour cette raison que Dean Acheson a été nommé secrétaire d'État. Son assistant dans ce programme était George Kennan, devenu ambassadeur en Russie. Partant de l'idée d'un traitement équitable avec la Russie, c'est-à-dire de la poursuite par tous les moyens des prêts-location aux communistes après la guerre, Truman a élaboré tout un programme socialiste de médecine obligatoire et socialisée, de pratiques d'emploi équitables, d'agriculture collectiviste (connue sous le nom de plan Brannan) et d'autres mesures anti-américaines. Les communistes ont été rassurés et ont réélu Truman.

Qu'est-ce qui est le plus dangereux, un communiste ou un agent à la solde des communistes, qui doit livrer la marchandise s'il est payé ? Le secrétaire d'État Dean Acheson était le représentant légal rémunéré des communistes lorsque nous avons reconnu la Russie en 1933 et il est à leur service depuis lors. Il refuse de dire combien d'argent il a reçu du gouvernement stalinien. Il a été proposé comme sous-secrétaire au Trésor par le sénateur Millard Tydings, gendre de cet admirateur déclaré de la Russie moderne, la mission à Moscou Joe Davies. Tydings a été battu lors de sa campagne de réélection au Sénat en 1950 après avoir blanchi les accusations documentées du sénateur McCarthy concernant la présence de communistes au sein du département d'État. Acheson est depuis longtemps associé au cabinet d'avocats Covington, Burlington, Rublee et Shorb, spécialisé dans la représentation des gouvernements étrangers. Acheson semble avoir toujours été chargé de représenter la Russie soviétique. Son associé George Rublee est depuis longtemps un membre éminent du Council On Foreign Relations. Le frère d'Alger Hiss, Donald Hiss, est membre du cabinet d'Acheson et D. Hiss s'occupe du compte soviétique pendant qu'Acheson est temporairement au service du gouvernement.

L'un des amis les plus proches d'Acheson à Washington était le communiste Lauchlin Currie, conseiller personnel de Roosevelt. Currie a été identifié sous serment par Whittaker Chambers et Elizabeth Bentley comme un agent soviétique. Diplômé de la London School of

Economics, tout comme le frère d'Acheson, Edward Campion Acheson, Lauchlin Currie a été nommé par la Banque internationale comme conseiller financier du gouvernement colombien pour un salaire de 150 000 dollars par an. Lorsque son nom a commencé à apparaître dans les auditions du Congrès en tant qu'agent soviétique, il a fui le pays et s'est installé en permanence en Colombie. Toutefois, il reviendra après la révolution.

Acheson s'attribue l'entière responsabilité de la protection des communistes au sein du département d'État. Sous sa supervision, le comité de loyauté du département d'État n'a jamais trouvé un seul communiste, bien que des créatures de diverses nuances de rouge aient été autorisées à démissionner sans publicité.

Parmi nos sénateurs les plus éminents, citons Paul Douglas, l'un des plus éminents chiffonniers intellectuels de l'université de Chicago, où il parlait souvent d'économie mondiale dans ce foyer du communisme avec son collègue professeur d'économie, Oscar Lange, aujourd'hui délégué communiste de la Pologne aux Nations unies.

À la page 540 de « Tammany Hall », M.R. Werner, Doubleday Doran 1928, on apprend que Herbert Lehman et Jacob Schiff ont financé la campagne du gouverneur William Sulzer, le seul gouverneur jamais mis en accusation et démis de ses fonctions dans l'État de New York. Robert S. Allen, « The Truman Merry-Go-Round », raconte que le sénateur Lehman a occupé tout un étage d'un hôtel du centre-ville pour son équipe de cinquante-sept personnes lorsqu'il est venu à Washington. Peu de sénateurs pourraient se permettre une telle équipe, mais peu de sénateurs ont autant d'intérêts, comme la Palestine Economic Corporation, que le sénateur Lehman.

Le point culminant du développement culturel de la nouvelle démocratie a peut-être été atteint en 1950, lorsqu'un évangéliste noir de premier plan s'est disputé avec Truman. L'évangéliste s'est vengé en descendant Pennsylvania Avenue à huit heures le dimanche matin, avec une troupe d'adeptes gaiement vêtus, tous criant à tue-tête une ballade intitulée « We're On Our Way To Haven » (Nous sommes en route pour Haven). Truman n'était pas en état de supporter un tel dérangement et il a réclamé ses oreillettes.

W. Averell Harriman et ses quarante millions de dollars ont fait l'objet d'une campagne publicitaire pathétique dans le *New Yorker Magazine*, dans le but de le présenter comme un candidat à la présidence avant la convention démocrate de 1952. Le rôle de Harriman dans le sauvetage de Staline et son rôle tout aussi important dans l'étouffement de l'histoire du massacre de Katyn peuvent être mieux compris si l'on examine l'étroite affiliation de sa famille avec Kuhn, Loeb Co. Son père, un spéculateur véreux de Wall Street, a été récupéré par Jacob Schiff et utilisé comme homme de paille pour obtenir le chemin de fer de l'Union Pacific pour Kuhn, Loeb Co. La biographie du président de la National City Bank « James Stillman », par A. R. Burr, Duffield 1927, note que

> "M. Schiff avait été fortement impressionné par les brillants pouvoirs de Harriman, et l'association ainsi entamée devait se poursuivre pendant de nombreuses années, impliquer de nombreuses transactions importantes et faire progresser la firme Kuhn, Loeb en tant que bailleurs de fonds et banquiers de Harriman. L'apparition de Harriman en tant que force coïncide avec celle des capitalistes de la Standard Oil, qui s'allient ainsi à une nouvelle puissance. La réorganisation de l'Union Pacific s'est déroulée de manière remarquablement efficace. Financée par les ressources des intérêts de la Standard Oil et par l'intermédiaire de la société Kuhn, Loeb Co, elle a été menée à bien avec une rigueur qui a suscité la confiance.

Dans « E.H. Harriman », par George Kennan, page 368, nous trouvons que

> 'Parmi les hommes qui ont coopéré avec M. Harriman dans ses diverses entreprises ferroviaires, aucun n'a joué un rôle plus important que Jacob Schiff, associé principal de la banque Kuhn, Loeb Co.

De nombreuses preuves supplémentaires et volumineuses sont disponibles pour démontrer que la Standard Oil et l'Union Pacific, ainsi que la révolution communiste de 1917, étaient des créations de Jacob Schiff et des missions pour Kuhn, Loeb Co.

CHAPITRE 22

E n 1945, toute l'Europe était prostrée et en ruines à cause des ravages de la guerre, mais aucun pays n'avait subi plus de destructions que la Russie soviétique. Il semblait douteux, cette année-là, que la Russie puisse reconstruire son économie brisée, ses villes bombardées et ses barrages dynamités.

En 1950, toute l'Europe est paniquée par la peur de la Russie. Les pays d'Europe centrale sont devenus, l'un après l'autre, des satellites soviétiques dirigés par Moscou. La moitié de l'Allemagne est un satellite communiste, grâce à Eisenhower et Roosevelt. Les nations occidentales se réarment frénétiquement face à la menace d'une agression soviétique. Comment en est-on arrivé là ?

Le forum des diplomates communistes à New York, connu sous le nom de Nations unies, a mené une action d'arrière-garde protectrice contre les forces politiques anticommunistes pendant que la Russie était reconstruite avec de l'argent et des fournitures américaines. Une succession de conspirations visant à restaurer l'Union soviétique grâce à l'aide américaine a été perpétrée par des communistes au sein de notre gouvernement. L'UNRRA, le plan Marshall, l'administration de coopération économique, le programme Point Four, toutes ces idylles de paix mondiale bien annoncées avaient pour objectif l'envoi indirect de fournitures à la Russie pour la réarmer.

Ces programmes ont pu être mis en œuvre parce qu'ils n'ont pas été critiqués par la presse américaine. En 1951, après un laps de temps suffisant, des révélations sensationnelles ont été faites sur des livraisons de produits du plan Marshall à la Russie, notamment des centrales électriques, des machines-outils et d'autres équipements de base pour l'industrie lourde. À ce moment-là, le mal était fait et la Russie était réarmée, si l'on en croit les histoires sensationnelles de la presse sur les chars et les avions russes, qui ont toutes un effet sur les marchés boursiers.

Des communistes professionnels, des collaborateurs communistes et des représentants rémunérés de l'Union soviétique ont organisé cette aide à la Russie, et personne n'a été plus actif que le secrétaire d'État Dean Acheson, qui, pendant des années, a reçu d'importants honoraires de la Russie en tant que conseiller juridique de celle-ci à Washington. Felix Wittmer, dans The American Mercury, avril 1952, a écrit que

> "En 1946, le gouvernement polonais, satellite de l'Union soviétique, a demandé aux États-Unis un prêt de 90 millions de dollars. Acheson était alors sous-secrétaire d'État. Quel cabinet d'avocats les Rouges ont-ils retenu pour obtenir le prêt ? Le 24 avril 1946, le secrétaire d'État par intérim Acheson a annoncé que le prêt, qui devait être accordé par l'intermédiaire de la Banque d'import-export, avait été approuvé. Les honoraires versés par les communistes au cabinet d'avocats Acheson s'élevaient à 51 653,98 dollars.

Ce prêt a servi à équiper l'UB, la police de sécurité russe, qui a alors inauguré son règne de terreur en Pologne. Wittmer souligne également que

> "En juin 1947, malgré l'opposition du Congrès, Acheson a insisté pour que les États-Unis livrent à la Russie des fournitures de prêt-bail d'après-guerre d'une valeur de 17 millions de dollars.

Il s'agissait du programme dit de « traitement équitable avec la Russie » parrainé par le parti communiste américain. Comme d'autres histoires de ce genre, les révélations de Wittmer ont été accueillies par des hurlements du département d'État. Le cri familier de « diffamation » a été lancé. Les faits sont soit vrais, soit faux. Les collaborateurs communistes n'osent jamais nier que ces faits publiés dans un organe réputé sont faux, ils prétendent donc qu'il s'agit d'une « diffamation », ce qu'ils peuvent faire sans être poursuivis.

Le 14 novembre 1945, écrit Wittmer, Acheson est apparu au Madison Square Garden pour accueillir le célèbre propagandiste communiste, le doyen rouge de Canterbury, en Angleterre, qui a plus tard fait la une des journaux en 1952 en insistant sur le fait que les États-Unis utilisaient la guerre bactériologique en Corée, sa seule preuve étant Radio Moscou. Tels sont les amis d'Acheson. Parmi les autres intervenants de ce programme figuraient les collaborateurs communistes américains les plus déclarés, Paul Robeson, aujourd'hui répudié par la plupart des Noirs, Corliss Lamont, fils d'un associé de J. P. Morgan, Joseph E. Davies, à qui Maxim Litvinoff a rendu hommage en donnant son nom à son petit-fils, et le Dr William Howard Melish, un pasteur chrétien qui approuve l'athéisme soviétique. Lors de cette réunion à New York, Acheson a déclaré,

> « Nous comprenons et sommes d'accord avec les dirigeants soviétiques pour dire qu'il est essentiel pour la sécurité de l'Union soviétique et pour la paix dans le monde d'avoir des gouvernements amis le long de ses frontières ».

Acheson a ainsi fait savoir aux nations russes captives qu'elles ne pouvaient s'attendre à rien d'autre qu'à un asservissement communiste. S'exprimant en tant que représentant du gouvernement, il a averti que l'Amérique ne les aiderait pas.

L'attitude de l'administration démocrate à l'égard de la poursuite du prêt-bail à la Russie après la guerre est parfaitement exprimée par le chef du renseignement naval, l'amiral Zacharias, dans « Behind Closed Doors » (derrière les portes closes), page 309,

> « L'abolition arbitraire du prêt-bail a été une erreur dont l'ampleur ne pouvait être appréciée à l'époque. Elle a conduit à la plupart des maux du monde d'après-guerre, à l'aliénation rapide des affections soviétiques ».

En refusant d'envoyer gratuitement des milliards de marchandises et d'argent à la Russie, nous nous sommes attirés l'inimitié des dirigeants soviétiques. Un homme qui a été l'un des dirigeants de nos services de renseignement s'est engagé par écrit à défendre une telle opinion. L'Amérique a toujours tort, selon ces créatures. Le Washington Daily News du 30 mai 1952 rapporte que W. Averell Harriman a déclaré, lors de son bain de poitrine public sur la tombe du Grand Communiste à Hyde Park (Harriman se présentait à l'élection présidentielle depuis le bord de la tombe, une performance macabre), qu'il avait vu des hommes et des femmes pleurer dans les rues de Moscou le jour de la mort de Roosevelt. Il a déclaré

> 'Ils ont pleuré sans honte parce qu'ils considèrent le défunt président comme un symbole de la nation qui les a sauvés de l'oppression nazie.

Les habitants de Moscou pleuraient parce que le train de la prospérité était terminé maintenant que Roosevelt était mort, que son triomphe personnel, le prêt-bail, allait prendre fin et qu'ils allaient devoir se mettre au travail. Rien d'étonnant à ce qu'ils pleurent. Harriman leur reste cependant un ami. En tant qu'administrateur de la sécurité mutuelle, il a des milliards à gaspiller. Par exemple, il a accordé un certain nombre de prêts importants à Israël sur les fonds de la MSA, au cas où vous, contribuables, vous demanderiez pourquoi vous payez plus d'impôts.

La dévotion du département d'État à l'égard de ses communistes est illustrée par la composition de ses comités d'élaboration des politiques. Le Comité consultatif sur la politique étrangère d'après-guerre avait pour principaux membres, depuis 1942, Harry D. White (Dorn Weiss), l'assistant de Morgenthau, qui est mort subitement après avoir été identifié comme communiste, et le communiste avoué, Julian Wadleigh. Alger Hiss était un agent opérationnel du Comité. En effet, il était présent en tant que conseiller dans tous les comités importants du département d'État. Pourtant, le larbin de Warburg, Elmer Davis, a prétendu dans un article du Harper's Monthly que Hiss n'avait jamais eu la moindre importance au sein du Département d'État.

En 1943, douze commissions spéciales du Comité sur la politique économique d'après-guerre sont créées. La commission spéciale sur les normes de travail et la sécurité sociale était composée d'Isador Lubin, qui avait été le bras droit de Baruch pendant la Première Guerre mondiale, d'Herbert Feldman, de David Dubinsky et d'A.A. Berle Jr. Berle siégeait dans six de ces commissions. Alger Hiss, Donald Hiss et Julian Wadleigh étaient membres consultatifs des douze comités. Berle est aujourd'hui à la tête du parti libéral-démocrate de New York, représenté par le sénateur Lehman. La commission spéciale sur les monopoles privés et les cartels avait pour président Dean Acheson ; ses membres étaient les mystérieux Mordecai Ezekiel, Louis Deomartzky, Sigmund Timberg, Walter S. Louchheim Jr. du Security Exchange Committee, et Moses Abramovitz de l'Office of Strategic Services.

Le comité spécial du département d'État sur les migrations et l'établissement avait pour président Arthur Schoenfeld et pour membres A. A. Berle Jr, John D. Rockefeller 3d, Herbert Lehman et Laurence Duggan.

Le dévouement de l'échelon supérieur de l'administration démocrate à la cause du communisme mondial a été démontré en 1946, lorsqu'un symposium de propagande communiste, "La grande conspiration contre la Russie", par Seghers et Kahn, a été imprimé par Steinberg Press, N.Y. Le sénateur Claude Pepper a écrit une introduction élogieuse à ce manifeste communiste, Joseph E. Davies et le professeur Frederick

Schuman ont écrit des paragraphes élogieux qui ont été imprimés sur les couvertures. De nombreux démocrates de premier plan se sont joints à la diffusion de cette propagande ouvertement communiste dans tout le pays. Par exemple, Woodrow Wilson a été mentionné très favorablement et ses messages de réconfort au régime bolchevique ont été réimprimés dans ce livre, qui s'appuyait fortement sur International Publishers, N.Y., et sur des publications moscovites pour sa documentation. L'aristocratie russe, qui a été chassée ou assassinée et dont les biens ont été saisis par des révolutionnaires fanatiques, est décrite comme suit :

> "Chaque fois que les émigrés blancs sont partis, ils ont fertilisé le sol de la contre-révolution mondiale, le fascisme. Après la débâcle des armées blanches de Koltchak, Yudentich, Wrangel et Semyonov, les aventuriers impitoyables, les aristocrates décadents, les terroristes professionnels, les soldats bandits, la redoutable police secrète et toutes les autres forces féodales et antidémocratiques qui avaient constitué la contre-révolution blanche se déversaient maintenant hors de Russie comme un torrent boueux et turbulent. Vers l'ouest, vers l'est et vers le sud, il s'écoulait, apportant avec lui le sadisme des généraux de la Garde blanche, les doctrines pogromistes des Cent-Noirs, le mépris féroce du tsarisme pour la démocratie, les haines sombres, les préjugés et les névroses de l'ancienne Russie impériale. Les Protocoles de Sion, les faux antisémites par lesquels l'Ochrana avait incité au massacre des Juifs et la bible par laquelle les Cent-Noirs expliquaient tous les maux du monde en termes de complot juif international, étaient désormais diffusés publiquement à Londres, Paris, New York, Buenos Aires, Shanghaï et Madrid".

Comme d'habitude, les communistes dénoncent les Protocoles de Sion comme un faux, sans entrer dans les détails, car cela pourrait confirmer l'observation d'Henry Ford selon laquelle "les Protocoles de Sion expliquent l'histoire du vingtième siècle".

Le livre de Seghers-Kahn, une compilation fantastique de faits pervertis et de fiction impossible, affirme que Trotsky a été assassiné lors d'une querelle au sujet d'une petite amie au Mexique, que Hitler, Trotsky et le fils de Trotsky, Leon Sedov, se sont engagés dans un sombre complot visant à renverser Staline, ce qui a forcé Staline à rendre la justice lors des procès de la purge de Moscou, et que le House Un -American Activities Committee est une bande de fascistes. Comme d'habitude, les anticommunistes sont traités d'antisémites. L'article se termine de manière typique, à la manière du Daily Worker :

> "La première grande prise de conscience qui a suivi la Seconde Guerre mondiale a été que l'Armée rouge, sous la direction du maréchal Staline, était la force de combat la plus compétente et la plus puissante du côté du progrès et de la démocratie dans le monde. L'alliance des démocraties occidentales avec la Russie soviétique a ouvert la promesse réaliste d'un nouvel ordre international de paix et de sécurité entre tous les peuples. Pourtant, après la création des Nations unies, fondée sur le concept de l'élimination complète du fascisme, une nouvelle recrudescence de la propagande antisoviétique a menacé les fondements mêmes de la paix".

C'est la meilleure définition des Nations Unies, une organisation dédiée à l'élimination du fascisme. Puisque Seghers et Kahn ont déjà défini le fascisme comme la contre-révolution blanche, le seul but des Nations Unies est d'éliminer toute opposition à l'État communiste mondial. La contre-révolution blanche est le dernier rempart de la race blanche pour se défendre contre les marxistes anti-gentils. Engels, dans "L'origine de la famille", a expliqué que les communistes avaient l'intention de détruire la famille des Gentils.

Ce livre était une lecture obligatoire pour les fonctionnaires, et il a reçu des critiques fantastiques dans la presse nationale. Le sénateur Pepper a ensuite été battu pour sa réélection au Sénat. Il n'y avait pas assez de communistes en Floride.

L'un des propagandistes les plus favorables aux communistes chinois, Edgar Snow, a changé d'avis après le début de la guerre de Corée. Dans le Saturday Evening Post du 7 mars 1952, il évoque le successeur probable de Staline et décide que ce sera Malenkov, parce que ce dernier est le protégé du juif Lazar Kaganovich, commissaire à l'industrie lourde. Snow explique le soviet comme suit :

> "Si l'on considère l'URSS comme un monopole dans lequel l'État possède toutes les branches de la production et contrôle tous les marchés, le Politburo correspond au conseil d'administration d'une gigantesque société holding. Il détient les procurations de six millions de membres du parti qui peuvent être considérés comme les propriétaires des actions des organisations subsidiaires. Ils constituent, à leur tour, la classe des gestionnaires et des intendants".

La politique étrangère des États-Unis à l'égard de la Russie pour les cinq dernières années et, semble-t-il, pour la prochaine génération, a été définie par George Kennan, membre éminent du Council On Foreign Relations, conseiller principal en matière de politique à long terme auprès du secrétaire d'État Dean Acheson et chef du Long-range Policy Planning Committee (comité de planification de la politique à long terme) du département d'État. Dans le numéro de juillet 1947 de "Foreign Affairs", Kennan a publié anonymement le "Plan X", qui a été notre politique depuis lors. Les correspondants de Washington ont vivement protesté contre le fait que notre politique officielle parvienne au public par une voie aussi détournée. Son auteur était le neveu et l'homonyme de l'agent communiste mondialement connu, George Kennan.

Le "Plan X" est l'infâme politique étrangère "bipartisane" parrainée par le Council On Foreign Relations. Cette politique consiste à dépenser et à distribuer notre richesse nationale dans le monde entier jusqu'à ce que nous soyons en faillite et démoralisés, une proie facile pour la Russie. Il n'est pas surprenant qu'elle corresponde à la politique soviétique officielle, comme l'écrit Zacharias à la page 10 de son ouvrage "Behind Closed Doors",

> Selon l''estimation de la situation » soviétique, qui fait autorité,
>
> 1) les États-Unis connaîtront une dépression de grande ampleur entre 1954 et 1956 ; 2) les États-Unis entreront alors en guerre pour conjurer les effets cataclysmiques de la dépression sur leur économie nationale et leur moral. Staline s'attend à mener une dernière contre-offensive massive et cumulative contre un ennemi militairement, moralement et économiquement épuisé ».

Le programme de Kennan nous épuise selon l'estimation soviétique. Il nous a déjà coûté plus de cent milliards de dollars et nous avons perdu près de deux cent mille jeunes Américains en Corée, alors que la Russie n'a perdu aucun homme. Mais ce n'était là qu'une petite partie de ce que les collaborateurs avaient prévu pour nous. Ils avaient prévu de nous impliquer dans une guerre à grande échelle avec la Chine communiste, qui nous aurait saignés pendant que la Russie s'armait pour nous attaquer. Ce plan a échoué, mais la politique d'« endiguement » se poursuit comme d'habitude. On peut la décrire comme le plan Kennan, qui consiste à nous mettre en faillite et à affaiblir notre puissance par une série de petites guerres, tandis que la Russie attend le dernier round. Kennan a soutenu avec succès que nous devions maintenir des armées et envoyer de l'argent et des fournitures à chaque nation vers laquelle la Russie POURRAIT se diriger. Le neveu de l'agent communiste George Kennan a écrit dans le numéro de juillet 1947 de Foreign Affairs,

> « Il apparaîtra clairement que la pression soviétique contre les institutions du monde occidental peut être contenue par l'application adroite et vigoureuse d'une contre-force en une série de points géographiques et politiques en constante évolution, correspondant aux changements et aux manœuvres de la politique soviétique ».

Le plan de Kennan rend évident ce qui était déjà le cas depuis longtemps, à savoir que notre Département d'État est devenu une branche du Ministère des Affaires Étrangères soviétique. Nous envoyons nos troupes ici et là, partout où la Russie semble vouloir agir, et nous accordons des prêts importants aux pays qui craignent une agression soviétique. Les fonctionnaires de notre département d'État suivent aveuglément les directives du Politburo. Il serait difficile de concevoir une politique plus honteuse, plus perfide et plus ridicule.

Le plan de Kennan est particulièrement favorable au projet cher à Staline de construire la Russie à l'intérieur, tandis que les révolutionnaires encouragent constamment les flambées dans d'autres pays, à moindres frais pour l'Union soviétique. Il n'est pas étonnant que Kennan ait été si bien accueilli en Russie en 1952 en tant qu'ambassadeur des États-Unis.

Il est intéressant de noter que l'article de Kennan exposant le « Plan X », dans le numéro de juillet 1947 de « Foreign Affairs », est suivi de « Anglo-American Rivalry and Partnership-A Marxist View », écrit par Eugene Varga, le plus grand économiste russe, directeur de l'Institut d'économie et de politique mondiales à Moscou. Lorsqu'il a quitté le département d'État pour écrire un livre défendant ses politiques pro-soviétiques, Kennan s'est rendu dans une institution américaine similaire, l'Institute for Advanced Studies de Princeton, où les intellectuels de haut rang de l'élite internationale, tels qu'Emanuel Goldenweiser du Federal Reserve Board, sont mis au rancart.

Un autre éclairage sur l'article de Kennan est fourni par le fait que toute la dernière page du numéro de juillet 1947 de « Foreign Affairs » est une publicité payée par la maison bancaire Lazard Frères de New York, Londres et Paris. Connue comme la banque familiale d'Eugene Meyer, Lazard Frères est l'un des principaux soutiens financiers du Council On

Foreign Relations et de ses affiliés. Il a été pro-nazi, pro-communiste et probablement pro-tout ce qui a une chance de réussir. Les politiciens parlent en général, mais ils traitent en particulier, tout comme les banquiers internationaux. C'est la raison pour laquelle une maison de banque apportera de l'argent à un mouvement avec lequel elle est en désaccord

La ligne actuelle du parti communiste est la « coexistence ». Il n'est pas surprenant que George Kennan soit un partisan de la théorie de la coexistence ou que le dernier livre de James Paul Warburg s'intitule « How to Co-Exist », Beacon Press 1952. L'idée de la coexistence trouve son origine dans le discours prononcé par Joseph Staline devant le Congrès soviétique le 17 mai 1948 et a été publiée sous la forme d'une brochure intitulée « For Peaceful Co-Existence », par Joseph Staline, International Publishers, New York, 1952.

George Kennan, porte-parole du département d'État pour la reconnaissance de la Chine rouge, la coexistence, le traitement équitable avec la Russie et l'endiguement, est probablement le chef de file idéologique des collaborateurs communistes en Amérique. Dans son livre « American Diplomacy 1900–1950 », qui blanchit l'aide apportée par Roosevelt à Staline et que Kennan a écrit dans le cadre luxueux de l'Institute for Advanced Studies, il déclare,

> « Les accusations les plus véhémentes d'erreurs commises en temps de guerre concernent les conférences de Moscou, de Téhéran et de Yalta. Leur importance a été considérablement surestimée. Si l'on ne peut pas dire que les démocraties occidentales ont beaucoup gagné, il serait également faux de dire qu'elles ont beaucoup donné. L'établissement de la puissance soviétique en Europe et l'entrée des forces soviétiques à Munich n'ont pas été le résultat de ces pourparlers ; ils ont été le résultat des opérations militaires au cours des dernières phases de la guerre ».

C'est ainsi que Kennan ignore superbement le fait que Roosevelt a cédé la Pologne à Staline lors de la conférence de Yalta, avec Alger Hiss à ses côtés. La propagande de Kennan consiste à dire que tout ce que la Russie possède, elle l'a obtenu par des opérations militaires, qu'elle l'a gagné par la force de ses armées. Il ne mentionne pas que les fournitures de prêt-bail des États-Unis lui ont permis de dominer les nations qu'elle a soumises. Quoi qu'il en soit, Roosevelt valait plus pour le Politburo que toutes les armées russes. Le livre de Kennan est typique de la pulpe bien ficelée qui est présentée à nos étudiants comme une véritable critique de la politique étrangère.

Le président Truman n'a toutefois pas dû dépendre entièrement de George Kennan pour sa politique étrangère. Le projet favori de Truman est son programme « Point Four », qui vise à développer les régions en retard de développement dans le monde. Ce programme suit exactement, étape par étape, le programme défini par Earl Browder, le dirigeant communiste, dans son livre « Teheran, Our Path in War and Peace » (Téhéran, notre chemin dans la guerre et la paix), International Publishers, New York, 1945.

À la page 256 du livre de Zacharias « Behind Closed Doors », nous trouvons que

> George Kennan a préparé un rapport politique publié sous le pseudonyme romantique de « X » dans le numéro de juillet 1947 de « Foreign Affairs », au milieu d'une fanfare indubitablement organisée par un groupe d'« activistes diplomatiques » du National War College, notre institut géopolitique de premier plan, et du département d'État. Ils étaient soutenus par des esprits proches, tels que les frères Alsop, les membres du Council On Foreign Relations et les rédacteurs en chef de Time et Life ».

On peut comprendre pourquoi Baruch a toujours choisi de donner des conférences devant le National War College, qui n'est pas souvent révélé comme notre institut de géopolitique. Le tapage fait autour du plan Kennan par le Council On Foreign Relations a été considérable, puisque le Council compte parmi ses membres les éditeurs et rédacteurs en chef du New York Times, du Washington Post, de Newsweek, de Time et de Life.

Le livre de Zacharias « Behind Closed Doors » donne d'autres aperçus de l'activité soviétique aux États-Unis. À la page 85, il déclare

> « Il faut comprendre que Lomakin était un consul ordinaire. Certaines informations nous ont amenés à penser que Lomakin était le chef du service de renseignement politique russe dans tout l'hémisphère occidental. Il se tenait à l'écart des communistes américains et de leurs compagnons de route. Il préférait la compagnie des financiers de Wall Street, des industriels de Pittsburgh, Detroit et Cleveland, et d'autres représentants de nos grandes entreprises qui se pressaient à ses cocktails au consulat de New York ».

À la page 216, Zacharias nous dit que

> « Dans son poste camouflé d'envoyé de la Hongrie à Washington, Sik poursuivait le travail qu'il avait commencé pour le Comintern, l'étude de la condition des Noirs aux États-Unis. Sa carrière est typique de l'infiltration planifiée du Kremlin dans l'appareil diplomatique de ses satellites ».

Pourtant, Eleanor Roosevelt affirme sans sourciller qu'il n'y a pas d'espions russes aux Nations unies. Ce qui est encore plus alarmant, c'est l'aide apportée à ces agitateurs étrangers par des hommes de notre propre gouvernement. Dans cette agitation nègre, par exemple, le sénateur Herbert Lehman a été l'un des agitateurs zozotant pour le « home rule » dans le district de Columbia, le suffrage pour les citoyens qui y vivent. La population noire prédominante pourrait élire un maire noir pour notre capitale nationale. Les fondateurs de la République américaine voulaient que notre capitale soit à jamais à l'abri des basses intrigues de la politique partisane, et ils ont créé une commission du Congrès pour la gouverner. Lehman, avec l'aide de George Schuster du Hunter College de New York, a essayé de changer cela pour donner à Washington un gouvernement municipal aussi corrompu que d'autres villes qui ont une grande population de criminels nègres. La question raciale attire toujours de drôles d'auto-promoteurs, comme le chef de la National Association for the Advancement of Colored People (Association nationale pour l'avancement des gens de couleur), Walter White. Walter White, qui prétend être un Noir, est marié à une Blanche. Il est beaucoup plus facile de savoir ce qu'il a fait pour Walter White que ce qu'il a fait pour le Noir américain. Le sort de nos Noirs s'est amélioré parallèlement à l'augmentation constante et nationale de notre niveau de vie au cours du vingtième siècle. Les Lehman et les White ne peuvent pas s'en attribuer le mérite.

CHAPITRE 23

Franklin Roosevelt n'a pas vécu assez longtemps pour voir un crime pire que sa trahison de la nation libre de Pologne à Yalta, mais cette dernière de ses infamies a été rapidement surpassée par le sabotage du gouvernement nationaliste chinois par le groupe de communistes déterminés qui dirigeait l'Institut des relations avec le Pacifique, et par leurs collaborateurs au département d'État. Nous avons ainsi perdu notre seul allié solide en Asie et le communisme est devenu l'idéologie politique prédominante d'un autre continent.

Lors de la conférence de Yalta, Roosevelt ouvre la voie à la prise de contrôle de la Chine par les communistes en cédant à la Russie les chemins de fer de Dairen et de Port Arthur, ainsi que les chemins de fer chinois de l'Est et de la Mandchourie du Sud. Roosevelt a également cédé à la Russie l'État chinois de Mandchourie, connu sous le nom de Texas de Chine, sa province la plus riche, que la Russie avait tenté de conquérir lors de la guerre russo-japonaise de 1905. Aujourd'hui, à la suite d'une conspiration, elle l'a gagnée sans combattre.

Les collaborateurs communistes ont fait ce qu'ils voulaient dans le Pacifique pendant la Seconde Guerre mondiale. Le général Stilwell semblait combattre Chiang Kai-Shek beaucoup plus durement qu'il ne combattait les Japonais. Cela est peut-être dû aux communistes et aux pro-communistes qui composaient son état-major. En tant que commandant du théâtre Chine-Birmanie-Inde, Stillwell était conseillé par Agnes Smedley, une communiste de longue date dont les cendres sont aujourd'hui enterrées à Peiping ; le frère cadet de Dean Acheson, Edward Campion Acheson, diplômé de la London School of Economics en 1936. Le Who's Who In American le cite comme conseiller économique auprès de l'administration du prêt-bail en 1943, conseiller financier auprès de Stilwell en 1944 et auprès de l'Office of Strategic Services en 1945. Il est aujourd'hui professeur de finance à l'université George Washington ; le compagnon de route John Paton Davies ; le marine pro-communiste Evans Carlson, glorifié dans un film hollywoodien, « Carlson's Raiders », et Clare Boothe Luce, épouse d'Henry Luce. Même l'amitié exceptionnellement intime entre Madame Chiang Kai-Shek et le Président Roosevelt n'a pas pu réparer les dommages causés à Chiang par cette équipe de Stilwell.

Owen Lattimore travaillait à l'Office of War Information (OWI) dans la région du Pacifique pendant la guerre, et il a obtenu pour William L. Holland, rédacteur en chef de la revue « Pacific Affairs » de l'Institute of Pacific Relations, un poste à l'OWI à Chungking.

Le général Stilwell a consigné sa haine de Tchang dans son journal, publié sous le titre « The Stilwell Papers », qui a été salué avec enthousiasme par le Daily Worker. Stilwell a détourné d'énormes stocks de munitions américaines vers l'Armée rouge du général Mao, et celles-ci, combinées aux armes japonaises capturées et remises à Mao par les Russes, ont permis aux communistes de prendre le dessus sur l'armée nationaliste de Tchang. Simultanément, les collaborateurs communistes du département d'État, dirigés par le général George C. Marshall, ont interrompu toute aide des États-Unis à Tchang. Cette incroyable histoire de trahison à Washington est entièrement documentée par les auditions du Sénat sur l'Institut des relations avec le Pacifique, par le livre de Freda Utley, « The China Story », et par la dénonciation du général Marshall par le sénateur McCarthy, « Retreat from Victory » (Le recul de la victoire).

Les communistes ont entamé leur grande campagne de propagande contre Tchang en 1946, avec un rassemblement de trois jours qui a débuté le 18 octobre 1946 à San Francisco, sous le nom de « Get Out of China, America » (Sortez de Chine, Amérique). Le célèbre sympathisant communiste de l'état-major de Stilwell, le général Evans Carlson, présidait l'événement. Paul Robeson était vice-président, Gunther Stein, chef d'un réseau d'espionnage au Japon, avait réussi à venir, Joe Curran, dirigeant du syndicat des dockers, Bartley Crum, le bien nommé avocat de Wall Street qui avait tenté de faire revivre le PM sous le nom de New York Star, avec l'aide du compagnon de route Joseph Barnes, Frederick V. Field, aujourd'hui emprisonné en tant que communiste, avaient participé à l'événement. Field, aujourd'hui emprisonné comme communiste, le député Vito Marcantonio, Edward G. Robinson, Paulette Goddard et Julius Garfinckel, connu des bobby-soxers sous le nom de John Garfield, un acteur mort mystérieusement dans l'appartement d'une de ses connaissances à New York.

En 1947, l'Institut des relations avec le Pacifique a tenu sa célèbre conférence sur l'Extrême-Orient, au cours de laquelle il a été prévu d'achever Chiang. Le délégué des États-Unis pour cette importante mission était le propagandiste communiste James Paul Warburg.

Le sénateur McCarthy, à la page 171 de « Retreat from Victory », affirme que Michael Lee et William Remington, du ministère du Commerce, ont saboté le projet de loi sur l'aide à la Chine, d'un montant de 125 millions de dollars, en 1948. Remington a depuis été démis de ses fonctions, sous les huées de la presse libérale jaune. Lee, chef de la division Extrême-Orient du ministère du Commerce, n'est pas Lee depuis très longtemps. Arrivé aux États-Unis en 1932 sous le nom d'Ephraim Zinoye Liberman, il avait des antécédents si douteux qu'il lui a fallu neuf ans pour obtenir la citoyenneté américaine.

Le terrain perdu par Chiang Kai-Shrek pendant la Seconde Guerre mondiale était en train d'être rapidement regagné lorsque son ennemi le plus mortel à Washington, le général George C. Marshall, chef du parti communiste, a mis fin à l'aide de l'Amérique. Freda Utley, dans « The China Story », raconte l'histoire tragique de la mission du général Marshall en Chine en 1946 pour dire à Chiang que l'Amérique était du côté des communistes chinois. Les missionnaires qui ont assisté aux conférences de Marshall sont revenus nous dire que « Marshall a vendu Chiang aux communistes ». La mission Marshall a marqué un tournant dans la guerre civile chinoise. Après que Marshall eut été somptueusement reçu par le communiste Chou En Lai, devenu ministre des affaires étrangères du régime de Mao, et que Marshall eut ordonné à Chiang de former un gouvernement de coalition avec les communistes, le peuple chinois comprit que Chiang avait été trahi par les États-Unis et il se tourna vers Mao comme nouveau dirigeant. Le comité de coordination du département d'État, composé de Dean Acheson, John Carter Vincent et Alger Hiss, jubilant du succès de la mission Marshall, a recommandé que les États-Unis entraînent les troupes communistes et fournissent d'énormes quantités de matériel supplémentaire à l'Armée rouge, mais cela était trop évident et, après que plusieurs membres du Congrès se sont montrés curieux des origines de ce projet, celui-ci a été abandonné.

Freda Utley et le sénateur McCarthy identifient l'équipe Currie-Hiss-Lattimore comme la plus puissante influence en coulisses au service des communistes chinois à Washington, le général Marshall étant l'homme de paille de ces traîtres. Hiss est en prison, Currie se cache en Colombie,

Lattimore risque fort d'aller en prison pour parjure devant la commission McCarran, et le général Marshall a pris sa retraite en disgrâce. Tels étaient les associés personnels de Franklin Roosevelt.

À la page 86 de « The China Story », Freda Utley affirme que les membres du département d'État présents à Chungking en 1945 étaient unanimement favorables à l'armement des communistes chinois. Il s'agissait de John Paton Davies, John Stewart Service et George Atcheson. Elle ajoute que

> « Atcheson a ensuite changé d'avis et est devenu conseiller politique de MacArthur à Tokyo, mais il a été tué dans un accident d'avion avant que ses opinions ne puissent influencer la politique des États-Unis.

Il n'aurait pas dû changer d'avis.

Dean Acheson essayait de suivre les Hisses et les Curies en s'engageant en faveur des communistes chinois. Le 19 juin 1946, Edith Nourse Rogers, membre du Congrès, lui a demandé s'il voyait un risque d'attaque future contre nous par les troupes communistes chinoises qu'il souhaitait si ardemment former et équiper. Acheson est tout simplement horrifié par cette idée. « Oh non », s'est-il exclamé, « nous pouvons être sûrs que les Chinois ne feront pas cela ».

Le 20 mars 1947, Acheson a déclaré qu'il n'y avait pas le moindre danger d'une victoire communiste sur Chiang Kai-Shek. Ce témoignage devant la commission des affaires étrangères de la Chambre des représentants contredisait absolument d'autres témoignages sur la situation chinoise. Après la débâcle, écrit Zacharias, dans « Behind Closed Doors », page 288,

> "Ce n'était un secret pour personne à Washington que M. Acheson, poussé par les Britanniques, était très désireux de reconnaître le régime de Mao et que le Livre blanc avait été publié pour ouvrir la voie à cette reconnaissance.

Le Livre blanc sur la Chine publié par le Département d'État le 5 août 194 était un tissu de mensonges si étonnant que même le New York Times a été contraint d'admettre qu'il n'était guère impartial et qu'il ne servait pas la vérité. Le principal fabricant de cette tapisserie de mensonges était Philip C. Jessup, président du Conseil américain de l'Institut des relations avec le Pacifique. Jessup avait une si longue liste d'affiliations pro-communistes qu'aucun sénateur n'a voté pour lui lorsqu'il a été nommé par Truman comme notre délégué aux Nations Unies. Truman l'a envoyé soutenir Eleanor Roosevelt en tant que délégué suppléant des États-Unis à ce point focal de l'infection communiste en Amérique, l'Assemblée générale des Nations unies.

La publication de « Shanghai Conspiracy », par le général Charles Willoughby, Dutton 1952, a permis d'exposer tardivement le réseau d'espionnage communiste à Washington. Willoughby, chef des services de renseignement du général MacArthur à Tokyo pendant la période où ce dernier était au pouvoir, a décrit le réseau d'espionnage Sorge, qui a opéré à Tokyo tout au long de la Seconde Guerre mondiale. Son cerveau était le juif allemand Gunter Stein, qui envoyait des documents top secrets à Moscou jusqu'en 1944, date à laquelle la police japonaise a arrêté son assistant, Sorge, et l'a pendu. Stein a été enlevé au Japon par un sous-marin américain et a traversé précipitamment le Pacifique pour assister à une importante conférence de l'Institut des relations avec le Pacifique à Hot Springs, en Virginie, en janvier 1945. Cette conférence, qui décidait du sort de l'Asie, réunissait les principaux experts communistes de l'Asie et était fermée à la presse. Edward C. Carter, secrétaire général de l'IPR, la présidait. Il est titulaire de l'Ordre de la Bannière Rouge du Travail de Staline.

Le général Willoughby nous raconte l'histoire d'Agnes Smedley. Le rapport Sorge était prêt à être publié par l'armée le 15 décembre 1947. Il a été retenu par le ministère de la Guerre à Washington jusqu'au 20 février 1949. Dès que le ministère de la Guerre l'a publié, ses fonctionnaires ont commencé à nier l'ensemble du rapport parce qu'il identifiait Agnes Smedley comme une espionne communiste. Le secrétaire d'État à l'armée, M. Royall, a fait une déclaration publique dans laquelle il qualifiait le rapport d'erreur d'un petit commis, alors qu'il était basé sur des années de travail de la police japonaise et de notre propre corps de contre-espionnage. Agnes Smedley a menacé d'utiliser le général MacArthur, mais elle n'a jamais pu le faire. Elle a même engagé l'avocat préféré des communistes, O. John Rogge, pour s'en occuper, mais elle n'a jamais rempli le contrat. La presse libérale jaune s'est empressée de miauler pour défendre Red Agnes Smedley. Harold Ickes écrit dans sa chronique du New Republic que « Miss Smedley est une citoyenne américaine courageuse et intelligente ». Elle a passé toute sa vie d'adulte à travailler pour les communistes. En 1943, elle se voit offrir des vacances à Yaddo en 1943. Yaddo, un fabuleux centre de villégiature créé par le banquier de Wall Street George Foster Peabody, gardien des propriétés Rothschild au Mexique, se trouve à

Saratoga Springs, dans l'État de New York. Il s'agit d'une luxueuse maison de repos pour les écrivains et artistes communistes américains de haut niveau, où ils peuvent se détendre des tensions de l'espionnage international.

Agnes Smedley, l'intime d'Ickes, Wallace, Lattimore, etc., s'est échappée des États-Unis en 1950 juste avant d'être convoquée pour témoigner devant une commission du Congrès. Elle s'est rendue à Londres, où elle est morte subitement dans une « maison de repos ». Elle a légué ses cendres et tous ses biens au général Chu Teh, chef de l'armée communiste chinoise. Ses cendres ont été enterrées à Pékin en mai 1951, sous les ovations de la presse communiste du monde entier.

Lors des auditions de la commission McCarran, il a été indiqué aux pages 1217, 1236 et 1238 que la Fondation Rockefeller et le Fonds Carnegie avaient donné plus de deux millions de dollars à l'Institut des relations avec le Pacifique. John D. Rockefeller 3d, Alger Hiss, Frederick V. Field, Owen Lattimore, Edward C. Carter et d'autres Américains bien connus étaient les membres directeurs de l'Institut. Après la publication de ces auditions accablantes, Gerard Swope, fils de Baruch et président d'International General Electric, a écrit une lettre aux administrateurs de l'Institut pour condamner les auditions, les qualifiant de partiales et d'injustes. Swope, président du conseil d'administration de l'Institut, s'est félicité que les grandes sociétés de Wall Street versent autant d'argent à l'Institut, bien qu'il soit considéré comme une façade communiste.

Les communistes ont toujours bénéficié d'une publicité favorable aux États-Unis. Les journaux, les magazines et les livres ont rivalisé d'imagination pour dénoncer Chiang et faire l'éloge du leader agraire Mao Tse Tung. Chiang était dépeint comme un mélange de Himmler et d'Hitler, tandis que Mao, qui s'emploie actuellement à assassiner quatre millions de ses anciens opposants en Chine, était décrit comme un agronome inoffensif qui cherchait une solution pacifique au problème foncier en Chine.

Le sénateur Brewster, dans le Congressional Record du 4 juin 1951, a imprimé un tableau de dizaines de livres montrant comment le New York Times Sunday Book Review et le New York Herald Tribune Book Review, les deux seuls hebdomadaires américains de quelque importance, étaient contrôlés par les communistes. Ce tableau, qui couvre la période 1945-1950, montre que les livres sur la politique asiatique ont toujours été donnés à des communistes notoires ou à leurs porte-parole pour qu'ils en fassent la critique. Les livres pro-communistes recevaient des critiques élogieuses, tandis que les livres qui ne suivaient pas la ligne du Parti étaient violemment attaqués. L'une ou l'autre de ces sections de critiques de livres pourrait être qualifiée de supplément littéraire du Daily Worker. L'accueil réservé à l'ouvrage d'Israel Epstein intitulé « The Unfinished Revolution in China » (La révolution inachevée en Chine), Little, Brown Co. 1947, est un exemple parmi des dizaines d'autres. Le livre d'Epstein a fait l'objet d'une critique élogieuse de la part d'Owen Lattimore dans le New York Times Book Review du 22 juin 1947. Elizabeth Bentley a déclaré sous serment qu'Israël Epstein était un haut fonctionnaire de la police secrète russe depuis de nombreuses années. Il est aujourd'hui le correspondant du Daily Worker en Chine rouge.

Little, Brown Co. a publié le livre de Lattimore « Ordeal by Slander » en un temps record après que le sénateur McCarthy eut dénoncé Lattimore comme agent soviétique. Cette maison d'édition semblait vouloir briguer le titre d'éditeur communiste officiel en Amérique, titre actuellement détenu par International Publishers, New York. Le rédacteur en chef de Little Brown, Angus Cameron, a récemment démissionné à la suite de la publication de ses antécédents communistes.

Le livre d'Epstein a été accueilli par Samuel Siller dans le Daily Worker avec la recommandation qu'il soit

> 'Il se place en tête de liste des excellents livres sur la Chine écrits par des reporters de haut vol comme Agnes Smedley, Theodore White et Annalee Jacoby.

Owen Lattimore a été publiquement accusé par Alfred Kohlberg d'être le principal agent soviétique en Amérique, dans l'espoir que Lattimore poursuive Kohlberg, mais Lattimore a fui l'accusation.

Un autre exemple est fourni par la liste de Brewster du livre de Gunter Stein, « The Challenge of Red China », que Stein a écrit immédiatement après son arrivée dans ce pays, après que nous l'ayons sauvé de la police japonaise au cours de l'hiver 1944. Le livre de Stein a fait l'objet d'une critique très élogieuse dans le New York Times Book Review du 28 octobre 1945, par Nathaniel Peffer, et deux semaines plus tôt, il avait reçu le même traitement compréhensif de la part d'Owen Lattimore dans le New York Herald Tribune du 14 octobre 1945. Gunter Stein avait été le correspondant du Christian Science Monitor en Chine. Ce journal est devenu moins chrétien et plus scientifique dans son parti pris éditorial effrontément internationaliste (selon Lénine). Lattimore a écrit au sujet de son collègue agent soviétique Stein dans « Pacific Affairs » en 1939,

> 'Gunter Stein est, de loin, le meilleur journaliste économique d'Extrême-Orient.

Ce journaliste économique a fui les États-Unis dès la publication du rapport Sorge par l'armée en 1949. En 1950, il a été arrêté par la police française comme espion communiste et a disparu depuis.

Whittaker Chambers, dans son autobiographie « Witness », montre à quel point il était difficile de progresser dans le journalisme à moins d'être communiste. À la page 498, il raconte que les correspondants étrangers de Time Magazine, John Hersey, Charles C. Wertenbaker, Scott Nearing, Richard Lauterbach et Theodore White, ont signé une circulaire le dénonçant pour ses opinions éditoriales dès qu'il a quitté le parti communiste. Ce tour de table déclarait que Chambers n'était pas apte à occuper son poste de rédacteur au Time Magazine et qu'il devait être licencié.

Scott Nearing est connu pour ses opinions communistes ; les autres sont plus intellectuels dans leur collectivisme. Wertenbaker continue son bon travail pour la cause dans « The Reporter », un magazine qui ne cessera jamais de combattre Chiang jusqu'à sa mort. Ce magazine ne peut se permettre d'être ouvertement communiste aujourd'hui, mais il est internationaliste au sens de Lénine. Il a publié un article de Wertenbaker, « The China Lobby », dans les numéros du 15 avril[th] et du 29 avril[th] , 1952, attaquant tous ceux qui avaient critiqué les communistes en Chine. Le 3 janvier 1950, « The Reporter » a consacré 24 pages à la reconnaissance de la Chine rouge par les États-Unis. Le rédacteur en chef, Max Ascoli, en a fait la première page,

> 'Dans le cas de la Chine rouge, les nouveaux dirigeants ont gagné la guerre civile parce qu'ils bénéficient d'un soutien populaire passionné et en raison de l'inaptitude des dirigeants précédents, que nous avons malheureusement aidés.

Ce nouveau venu dans la presse libérale jaune a encore un long chemin à parcourir avant de pouvoir rivaliser avec les leaders du secteur, The Nation et The New Republic. Pendant de nombreuses années, The Nation a été financé pour couvrir ses pertes par Maurice Wertheim, associé principal de la banque Hallgarten Co. de Wall Street, dont les origines remontent à Francfort, en Allemagne. Wertheim était également directeur de la Guilde du Théâtre, dont les productions semblent être écrites presque exclusivement par des marxistes. The New Republic est édité par Michael Straight, fils de Willard Straight, associé de J.P. Morgan. C'est la fortune des Straight qui finance ce torchon léniniste. Toutes ces feuilles suivent un programme cohérent de vitupération presque insensée contre les sénateurs McCarran et McCarthy. McCarran est démocrate, McCarthy est républicain, mais tous deux sont anticommunistes et de confession catholique. Arthur Goldsmith, chef de la ligue anti-diffamation B'Nai Brith, a envoyé d'importantes sommes d'argent de New York au Nevada dans une vaine tentative de battre McCarran lors de sa dernière élection.

L'attaque du Reporter contre le soi-disant « lobby chinois » trouve son origine dans une lettre de May Miller qui a été publiée dans le registre du Congrès.

May Miller est secrétaire adjointe à l'organisation du parti communiste de New York. La lettre, datée du 1er mars 1949, définit la ligne du parti communiste, qui exige systématiquement une enquête sur le lobby chinois à Washington.

L'article de Wertenbaker sur le lobby chinois, publié dans The Reporter, suivait cette directive communiste.

CHAPITRE 24

L es mensonges sont nombreux, mais la vérité est une. L'unicité même de la vérité fait parfois qu'elle est écrasée par le poids des chiffres envoyés par les maîtres de la technique du gros mensonge, et c'est ce qui a provoqué notre implication dans la guerre de Corée. Nous combattons ces communistes chinois que Dean Acheson souhaitait si ardemment armer et former, et ce grâce à la coopération de dizaines d'hommes, dont chacun surpasse cent fois Benedict Arnold. Ils ont trahi des millions d'hommes et coûté à l'Amérique des centaines de milliers de vies et des milliards de dollars de nouvelles dettes.

Dans le *Saturday Evening Post* du 10 novembre 1951, Beverly Smith, son rédacteur en chef à Washington, a publié une version officielle de la propagande sur la façon dont nous sommes entrés dans le conflit coréen. Smith a le même niveau d'études qu'Alger Hiss, un A. B. degree de Johns Hopkins et un diplôme de droit de la faculté de droit de Harvard. Smith a en outre l'avantage d'être un boursier de la fondation Rhodes. Il entre au cabinet d'avocats de Wall Street Chadbourne, Hunt, Jaeckel et Brown, où il représente des banquiers internationaux. Smith découvre alors qu'en tant qu'avocat, il est un excellent écrivain. Il devient correspondant à l'étranger pour le New York Herald Tribune, un journal connu depuis longtemps pour le nombre de compagnons de route communistes qu'il compte parmi son personnel.

Smith indique que notre ambassadeur en Corée lors du déclenchement des hostilités était John Muccio, né en Italie et naturalisé américain après avoir atteint sa maturité. Smith raconte que Muccio a informé le département d'État de la crise coréenne le 24 juin 1950 et que nos fonctionnaires se sont réunis pour discuter de la position américaine. Il s'agissait de Dean Rusk, secrétaire adjoint aux affaires d'Extrême-Orient, de John Dewey Hickerson, secrétaire adjoint aux affaires des Nations unies, et de Philip C. Jessup, notre ambassadeur itinérant.

Le boursier de Rhodes Dean Rusk avait auparavant été chargé des affaires des Nations unies. Hickerson avait été membre de la tristement célèbre conférence de San Francisco en 1945 et faisait partie du comité consultatif sur le droit international de la faculté de droit de Harvard. Jessup, qui avait accompagné l'avocat Elihu Root de Kuhn, Loeb à la Cour de La Haye en 1929, avait été le secrétaire général adjoint de Lehman à l'UNRRA, avait représenté les États-Unis à la Conférence monétaire de Bretton Woods et avait été l'assistant juridique d'Alger Hiss à la Conférence des Nations unies de San Francisco en 1945. Jessup avait été président du Conseil américain et président du Conseil du Pacifique de l'Institut des relations pacifiques du front communiste. Le Secrétariat international de l'Institut a publié au printemps 1950 un livre intitulé « Korea Today », par George McCune, qui dit à la page 180,

> « L'administration civile soviétique est restée en retrait et a permis aux Coréens d'acquérir un maximum d'expérience en matière d'autonomie. La plupart des observateurs s'accordent à dire que le système soviétique s'est assez facilement adapté à la scène coréenne, ou du moins qu'il a été beaucoup plus facilement adopté par les Coréens que le système occidental parrainé par le commandement américain. »

Il s'agit là d'un exemple typique de la propagande communiste diffusée par l'Institut, dont Jessup était l'homme de paille. Membre de la famille millionnaire Stotesbury (Stotesbury était un associé de J.P. Morgan), Jessup est le frère du banquier millionnaire de Wilmington John Jessup, administrateur de nombreuses sociétés telles que Coca-Cola d'Atlanta.

C'est ce groupe qui s'est réuni pour enrayer la crise coréenne. Les intérêts de l'Amérique sont en effet entre de bonnes mains. Il suffit de faire sortir Alger Hiss de prison pour que la réunion de fraternité soit complète.

Smith précise que ce groupe s'est entretenu par téléphone avec le secrétaire Acheson. Acheson s'était qualifié comme secrétaire d'État non seulement en tant que représentant légal rémunéré des communistes américains, mais aussi en raison de sa soumission aux dirigeants sionistes, depuis son expérience en tant qu'assistant juridique du juge Brandeis au début des années 1920, alors que Brandeis était le chef de file reconnu du sionisme en Amérique.

Le lendemain, selon le récit de Smith, un télégramme est arrivé de John Foster Dulles, qui était rentré de Corée à Tokyo quelques jours plus tôt. Le télégramme disait,

> 'S'il apparaît que les Sud-Coréens ne peuvent pas repousser l'attaque, nous pensons que la force américaine doit être utilisée.

Ce télégramme constitue un motif suffisant pour poursuivre Dulles en tant que criminel de guerre, conformément à la loi de Nuremberg. Dulles avait effectué plusieurs missions mystérieuses en Corée juste avant le début des hostilités, fidèle à la réputation de Sullivan et Crowell de promouvoir les révolutions et les guerres.

Smith dit,

> « Le président a atterri à Washington dimanche à 7h15. » Il a été accueilli par Louis Johnson, alors secrétaire à la Défense, et le sous-secrétaire d'État James Webb.'

Louis Johnson, avocat d'affaires, était président de General Dyestuff Corporation, une filiale de General Aniline and Film, la branche américaine de I. G. Farben, que le cabinet Sullivan and Cromwell de Dulles représentait. Webb, avant d'arriver au Département d'État, avait été l'assistant personnel de Thomas A. Morgan de la banque internationale Lehman Brothers, président de Sperry Gyroscope et directeur de Vickers.

Lorsque Truman a rencontré ses conseillers à la Maison-Blanche pour le dîner de ce soir-là, parmi eux se trouvait le secrétaire à l'armée de l'air Thomas K. Finletter, ancien associé de Kuhn, Loeb, Cravath et Henderson. Finletter, membre de la perfide Conférence de San Francisco en 1945, était administrateur du nid communiste appelé New School of Social Research à New York, où Anna M. Rosenberg avait enseigné. Smith nous dit qu'au dîner de huit heures, ce dimanche soir fatidique, « la conversation était générale et aucune note n'a été prise ». L'historien est souvent déconcerté par le fait que, lors de conférences qui déterminent l'avenir du monde, les délégués ne parlent de rien en particulier, s'expriment par de vagues généralités et ne prennent pas de notes. En réalité, des mesures précises sont prises, mais les conspirateurs n'osent pas, pour leur propre sécurité, laisser quelqu'un découvrir ce qu'ils ont fait, même pendant des générations après l'événement.

À propos de la décision du président Truman de lever le rideau sur le massacre de jeunes Américains en Corée lors de cette soirée délicieusement vague, Smith écrit que

> "Pratiquement tous les grands journaux du pays ont approuvé, à l'exception du *Chicago Tribune* et de son affilié, le *Washington Times-Herald*.

Le fait qu'un seul éditeur sur ce continent ait eu le courage de s'opposer au massacre insensé de notre jeune génération est une terrible condamnation de la presse américaine.

Les leaders du Congrès qui accompagnaient Truman dans cette crise étaient le sénateur Scott Lucas, dont la réélection dans l'Illinois fut plus tard contestée en raison des liens scandaleux entre les gangsters de Chicago et son organisation, et le sénateur Millard Tydings, dont la réélection dans le Maryland fut plus tard contestée parce qu'il avait passé sous silence l'enquête sur les communistes au département d'État, qui avait été lancée par le sénateur McCarthy. Truman lui-même était la créature du communiste Sidney Hillman et de son lieutenant Max Lowenthal, qui lui ont obtenu l'investiture pour la vice-présidence à Chicago en 1944. En tant que président de la commission sénatoriale chargée d'enquêter sur les contrats de guerre pendant la Seconde Guerre mondiale, Truman en avait appris suffisamment sur les Rockefeller et les Rothschild pour remonter jusqu'au sommet. Son bras droit est George E. Allen, directeur de General Aniline and Film et de Hugo Stinnes Industries, ainsi que d'une douzaine d'autres entreprises géantes. Truman a nommé Allen président de la Reconstruction Finance Corporation.

Smith raconte que le jeudi suivant, Truman rencontre à nouveau ses conseillers, dont John Foster Dulles, tout juste rentré de Corée, W. Averell Harriman, convoqué à la hâte de Paris, Stuart Symington, et James Lay, chef du Conseil national de sécurité. Harriman voyage alors à travers le monde en compagnie de l'expert pétrolier juif allemand Walter Levy. L'associé de Harriman chez Brown Brothers Harriman, Robert A. Lovett, est aujourd'hui secrétaire à la Défense. Le Conseil national de sécurité de Lay est une autre de ces mystérieuses agences gouvernementales dont les activités constituent une menace pour chaque Américain. Opérant dans le plus grand secret, il illustre le fait que chaque fois que la sécurité est mentionnée dans le titre d'une agence, cela signifie la sécurité des banquiers internationaux qui ont financé et promu le communisme mondial.

Smith conclut triomphalement :

> « À 13 h 22, presque exactement six jours après le début des combats, les ordres parviennent à MacArthur. Nous y étions. »

Dans les quelque 5000 mots de son article intitulé « Why We Went To War In Korea » (Pourquoi nous avons fait la guerre en Corée), Beverly Smith affirme que nous sommes entrés en guerre pour mettre un terme à l'agression communiste. Or, les fonctionnaires qui accompagnaient Truman lors de la prise de cette décision étaient les mêmes que ceux qui, au cours des dix dernières années, avaient suivi une politique cohérente et bien documentée de pro-communisme, de trahison de la Chine au profit des communistes et de sabotage de l'aide militaire à la Corée du Sud. Cela soulève la question de savoir si notre implication dans la guerre de Corée est bénéfique pour nous ou pour la Russie. La réponse à cette question peut être apportée par le nombre de nos victimes sur place et par le fait que la Russie n'a pas perdu un seul homme en Corée.

Le fait que l'objectif principal de la conduite actuelle de la guerre de Corée soit le massacre de la jeunesse américaine est illustré par le refus catégorique de Truman de laisser les troupes nationalistes chinoises de Formose être envoyées en Corée pour combattre les armées communistes chinoises qui s'y trouvent. Comme le souligne Freda Utley dans « The China Story », Truman contribue à la propagande du parti communiste selon laquelle la guerre de Corée est une guerre des Asiatiques contre les envahisseurs blancs. Cette aide semble intentionnelle.

Les services de presse internationaux sont unanimes à identifier les morts américains en Corée par le titre ignominieux de « victimes des Nations Unies ». Les États-Unis ont fourni 96 % des soldats et tout le matériel nécessaire aux Nations unies, mais leurs morts ne sont plus américains. Walter Trohan, dans le Washington Times-Herald du 25 janvier 1952, écrit à propos de nos soldats massacrés, qui avaient été faits prisonniers par les communistes et brutalement massacrés, que

> "Les mains des prisonniers (lors du massacre de Katyn) étaient attachées par un nœud particulier qui se resserrait s'ils se débattaient. Dix ans plus tard, dans les neiges de Corée, les mains des Américains ont été attachées avec le même nœud particulier dans un territoire envahi par les Soviétiques. Les Américains ont été retrouvés plus tard, chacun avec une balle dans le cerveau. Ils ont

été exécutés de la même manière que les officiers polonais dans la forêt de Katyn.

Arthur Bliss Lane, ancien ambassadeur des États-Unis en Pologne, a écrit dans le numéro de janvier 1952 du magazine de la Légion américaine que

« N'oublions pas que les mains de nos officiers de l'armée, de nos aumôniers militaires, de nos soldats, lorsque nous avons trouvé leurs corps froids gisant dans le sang sur le sol coréen envahi par les communistes, étaient attachées derrière leur dos, tout comme les mains des officiers de l'armée polonaise avaient été attachées à Katyn ; attachées avec le même nœud délicat que les communistes ont utilisé pour les officiers polonais ».

Derrière ces atrocités contre les prisonniers de guerre américains se profile la figure sinistre de Dean Acheson, l'ancien représentant légal de l'Union soviétique et adhérent sioniste qui a envoyé nos garçons se faire massacrer par ses anciens employeurs, les impitoyables dirigeants soviétiques. Acheson et Lattimore avaient manœuvré pour provoquer l'attaque communiste en Corée, en assurant aux communistes que nous ne soutiendrions pas le gouvernement Rhee. En août 1949, Lattimore, qui n'a jamais occupé de poste officiel au département d'État, mais qui semble avoir dirigé notre politique asiatique pendant des années, a rédigé un mémorandum top secret intitulé « For the Guidance of Ambassador-at-Large Philip C. Jessup », qui recommandait que nous retirions tout soutien à la Corée du Sud et que nous évacuions nos forces du Japon. Lattimore, l'une des plus importantes influences en coulisses à Washington, plus importante encore qu'Alger Hiss, a eu une conférence d'une demi-heure avec Truman avant que ce dernier ne s'embarque pour Potsdam le 14 août 1945. Le 31 mars 1950, Truman a rendu un vibrant hommage à Acheson, Jessup et Lattimore lors d'une conférence de presse dans ses quartiers d'hiver à Key West, en Floride, les défendant contre la révélation de leurs affiliations communistes par le sénateur McCarthy.

Le 17 juillet 1949, le *Daily Compass* publiait une note disant : « La chose à faire est de laisser tomber la Corée du Sud mais de ne pas donner l'impression que nous l'avons poussée ». Cette note était signée O. L., dont on sait depuis qu'il s'agit d'Owen Lattimore. Infatigable propagandiste communiste, Lattimore rédigeait un flux constant de documents influents pour la revue de l'Institute of Pacific Relations, « Pacific Affairs ». Son attitude à l'égard des procès de purge de

Moscou en 1937-1938 est caractéristique de son adhésion indéfectible à la ligne du parti communiste. L'approbation de ces procès est une preuve convaincante de la dévotion de quiconque au communisme, tout comme l'approbation du pacte de non-agression russo-allemand de 1939. Lattimore a écrit dans « Pacific Affairs », septembre 1938, pages 404-504,

> « The American Quarterly on the Soviet Union, publié par l'American-Russian Institute, avril 1938. Ce trimestriel prometteur s'est développé à partir du Bulletin publié à l'origine par l'ARI, et est un signe de la croissance saine de l'intérêt américain pour l'Union soviétique. Le premier numéro s'ouvre sur un article de John Hazard, qui a étudié le droit soviétique à Moscou pendant trois ans, sur les changements et les controverses dans la théorie du droit dans le premier pays qui tente de mettre en pratique les théories de Marx. Le sujet est d'une très grande importance, car il permet aux profanes de comprendre la philosophie juridique qui guide les processus juridiques de l'Union soviétique. L'article est une indication de plus que la série de procès de Moscou ne représente pas le point culminant d'un processus de répression, mais, au contraire, fait partie d'une nouvelle avancée dans la lutte pour libérer les potentialités sociales et économiques de toute une nation et de son peuple ».

John Hazard, le plus grand expert américain en matière de droit soviétique et membre du Council On Foreign Relations, a approuvé les procès de Moscou, et son collègue Lattimore a appuyé son approbation. Un autre membre du Conseil, le général Lyman Lemnitzer, qui s'est occupé des négociations sur la capitulation allemande, a admis devant une commission sénatoriale sa responsabilité personnelle dans le sabotage de l'aide militaire à la Corée du Sud. Il était à la tête de l'Office of Foreign Military Assistance. Newsweek du 10 juillet 1950 rapporte que le sénateur Ferguson a demandé à Lemnitzer combien des 10 230 000 dollars d'aide autorisés par le MAP pour la Corée du Sud en juillet 1949 avaient été livrés. Lemnitzer a admis à contrecœur que deux cents dollars d'équipement de signalisation obsolète constituaient la totalité de l'aide que nous avions envoyée à la Corée du Sud.

Dans la conduite de cette guerre, il a été difficile pour les Sud-Coréens de savoir de quel côté se trouve Washington. La presse libérale jaune fustige constamment le « réactionnaire » Synghman Rhee, qui est le chef légal du gouvernement sud-coréen et que notre département d'État considère comme un sale fasciste. La destruction de l'armée de Chiang à Formose semble signifier plus pour notre Département d'État que n'importe quoi d'autre en Asie. William C. Bullitt a déclaré devant la commission McCarran le 8 avril 1952 qu'Acheson avait ordonné à la septième flotte de la marine américaine de patrouiller le long des côtes de Formose et d'empêcher la marine de Tchang de couler les navires polonais de la ligne Gdynia qui passaient par Formose en direction de la Corée du Nord avec des munitions pour les armées communistes chinoises. Bullitt a déclaré que l'ordre d'Acheson permettait aux troisième et quatrième armées communistes chinoises de se rendre en Corée et d'agir contre les troupes américaines.

La propagande de la Voix de l'Amérique contre Rhee est devenue si vicieuse qu'elle a mis fin à ses opérations en Corée en juillet 1952, un coup dur pour les sympathisants communistes de Corée du Sud. L'attaque contre Rhee se poursuit dans le New York Times, le Washington Post, le Christian Science Monitor et leurs satellites, qui semblent ne voir que le côté marxiste de l'information.

La section de l'information et de l'éducation de l'armée américaine, qui a toujours été un lieu de séjour confortable pour les communistes et les compagnons de route de l'armée, a fourni à 80 000 prisonniers de guerre nord-coréens sur l'île de Koje du matériel pour fabriquer des drapeaux et des insignes communistes, afin qu'ils puissent s'exprimer sans être frustrés. Les atrocités commises à l'encontre des éléments anticommunistes dans les camps de prisonniers nord-coréens jettent un peu plus de lumière sur les conditions de vie dans les camps nazis pendant la Seconde Guerre mondiale, lorsque des chefs communistes impitoyables assassinaient systématiquement tous ceux qui s'opposaient à eux.

Le point culminant a été atteint en Corée lorsque le général MacArthur, qui avait beaucoup trop de succès dans sa campagne, a voulu bombarder les centrales électriques nord-coréennes qui rendaient possible l'effort de guerre des communistes. Le ministre de la Défense britannique, Emmanuel Shinwell, exigea le rappel de MacArthur, ce que Truman fut heureux de faire. Certains intérêts britanniques avaient très bien réussi à vendre le moteur à réaction Nene à la Russie, de sorte que leurs avions à réaction surpassaient les autres sur les fronts de bataille coréens. MacArthur semblait en mesure de gagner la guerre, et Truman l'a donc rappelé et lui a retiré son commandement.

Pour une fois, le héros de la pègre de Kansas City, Harry Truman, a dépassé les bornes. Le pays tout entier a été scandalisé par l'action de

Truman, même si les influences qui l'ont motivée n'ont été connues que dans quelques mois. Le Sénat organise des auditions sur le retour de MacArthur et Marshall, le collaborateur communiste que Truman qualifiait de « plus grand Américain vivant », vient témoigner. Il n'est pas en grande forme. Les commentateurs les plus bienveillants font remarquer que sa mémoire semble s'être détériorée. Son esprit semble altéré et il est retiré de la fonction publique. Son assistante, Anna Rosenberg, poursuivit courageusement son travail au ministère de la Défense jusqu'à ce que Robert A. Lovett puisse être appelé dans les bureaux de Brown Brothers Harriman.

Après plus d'un an de « négociations de paix », le massacre des jeunes Américains en Corée se poursuit, à la grande satisfaction des deux parties. Avec le retrait du général MacArthur, la guerre pourrait se poursuivre indéfiniment, avec pour résultat que peut-être un million de nos jeunes trouveront leur dernière demeure sur le sol coréen. Les négociateurs de paix ont parfois du mal à trouver une excuse pour poursuivre la guerre, mais à l'heure où nous écrivons ces lignes, leur ingéniosité a suffi.

Ce massacre de jeunes Américains affaiblit considérablement notre puissance face au réarmement russe. Il a été suggéré que, si notre politique de tuer les communistes est sincère, il n'est pas nécessaire d'envoyer nos garçons à trois mille kilomètres de là pour le faire. Certains éléments en Amérique sont très préoccupés par la possibilité que nos garçons s'habituent à tuer des communistes et qu'ils désirent continuer à le faire à leur retour en Amérique. Pour éviter et repousser ce problème, le ministère de la Défense a préparé des plans visant à maintenir les troupes actuelles en Corée pour un nombre indéfini d'années, au cas où les négociateurs de paix ne parviendraient pas à faire durer la guerre

CHAPITRE 25

Une économie fondée sur le sacrifice barbare de la jeunesse sur l'autel de la guerre n'a pas grand-chose à recommander à la prospérité. Pourtant, sous le système de la Réserve fédérale, c'est précisément l'économie que nous avons. Le massacre de la jeunesse américaine a été justifié à Wall Street par la remarque, souvent prononcée mais rarement publiée, selon laquelle si nous ne réarmions pas, notre économie s'effondrerait. Le réarmement, bien sûr, signifie la guerre. Il n'y a jamais eu d'armée qui n'ait pas été utilisée.

Cette remarque sur le réarmement est autant d'engrais pour plus de guerre. Nous avons un système monétaire qui fonctionne au profit de quelques banquiers internationaux et de leurs satellites. C'est la raison de la Corée. Aucun effort n'est fait pour établir une économie de temps de paix, parce que l'économie de guerre offre tellement plus d'attraits à la bande qui dirige. Une économie qui aurait la paix pour objectif n'exigerait pas que nos jeunes gens soient massacrés dans des guerres étrangères.

Marriner Eccles, alors gouverneur de la Réserve fédérale, a déclaré lors des auditions de Bretton Woods en mai 1945 que

> « Une monnaie internationale est synonyme de gouvernement international.

La soi-disant « monnaie internationale », qui est en réalité l'équilibre entre plusieurs monnaies nationales, est à l'origine de la crise monétaire actuelle en Europe. Un continent entier a été bloqué dans son redressement après la Seconde Guerre mondiale parce que la structure monétaire dépend trop de la fourniture de dollars par les États-Unis. L'Allemagne de l'Ouest a réalisé le redressement le plus surprenant parce qu'elle subit moins d'interférences de la part des banquiers qui ont des investissements à protéger. L'Angleterre et la France ont été freinées par les « intérêts particuliers » qui n'ont pas pu s'adapter à l'économie d'après-guerre. L'amiral Zacharias, dans « Behind Closed Doors », déclare à la page 323,

> "La Grande-Bretagne doit retrouver sa puissance et son influence. Nous devons lui accorder au moins 10 milliards de dollars en espèces sans conditions.

Aussi ridicule que cette affirmation puisse paraître, elle est vraie, selon la structure monétaire internationale actuelle. La Grande-Bretagne est étranglée par sa dépendance à l'égard de l'offre de dollars, ce qui est très bon pour les banquiers qui ont des dollars à vendre sur les marchés boursiers. Pourquoi la Grande-Bretagne ne peut-elle pas s'aider elle-même ? Les banquiers internationaux ne la laissent pas faire. La bave économique subventionnée par les banquiers est illustrée par la propagande suivante de l'un de leurs écrivains les mieux payés, Barbara West, de l'organe de la maison Rothschild « The Economic », de Londres. Son livre, « Policy for the West », Norton, 1951, défend la politique d'endiguement et affirme que la défense de l'Europe occidentale est la défense de la civilisation occidentale. Pourquoi « contenir » l'agression communiste en Corée ? Elle conseille à toutes les nations de l'orbite occidentale de réduire leurs dépenses non liées à la défense. Le revenu national doit être consacré à la production de guerre. C'est le slogan « des fusils au lieu du beurre » qui a été si bruyamment dénoncé lorsque les nazis l'ont lancé en Allemagne. La production de guerre comporte une marge de profit plus élevée que la production civile, et il est impossible de surproduire pour le marché de la guerre. Ces mots révèlent l'esprit de Barbara West dans toute son acuité,

> « Une dette nationale n'est pas nécessairement inflationniste. Elle n'implique pas une nouvelle charge pour la communauté, mais une redistribution de la richesse en son sein. Un groupe de personnes est taxé pour fournir les intérêts de la dette, un autre groupe reçoit les intérêts ».

Cette brillante économiste nous dit que la dette n'est pas un nouveau fardeau. De toute évidence, elle n'a jamais rien dû. 150 000 000 de personnes sont taxées pour payer les intérêts de la dette, et quelques membres du Council on Foreign Relations reçoivent ces intérêts. Il s'agit là d'une redistribution des richesses en règle. Donald C. Miller, dans son étude « Taxation, the Public Debt, and Transfer of Income », 1950, note que l'effet net de l'augmentation de la fiscalité pour assurer le service ou le remboursement de la dette aux États-Unis a été de transférer les revenus des personnes gagnant moins de 5 000 dollars par an vers un groupe de personnes aux revenus plus élevés. Il s'agit de prendre aux pauvres pour satisfaire les riches. Les trois quarts de la dette nationale sont détenus par les grands trusts, les banques et les compagnies d'assurance, dont les directions interdépendantes remontent aux banques internationales. En mai 1951, le Trésor américain a déclaré que les contribuables payaient cinq milliards neuf cent millions de dollars d'intérêts par an sur la dette nationale, soit une moyenne de 2,2 %. Quelqu'un perçoit six milliards de dollars par an en guise de bénéfice pour nous avoir entraînés dans la Seconde Guerre mondiale. Il n'est pas étonnant qu'ils puissent se permettre de financer des universités pour enseigner leur modèle économique de la Banque centrale et de publier les inepties de l'écervelée Barbara West. Sa « Politique pour l'Occident » présente un problème arithmétique intéressant, bien que ses éditeurs aient refusé de répondre aux demandes de renseignements à ce sujet. Elle écrit,

> « Le revenu général des particuliers est passé de 72 milliards en 1939 à 171 milliards en 1945. Ces chiffres ne peuvent d'ailleurs pas être considérés comme une simple inflation monétaire. Il y a eu de véritables augmentations de la consommation. Par exemple, la consommation alimentaire en Amérique était onze fois plus importante en 1950 qu'en 1939 ».

Norton and Co. ne m'a pas envoyé de statistiques montrant que les Américains ont consommé onze fois plus en 1950 qu'en 1939. C'est pourtant ce qu'elle affirme avec certitude. Elle indique spécifiquement que la consommation réelle de nourriture par les Américains a été multipliée par onze, non pas ce qui a été stocké, donné à d'autres pays ou brûlé par une administration bienveillante pour faire monter les prix, mais ce qui a été réellement digéré par les citoyens américains. Cela nous donne au moins un aperçu de la valeur des déclarations de Barbara West. Collaboratrice fréquente de l'Atlantic Monthly et du *New York Times*, elle est considérée comme l'un des commentateurs les plus intellectuels et les plus valables d'aujourd'hui. Qu'il en soit ainsi.

La manière dont les banquiers dépensent des millions pour promouvoir leurs plans louches est illustrée par le rapport des lobbyistes au Congrès, dans lequel il est indiqué que la filiale du Council On Foreign Relations, située au 45 East 65th St. New York, l'Association américaine pour les Nations unies, a distribué plus d'un million de dollars en espèces à trois mystérieux groupes de pression à Washington, 352 000 dollars au Comité pour le plan Marshall afin d'aider au redressement de l'Europe,

353 000 dollars au Comité sur le danger actuel, dirigé par le beau-frère du sénateur Lehman, Frank Altschul de Lazard Freres, et 353 000 dollars au Comité de l'Union Atlantique, une preuve de plus que toutes ces organisations internationalistes sont issues du Council On Foreign Relations, ce qui est confirmé par l'imbrication des directions de leurs comités exécutifs avec le Council.

Le professeur J. H. Morgan, K. C., dans la *Quarterly Review* de janvier 1939, explique comment les banquiers dépensent leur argent,

> Lorsque j'ai demandé un jour à Lord Haldane pourquoi il avait persuadé son ami Sir Ernest Cassel d'allouer par testament des sommes importantes à la London School of Economics, il m'a répondu : « Notre objectif est de faire de cette institution un lieu de formation et d'entraînement de la bureaucratie du futur État socialiste mondial. »

L'un de ses diplômés était le frère de Dean Acheson, Edward Campion Acheson, un autre était l'agent communiste Lauchlin Currie. Le génie directeur de la London School of Economics était le propagandiste communiste Harold Laski. L'administration de ses fonds était confiée à Israel Moses Sieff, président de la commission de planification politique et économique en Angleterre et directeur général des grands magasins Marks and Spencer.

La London School of Economics a reçu plus d'un million de dollars de subventions de la Fondation Rockefeller en trois ans, de 1926 à 1929. Les fondations créées par des millionnaires américains s'imbriquent dans le domaine internationaliste. Par exemple, Julius Rosenwald, le millionnaire de Sears, Roebuck, était directeur de la Fondation Rockefeller, tandis que sa propre Fondation Rosenwald dépensait des millions pour promouvoir l'agitation raciale aux États-Unis. Après avoir amassé 300 millions de dollars dans la vente par correspondance, Rosenwald s'est lancé dans la propagande à grande échelle, en accordant des subventions à l'université de Chicago et en achetant l'Encyclopaedia Britannica. Il a ensuite créé le Fonds Rosenwald qui, comme la Fondation Guggenheim et d'autres, mettait ses subventions à la disposition des intellectuels communistes pour qu'ils puissent poursuivre leur travail et finançait les doctrines léninistes-marxistes de la révolution mondiale en encourageant constamment la lutte des classes, en dressant les groupes les uns contre les autres. L'exploitation intelligente et ininterrompue des problèmes des minorités aux États-Unis par ces fondations a constitué une étape essentielle vers l'instauration d'un gouvernement communiste en Amérique. En montant les minorités les unes contre les autres, et contre la majorité anglo-saxonne qui a construit la nation américaine, ces fondations dépensent un milliard de dollars par an en propagande, et la plus grande partie de cette propagande est communiste. L'agitation raciale est devenue l'une des professions les plus rentables en Amérique, car ces fondations paient jusqu'à cinquante mille dollars par an pour un agent expert. Lorsqu'il a été arrêté en tant qu'espion communiste, Alger Hiss était président de la Fondation Carnegie pour la paix internationale, un poste communiste de premier plan rémunéré 25 000 dollars par an, frais compris. Il existe des dizaines d'emplois de ce type fournis par les fondations aux dirigeants intellectuels du mouvement communiste américain.

À l'heure actuelle, la propagande des fondations est consacrée à attiser la minorité noire en Amérique, à collecter davantage d'argent pour l'État d'Israël et à pousser ce pays vers la faillite en augmentant les dépenses pour « l'aide étrangère », ce qui, bien sûr, va dans les poches des coquins les plus intelligents de l'autre côté de l'océan. La proposition de loi sur les pratiques loyales en matière d'emploi, qui dit à l'employeur qui il doit embaucher, n'est qu'un aspect de la lutte des classes continuelle menée en Amérique selon les préceptes de Marx et de Lénine.

Le sénateur McCarthy a cité des dizaines de communistes éminents qui avaient été financés par des subventions libérales de la Fondation Rosenwald et de la Fondation Guggenheim. Les auditions du Congrès ont révélé que de nombreux autres communistes avaient été soutenus pendant des années par des bourses et des dons d'argent de la Fondation Carnegie, de la Fondation Rockefeller et d'autres. John D. Rockefeller a créé le Conseil général en 1903. Ce conseil s'est fait une spécialité d'octroyer des fonds aux écoles normales dans tous les États-Unis. Il n'a commencé à fonctionner pleinement qu'en 1915, lorsque son programme a été confié à Abraham Flexner, dont les qualifications pour déterminer l'avenir de l'éducation américaine consistaient uniquement dans le fait qu'en 1913, il avait écrit un livre intitulé « La prostitution en Europe ».

La devise de ces fondations a toujours été : « Des millions pour les traîtres, mais pas un centime pour les patriotes ». Je n'ai pas trouvé un seul cas où l'une des fondations susmentionnées ait dépensé un centime pour des études sur la Constitution américaine ou sur les principes sur lesquels nos ancêtres ont fondé la République américaine. Elles présentent un front solide d'internationalistes léninistes d'un seul monde. Les sympathies morales de la Fondation Rockefeller peuvent être déduites du fait qu'elle n'a accordé aucune subvention à des fins religieuses pendant de nombreuses années, jusqu'en 1947, lorsqu'elle a donné 100 000 dollars à l'église non confessionnelle des millionnaires new-yorkais, la Riverside Church, à New York. En 1949, le Conseil fédéral des Églises du Christ a reçu 100 000 dollars de la Fondation Rockefeller. Depuis de nombreuses années, ce groupe est considéré comme un front communiste par le Federal Bureau of Investigation. John Foster Dulles était l'un des principaux responsables de cette organisation qui, en 1950, a changé de nom pour devenir le Conseil national des Églises du Christ, parce qu'elle était mentionnée si fréquemment dans les auditions du Congrès sur les activités communistes en Amérique. Le Congressional Record du 17 août 1935, page 13053, dit ceci,

> « Le Conseil fédéral des Églises du Christ en Amérique : Il s'agit d'une grande organisation pacifiste radicale. Elle représente probablement vingt millions de protestants aux États-Unis. Cependant, sa direction est constituée d'un petit groupe radical qui dicte sa politique. (Extrait du rapport du département du renseignement de la marine américaine : 1er avril 1935). »

Non seulement John D. Rockefeller contribue et est membre d'organisations communistes telles que l'Institute of Pacific Relations, mais Nelson Rockefeller perpétue également la tradition familiale de promotion de l'internationalisme léniniste. Elizabeth Bentley a témoigné que Nelson Rockefeller avait engagé Bob Miller, éditeur de la publication latino-américaine notoirement pro-communiste « The Hemisphere », en tant que chef de la division de recherche politique pour les affaires interaméricaines lorsque Nelson Rockefeller était à la tête de cette division du département d'État. Lorsqu'il a quitté le département d'État, Rockefeller a emmené avec lui la plupart des membres de son personnel pour l'International Basic Economy Corporation, une société mystérieuse impliquée dans le programme Truman-Browder Point Four visant à développer les régions en retard de développement du monde.

Le registre annuel de l'Université de Chicago pour 1912-1913, page 4, indique,

> « Les fondateurs nommés dans la charte étaient John D. Rockefeller, F. Nelson Blake, Marshall Field, Frederick T. Gates, Francis E. Hinckley et T. W. Goodspeed. En reconnaissance de la relation particulière de M. Rockefeller avec l'institution (il a apporté l'argent ; EM), le conseil d'administration a décrété que sur les sceaux et les en-têtes de lettres, ainsi que dans toutes les publications officielles, le titre devait se lire « Université de Chicago, fondée par John D. Rockefeller ».

Cette université, création personnelle de Rockefeller, qui était la création de Jacob Schiff, a été pendant de nombreuses années un point focal de l'infection communiste de l'Amérique. Ses professeurs d'économie ont été particulièrement utiles pour promouvoir l'internationalisme, l'économie étant l'une des principales armes marxistes. Le magazine Fortune d'avril 1947, page 2, rapporte que

> « Une Commission sur la liberté de la presse a été financée par des subventions de 200 000 dollars de Time, Inc. et de 15 000 dollars d'Encyclopaedia Britannica Inc. La Commission, nommée par le Chancelier Robert M. Hutchins de l'Université de Chicago, est composée de treize Américains de haut niveau intellectuel ».

L'Encyclopaedia Britannica appartient au sénateur William Benton, tout comme sa filiale, l'Encyclopaedia Britannica Films, qui coopère avec le Twentieth Century Fund, dirigé par le pro-communiste Edward Filene, pour la distribution de films sur l'éducation sexuelle dans les écoles américaines. Benton, Hutchins, Henry Luce et Paul Hoffman composent un directoire imbriqué qui contrôle une grande partie de notre presse et de notre système éducatif. Ils siègent tous les quatre au conseil d'administration de l'Encyclopaedia Britannica Inc. et du Committee for Economic Development, Luce et Hoffman sont directeurs de Time Inc, Benton et Hutchins siègent au conseil d'administration de l'Université de Chicago, et Hoffman et Hutchins contrôlent la Fondation Ford.

La Commission sur la liberté de la presse a dépensé des centaines de milliers de dollars avant de déclarer qu'il y avait trop de liberté de la presse, ce que ses commanditaires voulaient entendre. La Commission a proposé un certain nombre de moyens pour museler indirectement une presse trop critique, dont plusieurs ont été imposés à l'Amérique par Eleanor Roosevelt via les Nations Unies, avec l'aide du Professeur Zechariah Chafee, Jr. Il est peu probable que ces recommandations entrent en vigueur tant que les Nations Unies n'auront pas considérablement accru leur contrôle sur les affaires intérieures des pays membres.

Current Biography, volume de 1945, parle de William Benton,

> "Benton devient président du conseil d'administration des sociétés anglaise et canadienne de Britannica (après que Julius Rosenwald le lui a transféré). Le seul changement d'importance annoncé à l'époque est que le corps enseignant de l'université de Chicago devient le conseiller officiel des publications, supervisant les révisions permanentes que subit l'ensemble des ouvrages. Afin d'assurer une extrême vigilance dans la lecture des ouvrages à réviser, la Britannica Co. a créé des bourses à l'Université de Chicago, pour effectuer les lectures préliminaires et faire des recommandations aux membres de la faculté, qui recommandent de faire réviser les ouvrages par des experts. Parmi le groupe, outre Benton, qui a déterminé les politiques du projet Britannica, se trouvaient Robert Hutchins, Henry Luce, président de Time, Inc. et Paul Hoffman de Studebaker Corporation".

L'Encyclopaedia Britannica, ouvrage de référence dans tous les établissements d'enseignement américains, fait l'objet depuis 1938 d'une révision dans un foyer de révolutionnaires communistes, l'université de Chicago, dont la faculté a fourni l'actuel délégué communiste de la Pologne aux Nations unies, Oscar Lange. Whittaker Chamber, dans une déclaration déjà citée, a souligné que la plupart des correspondants étrangers de Time étaient communistes, ce qui n'était pas non plus accidentel.

Time Magazine a été fondé en 1923 par Henry Luce et Briton Hadden. Bennett Cerf, dans sa chronique « Trade Winds », dans la Saturday Review of Literature du 25 juin 1949, a écrit,

> "Lorsqu'ils sont sortis de Yale, Luce et Hadden ont si bien préparé le Time que le numéro de juin 1949 ne s'écarte pas de plus de 10 % du premier prospectus daté de 1922. Pendant qu'ils réunissaient les fonds nécessaires pour lancer le magazine, Hadden a pris un emploi temporaire au New York World sous la direction de ce grand professeur qu'est Herbert Bayard Swope ; pendant ce temps, Luce acquérait de l'expérience au Chicago News, sous l'œil bienveillant de Ben Hecht.

À la page 1574 du New York Co-Partnership Directory, 1923, E. L. Polk Co. les directeurs de Time Inc. sont Briton Hadden, président, Henry Luce, secrétaire, William T. Hincks, Harry P. Davison Jr,

William V. Griffin et William Hale Harkness, avec un capital de 150 000 dollars. Time, Inc. se voulait le porte-parole des plus grands intérêts de Wall Street. Le grand-père de Haden était président de la Brooklyn Savings Bank, Harry P. Davison Jr. était associé de la JP. Morgan Co, Harkness était membre de la riche famille Standard Oil et William V. Griffin était directeur de la Bank of Manhattan, contrôlée par la famille Warburg.

Wolcott Gibbs, dans le New Yorker Magazine du 28 novembre 1935, page 21, cite les personnes qui ont apporté le capital initial de Time, Inc. comme suit : Harry P. Davison Jr. de J. P. Morgan Co. 4 000 $; Mme David S. Ingalls, sœur de William Hale Harkness, 10 000 $; William Hale Harkness, leur camarade de classe à Yale, 5 000 $; sa mère, Mme W. H. Harriman, 20 000 $; et d'autres sommes provenant de Dwight Morrow, associé de J. P. Morgan, E. Roland Harriman, frère de W. Averell Harriman, associé de Brown Harkness, 10 000 $. W. H. Harkness, sa mère, 20 000 dollars, et d'autres sommes provenant de Dwight Morrow, associé de J.P. Morgan, de E. Roland Harriman, frère de W. Averell Harriman, associé de Brown Brothers Harriman, bailleur de fonds et directeur de Newsweek Magazine, et de William V. Griffin. La fortune des Harkness provenait de la Standard Oil Corporation de Rockefeller. Ainsi, dès sa création, Time a été le porte-parole de la Standard Oil, de J.P. Morgan, de Kuhn, Loeb via Griffin et de la Bank of Manhattan. Il va sans dire que Luce et plusieurs de ses rédacteurs en chef sont des membres éminents du Council On Foreign Relations.

En 1923, Henry Luce était également directeur de la Saturday Review of Literature, financée par Thomas Lamont de la JP. Morgan Co pour contrôler la vente de livres par le biais de critiques favorables ou défavorables. La Saturday Review est connue pour avoir défendu ouvertement des personnes impliquées dans des activités communistes, notamment Owen Lattimore. Time Magazine a lutté pendant cinq ans sans faire de bénéfices, ce qui est un hommage au génie de ses fondateurs, mais, avec ces énormes fortunes derrière lui, Luce ne pouvait pas faire faillite. En 1929, année de désastre pour la plupart des Américains, Time a enregistré son premier bénéfice. Il progresse régulièrement, tandis que ses prédécesseurs, tels que World's Work, la North American Review et le Literary Digest, tombent en désuétude. L'échec du Literary Digest en 1936 laisse à Luce un champ presque libre. Dans le rapport annuel de 1936 de Time, Inc. Luce indique que la société possède 2 700 000 $ en obligations d'État et 3 000 000 $ en actions d'autres sociétés.

Les administrateurs de Time, Inc. éditeurs de Time, Life, Fortune et Architectural Forum, figurent à la page 1210 du Poor's Directory of Directors de 1952 :

Président du conseil d'administration, Maurice T. Moore, marié à Elizabeth Luce et associé du cabinet d'avocats Cravath, Swaine et Moore, avocats de Kuhn, Loeb Co. (anciennement Cravath et Henderson). Moore était l'assistant spécial de Paul Hoffman à l'ECA en 1948 ;

William V. Griffin, vice-président ; directeur de la Yale Publishing Co., de la Bank of Manhattan, de Continental Oil, de Manati Sugar, Inc. et de bien d'autres. Ancien directeur, avec Albert Strauss, de J. and W. Seligman Co. dans la Compania Cubana, le Cuba Railroad et les Consolidated Railways of Cuba.

Artemus L. Gates, président de l'Union Pacific Railroad, l'un des plus grands chemins de fer contrôlés par Kuhn, Loeb Co ; Roy Larsen, président de Time, Inc ; Henry Luce, rédacteur en chef ; Samuel W. Meek Jr, vice-président de J. Walter Thompson, la plus grande agence de publicité de New York ; Charles Stillman, chef de la mission technique de la CEA en Chine en 1948, et directeur de l'Association de politique étrangère de gauche avec John D. Rockefeller 3d.

Le dernier des directeurs de Time est Paul Hoffman, cofondateur avec William Benton du Comité pour le développement économique, directeur de la Federal Reserve Bank of Chicago, de United Airlines, et anciennement directeur de Marine Midland Trust. Il a été nommé président de Studebaker par Lehman Brothers, puis il est devenu directeur de l'ECA, puis directeur de la Fondation Ford, et enfin, directeur du mouvement Citizens for Eisenhower.

En tant que secrétaire d'État adjoint, William Benton hérite de l'Office of War Information de James Paul Warburg, qu'il transforme en Voice of America. Son partenaire publicitaire, le gouverneur Chester Bowles du Connecticut, nomme Benton sénateur américain du Connecticut, dans le cadre de l'une des transactions politiques les plus odieuses de l'histoire de cet État.

Benton et Hoffman ont fondé le Comité pour le développement économique en 1942, une agence de planification économique de haut niveau qui exerce la voix dominante dans notre économie d'après-guerre. Il s'agit d'un livre en soi.

Time, Inc. n'a cessé d'accroître son influence politique depuis la Seconde Guerre mondiale. Elle a financé la présentation télévisée de la « Croisade en Europe » du général Eisenhower, qui a permis à ce dernier d'obtenir l'investiture pour la présidence, ainsi que la présentation télévisée des auditions sénatoriales sur la criminalité, qui visaient à promouvoir la candidature du sénateur Estes Kefauer, porte-parole de l'Union atlantique, à la présidence.

Hoffman et Hutchins ont hérité ensemble de la Fondation Ford, d'un demi-milliard de dollars, dans le seul but de promouvoir un gouvernement mondial. Robert Hutchins a écrit une brochure intitulée « La bombe atomique et l'éducation », publiée par le Conseil national de la paix à Londres en 1947, dans laquelle il dit, à la page 5,

> « Je crois en un gouvernement mondial. Je pense que nous devons l'avoir et l'avoir bientôt… Un État mondial exige une communauté mondiale, une communauté mondiale exige une révolution mondiale ».

Dans la Fondation Ford, Hutchins dispose de 500 millions de dollars, ce dont les révolutionnaires ont toujours besoin : de l'argent. Le magazine Fortune de décembre 1951, pages 116-117, décrit la Fondation Ford comme ayant des actifs de 493 millions de dollars, principalement des actions Ford de classe A sans droit de vote, avec des liquidités de 68,8 millions de dollars. Paul Hoffman est directeur général, les quatre directeurs de la politique et de la planification sont Robert Hutchins, Chester C. Davis, qui considérait ce poste si important qu'il a démissionné de la présidence de la Federal Reserve Bank of St. Louis pour l'occuper, R. Rowan Gaither, président de la Rand Corporation, et Milton Katz, ancien ambassadeur itinérant européen pour le plan Marshall, alors que les expéditions étaient destinées à la Russie. Clarence Faust, professeur à l'université de Chicago de 1930 à 1947, dont le président est Frank Abrams, président de Standard Oil of New Jersey ; un fonds de 3 millions de dollars pour l'éducation des adultes, dont le président est C. Scott Fletcher, anciennement Hoffmann. Scott Fletcher, ancien assistant de Hoffman chez Studebaker, et directeur du développement sur le terrain du Comité pour le développement économique de 1943 à 1946, le président de ce fonds étant Alexander Fraser, ancien président de Shell Oil ; et un fonds pour l'Europe de l'Est, appelé à l'origine Free Russia Fund, dont le président est George Kennan, aujourd'hui ambassadeur en Russie, destiné à aider les exilés russes à s'adapter à la vie américaine, 200 000 dollars étant accordés à des institutions non identifiées dans ce domaine.

Il s'agit de la Fondation Ford en 1951. Elle s'est montrée plus réticente quant à ses activités en 1952. Hoffman a démissionné pour consacrer tout son temps à assurer la présidence de l'ami de Staline, le général Eisenhower, et Robert Hutchins a pris en charge les 500 millions de dollars. Si un dollar de ce fonds est un jour dépensé à des fins utiles et patriotiques, ce ne sera qu'après que le révolutionnaire mondial Hutchins et sa bande de fêlés et d'adeptes de l'unicité du monde soient partis vers des terres plus fertiles.

CHAPITRE 26

Le juge Simon Rifkind, conseiller d'Eisenhower pendant la guerre, a écrit dans le Bulletin d'information du Congrès juif mondial de 1946-1947, vol. 2, page 20,

> "Le problème juif n'est pas seulement un problème européen, mais un problème mondial.

Adolf Hitler a dit la même chose. La création d'un foyer national juif en Palestine a été réalisée par la Première Guerre mondiale. La création de l'État d'Israël est l'un des principaux résultats de la Seconde Guerre mondiale. Devrions-nous nous demander à qui profiterait la troisième guerre mondiale ?

À peine arrivés en Palestine après la Première Guerre mondiale, les Juifs ont entamé une campagne systématique contre les indigènes, qui a culminé avec l'expulsion de 600 000 Arabes qui sont morts de faim dans le désert pendant que les Juifs prenaient leurs maisons, sous l'autorité des Nations unies. Un exemple de la façon dont les Juifs ont mené la guerre contre les Arabes pendant trente ans est donné par cette citation du Bulletin sioniste du 4 février 1920,

> "Le journal arabe Beit El Mekdas a été supprimé. La circulaire suivante a été publiée par le gouvernement : "Je suis chargé de vous informer que la circulaire des journaux suivants est interdite et que tous les exemplaires trouvés seront confisqués et détruits. Al Ordun, Hermion, Al Hamara, Al Mufid Suria al Judida, Istikal al Arabi. Les citations dans les journaux locaux des journaux susmentionnés sont également strictement interdites, car les informations contenues dans les journaux mentionnés sont inexactes".

Les Juifs ont gagné leur première bataille, la suppression des journaux arabes. Depuis 1920, une seule version de l'histoire a été entendue. Ce chapitre de l'histoire révèle l'arrière-plan philosophique de la Commission pour la liberté de la presse : la suppression de toute critique pour cause d'" inexactitude". Les journaux supprimés ne peuvent être ni cités ni diffusés. Aux États-Unis, une guerre similaire est menée depuis des années pour supprimer un certain nombre de journaux patriotiques, une campagne vicieuse de terrorisme et d'intimidation des imprimeurs. Le journal de Conde McGinley, « Common Sense », publié à Union, dans le New Jersey, est un journal chrétien américain qui s'est attiré la haine de l'Anti-Defamation League. Huit imprimeurs successifs ont dû renoncer à imprimer « Common Sense », et il a finalement dû le faire imprimer en Floride. D'autres petits hebdomadaires, qui comblent l'énorme déficit d'informations supprimées par les services d'information internationaux, ont connu des expériences similaires.

Bien que les Protocoles de Sion soient aujourd'hui dénoncés comme un libelle et un faux, il n'y a pas si longtemps, ils étaient acceptés par les Juifs comme leur plan d'action. Herman Bernstein, dans The American Hebrew du 25 juin 1920, écrit que les Protocoles de Sion sont l'héritage du grand leader sioniste Théodore Herzl. Bernstein nous dit que les Protocoles de Sion sont le programme qui a été présenté par Herzl aux délégués du premier congrès sioniste mondial à Bâle, en Suisse, en 1897.

Le sionisme et le communisme ont progressé côte à côte de 1900 à 1950. Jewish Voice, numéro de mars avril 1941, critique comme suit la condamnation d'Earl Browder pour fraude de passeport :

> « Le leader du seul parti qui a lutté pour l'interdiction de l'antisémitisme dans le monde — le Parti communiste — est Earl Browder, le plus grand ami du peuple juif aux États-Unis. L'emprisonnement d'Earl Browder est un coup direct contre les intérêts du peuple juif. La défense du Parti communiste, le mouvement pour libérer Browder et Weiner, est une nécessité vitale pour chaque juif. La défense du Parti communiste est la première ligne de défense de chaque Juif ».

Dans le même numéro, à la page 24, on peut lire

> « La seule issue pour les masses juives dans les pays capitalistes est la voie socialiste — le soutien à la politique de paix de l'Union soviétique et la lutte contre les oppresseurs impérialistes à l'intérieur du pays.

La Voix juive de mai 1941 dit

« Les Juifs des États-Unis ont été les plus actifs dans l'organisation du mouvement syndical et des organisations progressistes. Malgré les efforts des dirigeants sociaux-démocrates réactionnaires et réformistes, les Juifs ont marché de concert avec leurs frères et sœurs communistes et militants ».

Le numéro de mai 1941 de Jewish Voice contient également un article de Rose Wortis intitulé « Labor Is on the March » (Le travail est en marche).

« Nous, communistes, avons une responsabilité particulière. C'est la tâche du Parti et de ses membres de tirer les leçons des mouvements de grève pour les travailleurs de toutes les industries. Il nous incombe de montrer aux travailleurs que les politiques militantes de John L. Lewis et des progressistes du mouvement ouvrier apporteront la victoire aux travailleurs. Une responsabilité particulière nous incombe à nous, les communistes juifs, qui travaillons dans des syndicats sous contrôle social-démocrate ».

Des centaines de citations similaires sont disponibles dans les publications juives et marxistes. Je les mentionne pour donner le contexte politique de l'État d'Israël, qui est connu comme une nation socialiste. L'amiral Zacharias, dans « Behind Closed Doors », page 137, déclare

« Lors de la Conférence mondiale du travail à Londres, le délégué soviétique annonce que son gouvernement propose de soutenir un projet d'État juif ; le 26 novembre 1945, l'URSS fait une proposition formelle pour que les Cinq Grands jettent les bases d'un tel État. À la fin de l'année 1946, la politique palestinienne est fixée dans l'esprit de Staline et fait l'objet de discussions au sein du Politburo. C'est cette décision qui, une fois prise, a changé le cours de l'histoire juive. de l'histoire juive, russe et peut-être anglo-américaine ».

Il n'a pas été rendu public que la proposition de créer l'État d'Israël provenait de la Russie. Il s'agit en fait d'un État policier marxiste, calqué sur le modèle de son parrain, la Russie communiste. Un État policier est le seul type de gouvernement que les Juifs veulent, le seul auquel ils peuvent obéir. À la page 134, Zacharias dit

"Actuellement, les partis communistes ne peuvent fonctionner ouvertement qu'en Israël, parmi tous les pays du Moyen-Orient.

Lorsque les Juifs, soutenus par les Nations unies, ont commencé leur guerre pour chasser les Arabes, une Ligue arabe a été formée au Caire par les nations musulmanes et une armée égyptienne a été envoyée pour combattre les Juifs. Cette armée a été sabotée à l'intérieur du pays par des agents d'achat qui ont envoyé des armes de qualité inférieure ou pas d'armes du tout, et l'armée égyptienne a été vaincue. Les scandales qui ont causé cette défaite ont finalement renversé le gouvernement du roi Farouk, qui a abdiqué. La conduite de la guerre par les Juifs s'est accompagnée de certaines des pires atrocités de l'histoire moderne. L'un des volumes les plus choquants jamais publiés est un récit de cette lutte, intitulé « La révolte », écrit par le chef des terroristes juifs, Menahem Begin. Page après page, il décrit avec sang-froid des actes tels que le bombardement de l'hôtel King David à Jérusalem par son groupe, l'Irgoun Zvai Leumi, le 22 juillet 1946, au cours duquel deux cents civils ont été tués ou blessés. Pour forcer les officiers britanniques en Palestine à accéder à ses demandes, Begin nous raconte comment il a capturé des soldats britanniques, les a torturés et les a tués (parfois il les aveuglait seulement et les renvoyait en guise d'avertissement, d'autres fois il les pendait). De telles cruautés n'ont pas été enregistrées depuis les guerres indiennes d'Amérique. À la page 274, Begin dit qu'il

> « Publication d'un communiqué annonçant la mise en place de cours martiales de campagne rattachées à chaque unité de l'Irgoun. Si des troupes ennemies tombent entre nos mains, elles seront condamnées à mort ».

À la page 314 de « The Revolt » distribué en Amérique par le Jewish Book Guil Begin dit

> « J'ai rencontré Quentin Reynolds après la conquête de Jaffa. C'était un vieil ami de la lutte clandestine. »

Reynolds, également admirateur de Staline, est aujourd'hui rédacteur en chef du Monde des Nations unies.

Les terroristes de l'Irgoun ont remporté leur victoire le 14 mai 1948, lorsque l'État d'Israël a été proclamé. Begin raconte qu'il s'est exprimé sur la station de radio de l'Irgoun à Tel Aviv : « Une phase de la bataille pour la liberté s'est achevée, mais une seule phase. »

À propos de l'État d'Israël, né du marxisme et nourri par les terroristes, le président Truman a déclaré devant un auditoire sioniste,

> 'Le vendredi 14 mai 1948, à 18 h 12, lorsque j'ai reconnu Israël, c'est le moment de ma vie dont je suis le plus fier. Même l'accession

à la présidence des États-Unis n'a pas eu la même signification que la reconnaissance d'Israël.

Aucun mot sur les atrocités de l'Irgoun n'a été publié par la presse américaine. Le Washington Post d'Eugene Meyer s'est distingué par son silence sur les atrocités de l'Irgoun. Dans le *magazine Fortune* de décembre 1944, page 132, on peut lire que

> « À la Maison-Blanche, le Washington Post est l'un des six journaux avec lesquels le président commence sa journée. Il accorde une attention particulière aux pages éditoriales du Post. À Washington, l'impression est répandue que le président Roosevelt se sent suffisamment proche d'Eugene Meyer pour lui téléphoner et lui demander une assistance éditoriale sur des mesures chères à la Maison-Blanche. Il est arrivé que le département d'État renvoie les journalistes aux éditoriaux du Post pour les éclairer ».

La plupart des actes ignobles commis par les terroristes ont attendu les vantardises de Begin pour être révélés au monde entier, mais il y a une atrocité que même le Washington Post a dû rapporter. Il s'agit de l'assassinat du médiateur des Nations unies, le comte Folke Bernadotte, en Israël en 1948, par des terroristes juifs qui n'ont jamais été punis. Il était censé avoir été tué parce qu'il tardait à céder à certaines des exigences scandaleuses des Juifs. En réalité, Bernadotte avait été désigné pour être assassiné parce que, au cours de l'hiver 1944, il avait été l'intermédiaire du gouvernement hitlérien lorsque les dirigeants soviétiques avaient lancé des appels à la paix aux nazis dans le but d'obtenir une paix séparée qui leur donnerait l'ensemble de l'Europe centrale. Avec l'effondrement imminent de l'Allemagne, la Russie a retiré son offre, mais depuis lors, le Politburo est devenu de plus en plus nerveux à l'idée que Bernadotte puisse révéler ces négociations et, lorsqu'il s'est rendu dans la zone de guerre de la Palestine, il a été attaqué et assassiné. Il fut remplacé par le Noir Ralph Bunche.

L'ancien propagandiste communiste, James McDonald, a été récompensé en étant nommé premier ambassadeur des États-Unis en Israël. Dans « My Mission in Israel », Simon and Schuster, New York, 1951, McDonald écrit,

> 'La raison pour laquelle le Dr Weizmann se trouvait en Suisse et pas encore dans l'État juif était que le gouvernement israélien n'était pas prêt à fournir de 400 à 800 hommes pour protéger le Dr Weizmann d'un assassinat par des terroristes juifs.

Donald écrit également que

« Nous avons reçu l'agréable visite du redoutable Will Bill Donovan, célèbre pour son rôle au sein de l'Office des services stratégiques pendant la guerre. Il n'a pas révélé sa mission, mais il m'a posé des questions plus pointues que celles que l'on peut attendre d'un visiteur privé. J'ai répondu franchement, car j'ai supposé qu'il était toujours proche des autorités de Washington ». À la page 263, il dit

'L'un de mes favoris parmi les fonctionnaires du ministère israélien des affaires étrangères était Reuven Shiloah. Formé par les Britanniques et actif sous leurs ordres en tant que service de renseignement, Shiloah a organisé l'excellent service de renseignement de la Haganah (mouvement clandestin juif). Pendant la Seconde Guerre mondiale, il a gagné la confiance et l'affection des dirigeants alliés avec lesquels il a travaillé en Europe et au Moyen-Orient. Le général Donovan m'a dit, quatre ans après la guerre, qu'il considérait Shiloah comme l'un de ses assistants les plus compétents et un ami de confiance'.

Menahem Begin déclare dans « La Révolte » que son Irgoun recevait toujours les derniers communiqués des Britanniques en même temps que les troupes britanniques, ainsi que leurs instructions secrètes. Un scandale au sein de la Central Intelligence Agency à Washington s'est produit en juin 1951, lorsque l'on a découvert que deux fonctionnaires envoyaient à Israël des informations secrètes sur les effectifs des troupes arabes. Le scandale a été rapidement étouffé.

McDonald dit à la page 175 de « Ma mission en Israël »,

'Le seul massacre perpétré par des Juifs pendant la guerre a été le raid de l'Irgoun sur Deir Yassin le 9 avril 1948, au cours duquel le village de Raba a été détruit avec ses habitants, femmes et enfants.

À la page 190, McDonald écrit que

"La semaine précédant ma rencontre avec le Cardinal, j'ai déjeuné avec deux de ses Monseigneurs, dont l'un s'est montré très préoccupé par le fait qu'Israël avait commencé à rendre les biens de l'Église russe à leurs propriétaires contrôlés par les Soviétiques.

En Israël, les missionnaires chrétiens ont été signalés comme indésirables.

Avec la création de l'État d'Israël, son gouvernement a été mis en place en tant qu'État socialiste avec des syndicats contrôlés par le gouvernement, des fermes collectives et des terres appartenant à l'État, autant de principes marxistes. La plupart des fonctionnaires du gouvernement étaient des Juifs russes, comme Eliezer Kaplan de Minsk, en Russie, qui est vice-premier ministre, et Golda Myerson. McDonald déclare à la page 268,

> « Comme beaucoup de ses collègues israéliens, Golda Myerson, ministre du travail, est née en Russie. Dans son adolescence, elle était devenue une ardente socialiste et sioniste, et était active au sein du parti travailliste Poale Zion ». Yarmolinsky nous dit que le Poale Zion était le parti communiste juif.

'Le Fonds national juif, par Adolf Bohn, publié par le Jewish Colonial Trust, Londres, 1932,

> « Les terres acquises par le Fonds national juif ne peuvent être ni vendues ni hypothéquées et restent à jamais la propriété du peuple juif.

Il s'agit de la propriété communale perpétuelle de la terre, premier point du Manifeste communiste.

Henry H. Klein, un courageux avocat juif de New York, a démontré que les intérêts des Rothschild en Palestine ne sont pas charitables. Il a écrit pendant des années sur la Mer Morte, qui contient littéralement des billions de dollars de richesses minérales, qui sont contrôlées par les Rothschild. La biographie "Edmond de Rothschild", par Isaac Naiditch, publiée par la Zionist Organization of America, 1945, dit à la page 68,

> Le baron Edmond de Rothschild a écouté attentivement et m'a dit : "La concession de potasse de la mer Morte de l'ingénieur Novomevsky pourrait bien être l'une des choses les plus bénéfiques pour la Palestine. Il est possible que l'entreprise rapporte de gros dividendes. Cela doit se faire par l'intermédiaire de notre banque".

Moshe Novomevsky est aujourd'hui à la tête de Palestine Potash, Ltd, qui engrange d'énormes bénéfices alors qu'Israël mendie auprès du monde entier, et qu'il a intimidé l'Allemagne pour qu'elle lui verse plus d'un milliard de dollars pour des "revendications" de juifs inexistants. Les demandes incessantes de milliards supplémentaires pour l'État d'Israël reçoivent toujours une réponse sympathique de la part de notre administration démocrate. La mission intérieure sioniste à la Maison-

Blanche donne la priorité à ces demandes, et le sénateur Herbert Lehman est directeur de la Palestine Economic Corporation. Dean Acheson et W. Averell Harriman rivalisent pour répondre aux besoins d'Israël. La fortune de Harriman remonte à Jacob Schiff, un prince d'Israël, et Acheson a fait ses débuts en tant qu'assistant juridique du leader sioniste, le juge Brandeis. Boris Smolar, dans California Jewish Voice, le 21 mars 1952, a déclaré,

> 'Les dirigeants sionistes officiels de ce pays sont convaincus que le président Truman et le département d'État soutiendront sincèrement l'aide financière maximale accordée par les États-Unis à Israël cette année.

Harriman, en tant que directeur de l'Agence mutuelle de sécurité, envoie d'importantes sommes d'argent à Israël. Franklin D. Roosevelt Jr. mendie des dollars pour Israël et espère devenir un jour président.

Le 18 mai 1952, le *New York Times a* publié un article sur les dettes d'Israël, avec une note indiquant que 65 millions de dollars supplémentaires venaient d'être autorisés à Israël par le Congrès,

> « Les fonctionnaires américains estiment qu'avec plus de prévoyance, les autorités financières israéliennes pourraient éviter les crises qui se répètent tous les six mois. À cela, Israël répond que la nature de la majeure partie des revenus de l'État, contributions et ventes d'obligations, est telle qu'il est impossible d'établir un budget précis ».

L'État d'Israël existe, non pas par la production de biens ou par la pratique du commerce, mais dépend, pour son revenu national, de contributions et de la vente d'obligations qui font un bon papier peint. Par conséquent, le contribuable américain est contraint de verser des milliards de dollars dans le désert de Palestine, que l'administration communiste des Juifs russes n'a pas réussi à transformer en paradis. Pourtant, Israël n'exprime pas la moindre gratitude pour ces cadeaux. Au contraire, on assiste à des dénonciations virulentes de l'Amérique par des personnes telles que Meier Wilner, membre du Parlement israélien, dont une dépêche de l'AP datée du 6 mars 1949 rapporte les propos suivants

> 'Personne en Israël ne lèvera la main contre l'Armée rouge si et quand le monde plongera à nouveau dans la guerre.

Le fait que les Juifs ne peuvent pas se faire confiance pour gérer leur argent a été illustré de manière graphique dans une dépêche de l'Associated Press datant du mouvement des fournitures au combat. Lorsque nous sommes arrivés à l'aéroport de Moscou, nous avons été accueillis avec les honneurs appropriés par les troupes soviétiques et conduits directement à notre ambassade, où nous devions rester pendant notre visite en tant qu'invités de l'ambassadeur W. Averell Harriman. Je suis sûr que l'invitation du général Eisenhower avait été programmée pour lui permettre d'assister à la parade sportive annuelle. C'est lors de cette revue que le généralissime Staline a invité Eisenhower à se tenir avec lui au sommet de la tombe de Lénine pendant que la revue passait... La chaleur avec laquelle Eisenhower a été reçu partout était encourageante, en particulier au stade, où le public lui a fait une ovation, ainsi qu'au maréchal Zhuvok. Nous avons dîné au Kremlin lors d'un dîner d'État donné en l'honneur d'Eisenhower par le généralissime Staline, au cours duquel Molotov était toastmaster... Ce fut une soirée agréable qui semblait refléter le désir du gouvernement soviétique de rendre un hommage sincère à Eisenhower... À notre arrivée à Berlin, Eisenhower et moi avons convenu que nous avions apprécié notre voyage et que nous avions trouvé un ami sincère en la personne du maréchal Joukov'.

Le problème souvent débattu du successeur de Staline à la tête du mouvement communiste mondial a toujours reposé sur le placement de responsables communistes à côté de Staline sur la tombe de Lénine, de sorte que la place d'Eisenhower à côté de Staline lors de la parade sportive annuelle a semblé très étrange. Eisenhower lui-même se vante d'être le seul étranger à avoir été autorisé à se tenir sur la tombe de Lénine.

Le livre de Clay contient d'autres éléments intéressants, une photo en face de la page 62 montrant Clay et Dubinsky souriant l'un à l'autre, et une note indiquant que Dubinsky a eu sa part dans la gestion de l'Allemagne d'après-guerre. La légende indique que 'Clay s'est fréquemment entretenu avec les dirigeants syndicaux américains'. Le sioniste polonais Dubinsky est un type dont les Américains n'ont pas encore appris à se méfier. Clay a construit les syndicats en Allemagne, et les autres préceptes marxistes n'ont pas été ignorés par ce général américain. À la page 294, il nous dit que

> 'Le gouvernement militaire américain a établi dans la zone des États-Unis une banque centrale, comparable à notre Federal Reserve Bank, une banque centrale d'État.

C'est le point cinq du Manifeste communiste.

[Plusieurs pages manquent dans le manuscrit original. Note de l'éditeur].

Pourtant, le Monde des Nations Unies, édité par l'admirateur de Staline, Quentin Reynolds, publie dans son numéro de novembre 1949 un article d'Ellsworth Raymond intitulé 'Comment les Russes ont obtenu la bombe', qui ne mentionne pas l'espionnage, mais affirme effrontément que la compétence supérieure des scientifiques soviétiques a permis de développer l'énergie atomique beaucoup plus rapidement que nous ne l'aurions cru. Les impôts américains financent cette propagande communiste qui circule dans nos écoles.

Cependant, l'espionnage atomique était sanctionné par les plus hauts responsables du gouvernement américain. Un homme qui n'était pas communiste ne pouvait espérer aller loin dans le projet Manhattan. L'autorité chargée de protéger les espions communistes et de les aider à obtenir ce qu'ils voulaient venait de la Maison-Blanche. Le major George Racey Jordan était l'ancien expéditeur du prêt-bail à Great Falls, dans le Montana, d'où le matériel prioritaire était envoyé par avion en Russie par l'armée de l'air américaine, à une époque où nos propres troupes étaient ravitaillées par bateau lent. Le major Jordan est apparu dans le journal télévisé de Fulton Lewis et devant une commission d'enquête de la Chambre des représentants, avec l'information que le plus proche conseiller de Roosevelt, Harry Hopkins, lui avait téléphoné à Great Falls pour accélérer les expéditions de matériel atomique vers la Russie. Le 25 octobre 1951, il relate son expérience devant la National Society of New England Women à l'hôtel Waldorf-Astoria :

> En 1943 et 1944, alors que j'expédiais ces cargaisons en Russie, je n'avais aucune idée de l'utilisation de l'"uranium 92" lorsque j'ai trouvé un mémorandum à ce sujet dans l'une des centaines de valises en cuir verni qui étaient acheminées vers la Russie par avion en flux continu. Les mots "Manhattan Engineering Project-Oak Ridge" ne signifiaient rien pour moi lorsque je les ai trouvés sur un plan. Ce n'est que parce qu'ils se trouvaient dans un dossier avec une lettre signée par Harry Hopkins sur du papier à lettre de la Maison-Blanche que ma curiosité a été suffisamment éveillée pour que je

copie ces mots dans mon journal, ainsi que la phrase de la lettre qui disait : "J'ai eu beaucoup de mal à les faire oublier à Groves". (Le général Leslie Groves, responsable du projet Manhattan)'.

Lorsque le major Jordan a refusé d'accorder une priorité spéciale à une cargaison d'uranium parce qu'il ne pensait pas qu'elle le méritait, il raconte que « le colonel Potivok a téléphoné à Washington et s'est tourné vers moi pour me dire : "M. Hopkins veut vous parler". Harry Hopkins m'a demandé de mettre cette cargaison spéciale de produits chimiques atomiques dans le prochain avion pour Moscou. J'ai suivi ses instructions, car c'était lui, en tant que président du comité présidentiel du protocole russe sur les prêts-bails, qui était mon patron ».

Lorsque le major Jordan s'est opposé à ce qu'un avion transportant des films de nos installations industrielles, approuvés par le département d'État, soit envoyé en Russie, il a signalé l'affaire au corps de contre-espionnage de l'armée. Le CIC a tenté de l'empêcher, mais l'action a été bloquée et l'affaire a été étouffée par W. Averell Harriman. Le major Jordan a été mis à la retraite de manière inattendue et a été remplacé à Great Falls par le lieutenant Walewski Lashinski. Lorsque Jordan a raconté cette histoire à la radio, Drew Pearson a demandé à son célèbre assistant communiste, David Karr, également connu sous le nom de David Katz, d'inspecter le dossier militaire de Jordan et a tenté par tous les moyens de le salir, sans succès. Jordan fut même traité d'« antisémite », alors qu'il n'avait jamais mentionné de race dans ses révélations.

Les époux Rosenberg, petit couple condamné à mort pour son rôle dans l'espionnage de la bombe atomique, sont toujours en vie.[4] Un autre espion, David Greenglass, a été défendu par l'avocat préféré des communistes, O. John Rogge. Cependant, comme le rappelle l'amiral Zacharias, aucun espion atomique soviétique de premier plan n'a encore été appréhendé.

La commission mixte du Congrès sur l'énergie atomique était dirigée par feu le sénateur Brien McMahon du Connecticut. Sénateur débutant, il s'est immédiatement vu confier la présidence de l'une des commissions sénatoriales les plus importantes. Son associé, l'ancien

---

[4] L'allusion a été effacée dans le manuscrit original, mais les notes écrites sont illisibles. L'auteur laisse entendre que le couple était en fait indemne et qu'il s'est volatilisé à la manière d'Epstein... [Note de l'éditeur].

lieutenant William R. Pearl, a été identifié comme l'un des tortionnaires qui ont arraché des aveux étonnants aux prisonniers de guerre allemands à Nuremberg.

Walter Isard, dans le Quarterly Journal of Economics de février 1948, écrit que le coût de l'électricité n'a cessé de baisser, de sorte qu'elle coûte aujourd'hui la moitié de ce qu'elle coûtait en 1900. Il affirme que si l'énergie atomique peut produire de l'électricité à la moitié du coût actuel, cela n'affectera pas matériellement notre économie. Si l'utilisation de l'énergie atomique peut induire une baisse générale des coûts de l'énergie, il est logique de s'attendre à une augmentation de l'utilisation de l'énergie et du taux de production par travailleur. Isard ne parle pas de l'effet que cela aurait sur les propriétaires actuels de l'énergie électrique s'ils ne parviennent pas à contrôler l'énergie atomique. Si Victor Emanuel de la Standard Gas & Electric Corporation, qui vaut un milliard de dollars, les associés de J. and W. Seligman Co. qui contrôlent l'Electric Bond and Share, qui vaut un milliard de dollars, et les Lehman et Schoellkopf qui possèdent les vastes aménagements énergétiques des chutes du Niagara, laissaient l'énergie atomique tomber entre les mains des Gentils, ils seraient ruinés. C'est pourquoi ils ont gardé le contrôle du projet atomique, et c'est pourquoi la Russie a obtenu la bombe. Une fois qu'il aurait été rendu public en Amérique que la Russie possédait une bombe atomique, nous devrions ignorer le développement des utilisations de l'énergie atomique en temps de paix et la consacrer entièrement à la guerre. Samuel Schurr a écrit dans l'édition annuelle de l'American Economic Review de 1947,

> « Sur la base des coûts comparatifs de la production d'électricité à partir de sources atomiques et non atomiques, il semble possible que les combustibles atomiques remplacent rapidement les sources d'énergie existantes dans certaines parties du monde. Si une course internationale aux armements se produit, l'énergie atomique sera, le cas échéant, un sous-produit de la production d'explosifs atomiques ».

Pendant que notre programme atomique est consacré à la guerre, les milliards de dollars d'actions dans les compagnies électriques détenues par les Emanuel, les Lehman et les Schoellkopf sont en sécurité. Le fait que le conseiller économique de la Lehman Corporation, le Dr Alexander Sachs, soit le plus grand acteur du développement atomique indique que, quelle que soit l'orientation du programme atomique, les Lehman en tireront profit.

CHAPITRE 27

L e matérialisme est la religion de la société moderne. L'ère de la machine, avec son énorme augmentation de la prospérité matérielle de toutes les classes et la multiplication de la quantité de biens, de services et d'argent à la disposition de tous, a obscurci les valeurs spirituelles, car cette richesse matérielle n'est pas le fruit d'un quelconque rituel exigeant de la gratitude envers un dieu. En conséquence, le christianisme, avec son credo fondamental de négation du moi et ses connotations historiques d'ascétisme, en particulier son insistance sur le dépassement des valeurs matérielles par les valeurs spirituelles, a eu du mal à offrir une réponse appropriée à la nouvelle société. Le communisme, en revanche, s'affirme avec audace comme la philosophie du matérialisme et promet de distribuer l'énorme augmentation des biens matériels à l'ensemble de la population. Les écrits de Marx et de Lénine prêchent un « matérialisme scientifique » autoproclamé qui prétend avec désinvolture assurer une égalité absolue de distribution, ainsi que leur doctrine de l'athéisme qui est elle-même une religion visant directement à la défaite de son principal rival, le christianisme. Cette répartition équitable fait défaut en Russie et dans ses satellites pour deux raisons. Premièrement, l'État socialiste est inefficace et aucune méthode valable n'a été proposée pour corriger ses déficiences en matière de production et de distribution. Deuxièmement, les communistes sont fondamentalement malhonnêtes. Ils n'ont pas l'intention de procéder à une distribution équitable, ce qui est la publicité pour s'assurer le soutien des peuples modernes et matérialistes. Le communisme vise en fait l'élimination de la classe moyenne conservatrice et la création d'une société à deux classes, une classe d'esclaves agricoles et d'ouvriers d'usine, et une élite intellectuelle gouvernant avec des pouvoirs despotiques. C'est l'enjeu pour lequel Alger Hiss a joué et perdu en Amérique.

Dans son attaque contre le christianisme, le communisme a subtilement abandonné l'assaut athée direct par lequel il a commencé sa campagne à la fin du XIXe siècle, et s'attaque à l'intérieur même de l'Église. Le nihilisme de l'athéisme franc des premiers intellectuels communistes a été remplacé par un nouvel « universalisme » au XXe siècle. Le nihilisme proclamait sa croyance en rien, tandis que l'« universalisme » proclame sa croyance en tout, que toutes les croyances sont également attrayantes, également valables et, par déduction logique, également sans valeur. La position dominante du christianisme dans les religions des nations occidentales a été considérablement affaiblie par l'infiltration des « universalistes », par la formation de groupes qui prétendent être les porte-parole du christianisme et qui sont résolument pro-communistes, notamment le Conseil fédéral des Églises du Christ, l'un des points focaux de l'infection « universaliste ». La National Conference of Christians and Jews est un autre bastion des « universalistes ».

L'augmentation de la richesse matérielle a entraîné des changements dans notre attitude à l'égard du droit de propriété. Le regard ancien et statique sur la propriété était un élément majeur de la société gentille que Marx et Engels se proposaient de renverser. La principale attaque du communisme contre la propriété passe par le pouvoir souverain de taxer. L'impôt a toujours été nécessaire pour collecter les fonds nécessaires à la conduite des affaires publiques, et la surimposition n'était qu'une preuve d'avidité de la part des dirigeants gouvernementaux. En revanche, dans l'économie communiste, les impôts excessifs, tels que l'impôt sur le revenu exorbitant actuel et les droits de succession aux États-Unis, sont des impôts punitifs, destinés à briser les citoyens qui possèdent des fortunes et des biens. L'impôt sur le revenu n'est pas nécessaire au fonctionnement du gouvernement des États-Unis. Même les conseillers économiques de Truman admettent que s'ils prélevaient tous les revenus de certains groupes, cela ne rapporterait pas assez d'argent supplémentaire pour assurer la tenue des comptes.

Nous vivons à l'ère de l'inflation, l'inflation des biens, de l'argent et des populations. Grâce aux progrès de la médecine et à l'augmentation des disponibilités alimentaires, la population mondiale a régulièrement doublé au cours des cent dernières années. Le massacre de douze millions de personnes au cours de la Première Guerre mondiale et celui de vingt millions de personnes au cours de la Deuxième Guerre mondiale n'ont entraîné aucune réduction sensible des groupes de population. Bien que cinq cent mille personnes aient été tuées à Hiroshima et Nagasaki par deux bombes atomiques, la population du

Japon a tellement augmenté sous l'occupation américaine que le pays est confronté à une crise économique. La solution évidente aux problèmes démographiques de l'Asie est d'armer le Japon et de le laisser attaquer la Chine communiste. Le survivant de ce conflit pourrait alors s'attaquer à l'Inde. C'est la réponse aux excédents de population depuis Gengis Khan jusqu'à aujourd'hui. Le problème est que les guerres modernes tuent la génération la plus productive, laissant les boiteux et les vieux à la charge d'une jeune génération très affaiblie. Dans les siècles passés, la guerre servait à élever la race en tuant les plus lents et les plus faibles, mais la guerre moderne anéantit inconsidérément la fine fleur de la population, les adolescents à la fin de l'adolescence et au début de la vingtaine. La guerre moderne est une guerre contre la jeunesse.

Pour évaluer la pression exercée par ces augmentations de population, les Allemands ont développé l'étude de la géopolitique. Cette étude a donné naissance au plan allemand du Drang Nach Osten fur Lebensraum, la poussée vers l'Est pour obtenir un espace vital pour le peuple allemand, dans une tentative de sécuriser le cœur de l'Eurasie, la riche région agricole appelée le « grenier à blé de l'Europe ». Hitler a annoncé qu'il avait l'intention d'attaquer la Russie pour sécuriser cette région pendant des années, la guerre qu'il prévoyait de faire et la guerre qu'il a faite. Sa déclaration de guerre à l'Angleterre et à la France était une tentative de protéger ses arrières des sympathisants communistes de ces nations. Lorsque les agents communistes de Roosevelt nous ont entraînés dans la guerre (et Pearl Harbor n'a été qu'un élément mineur de cet événement), Hitler a su qu'il avait perdu sa guerre. La seule chose qui pouvait le sauver était une arme de terreur, et il n'a pas réussi à produire en masse les bombes V à temps pour empêcher l'invasion de l'Europe par les Alliés afin de sauver les communistes.

Les traîtres communistes du cercle rapproché de Roosevelt et du département d'État l'ont persuadé de céder le cœur de l'Eurasie à la Russie lors des conférences de Téhéran et de Yalta. Pourtant, George Kennan peut écrire sans rougir que nous n'avons pas vraiment cédé quoi que ce soit à Yalta. Nous n'avons cédé que deux continents, l'Europe et l'Asie. Ce n'est pas grand-chose pour une journée de travail.

Ces mêmes traîtres continuent à diriger notre politique étrangère. Le Council On Foreign Relations a amélioré sa position en forçant les deux principaux partis politiques à adopter ouvertement une politique étrangère identique, la « politique étrangère bipartisane », alors que deux membres du Conseil, Dwight Eisenhower et Adlai Stevenson, se sont présentés l'un contre l'autre aux élections présidentielles de 1952.

La politique « bipartisane » propose de défendre l'Europe, bien que notre propre état-major et Winston Churchill nous avertissent que nous ne pouvons pas retenir les Russes plus de soixante jours. George Sokolsky écrit que nous avons déversé plus de cent milliards de dollars du Trésor américain en Europe depuis 1945, et que chaque dollar a été gaspillé.

L'un des facteurs qui atténue le cadeau de Roosevelt aux communistes pour l'Eurasie est l'abandon de l'Europe en tant que centre du pouvoir mondial. Ce centre est désormais les États-Unis. Les communistes de Washington espèrent le déplacer vers Moscou, ce qui peut se faire par notre implication dans une troisième guerre mondiale. Il est prévu que nous perdions cette guerre, par le sabotage de notre effort de guerre et par une capitulation prématurée et traîtresse devant Staline. Le résultat sera que les États-Unis deviendront une province de l'État socialiste mondial, dirigée par le même vieux gang international, dont le siège restera probablement à New York ou sera transféré à Tel Aviv. Les grands trusts américains seront nationalisés et dirigés par les mêmes personnes, comme c'est le cas aujourd'hui. Les membres du Conseil des relations étrangères, nos principaux banquiers et avocats internationaux, n'auraient pas à se soumettre à la fastidieuse farce qui consiste à élire des larbins pour diriger le pays en leur nom. Les membres du Conseil détiendraient un pouvoir plus évident et absolu en Amérique.

Deux exemples justifient cette prédiction. Avant la Première Guerre mondiale, l'Allemagne était l'une des grandes nations du monde, avec une culture et une industrie inégalées. Lorsqu'elle s'est soudainement rendue aux Alliés en 1918, ses banquiers et ses industriels n'y ont rien perdu. Nous avons également l'exemple de la Russie et de la révolution communiste. Lorsque la poussière est retombée, le monopole national du sucre du baron Guinzberg est devenu le Soviet Sugar Trust, sous la direction du commissaire Guinzberg, et il en a été de même pour d'autres intérêts.

La troisième guerre mondiale n'est pas envisageable avant plusieurs années. La cinquième colonne communiste n'est pas assez forte pour saboter notre effort de guerre, et l'Amérique n'a pas encore été assez affaiblie par les politiques définies par le Conseil des relations extérieures pour être battue par la Russie. Le Conseil dirige l'hémorragie de l'Amérique par la politique d'endiguement et « l'arrêt de l'agression communiste » en tuant la population chinoise excédentaire. L'aide à l'Europe et le massacre de jeunes Américains en Asie ne sont pas des décisions irréfléchies. Elles visent à épuiser notre main-d'œuvre et nos ressources financières, à provoquer une dépression économique ici et à décimer notre jeune génération jusqu'à ce que nous soyons incapables d'opposer une résistance sérieuse aux armées russes.

La formation militaire universelle est l'un des objectifs les plus urgents des conspirateurs. Nous avons Mme Anna Rosenberg pour rédiger les lois sur la conscription. C'est pour échapper à la conscription forcée et aux impôts exorbitants que nos ancêtres sont venus en Amérique. Le 4 mars 1952, le gang est sorti de son masque lorsque le Washington Post d'Eugene Meyer a publié une pleine page de publicité politique, payée par le Comité national d'urgence de l'Association des camps d'entraînement militaire des États-Unis. Elle s'intitulait « L'Amérique a besoin d'une formation militaire universelle maintenant », et douze hommes présentaient leurs arguments en faveur de cette formation. Le président de ce groupe était Julius Ochs Adler, éditeur du New York Times. Les autres noms figurant sur cette liste étaient Paul Hoffman, le général Dwight Eisenhower, le général George C. Marshall et le rabbin Rosenblum du Temple Israël de New York. Ce groupe a l'intention de faire de chaque garçon américain un cadavre en uniforme.

L'envoi de jeunes Américains dans des bateaux à bestiaux vers les abattoirs de Corée constitue une violation du principe fondamental de la géopolitique, la doctrine de la solidarité hémisphérique. Cette doctrine définit la stratégie politique à long terme en termes de continents et non de nations. Le Japon a utilisé cette théorie pour développer sa « sphère de coprospérité de la grande Asie orientale », ce qui l'a conduit à entrer en guerre avec les États-Unis, parce que nous protégions les investissements de la Standard Oil en Chine et en Asie du Sud-Est.

Le fait que la Grande-Bretagne reconnaisse la doctrine de la solidarité hémisphérique est illustré par le fait qu'elle a abandonné tous ses investissements en Chine en 1952. Dans quelques années, l'Asie sera sous le contrôle d'une seule puissance, le communisme, parce qu'il n'y a pas d'alternative. On suppose généralement que Chester Bowles a été envoyé comme ambassadeur des États-Unis en Inde pour une mission similaire au célèbre voyage du général Marshall en Chine, afin de donner à la population de ce pays la preuve que notre gouvernement est pro-communiste.

Robert Strausz-Hupe, qui a adapté les théories géopolitiques aux Américains, a écrit, dans « The Balance of Tomorrow », Putnam, 1945, page 89,

> « Le Japon est devenu un pays en guerre en apprenant les techniques de l'industrie occidentale. Parmi une foule d'impondérables, un seul émerge avec une quasi-certitude : l'introduction des techniques occidentales rendra dans deux ou trois décennies la main d'œuvre asiatique efficace (dans une guerre contre la race blanche) ».

C'est le programme défini par Earl Browder du parti communiste et mis en œuvre par le programme Point Four du président Truman, pour former, armer et équiper les races d'Asie et d'Afrique en vue d'un gigantesque assaut contre la race aryenne, en exécution de l'ordre de Marx et Engels d'anéantir la société des Gentils.

Si notre National War College s'intéressait à la défense des États-Unis, nous ne gaspillerions pas des milliards de dollars et de vies américaines en Asie ou en Europe ; nous armerions le Canada, le Mexique et l'Amérique du Sud. Le programme d'aide à l'étranger est une plaisanterie amère.

Si le Council On Foreign Relations perdait son contrôle sur l'Amérique, comment évolueraient notre politique financière et notre politique étrangère ? La réponse à cette question se trouve dans les forces qui luttent pour le pouvoir et dans les tendances futures de notre économie. Les deux forces qui luttent pour le pouvoir à l'échelle mondiale sont le sionisme et le communisme. Elles coopèrent pour détruire les religions et les nations, car chacune d'entre elles les aide à atteindre leur objectif. Le sionisme, le rêve de la race juive, est fondé sur la conception de l'Ancien Testament selon laquelle les Juifs sont le peuple élu de Dieu, qui régnera sur le monde. Le communisme repose sur le projet d'une société à deux classes d'esclaves et de maîtres. Cependant, ni le communisme ni le sionisme ne semblent en mesure de consolider leurs acquis, qu'ils obtiennent par la trahison et la conspiration. Malheureusement, comme ils l'ont découvert à Moscou et à Tel Aviv, les conspirateurs ne font pas de bons administrateurs. Staline a dû liquider toute la faction qui avait provoqué la révolution russe de 1917, et Israël devra pousser ses fonctionnaires juifs russes dans la mer Morte avant de pouvoir espérer s'asseoir sur des bases saines. En 1940, la Russie souffrait d'un tel durcissement des artères économiques qu'Hitler a failli la conquérir en quelques semaines. Israël, bien sûr, existe grâce aux contributions et à la vente d'obligations très douteuses. Lorsqu'ils ont chassé les 600 000 Arabes, il n'y avait plus personne pour faire le travail ou payer les impôts, ce qui a ruiné l'économie de l'ancienne Palestine pour les années à venir.

L'économie future de l'Amérique reconnaîtra que la révolution industrielle est terminée. Elle a atteint sa conclusion logique avec le développement de l'énergie atomique. Cela signifie que l'investissement des fonds doit prendre une nouvelle tournure. Les prochaines décennies devraient voir l'abolition des bourses et la fin de la méthode de financement à long terme des industries et des travaux publics par la vente d'obligations. Cette pratique financière a été à l'origine de la plupart des méfaits du vingtième siècle. Bien que cette méthode ait servi à financer le développement de l'industrie lourde et de l'État moderne centralisé, elle a été utilisée par les banquiers internationaux pour exercer plus de pouvoir qu'aucun homme n'en a jamais détenu, de sorte qu'ils ont pu précipiter des paniques monétaires, des guerres et des dépressions pour réaliser leurs profits. Avec ou sans la troisième guerre mondiale, les bourses et le financement par obligations à long terme disparaîtront au cours du vingtième siècle.

Quant aux forces du sionisme et du communisme, elles contiennent chacune leur propre destruction. Ils sont comme des chiens enragés qui peuvent causer de grandes souffrances, mais ils seront détruits. L'Amérique dispose d'une Constitution qui protège nos citoyens contre de tels groupes. Nous n'avons qu'à nous montrer à la hauteur de l'héritage politique que les fondateurs de la République américaine nous ont légué, et l'Amérique continuera à être l'espoir du monde.

Autres titres

OMNIA VERITAS & LE RETOUR AUX SOURCES

présentent la Collection EUSTACE MULLINS

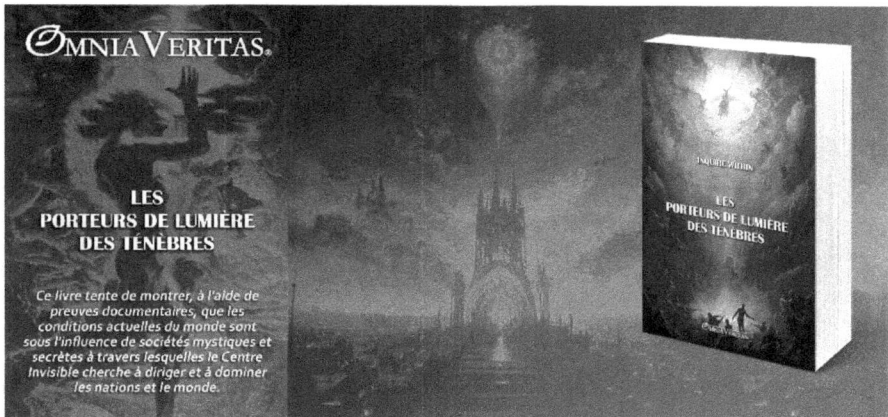

OMNIA VERITAS

LES PORTEURS DE LUMIÈRE DES TÉNÈBRES

Ce livre tente de montrer, à l'aide de preuves documentaires, que les conditions actuelles du monde sont sous l'influence de sociétés mystiques et secrètes à travers lesquelles le Centre Invisible cherche à diriger et à dominer les nations et le monde.

OMNIA VERITAS

LA TRACE DU SERPENT

Une tentative de retracer le culte de l'ancien Serpent, le Principe Créateur, le Dieu de tous les initiés des Gnostiques et des Cabalistes, émanant des Juifs hellénisés d'Alexandrie.

OMNIA VERITAS
Omnia Veritas Ltd présente :
WILLIAM LUTHER PIERCE
LES CARNETS DE TURNER
Ce roman d'anticipation décrit un coup d'État mené aux États-Unis par des blancs qui s'en prennent aux Noirs et aux Juifs, ces derniers étant décrits comme contrôlant l'État américain
Les Carnets de Turner donnent une vision d'une grande perspicacité

OMNIA VERITAS
Omnia Veritas Ltd présente :
LES CHRONIQUES DE SVALI
S'AFFRANCHIR DU CONTRÔLE MENTAL
TÉMOIGNAGE D'UNE EX-ILLUMINATI
Les Illuminati sont un groupe de personnes qui suivent une philosophie connue sous le nom d'« illuminisme » ou d'« Illumination ».
Comprendre la programmation de la secte des Illuminati

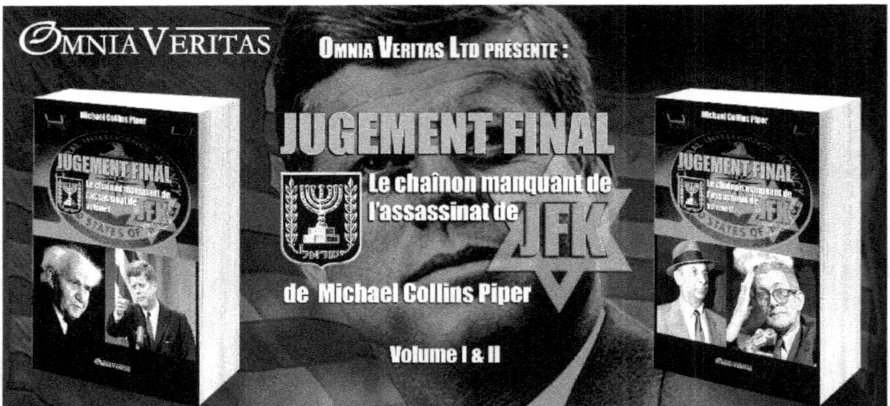
OMNIA VERITAS
OMNIA VERITAS LTD PRÉSENTE :
JUGEMENT FINAL
Le chaînon manquant de l'assassinat de JFK
de Michael Collins Piper
Volume I & II